展览实务

ZHANLAN SHIWU

薛 艳 李 薇◇编著

广东高等教育出版社
Guangdong Higher Education Press
广州

图书在版编目（CIP）数据

展览实务/薛艳，李薇编著．—广州：广东高等教育出版社，2018.9

ISBN 978－7－5361－6211－2

Ⅰ．①展…　Ⅱ．①薛…　②李…　Ⅲ．①展览会－高等职业教育－教材　Ⅳ．①G245

中国版本图书馆 CIP 数据核字（2018）第 147225 号

出版发行	广东高等教育出版社
	地址：广州市天河区林和西横路
	邮政编码：510500　电话：（020）87554152　87551163
	http://www.gdgjs.com.cn
印　　刷	广州市穗彩印务有限公司
开　　本	787 毫米×1 092 毫米　1/16
印　　张	19.5
字　　数	450 千
版　　次	2018 年 9 月第 1 版　2018 年 9 月第 1 次印刷
定　　价	48.00 元

前言

QIANYAN

在不断变化的全球市场环境中，会展行业要紧跟市场变化的步伐，保持领先的地位，这需要会展专业教育关注市场的变化，不断培养会展行业所需的人才。展览实务是高职高专院校会展专业策划与管理专业工学结合的核心课程，本书的编写从职业岗位的需求出发，以职业能力与技能培养为核心，强调实用性，体现“以能力为本”的思想，重构体例。本书对展览实务课程实践性教学进行了全新的探索和一系列的改革，主要体现在以下几个方面：

1. 秉持“精准育人、产教融合、校企合作、协同创新”理念

笔者有数年会展企业工作经验，先后从事过会展营销、会展人力资源管理与项目管理等相关工作，较为熟悉会展的运作流程，了解具体岗位职能及技能要求，同时力邀数位会展行业、企业资深专家参与顶层设计，采用大量企业真实案例，务求做到育人标准对接企业标准，课程标准对接行业标准，职教教学体系对接行企培训体系，切实推动“精准育人”落地生根。

2. 以会展专业教学资源库为抓手，适应信息化教学需求，推动信息技术和教育实践融合

本书顺应“互联网＋大会展”等行业发展趋势，呼应信息化人工智能时代需求，主动对接教育部“教育信息化2.0行动”。编写技术上，充分运用现代信息技术手段，开发数字教材，结合会展专业教学资源库建设，以理论课程为点、实训课程为线、在线课程为面，运用在线教育平台，适时推送前沿资讯，更新信息。突破旧式教学的时空局限，变教材为学材，优化教学效果，符合当下互联网信息化时代的学习习惯，最大限度地确保教学资源的持续更新，永不落伍，力求行业好评、企业好用、教师好教、学生好学。

本书教学资源以“项目导向、任务驱动”为呈现方式，重构体例，重塑教学内容。本书设计了几个模拟企业，并根据各企业的经营业务设计所属子项目任务，引导学生通过逐步完成各个项目任务，掌握企业中相关的岗位技能。

以组展为主营业务的展览企业通过引导学生逐步完成有关招展、招商、活动策划、供应商选择、展务服务等方面的项目任务，使他们掌握市场营销、电话招商、客户关系管理等方面的职业技能。

以展馆租赁与服务为主营业务的展馆经营企业通过引导学生逐步完成有关展馆规划、租赁、展区划分、展位装搭、展馆服务等方面的项目任务，使他们掌握市场营销、工程装搭、客户关系管理等方面的职业技能。

以企业参展为主的各类企业通过引导学生逐步完成企业参展中有关展会选择、参展筹备、展会营销、参展计划书撰写等方面的项目任务，使他们掌握展会营销、市场营销、客户管理、产品推广等方面的职业技能。

3. 集中央财政支持与广东省品牌专业之大成，前期推广与应用效果已得到行业、企业、学校、学生认可

本书是中央财政支持高等职业学校专业建设发展项目、广东省品牌专业建设项目、广东省级精品资源共享课程建设项目、广东省教育教学改革项目、广州市高等学校第八批教育教学改革研究项目、广州科技贸易职业学院教育教学成果奖培育项目的成果体现。部分成果已在广州科技贸易职业学院中央财政支持高等职业学校会展策划与管理专业、广东轻工职业技术学院广东省二类品牌会展策划与管理专业推广应用，得到国家、省、市行政部门以及会展行业协会认可。

本书站在会展企业整合营销战略高度，还原一线企业工作情境，量身定制项目任务训练，融理论性与实用性于一体，可快速提高会展从业者实际职业技能和综合职业素养，提升就业竞争力与岗位适应能力。本书适用于高职高专商贸会展专业群，同时也可作为会展培训机构培训教材以及会展行业从业者参考用书。

本书主要由薛艳编著，李薇参与编写。广东省级精品资源共享课程建设团队成员田宗碧、罗绮琦、彭慧翔、王舜在编写过程中给予了大力支持。中国对外贸易广州展览总公司张荣和，广州益武展览有限公司顾嘉、何瑞文在有关展示工程、招展、招商、宣传推广、知识产权等方面提供了大量信息、观点、文章和案例资料。

本书的编写过程中，参考了大量资料，并从公开发行的书籍、报刊和网站上选用了一些案例和资料，特向有关单位和个人表示诚挚的谢意。

由于笔者水平有限，编写时间仓促，书中存在疏漏与不妥之处，敬请读者批评指正。

编　者

2018 年 7 月

目录

MULU

项目一　认识展览 / 1

项目目标 / 1

任务一　认知展览 / 1

任务目标 / 1
知识准备与业务操作 / 1
（一）展览活动的起源 / 1
（二）展览活动的定义 / 2
（三）不同场合的展览类型及分类 / 4
任务示范 / 6
任务训练 / 6
任务小结 / 7

任务二　大型综合展与专业展 / 7

任务目标 / 7
知识准备与业务操作 / 7
（一）商业展 / 7
（二）展览规模的划分 / 11
（三）综合展 / 12
（四）专业展 / 14
（五）中国的国际经贸展 / 18
任务示范 / 21
任务训练 / 22
任务小结 / 22

任务三　展览组织结构 / 23

任务目标 / 23
知识准备与业务操作 / 23
（一）组织结构 / 23

（二）展览企业组织结构的设置 / 27
任务示范 / 33
任务训练 / 34
任务小结 / 35

任务四　会展管理模式与政府主导型展会 / 35
任务目标 / 35
知识准备与业务操作 / 35
（一）会展业管理模式 / 35
（二）政府主导型展会 / 36
任务示范 / 45
任务训练 / 46
任务小结 / 47

项目二　认识展馆 / 48

项目目标 / 48
任务一　大型城市与大型展馆 / 48
任务目标 / 48
知识准备与业务操作 / 48
（一）会展场馆 / 48
（二）大型展馆建设 / 55
（三）我国会展场馆分布现状与存在的问题 / 57
任务示范 / 59
任务训练 / 60
任务小结 / 60

任务二　城市会展场馆的规划与管理 / 60
任务目标 / 60
知识准备与业务操作 / 61
（一）城市会展场馆的空间选址 / 61
（二）城市会展场馆的空间布局 / 64

（三）会展场馆和设备设施管理 / 66
（四）展馆投资运营模式与策略 / 69
（五）展馆租赁 / 75
任务示范 / 76
任务训练 / 78
任务小结 / 78

项目三　会展展示工程 / 79

项目目标 / 79

任务一　展示工程与展示设计 / 79
任务目标 / 79
知识准备与业务操作 / 79
（一）展示工程 / 79
（二）展示设计 / 80
（三）展示空间设计和展示版面设计 / 84
任务示范 / 89
任务训练 / 89
任务小结 / 89

任务二　展台搭建与展品陈列 / 90
任务目标 / 90
知识准备与业务操作 / 90
（一）展台搭建 / 90
（二）展示环境与展品陈列 / 98
任务示范 / 102
任务训练 / 104
任务小结 / 104

项目四　展前筹备实务 / 105

项目目标 / 105

任务一　招展 / 105

任务目标 / 105
知识准备与业务操作 / 105
（一）招展工作流程 / 105
（二）建立目标参展企业数据库 / 107
（三）划分展区和展位 / 109
（四）确定招展价格 / 111
（五）编制发放招展函 / 116
（六）招展的分工 / 118
（七）招展渠道的选择与策略 / 118
（八）招展宣传推广计划 / 122
（九）招展预算安排 / 125
（十）招展总体进度安排 / 125
任务示范 / 126
任务训练 / 127
任务小结 / 128

任务二　招商 / 128

任务目标 / 128
知识准备与业务操作 / 128
（一）认知展会招商工作 / 128
（二）展会招商方案 / 129
（三）建立目标观众数据库 / 131
（四）展会招商的分工 / 136
（五）展会通讯和观众邀请函 / 137
（六）招商渠道和措施 / 140
（七）招商宣传推广计划 / 141
（八）招商进度安排 / 141
任务示范 / 144

任务训练 / 145
任务小结 / 145

任务三　整体营销 / 145
任务目标 / 145
知识准备与业务操作 / 146
（一）展会的整体营销 / 146
（二）网络营销 / 154
任务示范 / 170
任务训练 / 171
任务小结 / 171

任务四　展务与服务 / 171
任务目标 / 171
知识准备与业务操作 / 171
（一）认知展务与服务 / 171
（二）展会服务与服务承包商 / 174
（三）展会重要资料编写与发放 / 183
（四）重大活动组织与举办 / 187
（五）展前客户关系管理 / 188
任务示范 / 190
任务训练 / 190
任务小结 / 190

项目五　展中实务 / 191

项目目标 / 191
任务一　展会现场服务与管理 / 191
任务目标 / 191
知识准备与业务操作 / 191
（一）展会服务体系 / 191
（二）展会服务的基本特征 / 193

（三）展中现场工作内容 / 198
任务示范 / 202
任务训练 / 203
任务小结 / 203

任务二　展中客户关系维护与管理 / 204
任务目标 / 204
知识准备与业务操作 / 204
（一）展中客户关系类型 / 204
（二）展中客户关系管理与维护 / 206
（三）展中专业观众管理 / 207
任务示范 / 209
任务训练 / 209
任务小结 / 209

任务三　展中重大活动实施与危机管理 / 210
任务目标 / 210
知识准备与业务操作 / 210
（一）展会举行期间的会议与活动策划 / 210
（二）展中危机管理 / 221
任务示范 / 228
任务训练 / 229
任务小结 / 229

任务四　展会调研与改进 / 230
任务目标 / 230
知识准备与业务操作 / 230
（一）展会调研 / 230
（二）调研报告 / 235
任务示范 / 236
任务训练 / 236
任务小结 / 237

项目六　展后实务 / 238

项目目标 / 238

任务一　离场工作与遗留问题 / 238

任务目标 / 238

知识准备与业务操作 / 238

（一）撤展 / 238

（二）撤展的相关注意事项 / 240

（三）撤展的时间管理 / 242

（四）扫尾工作与遗留问题处理 / 243

任务示范 / 243

任务训练 / 244

任务小结 / 244

任务二　展后客户关系管理 / 244

任务目标 / 244

知识准备与业务操作 / 244

（一）展后客户关系管理内容 / 244

（二）客户数据库更新与客户跟踪 / 245

（三）客户回访 / 246

（四）促进企业下届参展 / 248

任务示范 / 249

任务训练 / 249

任务小结 / 249

任务三　展览总结性宣传与内部工作总结 / 250

任务目标 / 250

知识准备与业务操作 / 250

（一）展览总结性宣传 / 250

（二）内部工作总结 / 253

任务示范 / 256

任务训练 / 259

任务小结 / 259

项目七　企业参展 / 260

项目目标 / 260

任务一　企业参展实务 / 260

任务目标 / 260

知识准备与业务操作 / 260

（一）信息收集与参展调研 / 260

（二）参展目标与展会选择 / 262

（三）参展方式与筹备步骤 / 267

（四）企业参展工作实施 / 268

（五）参展计划书 / 278

（六）参展效果评估 / 279

任务示范 / 282

任务训练 / 283

任务小结 / 284

任务二　海外参展实务 / 284

任务目标 / 284

知识准备与业务操作 / 284

（一）参展方式与展会选择 / 284

（二）国外参展操作实务 / 285

任务示范 / 296

任务训练 / 297

任务小结 / 297

参考文献 / 298

项目一

认识展览

◆ 项目目标

1. 掌握展览活动的源流与演变，区别展览类型与特征。
2. 掌握商业展的概念与特征，辨识大型综合性展览与专业展览。
3. 识别展览企业的常见组织机构，掌握组织角色定位。
4. 能分析比较各国会展管理模式，掌握中国政府主导型展会运作模式。

任务一　认知展览

任务目标

学生通过本次任务实训，掌握展览活动的源流与演变，能根据具体展会分析出其所属的展览类型与特征，具备一定的资料查找和分析能力。

知识准备与业务操作

（一）展览活动的起源

古往今来，会展活动一直在地区经济交流中发挥重要作用。国外会展的活动最早出现在希腊的集市。中国作为四大文明古国之一，展览会也有较长的发展历史。中国展览会的历史可以追溯到两千多年前的古代集市。中国古代集市起源于宗族集会。早在西周（公元前1046—公元前771）即有陕西岐山凤雏山村的宗庙会，一年一次，会期3天。

但是，关于展览活动的起源目前尚在探讨和研究中，尚无肯定、统一的看法。认识比较一致的说法大体有“集市演变说”、“巫术礼仪与祭祀说”及“物物交换说”三种。

“集市演变说”认为：贸易性的展览无论在中国或外国，都由集市演变而来。在欧洲是由城邦的传统集市发展演变而成，这一演变发生在15世纪，莱比锡集市演变为莱比锡样品集市（即莱比锡博览会）是贸易性展览起源的代表。

“巫术礼仪与祭祀说”认为：展览作为一种艺术形式，来源于原始人的万物有灵观念，原始人对自然神和祖宗神的崇拜祭祀活动是展览艺术的雏形和起源。

“物物交换说”认为：展览的起源可以追溯到原始社会产生物物交换的初期，在物与物进行相互交换的初级方式中开始存在的“摆”和“看”形式，逐步从物物交换扩大到精神和文化的领域。

欧美展览界普遍认为展览会起源于集市，因为集市已经具备了展览会的一些基本特征，如地点固定、定期举行等。然而，集市只是松散的展览形式，规模一般较小，并具有浓厚的农业社会特征，还处于展览的初级阶段。

展览业界还有一种观点，认为现代展览业的起源是1851年在英国举办的万国博览会。事实上，万国博览会的形态与现代的世界博览会更相似，应该是现代世界博览会的最早雏形。真正的商业性展会起源于德国法兰克福。早在中世纪罗马帝国时期，法兰克福即为手工业和小商品经营者理想的贸易中心，第一届法兰克福秋季展览会创办于1240年，这是典型的买卖双方看货交易的形式，具有现代商业展的雏形。

具有商业性质和作为早期展览会雏形的集市在中国有着悠久的历史。中国会展的起源，最早可以追溯到原始社会和奴隶社会时期出现的悬挂图腾、物物交换等活动。到了封建社会，由于展示手段开始丰富，展示规模不断扩大（如庙会、祭祀展览等），展览便走向壮大时期。真正意义上的中国会展业产生于20世纪初，当时为了抵制洋货而推行国货，北京、上海等地曾先后举办过几届“国货展览会”。1905年，清政府在北京前门设“京师劝工陈列所”，展示各地工业品，同时附设劝业场销售商品。这是中国博览会的雏形。1909年，江苏教育总会在上海召开全省学堂成绩展览会，这是我国首次以展览会命名的展览。1910年，清廷在南京举办南洋劝业会，掀开了中国近代展览史的第一页。南洋劝业会是中国历史上具现代展览概念的第一个商业博览会，大会分设各省纺织、茶叶、工艺、武备等馆，会期3个月，观众达二十多万。1912年，北京政府改清廷在前门的劝工陈列所为商品陈列所，以后又改为劝业场，使得中国最早的这一展馆逐步变成商场。1921年8月，上海总商会商品陈列馆建立，每年6、7月征集展品，每年秋季举办一次展览会。1929年，第一届杭州西湖博览会举办，这是我国历史上规模空前的展览盛会。

中华人民共和国成立至20世纪80年代初期，中国的展览会主要是由政府承办。中国会展业的发展主要经历了三个阶段：1949—1965年是初步发展阶段，新中国会展业在会展规模、办展形式、展览场所和展出范围等方面取得较大进展，其发展雏形初步奠定；1966—1977年是曲折发展阶段，在“左”的思想影响下，会展业发展受到挫折，但中国参加国际博览会取得了较好的反响；1978年改革开放以后是迅速发展阶段，尤其以北京、上海、广州三大会展中心城市最为活跃。我国在加入世界贸易组织的协议附件中，已经把会展业作为服务业承诺对外全面开放。20世纪80年代后期，中国的展览业逐步发展，特别是经过近30年来的迅猛发展，展览已成为国民经济中重要的新兴产业。

2002年起，国家统计局在国民经济行业分类的商业服务业大类中，增加了“会展及展览服务业”一小类，其行业编码为L7419。这表明国家正式承认会展产业和会展经济的形成。

（二）展览活动的定义

改革开放以来，中国会展业以年均近20%的速度递增，行业经济规模逐步扩大，已经成为国民经济发展的新亮点。但是对于什么是会展，国家尚无统一标准，也没有准确的定义。目前，国内主要流行以下几种观点。

第一种观点，会展是会议与展览的简称。

第二种观点，会展是会议、展览、节庆等集体活动的简称，是指在一定区域空间范围内，由多人参加形成的、定期的、制度或非制度的集体性活动。

第三种观点，会展是指会议、展览、大型活动等集体活动的简称。其概念内涵是指在一定区域空间范围内，许多人聚集在一起形成的定期或者不定期、制度或非制度的传递和交流信息的群体性社会活动，其概念的外延包括各种类型的博览会、展览展销活动、大型会议、体育竞技运动、文化活动、节庆活动等。

第四种观点，会展是指多人在特定时空围绕特定主题的聚集交流活动。狭义的会展仅仅指展览会和会议。广义的会展是会议、展览会和节事活动的统称。会议、展览会、博览会、交易会、展销会、展示会等都是会展活动的基本形式，世界博览会为最典型的会展活动。

国外对会展活动也有类似的解释。在美国，会展就是特殊活动，是围绕特定主题在特定时空举办的交流活动。作为全球会展发源地的欧洲把会展解释为 M&E（meeting & exhibition，会议和展览）或 C&E（convention and exposition，会议和博览会）。

究竟何为会展，事实上，国内外至今未能在业界与学界形成一致的观点。

中国学者一般把会展定义为 MICE（Meeting，会议；Incentive tour，奖励旅游；Conventions，大型企业会议；Exhibition and events，展览和节事活动），同时又特别强调会展的经济性，把会展业称为会展经济。会展经济是一种形象说法，它指的是利用一定的地区优势、经济特色、资源优势，由政府或社会团体组织召集供需双方按照事前确定的时间和地点，举行以专业性或者综合性的产品布展、宣传、交易和服务为内容的特色型经济活动。会展经济是通过举办各种形式的会议和展览、展销，带来直接或间接经济效益和社会效益的一种经济现象和经济行为。

综上所述，可以认为会展业既包括会议、展览和展销活动，也包括各种类型的博览会、交易会、体育竞技活动、文化活动、节庆活动等。它是由举办各类大型会议、大型展览和大型社会活动所产生的一系列社会效益与经济效益而形成的产业形态，是现代服务业的重要组成部分。

现代会展主要包括三种类型的活动：一是展销活动，例如各种展会、博览会、交易会等；二是各种类型的国际与国内会议；三是体育盛事、文化活动、大型节庆活动、民俗风情活动。

关于会展的定义：

美国《大百科全书》对“展览会”的定义是：一种具有一定规模、定期在固定场所举办的，来自不同地区的有组织的商人聚会。

中国《辞海》关于“展览会”的词条是：用固定或巡回的方式，公开展出工农业产品、手工业制品、艺术作品、图书图片以及各种重要实物、标本、模型等，供群众参观、欣赏的一种临时性组织。

《简明不列颠百科全书》中“展览会”的词条是：为鼓舞公众兴趣、促进生产、发展贸易，或者为了说明一种或多种生产活动的进展和成就，将艺术品、科学成果或工艺制品进行有组织的展览。

部分专家论述：

孙刚：会展业是……综合性的、关联度非常高的服务贸易行业，……并表现出一种经济现象的多种形态。

杨虎涛：所谓会展经济就是通过举办会议和展览，带来直接或间接经济效益和社会效益的经济现象和经济行为。

陈向军、田志龙：会展经济是以会展业为支撑点，……带动相关产业发展的一种经济。

庞莹、魏志恒：会展经济是……跨产业、跨地区的综合经济形态。

（三）不同场合的展览类型及分类

每个展会都是根据不同的目标特别设计的，因此要把会展根据定义进行分类比较困难。大体来说，可以按照不同项目性质、项目内容、项目规模、主办机构等来进行分类。

1. 按展览项目性质分类

按展览项目性质不同可分为贸易类会展项目和消费类会展项目。区分展览项目是贸易性质还是消费性质，主要标志是观众的组成，即观众是贸易商还是一般消费者，而不是以展品是工业品或者消费品来反映。

贸易类会展项目是指为产业及制造业、商业等行业举办的展览活动，参展商和参观者主体都是商人，参展商可以是行业内的制造商、贸易商、批发商、经销商、代理商等相关单位，参观者主要是经过筛选邀请来的采购商，一般的观众被排除在外。展览的最终目的是达成交易。

消费类会展项目是指为社会大众举办的展览活动，这类展会项目多具有地方性质，展出内容以消费品为主，通过大众媒介如电视台、电台、报刊、网络等吸引观众。观众主要是消费者，消费者有时需要购买门票入场，这类项目非常重视观众的数量。

2. 按展览项目内容分类

以展览项目内容为标准，国际展览联盟（UFI）① 将展览会分成综合性展览、专业性展览与消费展览三大类。综合性展览是指包括全行业或整个行业的展览会，也被称作横向性展览会，如重工业展、轻工业展。专业性展览指某一行业甚至某一项产品的展览会，如钟表展、茶博会。消费展览是指为社会大众举办的展览活动，展出内容以消费品为主，观众主要是消费者。

3. 按展览项目规模分类

按展览项目规模不同可分为国际性展览、区域性展览、地方性展览和独家企业展览等。

UFI 对国际性展览设定的标准是，国外企业参展面积超过 20%，国外采购商超过

① UFI 是国际展览联盟（Union of international Fairs）的简称，在 2003 年，该组织更名为全球展览业协会（The Global Association of Exhibition industry），仍简称 UFI。

20%，且有20%以上的广告宣传费用使用在国外，才能给予国际展会认证。境外参展商和采购商的比例，历来都是衡量展会国际化的指标。在德国举办的国际性展会海外参展商的比例通常超过50%，境外采购商达25%。

4．按展览主办机构分类

按展览主办机构不同可分为政府主导型展览和商业化展览两大类。

按照国际展览联盟的标准，作为组展商的商业展览公司可以分为三大类别，即专门的展馆经营商、专门的展览项目经营商以及展馆兼展览项目经营商。

5．按境内境外办展分类

走出国门赴境外举办展览或者是参加展览统称为出国展。中国企业出国参办展会作为中国会展业的重要组成部分，成为中国经济“走出去”的重要载体和渠道。

6．按会展举办的时间周期分类

按会展举办的时间周期不同可分为定期展和不定期展。

定期展是指定期举办的展览，定期展览有一年四次、一年两次、两年一次等。不定期展览则是指视需要而定为长期展览或短期展览。长期展览可以是三个月、半年甚至常设，短期展览一般不超过一个月。在发达国家，专业展览一般是三天。在英国，一年一次的展览会占展览会总数的3/4。展览日期通常受财务预算、订货以及节假日的影响，有旺季、淡季之分。根据英国展览业协会的调查，3—6月及9—10月是举办展览会的旺季，7—8月以及12月至次年1月为举办展览会的淡季。

7．按呈现形式分类

按呈现形式不同可分为虚拟展览和传统展览两大类。

（1）虚拟展览。

随着商品经济和科学技术的发展，特别是网络时代的到来，各种各样的网上交易会不断涌现，虚拟展览的发展速度空前，被称为永不落幕的展览会。虚拟展览是人们将参展单位的各种信息以多媒体电子文件的形式存放在国际互联网的某个服务器里，供各国客商查阅。有关产品和公司的信息一般包括：文字、图片、音频以及视频资料，即通常所说的多媒体信息。在这些信息中还应包括：公司的背景材料、地址、邮编、电话、传真、电子信箱等。

虚拟展览的基本内容是：主办单位为达到一定的目的，围绕一定的主题进行总体策划组织，通过网上宣传、发布、招展、招商，收到反馈信息后将参展单位的各种资料汇总、制作、编排、布展、上网展示，同时提供导览、检索、用户登记、资料下载、可视会议等让世界各地的供需方通过互联网查阅这些资料，从中选择自己所需要的各种信息或可合作的项目，并与提供产品或项目的单位取得联系，进行协商谈判，直至项目的促成。

虚拟展览的特点是辐射面广、参展费用低、展出期长、信息容量大、传播速度快等。

（2）传统展览。

传统展览是人们将展品在一定的时间、空间条件下通过直观展示来传递和交流信息的群众性社会活动。传统展览的基本内容是：主办者为了达到一定的目的，提出一定的主题，按照主题要求选择相应的展品，在展馆或其他场所运用各种艺术手法在一定的材料和设备上展示出来，以进行宣传、教育或交流、交易。它既有认识、教育、审美、娱乐的作用，又有传递信息、交流情感、沟通产销、指导消费、促进生产等多方面功能。

传统展览的特点是真实性与广泛性、直观性与艺术性、综合性与现代性、群众性与开放性、集中性与时效性等相结合。

8. 按展览会的级别分类

原国家经济贸易委员会2002年12月批准了中华人民共和国商业行业标准《专业性展览会等级的划分及评定》（SB/T 10358—2002），并于2003年3月1日起实施。《专业性展览会等级的划分及评定》具体规定了专业性展览会等级评定条件。当前，我国只有对专业性展览会的等级进行划分的标准。国际展览会标准《国际展览公约》是人类历史上第一个关于协调和管理世界博览会的建设性公约。该公约于1928年11月22日在由法国政府召集的巴黎会议上正式签订，经1948年5月10日、1966年11月16日、1972年11月30日、1982年6月24日、1988年5月31日多次调整修改，并以《修正案》增补，得到不断完善，世界博览会的分类和举办标准更加合理和科学。中华人民共和国于1993年加入国际展览公约，成为国际展览局的第46个成员。

对于会展的分类也可尝试根据其他标准来进行，如以不同的目的分类（贸易类、公益展示类等）。

任务示范

1. 案例资料

中国国际航空航天博览会（以下简称“中国航展”）是我国唯一由中央人民政府批准、逢双年在珠海举办的综合性国际航空航天展览，属“国家行为”，以实物展示、贸易洽谈、学术交流和飞行表演为主要特征。从1996年开始，中国航展一直由珠海航展有限公司承办。迄今为止，该展览已连续成功举办了十一届，现已发展成为集贸易性、专业性、观赏性为一体的展示当今世界航空航天业发展水平的国际盛会，跻身于世界五大航展之列，受到世界瞩目。

2. 案例分析

中国航展按主办机构分类属于政府主导型展会，按项目规模分类属于国际性展会，按项目内容分类属于专业性展览，按性质分类属于贸易类会展项目，按时间周期分类则属于定期展。

任务训练

1. 任务背景

分别查找北京、上海、广州等地知名展会5～10个，了解展会的起源，分析展会性质、所属分类及特征等。

2. 操练要求

（1）以小组为单位，每组设组长1名，负责组织本组成员进行实训。

（2）列出各地的知名展会项目 2～3 个。

（3）根据不同分类标准，分析该展会项目所属类型及所具有的特征。

（4）实训结果汇报与教师点评。

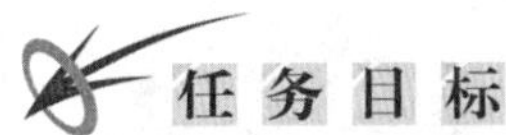

任务小结

完成上述任务，掌握相关能力。

（1）了解知名展会活动的起源。

（2）能收集展会的有效信息与资料。

（3）能根据所收集的资料，分析展会分类属性及特征。

任务二　大型综合展与专业展

任务目标

学生通过本次任务实训，掌握商业展的定义与发展历程，辨识大型综合展与专业展的各自特征，能根据具体展会，识别其所属展览项目类型，并分析其典型特征，熟悉我国知名经贸类展览项目资料，具备一定的资料查找和分析能力。

知识准备与业务操作

（一）商业展

20 世纪尤其是第二次世界大战结束后，商业展在世界范围内得到迅速发展。这与世界整体上长期处于和平状态、人口激增，各国经济得到蓬勃发展直接相关，也与经济全球化、国际贸易繁荣直接相关。

德国展览业协会统计的每年在德国举办的 130～150 个国际性展会都是商业展。经过 UFI 认证的 600 多个展会，绝大多数是纯粹的商业展，少数是政府参与的商业展。由此可见，商业展成为所有展览活动中最常见、最重要的一种形式。

世界性展览组织，除了国际展览局是为举办世博会而设立的纯官方机构，国际展览联盟、国际展览管理协会、德国展览业协会、美国独立组展商协会，都是商业性展览的非官方行业组织。

1. 商业展定义

从广义上说，一切以展示为形式或手段的群体性活动均可纳入展览范畴。从办展的目的来说，展览业既包括经济性的展览（如国内大多数经贸类的商业展会），也包括非经济性的展览（如成果展、文物展、世界博览会等，涉及政治、外交、社会、科技、文化等各个领域）。其中，商业展是经济性展览最常见的形式，也是会展经济最重要的组成部分。

所谓商业展，是指利用展览会、博览会、展销会、看样订货会、展评会、物资交流会、供货会、商品洽谈会及其他交易会形式，多家企业集中在一起，向参观者展示自己

的商品，边展边销，以展促销，从而把商品宣传、销售、市场调研、公关活动等有机结合在一起的一种促销方式。

商业展是企业市场营销的平台，具备展示、交易、信息、经验和交际五大基本功能。这与企业通过广告、实体商店、网络、直邮等方式营销一样，同属于营销要素中的渠道之一。商业展的展示功能面对参展商，体验功能则面对专业观众或者一般观众，其他功能则由展商和客商共享。从商业展的功能来看，其与非经济性展览的本质区别在于它是市场营销活动的一种形式，具有天然的市场经济属性。企业参展商业展，无论是展示产品、服务还是宣传形象、传播品牌，最终都带有经济目的，是企业的市场行为。对组展商而言，商业展同样是以营利为目的的市场行为，通过策划、组织、招商等方式以出售展位和服务，为企业搭建展示形象与产品、获取市场信息和购货订单的平台。

商业展通常是市场主体组织举办的，它与办展主体为政府的展会最大的区别是，它以经济效益为主，追求投资回报，兼顾社会效益。政府举办的展会则以社会效益为主，追求社会效益与经济效益相统一。

2. 商业展是沟通和营销的工具

企业时刻在与周边的环境如合作伙伴、客户、社会大众、供应商、分销商、内部员工、政府机构及相关组织等进行沟通。沟通通常是建立在信息和说服这两种形式上。试图说服的沟通需要沟通者准备好其所要表达的信息，并借助对特定的观众的态度或行为的评估来选择相应的渠道实现，这些是企业的行为。目前普遍认为，所有类型的会展活动都是通过信息达到说服、劝导的目的。因此，商业展本质上是企业沟通和营销的工具，为了达到其沟通和营销的目的，一般会展企业会借助一系列的工具，如广告、公共关系、社交平台等。

根据德国经济展览和博览会委员会（Association of the German Trade Fair Industry，AUMA）2012 年的调研数据，在 B2B（Business-to-Business，企业对企业）的各种商业联系方式中，其重要性依次如下：互联网主页（89%），贸易展会（84%），销售队伍（79%），直接邮递（54%），推介会（41%），商务行程（40%），互联网销售（40%），公共关系（39%）。商业展的重要性在各种商业联系方式中位居第二，有 84% 的企业认可它的重要性。

在各类市场营销方式中，门店直销、媒体广告、邮寄宣传品、促销活动等其他传统营销模式一直与商业展并存，无法相互取代。新的营销方式电子商务虽然对实体展会造成一些冲击，但目前还没有造成颠覆性的影响。商业展的传统优势在于买卖双方面对面地看样成交，实体展会所具有的集聚效应和现场的互动与体验，不是电子商务能替代的。商业展和电子商务是企业市场营销的不同方式，各有其生存和发展的空间。

3. 商业展的发展阶段

商业展经历了三个发展阶段：第一阶段以贸易成交为核心诉求，重点关注买家和订单，例如广交会；第二阶段以贸易洽谈、品牌展示、潮流发布、行业交流为主要内容，强调品牌、产品和参展企业市场推广的综合需求，例如国内主要的大型专业展；第三阶段以行业信息中心为主要特征，占领行业制高点，突出市场信息、设计理念、模式创新和沟通传播，重点关注行业黏度、原创概念和企业认知，例如米兰国际家具展、汉诺威

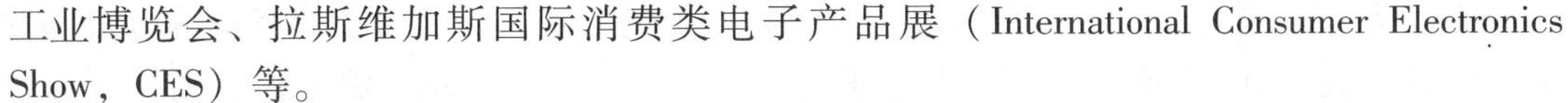

工业博览会、拉斯维加斯国际消费类电子产品展（International Consumer Electronics Show，CES）等。

4．商业展的基本特征

商业展的基本特征包括市场特征、专业特征和品牌特征。

（1）市场特征。

商业展的概念本身即包含着市场特征，这也是商业展的本质特征。

首先是商业展的办展主体的市场化。商业展的主办方主要是市场竞争主体，如国有企业、民营企业、外资机构或者行业协会、企业组织等。主办方对行业和企业的需求有较为充分的了解，因此商业展的策划和组织实施完全从市场的角度考虑和出发，不断寻求参展商和采购商的利益对接点，以各种方式满足参展企业的展示和贸易需求。其次是商业展的办展机制的市场化。市场的需求对商业展项目起着决定性作用。展会作为企业市场营销平台，企业是否参展取决于展会是否符合企业的需求，展会项目能否实施源于市场竞争。因此，发现、切合和满足企业需求是展览成功的关键。

对于展览企业而言，成功举办展会的根本就在于它的展会项目能从市场中求生存、求发展。以德国为例，其展馆和展览公司大多数是国有性质的，但是展会项目运作却是市场化的。在大力发展市场经济的中国，举办的一些展览采用政府主导加市场化的运作方式，也是相当成功的。

商业展的市场化运作模式不仅是中小企业最常用的营销方式之一，更是大型企业集团常用的营销方式。如海尔集团每年参加的展会数以百计，不仅有国内的广交会和本地的青岛家电展等，而且还有国外的各类专业展。海尔的电视及电脑产品在美国拉斯维加斯和德国柏林的消费电子展展销，热水器及洗衣机产品在上海的厨卫展参展，空调产品在上海的制冷展参展，手机产品在北京、天津的通讯展、手机展等展出。

（2）专业特征。

在全球商贸类展会中，综合性商业展日渐式微。与一般的会展相比，专业展具有针对性强、观众质量高、参展效果好等特点，能够最大限度地吸引专业生产商、采购商与消费者。近年来，许多大型综合性展会都在向专业展转型。如汉诺威工业博览会已经分化为机器人展、自动化立体仓库展、铸件展、低压电器展等专业化程度更高的展会。

题材越专业，市场定位越明确，越有利于清晰界定买卖双方群体范围，方便招展招商，并有效匹配采购商与供应商，展会因此也更容易取得成功。展会定位走专业化道路，从市场供需角度看，是随着市场化的深入，对展会匹配效率的要求不断提高的结果。

具备明确展览主题和市场定位的展会，一方面能够符合采购商的专业采购需求，另一方面也使参展企业更容易找到营销定位。专业人员带着专业产品，进行专业信息交流，推动专业品牌传播，引领专业消费新潮流。即便是综合性展会，往往也是由数个专业展会或者展区组成。广交会和上海工博会是综合性或以工业为主的综合性展会，如若展会内部不分设专业展区是不可想象的。德国汉诺威工业博览会的专业化之路，先是区分工业品与消费品两大门类，将消费品剥离出来交由法兰克福举办，随后将工业品逐步细分专业，分设许多单独举办的专业展会。

专业化要求展会专注于某一个行业或者某一市场的客户，努力把握行业或者市场发展的脉搏，展示行业的最新成果，以新技术、新产品、新观念的不断推出，占据同类型展会的制高点。专业化成功的关键不仅需要展览主题的专业化。除提供专业产品之外，成功的专业展还需提供前沿技术、新颖设计、市场动态、行业潮流等大量信息服务。业内各方人士通常都会出现在专业展上，包括政府官员、专业媒体、研发部门、专家学者等领域相关方。好的专业展是全行业的盛会，是行业动态的风向标，而不仅仅是产品的展出。此外，专业展还需要展会运营机构建立科学的管理体系，拥有专业化的人才队伍，实行完善的操作规范，并且形成优秀的企业文化。

（3）品牌特征。

商业展的市场化是它的天然属性，专业化是其发展趋势，而品牌化则是其获得长期成功和持续发展的必要因素。成功的商业展都会注重品牌认知，如享有“亚洲建材第一展”美誉的广州建博会，是建筑装饰行业的专业展览会。举办方非常注重打造展会的品牌影响力，通过邀请行业品牌企业参展，优化观众结构，丰富品类，整合题材，提高展会的专业化程度，使广州建博会的品牌特征得以突出。

处于垄断竞争市场条件下，随着市场竞争化程度的提高，现代会展活动将会更加注重品牌功效。品牌与产品差异有密切的关系。一个品牌是通过某些方式将自己与满足同一需求的其他产品和服务区分开来的。首先，品牌是产品差异的必然产物。其次，品牌本身也是产品差异的重要体现。品牌反映了产品的市场定位、开发理念、文化以及综合品质等方面。这种差异化使产品在市场中具有更显著的竞争优势。

展会作为服务类产品，其品牌的实质是展会项目的差异化。这种差异化，是建立在定位清晰、形象鲜明、满足参展商及客商需求基础之上的。品牌的价值往往通过品牌忠诚度来体现，拥有品牌忠诚的顾客很容易再次选购，因而品牌忠诚使公司的需求更具有可预测性，更有把握，它创建的壁垒使其他公司难以进入这个市场。一个成功的商业展往往能够产生良好的品牌效应，使参展商和客商对品牌展会产生依赖和忠诚感，如汉诺威工博会、CES、广州家具展、上海宝马展等，都是业界具有品牌知名度和美誉度的品牌展会。

因此，中国展会实施品牌战略，应以差异化表明品牌特征，引发良好的品牌联想，在客户关系管理上信奉“客户即市场”，将客户忠诚度作为品牌建设的重要环节加以精心培育。

5. 商业展的功能

商业展览会的功能可分为直接与间接两个方面：直接功能是指展览直接达到的主要效果，如商业展览中所获得的订单，投资贸易洽谈类展览所获得的投资协议等。间接功能是指展览会的衍生功能，如提高城市的知名度，促进城市建设与管理的改进，促进城市旅游的发展和商业的繁荣等。

展览的直接功能是相对于某一个或某一类展览而言的；展览的间接功能很大程度上是相对展览的一般特性而言的，是一系列展览的共同结果。由于不同展览会的档次差别，展览功能所发挥的作用是不同的，评估展览对一个城市的作用时，对间接功能的研究与把握是十分必要的，但是对某一个展览或某一类展览而言，人们关心的则主要是展览的直接功能。

（二）展览规模的划分

1. 划分展览规模

一个展览的大小是一个相对的概念，可以从不同的角度来定义。界定一个展览是否属于“大型”，在业界有很多标准，展览毛面积（或者“展览总面积”）、展览净面积、参展企业数、参观人数等，都可以成为衡量一个展览规模的指标。展览主办方往往会选择一个或多个最有利于自身的指标进行宣传，增加展览的吸引力，因此我们也经常可以看到许多“业内最大”展览，比如香港秋季电子产品展，一直以来都宣传是“全球最大的电子展”。这一方面与其选择的“电子展”定义有关，世界上极少有展品范围完全相同的展览。另一方面，香港秋季电子产品展也的确在参展商数量方面排在同类展览的第一位。同样是偏重于消费电子的展览，CES 总展览面积近 18 万 m^2，远远超过香港秋季电子展近 8 万 m^2 的总展览面积，但在参展商数量上的确略微少于香港秋季电子产品展。因此，香港秋季电子产品展宣传“全球最大”并不为过，在其宣传资料中也通常强调参展商数与采购商数，较少提及展览面积这一指标。

值得一提的是，行业划分可以不断细化，所谓的“业内第一”也是相对的。同样以上面两个展览为例，按 AUMA 的划分，它们均归在消费电子产品（consumer electronics）、广播电视技术（broadcast and television technology）这个大类下，而汉诺威消费电子、信息及通信博览会（CeBIT）也属于这一类。CeBIT 无疑在展览毛面积、展览净面积、参展企业数、参观人数等方面均处于领先地位，称为“世界第一”完全没有争议，所以 CeBIT 的宣传口号就是“The world's No. 1 marketplace for digital business（世界上最大的数字展会）”。

这也给展览主办方一个启示：在规定了一些约束条件后，总可以找到一个对自己最有利的指标，作为宣传推广的卖点。

2. 业界最常用的展览规模指标

一般来说，业界最常用的展览规模指标是展览毛面积。相对其他指标来说，展览毛面积更能突出展览各方面的影响力。

展览净面积对应参展商的租用面积，直接体现了展览最核心部分的规模，也是一个较好的指标，但却反映不了公共展示部分的情况。许多展览会划出一定的公共区域来展示主题性的内容，最常见的包括创新产品、潮流趋势、获奖作品等。这部分区域由主办方组织，不属于任何参展商，因此不能计入展览净面积，但却是一个优质展览不可或缺的部分。展览毛面积则把这部分区域面积也计算在内，因此能更全面地反映一个展览各方面的情况。

参展商数量也反映了一个展览的规模。但在参展企业数相对固定的情况下，展览的总面积越小，企业的平均展位面积就越小，说明企业的平均规模或参与积极性（投入）也越小。特别是规模达到一定程度的展览，如果参展企业普遍展位较小，说明企业在突出自身特点、差异化竞争方面的表现普遍较弱，展览本身的竞争力、行业影响力也不可能高。因此，作为一个代表性指标，参展商数量仍然不如展览毛面积全面。

观众数量往往是展览效果的最终反映，受多方面因素影响，因此也不是一个最佳的指标。比如，消费型展的观众数量通常会远远多于贸易展，但这并不能说明问题，因为

专业观众和非专业观众对一个展览会的影响力是不一样的。主办方是否收取门票费用、费用的高低以及是否有其他限制条件（比如凭邀请函入场）等，都会对观众数量产生影响，而且不同展览的情况会完全不一样，缺乏一个统一的标准来确定观众质量，所以单纯比较观众数量不具备足够的说服力。

当然，展览毛面积也不是一个十全十美的衡量指标。比如，不同的展览会有不同的展厅利用率（展厅利用率 = 展览净面积/展览毛面积），显然，在毛面积相同的情况下，展厅利用率越高，则该展览规模越大。但无论如何，展览毛面积是相对而言最为全面的展览规模衡量指标。

那么，在确定把展览毛面积作为衡量指标之后，到底总面积达到多少才算是大型展览呢？这里面也有一个相对概念的问题：不同经济体量，可能对大型的定义也不同。

就中国而言，在北京、上海、广州、深圳等一线城市展览，可以定义10万 m^2 以上的为超大型展览，5万～10万 m^2 的为大型展览，3万～5万 m^2 的为中型展览，3万 m^2 以下的为小型展览。这也是广交会展馆的划分标准，对全年在其场馆举办的各类展览均按此划定规模档次。其他城市可以根据实际情况下调指标，比如在南宁举办的东盟博览会展览面积折算约9万 m^2，若在北京、上海、广州、深圳等地只能算是大型展览，而在当地无疑属于超大型展览。

（三）综合展

1．综合展的概念和特点

综合展是区别于专业展的概念。站在参展商的角度，专业展和综合展之间的划分标准往往是相对的。例如，广州国际建筑装饰博览会（简称广州建材展）通常会被认为是一个专业展，但对于一个只做大理石板的厂家来说，这样的建材展可能会被认为是一个综合展，而厦门国际石材展才是他心目中的专业展。

但站在展览从业者的角度，必须给出一个较为客观、通用的定义：一个展览如果涉及两个或两个以上相关度不高的行业，但又在同一品牌下同时展出，可以认为是综合展。在这里，行业的区别也并非十分严格。

AUMA将展览划分为99个行业类别，除了第1～4类和第97～99类，其他92个类别全部都是专业展。

第97～99类是相对比较特殊的3个类别。第97类：德国在境外举办的展览（专指德国政府举办的展览，数量非常少，近年来只有每两年一次的旨在加强德国与巴拉圭合作的展览）。第98类：世界博览会。第99类：其他贸易展。

第1～4类则是通常所说的综合展，包括：生产资料与消费品综合贸易展、生产资料贸易展、消费品贸易展及消费品综合展。

值得注意的是，AUMA划分的99个分类并非互不相容，在很多情况下，同一个展览在几个分类中都可以查到。这也是与展览划分标准多样化的特点相适应的。

尽管专业展和综合展之间的划分是相对的，但总体而言，一方面综合展中不同行业的相关度不如专业展紧密，观众跨行业采购的可能性相对较低，观众共享率较低，因此也难以形成展览的规模优势；另一方面由于产品类别多，观众需要花更多的时间寻找目标产品，因此综合展的交易效率通常不如同规模的专业展。所以，在市场经济发展比较

充分、采购商的社会分工比较成熟的条件下，展览机构一开始举办的往往都是专业展。

现实中，依然会看到许多大型展览以综合展的形式呈现，或者说许多专业展在发展过程中越来越“跨界”，扩充到其他行业则变成了某种形式的综合展。

我们在比较综合展和专业展的交易效率时，强调了一个关键词“同规模”。展览是一个规模效应非常明显的行业，强者恒强，通常规模越大越有优势。如果比较规模不在一个级别的专业展和综合展，是没有意义的。一个综合展下某个题材的规模已经与专业展相当，它的交易率并不一定会低于专业展。

2. 综合展的形成情况

综合展的形成，一般而言有几种情况：

（1）从创办之初就选择了综合展形式，规模从小到大，逐步发展成为大型综合展。

这类综合展往往是在采购商的社会分工还不太细致的状态下，比如在一些经济体量比较小的国家或地区，又或者处于经济发展水平还不太高的时期才会形成。这也是市场的选择。广交会与汉诺威工博会这样的世界顶级大展，都属于这种情况。

（2）最初创办时是专业展，随着展览规模发展到一定程度，扩张到其他题材，变得更综合。

这是大型展览中常见的发展轨迹。扩张到其他题材通常有两种形式：一是从原来已经涉及的题材中细分出更专业的行业或题材成为专业展区或子展区；二是直接设置新的专业展区或子展区。比如中国（广州）国际家居博览会（简称广州家博会）。在其不断的发展历程中，广州家博会首先细分为民用家具展和办公家具展两大模块。随后，由于展览发展迅速，展馆场地不足，进而以两大模块为基础，分期举办。在发展过程中，虽然仍然在一个大品牌下，但是广州家博会总体上已经变成了一个大型综合展。

（3）展览合并，即原来独立办展的两个或更多展览合并成为新的展览。

如果原来的展览题材不同或各有偏重，合并后自然就形成了综合性更强的展览。实际上，通过这种形式演变而成的综合展，背后的原理同第二种情况类似，即通过综合性扩大目标客户群，通过专业性提高交易效率与竞争力。

（4）大型综合展通过品牌移植，异地举办。

这是许多跨国展览巨头经常采取的办展模式。由于母展已经经过市场考验，所以如果母展本身是综合展，移植异地举办的新展往往也会采取综合展模式。

（5）考虑了一些市场以外的因素而按综合展模式举办的展览。

大部分展览基本上是在市场中自然形成的综合展，但也有一部分展览由于考虑到社会效应、政府行政目标等因素，为了扩大其规模和初期的社会影响力，选择了综合展的形式。这也是中国涌现出许多政府主办的综合展的主要原因。

中国进出口商品交易会，又称广交会，创办于1957年春季，每年春秋两季在广州举办，是中国目前历史最久、层次最高、规模最大、商品种类最全、国别地区最广、到会客商最多、成交效果最好、信誉最佳的综合性国际贸易盛会。

1956年，以“中国国际贸易促进委员会”的名义在广州原中苏友好大厦举办了为

期两个月的中国出口商品展览会。

1957 年，经国务院批准，中国各外贸公司在广州举办了春秋两届中国出口商品交易会。

1972 年《中美联合公报》发表后，当年春交会应邀到会美商有42 人，这是中美贸易中断二十多年后美商首次到会。

1974 年，第三次搬迁至当时流花路新建的广交会大院。展馆正面镶有郭沫若先生手书的“中国出口商品交易会”。

1980 年，广交会开始了对台贸易。

1983 年，中外合资企业首次到会开展出口成交业务。

1989 年，一年两届的广交会出口成交额首次突破 100 亿美元，达 108.9 亿美元。会期由20 天改为15 天。新增设了经济特区交易团。

1993 年实行主要由“省市组团，按团设馆”的改革，共设45 个交易团，试办轻纺交易会。

1994 年，广交会开始按“省市组团，商会组馆，馆团结合，行业布展”的方案组展。设六大行业馆。

2000 年，广交会会期由15 天改为12 天，到会客商突破10 万人。

2002 年，从第91 届开始，改为一届两期，每期六天，两期内间隔四日；同时将参展的商品分类，安排在两个时段中分别展出。

2003 年秋交会：到会采购商超过15 万人，成交额超过200 亿美元；同时，广交会部分展区于10 月20—30 日在琶洲展馆试运行举办。

2004 年春交会：广交会再次扩大规模，第95 届在琶洲展馆和流花路展馆两馆分两期同时举办，广交会琶洲展馆一期13 个展厅同时投入使用。

2005 年，展览总面积达 55.5 万 m^2，规模跃居世界单年期展会第二位。

（四）专业展

1. 专业展的概念与特点

专业性展览会和综合性展览会是相对的，它是指展品范围只包含某一个产业或以某一个产业为核心而延伸至产业链上下领域的展览会。所谓产业，一般是指在国民经济统计类别中所进行的行业分类的各单项。专业展览会的展期时间一般是 3 ~ 4 天，也有稍长一些的，但很少有超过 7 天的。

与综合性展览会相比，专业性展览会有以下几个特点。

（1）展品范围只专注在一个产业里。

专业展览的展品范围往往比较“专业”，多局限在某一个产业里，只接受该产业里的产品在自己的平台上进行展示和发布及成交。如果该产业的延伸性较强，专业展览会的展品范围也可以延伸到整个产业链并涉及其上下游关联领域。当不是该产业或者产业链的产品出现在某个专业展览会时，该专业展览会往往会被业界认为“不专业”。因此，专业展览会一般不接受非展览题材所在产业的产品来展出。

（2）展会功能以微观为主。

总体上来说，展览会的功能可以分为宏观功能和微观功能两种。展览会的宏观功

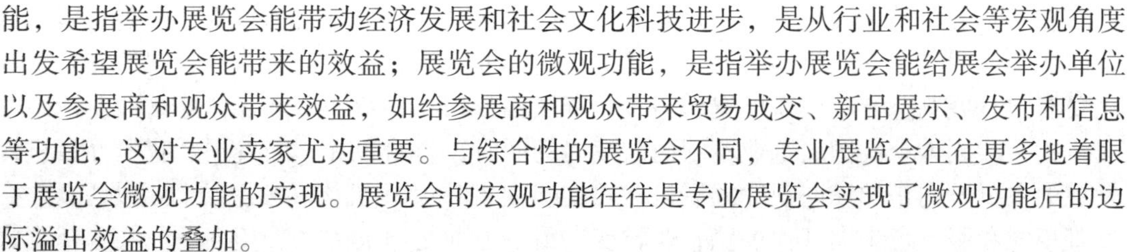

能，是指举办展览会能带动经济发展和社会文化科技进步，是从行业和社会等宏观角度出发希望展览会能带来的效益；展览会的微观功能，是指举办展览会能给展会举办单位以及参展商和观众带来效益，如给参展商和观众带来贸易成交、新品展示、发布和信息等功能，这对专业卖家尤为重要。与综合性的展览会不同，专业展览会往往更多地着眼于展览会微观功能的实现。展览会的宏观功能往往是专业展览会实现了微观功能后的边际溢出效益的叠加。

（3）注重合作与共赢。

和大型综合类展会注重政府或机构之间的关系不同，专业展览会往往非常注重展会与参展商和观众之间的合作和共赢。只有实现展会与参展商和观众之间的合作与共赢，专业展览会才能取得发展，追求合作和共赢是专业展览会得以不断发展的动力。专业展览会与参展商和观众之间的合作与共赢体现在三个方面：一是追求展会与参展商和观众之间的合作与共赢，这是展会能得以保持可持续发展的基础和保障；二是追求办展单位之间的合作与共赢，这是在“竞争合作”的大环境下，办展单位之间能保持长期合作的基础，也是展会能快速发展的保障；三是追求微观层面和宏观层面的共赢，主要是展会带动经济及相关产业发展与展会自身发展之间的共赢，以及展会自身发展与借助展会来实现一些其他社会、科技和外交等方面目标之间的共赢。这一点在大型专业展览会表现得尤为明显。

2. 中国专业展概况

（1）基本现状。

我国展览业目前基本情况可以概括为：发展快，数量多，行业竞争秩序有待规范；从产业地域分布上已经形成了三大战略中心和五大产业带；会展场馆数量过剩，使用率较低；多元办展机构竞争和合作。

（2）中国展览业发展趋势。

①从世界范围来看：随着世界产业的转移，我国日益成为“世界工厂”，很多在题材所在产业的生产集中地举办的展会也转移到我国，不过由于产业转移主要在中低端产业中进行，所以展览业的转移也主要集中在中低端产业。随着经济的发展，一批新兴产业也在我国快速崛起，同时，相关新兴产业的市场规模也在快速扩大。在此背景下，一些原来只是在西欧和美国举办的与战略性新兴产业相关的展会，也部分转移到我国举办。在亚洲，随着产业的转移，一些在东南亚和日本举办的展览会日益萎缩，而随着我国产业和市场的扩大，在中国举办的相关展会却在快速增长。从世界会展业的转移趋势来看，我国展览业在世界展览业中的地位越来越重要，所占的比重也越来越大。

②从我国展览业发展来看：一是展览业从粗放型增长向品牌集约型增长转变；二是市场化步伐加速，行业加快整合，并购增多，强者越强。在展览业加快发展的过程中，政府正逐步退出办展的具体事务，并对政府主办和承办的展览项目进行大规模的撤销或转型，展览业的市场化进程在加快。在市场经济的作用下，展览业办展也向节俭、绿色方向转变，展会的开幕式活动被精简或取消，流程简化，不搞装饰，现场不摆放鲜花，嘉宾区不铺设红地毯，招待酒会被取消或大幅缩小规模，展会期间会议活动精简。政府对展览业的作用更多地体现在加强行业管理、引导行业发展上。

③从办展单位发展来看：一是办展单位在加速向现代办展机构转变；二是会展企业集团化趋势明显。办展机构主要是指展览会主办或者承办单位。目前，我国的办展机构主要有国有展览企业、民营展览公司、外资展览公司、行业协会和媒体等5种。这些办展机构在共同推动我国展览业不断向前发展的同时，自身也在不断发展。我国办展机构发展的主要方向是加速向现代办展机构转变。向现代办展机构转变一方面是办展理念、管理模式和服务意识向现代展览企业转变；另一方面是组展方法、招商手段和营销模式逐步走向现代化。

④从专业展本身的发展来看：一是展会功能由单一向多重转变；二是服务更加系统化和精细化，营销手段更加多样化。展览业在我国曾经是一个功能十分单一的行业，如以贸易成交为单一功能，整个展会的举办目标就是不断地追求贸易成交量；或者以实现一些社会目标为单一目标，如展示某行业的发展成就等。随着我国展览业的快速发展，近年来，我国很多展会从单一功能向多重功能转变，如在举办展会时，既兼顾展会发挥带动行业发展等宏观功能，也注重展会营利和便于企业营销的微观功能。在展会的微观功能中，既追求贸易成交，同时也兼顾信息、发布和展示等功能。展会功能的多重化使我国很多展览会更具现代展会的特质，更具丰富多彩的内容和形式。

3. 影响专业展发展的因素

任何经营活动都是生存在一定的市场环境之中，并遵循着“适者生存”的法则。举办展览会，既是一项涉及很多方面的经济活动，也是一场涉及很多领域的社会活动。某些因素的发展和变动趋势，对专业展的举办和发展会产生重大影响。

（1）宏观环境。

宏观环境是指能对展会举办产生影响的各种宏观因素，这些因素可能会给展会带来市场机会，也可能会给其造成威胁。展会举办机构对宏观环境必须加以密切关注并及时做出适当的反应，以便有效地识别和抓住市场机会，避开威胁。宏观环境所包含的因素都是办展单位自身以外的因素，并且基本上都是其自身所不能控制的因素，包括经济环境、技术环境、政治法律环境、人口环境、社会文化环境等。

（2）微观环境。

微观环境是指对办展单位举办展会构成直接影响的各种因素。这些因素包括：目标客户、竞争者、营销中介、服务商、社会公众、办展单位内部环境等。和宏观环境一样，微观环境所包括的各种因素也可以给展会带来市场机会或者造成威胁。

（3）产业发展。

产业发展状况和产业的性质是影响一个展会能否成功举办的重要因素之一。产业不同，举办展会的策略和办法也不一样。关注产业的有关信息，主要是要分析产业能给展会提供怎样的发展空间，产业状况对举办展会可能产生怎样的影响等。

（4）市场与商业模式。

什么样的市场和相关商业模式决定着举办什么样的展览会，市场和相关商业模式的变革往往决定着展览会的兴衰。举办市场的商业性展会，需要事先对相关市场和相关商业模式进行全面的了解，对各种市场信息进行全面而深入的分析，并在此基础上制定科

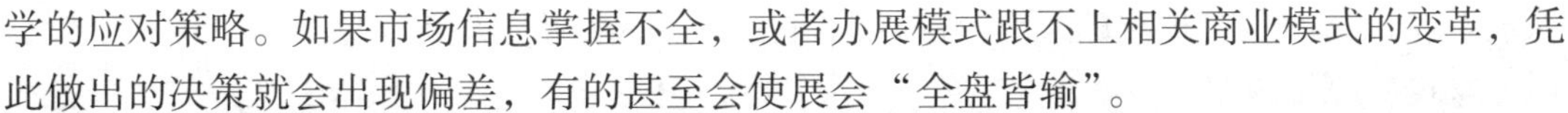

学的应对策略。如果市场信息掌握不全，或者办展模式跟不上相关商业模式的变革，凭此做出的决策就会出现偏差，有的甚至会使展会“全盘皆输”。

（5）有关法律法规。

法律法规对举办展会的影响体现在三个方面：一是通过对国内外企业参展意愿和参展行为的影响来间接影响展会；二是通过对展会组织方式等的约束来直接影响展会；三是通过对展会举办单位的市场准入资格的限制来影响展会。

（6）相关展会。

在举办展会时，最理想的状态是在自己举办展会的产业里不存在其他同类题材的展会。但是，现在这种理想状态已基本不存在。因此，在举办展会时，一定要对该产业内现有展会的情况有所了解，这样就可以为制定同类展会之间的竞争策略提供重要的参考。从理论上讲，对相关展会的有关信息当然是了解得越多越好，但由于存在竞争关系，一般很难全面收集到与展会相关的全部信息。在举办展会时，一般应该收集到与展会相关的信息有：同类展会的数量和分布情况，同类展会之间的竞争态势，重点展会的基本情况，等等。

4. 影响专业展生命力的因素

有关展会项目生命力的分析，应从展会项目的本身出发，分析该展会是否有发展前途。有些展会具备举办的条件但不一定有发展前途，只有既有举办条件又有发展前途的展会才具有投资举办的价值。分析展会的生命力，不仅要分析展会的短期生命力，还要分析展会的长期生命力。

（1）展会的定位和发展战略。

专业展会的定位和发展战略的制定是一个展会可持续发展的原动力。好的展会定位和发展战略犹如给展会发展插上腾飞的翅膀，可助展会一臂之力；反之，则犹如对展会发展套上了囚禁的枷锁，极大地影响展会的发展。在给展会制定发展战略和定位时，要避免出现几个方面的问题：一是定位不够，即展会定位对展会所具有的特征、优势以及展会能带给参展商与观众的利益表达得不充分和不全面，导致参展商和观众对展会只有一个非常狭隘的印象，这会自动将一部分参展商或观众排斥在展会的目标客户之外，不利于展会的招商和招展；二是定位过分，即夸大了展会所具有的特征、优势以及展会能带给参展商与观众的利益，或者展会所宣扬的这些特征、优势及利益是不可行的，这会使参展商或观众对展会产生不切实际的过高期望，不利于展会的可持续发展；三是定位模糊，即不能清楚准确地表达展会所具有的特征、优势以及展会能带给参展商与观众的利益，或者是对展会所宣扬的这些特征、优势及利益的表述比较混乱，使参展商和观众对展会只有一个模糊和混乱的概念，不知道其特别之处，这会使展会丧失品牌号召力，不利于对展会竞争优势的培育；四是定位疑惑，即由于展会展出现场操作等方面的问题，参展商和观众从展会的现场和实际操作中难以理解和体会展会的定位宣传，从而对展会的定位产生疑惑，对展会整体产生不信任感，这是展会筹备过程中的致命硬伤之一，它不利于展会获取目标客户及大众的认可；五是定位僵化，即展会定位不能紧跟市场形势的变化而变化，市场形势变了，展会的定位还是老样子，落后于市场形势，不能

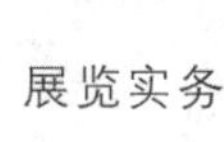

及时反映市场对展会提出的最新要求，这将使展会逐渐老化并丧失竞争力，不利于展会随市场的发展而发展。

(2) 展会的发展空间。

展会项目的发展空间，是指从展会的长远发展出发，展会项目所具备的可持续发展所需的各种条件。它是立足于现在来分析未来，是对展会未来发展趋势的一种判断和预测。一般地，展会所依托的产业空间、市场空间、地域空间和政策空间极大地影响着展会的发展空间。

(3) 展会项目的竞争力。

展会项目的竞争力，是本展会与同题材的其他展会相比所具有的竞争优势。展会的竞争优势来源于很多方面，但对于一个展览题材已定的展会来说，参展商和观众的构成、展会价格、展会服务、办展单位的品牌影响力、展会定位的号召力等因素，对展会的竞争优势具有决定性的影响。

(4) 办展单位优劣势。

每一个办展单位都有自己擅长的领域，也都有自己不熟悉的领域，在自己不熟悉的领域里从事经营活动，就好像是在黑夜里摸索着前进，失败和挫折往往在所难免。

办展单位的优势，决定着它们在哪些产业里举办展会成功的可能性较大，也决定着它们举办什么性质的展会会有较大的优势。例如，某一个办展单位对汽车产业非常熟悉，在汽车行业里拥有合作网络，而该办展单位对家具产业基本一无所知，因此，该办展单位举办汽车类的展会的成功率就比举办家具类展会要大。

所以，办展单位在举办展会时不只是要考虑该展会本身是否有发展空间，是否有竞争力，还要考虑办展单位自身的优劣势，要考虑办展单位自己是否具备举办这样展会的能力，如果条件不具备，就不要轻易举办。

当然，办展单位如果发现自身举办某展会的条件还不具备，但该展会又确实有发展前途时，也可以通过重新组合办展单位的构成，优势互补，整合资源，使自己基本具备该展会所需要的各种能力，这样也可以举办该展会，展会的生命力也会有保证。

(五) 中国的国际经贸展

中国现有的国际贸易展览大多为商贸类展会。以促进贸易成交、技术交流、经济合作、项目投资、服务推广等商业性目标为主的商贸类展会，最能代表会展业的国家竞争力。

经济贸易类展览是会展经济的主要组成部分，也是拉动地区经济贡献最大的展会类型，更能代表会展经济发展的核心内容。经济贸易类专业展会作为促进市场透明化、优化产业结构、鼓励科技创新、开拓贸易新市场的有效渠道，对于帮助企业走出危机、促进经济复苏发挥着重要的催化器的作用。

1. 中国对外贸易中心（集团）与广交会

中国对外贸易中心是商务部直属事业单位，主要负责承办中国进出口商品交易会，在广州、上海同时拥有国内两个超大型现代化展馆，即位于广州市海珠区琶洲岛的广交会展馆和位于上海市虹桥商务区核心区西部的国家会展中心。中国对外贸易中心以其

60 年的专业办展经验、卓越的业绩、专业的服务在中国会展业中占有举足轻重的地位。

中国对外贸易中心下设企业集团——中国对外贸易中心（集团），主要业务是主办各类大型专业展览，经营穗沪两大展馆，通过旗下子公司及控股/参股公司经营电子商务、广告、进出口贸易、旅游、酒店、餐饮、物业等业务。

中国对外贸易中心（集团）所经营的穗沪展馆办展面积达 1 070 万 m^2（含广交会），列世界各展览机构之首；自主举办的家博会、建博会、汽车展均为世界知名品牌大展；2013—2016 年连续四年被评为中国服务业企业 500 强、广东省企业 500 强、广东省服务业 100 强。中国对外贸易中心（集团）立足广州，布局上海，辐射全国，致力于推动中国会展行业由大向强转变，提升我国会展业的国际影响力和话语权。

中国进出口商品交易会（The China Import and Export Fair），简称广交会，创办于 1957 年春季。自 2007 年 4 月第 101 届起，广交会由中国出口商品交易会更名为中国进出口商品交易会，由单一出口平台变为进出口双向交易平台。广交会是中国商贸流通领域最具有代表性的展览会，经过 60 年的发展，已经构建成一个大型国际化展会，具有完整的业务、服务与管理体系。相关研究表明，被称为中国第一展的广交会是目前世界上规模最大的展会，每年能为广州带来超过 326 亿元的经济效益。广交会销售收入与经济效益总和之比约为 1∶13.6，高于全球展览最先进国家德国的平均收益水平。广交会是中国商贸流通领域最有代表性的展览会。

2. 国家重点区域性展览会

为贯彻外贸市场多元化战略，进一步开拓周边国家市场，加强与周边国家和地区的经贸合作，推动区域经济一体化进程，一些针对周边国家和地区的展览会相继开办。如中国东盟博览会、中国—亚欧博览会、中国哈尔滨国际经济贸易洽谈会等。这些展览会针对各自的重点国际市场。

3. 各地方政府主办的、以出口为导向的商品交易会和贸易洽谈会

随着国家经济的持续快速发展，先后涌现出大批这类展会。中国大连商品出口交易会是在广交会以外第一个由地方政府主办的出口商品交易会，此外还有由华东 9 省市人民政府在上海联合举办的中国华东出口商品交易会，以及河北经贸洽谈会、兰州经贸洽谈会和浙江投资贸易洽谈会等。

4. 招商引资类展会与科技成果展示交易会

利用外资政策是中国改革开放的重要内容。随着改革开放进程的加快，以吸收外资为主要目的的招商引资类展会也发展起来。首届中国国际投资贸易洽谈会于 1996 年 9 月 8 日在厦门举办，是中国目前唯一以促进双向投资为目的的国际投资促进活动。随着知识经济的到来，为配合国际科技兴贸战略，以高新技术产品、尖端技术展示和科技成果交流为主题的交易会应运而生，其中最有代表性的是创办于 1999 年的中国国际高新技术成果交易会（简称高交会）。高交会是我国目前规模最大、最具影响力的科技类展会，被誉为“中国科技第一展”。

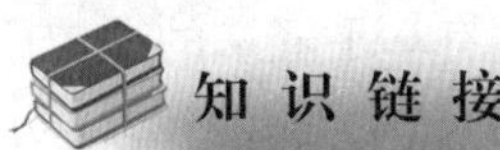

德国展览业协会在2016年对全球展览公司综合收入（包括主办收入、展馆运作收入、展会服务收入）进行了调查并发布了榜单。根据这份榜单可以发现在2016年收入超过1亿欧元的几乎是欧洲展览公司（26家），其次是亚洲（4家），美国（1家）。

下面简单介绍一下排在全球前10位的展览公司，如表1－1所示。

表1－1　2016年全球展览公司综合收入榜单前10位

排名	公司名称	公司简介	综合收入
1	英国励展博览集团	该集团为全球最大的展览及会议活动主办机构，总部位于英国，是励德爱思唯尔集团的成员之一，目前在全球设有34个代表机构，每年在42个国家主办500个展览及会议活动，积累了逾百年的国际展会的开发、策划、推广及销售经验，赢得“权威展会主办者”等美誉。其于20世纪80年代进入中国办展，现已发展为中国最活跃的国际展览及会议主办者，除了在北京、上海和香港分别设有直属分支机构以外，还相继携手优秀的中方合作伙伴成立了四家合资公司，即上海励华国际展览有限公司、国药励展展览有限责任公司、励展华博展览（深圳）有限公司和河南励展宏达展览有限公司。励展中国公司及励展在华合资公司均为UFI之成员	11.83亿欧元，本榜单中收入超过10亿欧元级别的只此一家
2	英国博闻公司	该公司是一家国际知名的跨国企业，提供专业商贸展会市场及资讯服务。其通过结合商贸展会、市场网站以及对行业信息的整合发布，汇聚全球买家及供货商，为客户创造商业机会。由超过30个国家的5 000名员工组成的专业团队，协助客户有效开发市场。 亚洲博闻有限公司隶属于英国博闻公司（UBM plc），是亚洲最主要的展会主办单位，也是中国大陆、印度和马来西亚市场最大的商贸展会主办商。亚洲博闻拥有强大的国际网络，总部设于香港，子公司遍布亚洲、涉足美国，于25个主要城市设30个办事处及聘用超过1 400名员工。亚洲博闻服务行业逾30年，产业覆盖19个市场领域，包括160个商机勃勃的展览会、75个高级别专业会议、28种高质专业杂志，以及营运18个全年无休的垂直网站和网上虚拟会展服务，为来自全球超过100万名参展商、买家、会议代表、广告商及读者提供高效益的商业配对、优质的行业新闻及网上贸易网络等一站式多元化全球服务	8.55亿欧元
3	德国法兰克福展览公司	该公司总部位于法兰克福，目前在全球拥有28家子公司、5个办事处以及52个国际销售伙伴；业务范围覆盖150多个国家和地区，聘用超过1 700名员工，每年在全球30多个城市举办超过100场专业展会，其中一半以上是在德国以外的地区。该公司是全球最大型的展览会主办单位之一，多个旗舰展会在市场上具有领导地位。该公司是一家国营机构，法兰克福市政府拥有60%股份，黑森州政府拥有40%股份	6.47亿欧元

续上表

排名	公司名称	公司简介	综合收入
4	法国智奥集团	该集团在会展产业已累积超过30年的办展经验。集团下有GL Events Exhibitions、GL Events Live及GL Events Venues等三家子公司。2006年，智奥在中国上海成立了分公司，其服务范围日益扩大	4.56亿欧元
5	瑞士MCH集团	该集团主办40项专业的国际展会，管理24万m^2的展地，并提供博览会及各种活动的配套服务。MCH集团及其3项业务覆盖各项活动市场的所有领域，并有能力负责一场展会的全部流程。值得一提的是，它就是全球顶级艺术展——巴塞尔艺术展的母公司	3.84亿欧元
6	英国英富曼展览公司	该公司的历史甚至可以追溯至1880年的国际印刷展（IPEX）。如今已经在全球38个城市举办了150多场大型国际展会，重点涉足美容、建材、生命科学、设计等领域的垂直行业展览，著名的泰国美容展就是由该公司主办的	3.56亿欧元
7	意大利米兰国际展览中心	该中心包括米兰展览馆、米兰RHO展览馆以及米兰城市展览馆，可展出总面积达140万m^2。世界知名的时尚消费品展会米兰国际家具展、米兰时装展、米兰建筑设计展等都是在此举办的	3.37亿欧元
8	德国汉诺威展览公司	该公司成立于1947年，汉诺威展览中心是全球规模数一数二的会展中心。它在海外拥有70多家办事处和分公司，每年举办的展会以贸易货物为主，其中汉诺威工博会是全球知名的工业展会	3.29亿欧元
9	德国科隆国际展览有限公司	全球90%以上的出口型产品会由其展出。该公司主办的展会一般只对专业人士开放，展会在2016年吸引了4 300多家参展商以及来自175个国家的200多万位观众，总展出面积逾430万m^2	3.21亿欧元
10	德国杜塞尔多夫展览公司	该公司拥有40余年的办展经验，在国外有64家代表处和13家直接参与经营的子公司，范围覆盖102个国家和地区。该公司举办过4 000多场国际展会，涉及领域包括材料技术、包装加工、健康美容、服装纺织等	3.02亿欧元

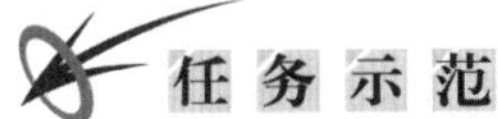

任务示范

1. 案例资料

中国进出口商品交易会（The China Import and Export Fair），简称广交会。广交会创办于1957年春季，每年春秋两季在广州举办，至2017年已有六十年历史，是中国目

前历史最长、层次最高、规模最大、商品种类最全、到会客商最多、成交效果最好的综合性国际贸易盛会。自2007年4月第101届起，广交会由中国出口商品交易会更名为中国进出口商品交易会，由单一出口平台变为进出口双向交易平台。

中国广州国际家具博览会，简称广州家具展，创办于1998年，每年3月及9月春秋两届举办。广州家具展以其规模之大、参展商和采购商之多、展示质量之高，形成了难以超越的国内外影响力，被人们誉为中国家具业的晴雨表。其目前已形成三大主导品牌——中国广州国际家具博览会（民用家具展），中国广州国际家具博览会（办公环境展），中国广州国际木工机械、家具配料展览会。

2. 案例分析

广交会是政府主导的大型综合性展览项目，其参展商数量、展览毛面积、采购商数量、参展范围、展品类型等衡量指标在国内外知名展览项目中均属前列。其展品范围涵盖广，展会功能体现较多，不仅是企业营销平台，还引领着中国展会发展趋势与动向。

广州家具展是专注于家居家具行业的专业性商贸展览会。其展品范围立足于家居家具行业内，采购商也是行业内相关人士。广州家具展的参展商主要以企业营销为参展目标，组展商也是以获取企业利益为主要目的，因此是典型的商业展。

大型综合性展会与专业展在主导机构、组展方式、参展商构成、展品范围、行业范围、采购商构成等方面均存在差异。

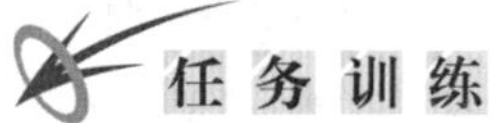

任务训练

1. 任务背景

按照大型综合性展会与专业展，分类查找国内外知名展会8~10个，了解各展会项目的发展历程、在行业内的影响力、组展机构等信息，分析两种类型展会的差异，试分析两类展会项目的发展趋势。

2. 操练要求

（1）以小组为单位，每组设组长1名，负责组织本组成员进行实训。

（2）查找知名大型综合类展会项目4~5个。

（3）查找专业类展会项目4~5个。

（4）分析两种类型展会的差异，试分析两类展会项目的发展趋势。

（5）实训结果汇报与教师点评。

任务小结

完成上述任务，掌握相关能力。

（1）能辨别商业展与非商业展。

（2）能根据资料归纳出大型综合展和专业展的特征。

（3）清晰了解大型综合展和专业展的异同点。

（4）熟悉中国的国际经贸展名称、特点、发展历程等。

任务三　展览组织结构

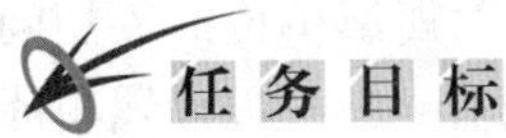

任务目标

学生通过本次任务实训，掌握展览组织结构的相关内容，能根据具体展会项目资料，分析其组展方的组织结构设置，并能辨别其设置的优劣势，具备一定的资料查找和分析能力。

知识准备与业务操作

展览的成功举办，离不开展前和展中的周密部署和充分筹备。要完成这些工作，就必须依靠精确的展览组织思路和分工明确的组织结构。对于展览企业而言，其组织结构的合理构建是保障展会顺利举办的关键因素。

（一）组织结构

1. 组织结构的含义

组织结构的概念有广义和狭义之分：狭义的组织结构是指为了实现组织的目标，在组织理论指导下，经过组织设计形成的组织内部各个部门、各个层次之间固定的排列方式，即组织内部的构成方式；广义的组织结构除了包含狭义的组织结构内容外，还包括组织之间的相互关系类型，如专业化协作、经济联合体、企业集团等。

通俗点说，组织结构是一个组织是否实现内部高效运转、是否能够取得良好绩效的先决条件。组织结构通常表现为一个组织的人力资源、职权、职责、工作内容、目标、工作关系等要素的组合形式，是组织在“软层面”的基本形态，其本质是实现某一组织的各种目标的一种手段。

现代管理学之父彼得·德鲁克对组织结构的认知是：组织结构不是“自发演变”的，在一个组织中，自发演变的只有混乱、摩擦和不良绩效，所以设计组织结构需要思考、分析和系统地研究；设计组织结构并不是第一步，而是最后一步。第一步是对组织结构的基本构成单位进行识别和组织。其中，组织结构的基本构成单位是指那些必须包含在最后的结构之中，并承担整个组织的“结构负荷”的业务活动，并且是由它们所做贡献的种类来决定的。结构是实现某一机构的各种目标的一种手段，为了确保效率和合理性，必须使组织结构与战略相适应，即战略决定结构。战略就是对“我们的业务是什么？应该是什么和将来会是什么?”这些问题的解答，它决定着组织结构的宗旨，并因此决定着在某一企业或服务机构中哪些是最关键的活动。有效的组织结构就是使这些关键活动能够正常工作并取得杰出绩效的组织设计。

因此，有关结构的任何工作，都必须从目标和战略出发。日常的经营管理、创新和高层管理这三种不同的工作必须组合在同一组织结构之中，组织结构必须一方面以任务为中心，另一方面以人为中心，并且既有一条权力的轴线，又有一条责任的轴线。

2. 企业组织结构的形式

（1）直线制。

直线制是一种最早也是最简单的组织形式。它的特点是企业各级行政单位从上到下实行垂直领导，下属部门只接受一个上级的指令，各级主管负责人对所属单位的一切问题负责。如厂部不另设职能机构（可设职能人员协助主管负责人工作），一切管理职能基本上都由行政主管自己执行。

直线制组织结构的优点是结构比较简单，责任分明，命令统一；缺点是它要求行政负责人通晓多种知识和技能，亲自处理各种业务，在业务比较复杂、企业规模比较大的情况下，显然是难以胜任的。因此，直线制只适用于规模较小、生产技术比较简单的企业，对生产技术和经营管理比较复杂的企业并不适用。

（2）职能制。

职能制组织结构是指各级行政单位除主管负责人外，还相应地设立一些职能机构。如在厂长下面设立职能机构和人员，协助厂长从事职能管理工作。这种结构要求行政主管把相应的管理职责和权力交给相关的职能机构，各职能机构就有权在自己的业务范围内向下级行政单位发号施令。因此，下级行政负责人除了接受上级行政主管人指挥外，还必须接受上级各职能机构的领导。

职能制的优点是能适应现代化工业企业生产技术比较复杂、管理工作比较精细的特点，能充分发挥职能机构的专业管理作用，减轻直线领导人员的工作负担；缺点也很明显，它妨碍了必要的集中领导和统一指挥，形成了多头领导，不利于建立和健全各级行政负责人和职能科室的责任制，在中间管理层往往会出现“有功大家抢，有过大家推”的现象。另外，在上级行政领导和职能机构的指导和命令发生矛盾时，下级就无所适从，影响工作的正常进行，容易造成纪律松弛、生产管理秩序混乱的情况。由于这种组织结构形式存在明显缺陷，现代企业一般都不采用职能制。

（3）直线—职能制。

直线—职能制，也叫生产区域制，或直线参谋制。它是在直线制和职能制的基础上取长补短，吸取这两种形式的优点而建立起来的。目前，我们绝大多数企业采用这种组织结构形式。这种组织结构形式是把企业管理机构和人员分为两类：一类是直线领导机构和人员，按命令统一原则对各级组织行使指挥权；另一类是职能机构和人员，按专业化原则，从事组织的各项职能管理工作。直线领导机构和人员在自己的职责范围内有一定的决定权和对所属下级的指挥权，并对自己部门的工作负全部责任，而职能机构和人员则是直线领导机构和人员的参谋，不能直接对某个部门发号施令，只能进行业务指导。

直线—职能制的优点是既保证了企业管理体系的集中统一，又可以在各级行政负责人的领导下充分发挥各专业管理机构的作用，缺点是职能部门之间的协作和配合性较差，职能部门的许多工作要直接向上层领导报告请示才能处理，这一方面加重了上层领导的工作负担，另一方面也导致办事效率变低。为了克服其缺点，可以设立各种综合委员会，或建立各种会议制度，以协调各方面的工作，起到沟通作用，为高层领导出谋划策。

（4）事业部制。

事业部制最早是由美国通用汽车公司总裁斯隆于1924年提出的，故有“斯隆模型”之称，也叫“联邦分权化”，是一种高度（层）集权下的分权管理体制。它适用于规模庞大、品种繁多、技术复杂的大型企业，是国外较大的联合公司所采用的一种组织形式。近几年我国一些大型企业集团或公司也引进了这种组织结构形式。

事业部制是分级管理、分级核算、自负盈亏的一种形式，即一个公司按地区或按产品类别分成若干个事业部，从产品的设计、原料采购、成本核算、产品制造，一直到产品销售，均由事业部及所属工厂负责，实行单独核算，独立经营。公司总部只保留人事决策、预算控制和监督大权，并通过利润等指标对事业部进行控制。也有的事业部只负责指挥和组织生产，不负责采购和销售，实行生产和供销分立，但这种事业部正在被产品事业部所取代。还有的事业部则按区域来划分。

（5）模拟分权制。

这是一种介于直线—职能制和事业部制之间的结构形式。许多大型企业，如连续生产的钢铁、化工企业由于产品品种或生产工艺过程所限，难以分解成几个独立的事业部。又由于企业的规模庞大，以致高层管理者感到采用其他组织形态都不容易管理。这时就出现了模拟分权组织结构形式。所谓模拟，就是要模拟事业部制的独立经营，单独核算，而不是真正的事业部，实际上是一个个生产单位。这些生产单位有自己的职能机构，享有尽可能大的自主权，负有“模拟性”的盈亏责任，目的是要调动企业员工的生产经营积极性，达到改善企业生产经营管理的目的。需要指出的是，各生产单位由于生产上的连续性，很难将它们截然分开。以连续生产的石油化工为例，甲单位生产出来的产品直接就成为乙生产单位的原料，这当中无须停顿和中转。因此，它们之间的经济核算，只能依据企业内部的价格，而不是市场价格，也就是说这些生产单位没有自己独立的外部市场，这也是它们与事业部的差别所在。

模拟分权制的优点是除了调动各生产单位的积极性外，还解决了企业规模过大、不易管理的问题。高层管理人员将部分权力分给生产单位，减少了自己的行政事务，从而把精力集中到战略问题上来。其缺点是不易为模拟的生产单位明确任务，造成考核上的困难；各生产单位领导人不易了解企业的全貌，在信息沟通和决策权力方面也存在着明显的缺陷。

（6）矩阵制。

在组织结构上，把既有按职能划分的垂直领导系统，又有按产品（项目）划分的横向领导关系的结构，称为矩阵组织结构。矩阵制组织是为了改进直线—职能制横向联系差、缺乏弹性的缺点而形成的一种组织形式。它的特点表现在围绕某项专门任务成立跨职能部门的专门机构上，例如组成一个专门的产品（项目）小组去从事新产品开发工作，在研究、设计、试验、制造各个不同阶段，由有关部门派人参加，力图做到条块结合，以协调有关部门的活动，保证任务的完成。这种组织结构形式是固定的，人员却是变动的，需要谁，谁就来，任务完成后就可以离开。项目小组和负责人也是临时组织和委任的，任务完成后就解散，有关人员回原单位工作。因此，这种组织结构非常适用

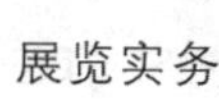

于横向协作和攻关项目。

矩阵制的优点是：机动、灵活，可随项目的开发与结束进行组织或解散；由于这种结构是根据项目组织的，任务清楚，目的明确，各方面有专长的人都是有备而来的，因此在新的工作小组里，工作人员能沟通、融合，把自己的工作同整体工作联系在一起，为攻克难关、解决问题而献计献策；由于从各方面抽调来的人员有信任感、荣誉感，使他们增加了责任感，激发了他们的工作热情，促进了项目的实现。它还加强了不同部门之间的配合和信息交流，克服了直线—职能制中各部门互相脱节的问题。

矩阵制的缺点是：项目负责人的责任大于权力，因为参加项目的人员都来自不同部门，隶属关系仍在原单位，只是为"会战"而来，所以项目负责人对他们管理困难，没有足够的激励手段与惩治手段，这种人员上的双重管理是矩阵结构的先天缺陷；由于项目组成人员来自各个职能部门，当任务完成以后仍要回原单位，因而容易产生临时观念，这对工作也有一定影响。

矩阵制适用于一些重大攻关项目。企业可用来完成涉及面广的、临时性的、复杂的重大工程项目或管理改革任务，特别适用于以开发与实验为主的单位，例如科学研究，尤其是应用型研究单位等。

3. 组织结构的基本构成单位设计原则

组织结构是一种"形式"，而形式必须满足一些正式的规范。组织结构特别要满足以下一些最低要求：清晰性、经济性、稳定性、适应性、永存性、愿景的方向、对个人任务和共同任务的理解、决策与自我更新。

组织者在设计组织的基本构成单位时，需要发现组织结构中"承担重任"的部分，即各项关键活动。组织设计可以从以下问题开始：

为了达到公司的目标，必须在哪个领域有出色的表现？哪些领域的绩效不佳会影响到企业的成果，甚至会影响到企业的存在？在本组织中，真正具有重要性的价值是什么？

上述三个问题有助于识别出关键活动，管理者必须识别和界定这些关键活动，并把它们配置在组织的核心地位。接下来以此为基础，按照各种活动所做出贡献的类别来归类。

第一类活动是产生成果的活动，即产生与整个企业绩效直接或间接相关的成果的各种活动。在这些活动中，有些直接产生收益，其他一些则贡献出可以衡量的成果，如创新活动、销售活动、人员的招募与培训以及信息活动等。

第二类活动是支持性活动。这些活动本身并不产生成果，而只有企业中的其他单位利用了它们的"输出"以后才能产生成果，如"道德"活动、咨询、教育及顾问等。

第三类活动是同企业成果没有直接或间接关系的纯粹的辅助性活动，如保健和厂务活动等。

最后一类活动在性质上同以上各类都不相同，是高层管理活动。

为什么要对活动进行分类呢？这一问题的答案是：需要以不同的方式来对待在贡献上各不相同的活动。各种活动的贡献，决定了它们的地位和配置：关键活动不应该排在非关键活动之后；产生收益的活动不应该排在不产生收益的活动之后；支持性活动不应该同产生收益的活动和为成果做出贡献的活动混淆起来，而应该予以区分。

如何把结构单位“配置”起来？要把构成组织的各种结构单位“配置”起来，搭建起一个组织结构，还需要另外两项工作：决策分析和关系分析。

取得实现目标所必需的绩效，需要一些什么决策呢？它们是一些什么类型的决策呢？应该在组织的哪一层次上做出决策呢？这些决策会涉及或影响哪些活动呢？哪些管理人员必须参与决策，或至少应该事先征求一下意见呢？哪些管理人员必须在决策之后予以通知？有关这些问题的答案，在很大程度上决定着某种工作的归属。

关系分析能够表明组织的某一项构成要素应该归属哪里，负责某项活动的管理人员应该同哪些人一同工作，他必须对负责其他活动的管理人员做出什么贡献，而那些管理人员又应该对他做出哪些贡献。

在组织结构中，把一项活动放在适当位置的基本原则是使影响它的各种关系尽可能少。同时，这项活动应该放在决定性的关系上，并且应该相对简单及成为该单位的中心。

4．企业组织结构的内容

企业组织结构包含以下的内容：

（1）单位、部门和岗位的设置。

企业组织单位、部门和岗位的设置，不是把一个企业组织分成几个部分，而是企业作为一个服务于特定目标的组织，必须由几个相应的部分构成。它不是由整体到部分进行分割，而是整体为了达到特定目标，必须有不同的部分。

对各个单位、部门和岗位的职责、权力的界定，就是对各个部分的目标功能作用的界定。这种界定就是一种分工，是一种有机体内部的分工。

（2）单位、部门和岗位角色相互之间关系的界定。

单位、部门和岗位角色相互之间关系的界定就是界定各个部分在发挥作用时，彼此如何协调、配合、补充、替代的关系。

（3）企业组织结构设计规范的要求。

对于这个问题，如果没有一个组织结构设计规范分析工具，就会陷入众说纷纭、莫衷一是的境地。我们讲企业组织结构设计规范化，也就是要达到企业内部系统功能完备、子系统功能担负分配合理、系统功能部门及岗位权责匹配、管理跨度合理四个标准。

（二）展览企业组织结构的设置

展览是一个可以降低交易双方成本的平台。而其之所以可以降低交易成本，是因为这个平台能够实现交易双方所需要的资源聚拢。从这个角度而言，如何能用最低的成本实现展出资源、采购资源、服务资源及其他相关资源的聚集，是展览组织结构存在的根本意义。也只有符合实际需求的结构，才能有效地保障展览经济功能的实现和展览本身的成长与发展。

组展方组织结构的设置与以下因素密切相关：一是展览本身的设立愿景、承载的主办方需求、呈现的社会角色；二是参与主办的机构性质、聚集资源能力、展览的未来发

展目标；三是主办方及承办方的思维模式、行为习惯、主体背书等。其中，第一和第二点主要从展览的整体构成角色切入分析，第三点则是从展览的具体运作角度进行探讨。

展览组织结构的设置可分为两种不同的切入角度。

1. 展览承办者的组织结构设置

展览承办者的组织结构通常会紧扣参展者、参观采购者、现场服务这三个最基本职能进行划分，即招商、邀请和展览服务三大板块。由于这三项职能的相对独立性较强，适合作为单一项目进行管理运作，因此承办者通常会以运营项目管理的方法，根据项目规模、历时长短、管理组织经验、上层经营理念及洞察力、项目定位、有效资源、项目独特性等要素，以激励积极性和充分发挥团队能力为出发点，选择最合适的组织结构。

展览本身的定位同样会对承办者的组织结构设置产生影响。例如，若展览以追求经济利益为最大诉求，承办者的组织结构则会向预算编制控制、市场跟踪响应、展览组织策划等部门倾斜，以最大限度地适应市场的需求；若展览以展示特定内容或以公益性为最大诉求，承办者则会更多地关注于各方面的统筹协调、会场布置服务、贵宾接待服务、活动策划等。这些内容的不同，会导致组织结构在人员数量、素质要求等方面的要求不同。但不能忽视的是，展览的组织结构始终以保障展览顺利筹备运行为根本目的，在这个层面，保持上令下达的顺畅、项目具体执行效果的不走样和部门之间有效的协作都是备受关注的问题。

2. 基于角色定位的组织结构

(1) 组织结构中的角色。

展览会是一个在特定时间和空间内形成的商业聚集，以团组块状的形态集合了所有行业相关、属性相似、概念相近的资本和产品。要实现这一切，就需要一系列参与者。这些呈现为主办方、协办方、承办方、合作方和支持方的角色，就是行业集聚的参与者，他们在展览形成的过程中发挥着重要的作用。值得关注的是，这些角色定位是以机构在展览组织中不同的地位和参与密切度进行划分的，而这又与机构的主观意愿、所具备的资源容量、聚集商业过程中所发挥的作用息息相关。

①主办方：通常指有权、有主动意愿、有实力且有话语权发起举办展览的一方。主办方通常是展览定位的确立者，也是展览会其他参与者的牵引力量。一个强而有力的主办方可以由一个或多个机构出任，这些机构通常对展览的举办起着主导方向的宏观作用。

②协办方：通常指在展览或活动中发挥积极推动作用，着眼于部分具体事务开展的一方（在部分角色定位不多的展览中，协办方还指为展览提供赞助或部分资源支持的一方）。协办方通常不参与或只是部分参与展览的策划工作，同时在部分具体事务中发挥作用，例如参展者组织、参观采购商邀请等。

③承办方：通常指展览具体工作的实际执行者。承办方是主办方实现展览组织筹办的最核心力量，通常由具备展览需求的专业展览组织知识、技术及经验丰富的团队担任，是把主办方提出的展览概念具象化的关键因素。主办方和承办方的关系通常是领导和被领导的关系，承办方作为主办方的被委托方，肩负着展览和活动规划的具体实施任

务。在不少展览中，也会出现主办方和承办方合二为一的现象。国际上一些知名展览公司办展实力较强，也拥有广泛的各种资源，可以依靠一己之力完成展览主办及承办两项职能。

④合作方：通常指与主办方存在资源互换可能的一方，是主办方因自身领域所限，无法实现部分资源条件下，在其他领域寻求的合作角色。合作方对展览的重要性视其置换资源的数量和分量确定，但毫无疑问的是，合作方是对展览的一个极佳的补充。

⑤支持方：从角色的参与度而言，支持方是展览策划运作参与度最小的角色，仅在部分展览事务上对展览组织起到推动作用，而通常列作此“角色”的一般带有名誉性色彩。

以当前较为知名的展览为讨论对象，一般而言，专业展的主办方通常是由业界颇具实力的展览公司，以及在行业内具有相当号召力的行业协会组成，其协办方则由与展览会关联度较高的协会组成，在部分领域上与主办机构的行业协会之间存在交叉。由于主办方和协办方均是行业相关协会，因此无论是为了扩大合作面，还是调动更多方面的资源，抑或是为了拓展更深的商业联系，专业展的合作方和支持方都十分多样。

综合展方面，由于大部分在其设立初期就与某个国家或地区的经济发展政策有关，因此其主办方中通常会有政府的痕迹。在我国，大部分综合性展览是政府主导型展览，因此主办方通常是各级政府。正因为主办方角色由政府扮演，展览在行业力量上有所欠缺，所以综合性展览的协办方角色通常由与展览相关的行业协会出任。对比专业展相对有局限性的资源调动能力，由政府扛旗牵头的综合性展览在资源调动方面更胜一筹，因此国内的综合性展览基本没有合作方和支持方。

但是，无论是专业展还是综合展，展览的承办机构均由专业的展览执行机构负责，这在最大程度上保证了展览组织的专业性。

（2）具体展览的组织结构角色。

为了弄清展会主办方、承办方、支持方等角色在展览业中的角色定位，下面以几个具有代表性的展览为例来说明相关组织结构的具体构成。

①中国（广州）国际家具博览会。中国（广州）国际家具博览会［China International Furniture Fair（Guangzhou）］，简称广州家具展。广州家具展组织结构如表 1－2 所示。

表 1－2　广州家具展组织结构①

角色定位	参与机构
主办方	中国家具协会 中国对外贸易中心（集团） 广东省家具协会 香港家私装饰厂商总会
承办方	中国对外贸易广州展览总公司

① 资料来源：http://www.ciff-gz.com/.

续上表

角色定位	参与机构
支持方	香港贸易发展局 台湾地区家具工业同业公会
协办方	广州市家具协会 北京家具行业协会 佛山市顺德区家具协会 中山市家具商会 东莞市家具协会 佛山市家具行业协会 玉环县家具行业协会
其他合作方	广州市家具俱乐部

②中国进出口商品交易会。中国进出口商品交易会（The China Import and Export Fair），简称广交会。广交会组织结构如表 1－3 所示。

表 1－3　广交会组织结构①

角色定位	参与机构
主办方	中华人民共和国商务部 广东省人民政府
承办方	中国对外贸易中心（集团）
支持方	香港贸易发展局 台湾地区家具工业同业公会
协办方	商协会： 中国五矿化工进出口商会 中国机电产品进出口商会 中国轻工工艺品进出口商会 中国纺织品进出口商会 中国食品土畜进出口商会 中国医药保健品进出口商会 中国外商投资企业协会 交易团： 地方交易团——全国 47 个省市、计划单列市、副省级城市的外经贸/商务厅（局） 央企交易团——商务部外贸发展局为总团，20 家中央企业为分团，并称央企交易团

① 资料来源：http://www.cantonfair.org.cn.

3．基于展览承办方的组织结构设置

（1）承办方的组织结构设置依据。

一般来说，展览的举办组织思路取决于其展出的相关行业属性、展览在展览业市场中的定位、目标参展商层次、采购商的特征、相关展览配套服务的开展特征等因素。这些因素通常可归结为传统意义上的招展、客商邀请和展览服务三大板块，这构成了展览组织最基本的职能。

①招展。主要指在展览的专业产品定位范畴内，尽可能寻找合适的、优质的参展商参展，并根据招展的情况和展览的主题进行恰当的展区、展厅规划。在展览的行业知名度不高的情况下，招展通常伴随着多种多样的展览宣传手段和参展优惠手段，大部分展览还会与专业的行业协会建立合作关系，利用后者的行业组织力和号召力，聚拢参展商参展。

②客商邀请。主要指以展览名义邀请相应的专业观众与会参观、洽谈、采购，或邀请个别重要的工商团体贵宾与会参观交流。邀请对象基本通过参展商推荐或直接邀请、网络推广、参加其他同类展览、在专业媒体上刊载广告、使用路演等宣传手段。

③展览服务。主要指展览运行过程前、中、后三个时期的相关展览配套服务，通常包括展品运输和仓储、展务设计及装搭、银行和金融服务、商务配套服务、餐饮和安全服务、现场投诉和处理、展位拆卸和卫生清洁、服务质量调研及跟进等。展览服务是展览顺畅运行的关键，也是展览组织是否成熟的标志，对促进展购双方参展积极性和忠诚度提升有十分重要的意义。

以上三大职能使展览的承办机构因此形成不同的团队。当然，个别承办机构会在这些板块下根据行业进行细分，或置入其他展览衍生职能（例如信息化事务、信息交流服务、个性化定制服务等），但招展、客商邀请和展览服务的主躯干是无法变更的。

无论是专业展还是综合展，这三大职能板块基本会由专业的展览公司负责，综合展通过“直线—职能型”的部门设置，以分工负责的形式由独立的团队进行运营。值得关注的是，在这方面，专业展和综合展存在一定的差异，主要体现在专业展的三大板块基本都集中在展览公司，而综合展（特别是国内的展览）由于其本身独特的属性和定位，上述职能有时会分散到其他展览参与角色中。

此外，无论是专业展还是综合展，都会在展览举办期间组建一定数量的临时项目组，以应对只有展览期间才会大量出现的特定需求，例如信息交流、新闻宣传互动等。一般而言，综合展在临时项目组方面的组建需求较专业展要大得多。

（2）具体展览的承办组织结构。

以下选取两个展览的承办组织结构加以阐述，以帮助更好地理解具体展览的承办组织结构。

①广州家具展承办方——中国对外贸易广州展览总公司下属华佳分公司。

广州家具展具体由中国对外贸易广州展览总公司下属的华佳分公司负责组织开展，其承办组织结构如图 1 – 1 所示。其组织工作主要由三个部门负责：

展商营销部主要负责展览规模设定、展区规划、合作商业模式规划、业内交流、展

商联盟沟通、贵宾邀请接待等。

市场推广部主要负责专业及普通观众邀请、展览期间活动安排、行业峰会组织、媒体宣传接待等，同时还负责部分展务工作，包括会刊制作、公共布展等。

展务部从属于总公司，主要负责展览外包服务项目的招投标（展位搭建、展品运输等）、部分服务商的选定及标准制定、展馆协调、现场服务质量评估等。

在这个分工中，大致上展商营销部承担了招展的职能，市场推广部承担了客商邀请职能，展务部承担了展览服务的职能。

广州家具展采用了“直线—职能型”这种当下市场认可度较高的组织结构。

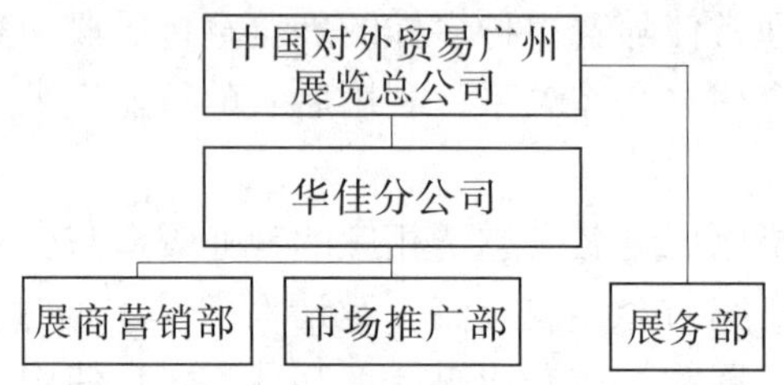

图1－1　广州家具展的承办组织结构①

②广交会承办方——中国对外贸易中心。

广交会主要由中国对外贸易中心内设的广交会工作部、国际联络部和客户服务中心分别承担招展、客商邀请、展览服务等职能，其承办组织结构如图1－2所示。由于广交会是大型综合性展览，中国对外贸易中心在单纯依靠自身力量招展存在巨大的执行难度，因此需通过各省市的地方商务部门以招展代理的方式实现招展。广交会涉及的行业因素太多，中国对外贸易中心在组展、客商邀请等方面需要借助行业协会的力量进行补充。

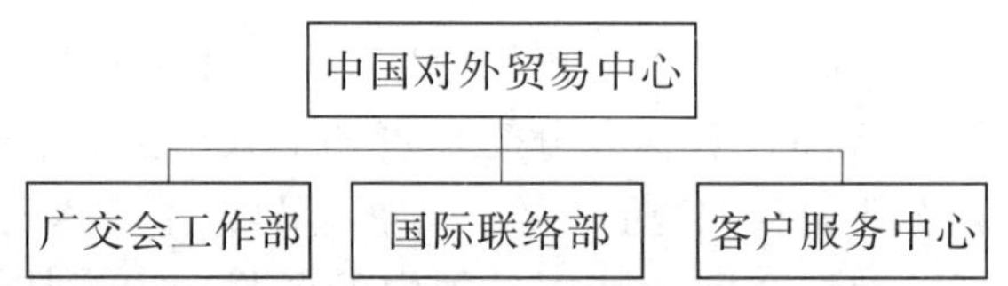

图1－2　广交会的承办组织结构②

中国对外贸易中心三个部门的主要职能如下。

广交会工作部：负责参与广交会发展规划调研工作；负责与商务部有关司局、各省市交易团、各进出口商/协会进行沟通协调，策划广交会办展方案；负责进口展区管理、招商招展工作开展及组展进度监控；负责广交会展览事务工作开展；负责重大活动策划管理；负责广交会期间会议论坛的市场调研和策划实施；负责广交会出口产品设计奖项的策划、管理和实施等。

国际联络部：负责广交会采购商规划、信息收集、整理及分析工作，并定期提交报

① 资料来源：中国对外贸易广州展览总公司华佳分公司。

② 资料来源：中国对外贸易中心。

告；负责对广交会海外采购商（包括重要客户）邀请、招募、信息数据库系统采集及管理工作；负责招商渠道管理工作；负责做好境外政府机构及工商团队的联络、接待工作；负责广交会国外市场推广、策划、宣传推介工作；负责出访招商工作的策划及实施；协助进行广交会采购商办证工作。

客户服务中心：由6个子部门组成，具体包括综合管理部、展馆销售部、展览服务部、技术设备部、信息化部和保卫部，负责牵头组织广交会展务图纸的审核；负责组织广交会特装施工单位资质认证工作，组织特装展位施工的现场管理和服务质量监控；负责对展馆、场地的改造、维护和维修；负责展馆供电、排水、电气设备的维护维修；负责广交会保卫工作以及交通组织工作的规划、监督和指导；负责展馆的招商管理、市场推广宣传及赞助工作；负责广交会的信息化工作。

任务示范

1. 案例资料

上海宝马展即中国国际工程机械、建材机械、矿山机械、工程车辆及设备博览会（VirtualExpo），两年一次在上海新国际博览中心举办，为工程机械业内人士提供了亚洲领先的交流展示平台。根据角度定位及展览承办方两方面来分析该展会的组织结构。

2. 案例分析

基于角色定位的组织结构分析，上海宝马展的组织结构如表1－4所示。

表1－4　上海宝马展的组织结构①

角色定位	参与机构
主办方	慕尼黑博览集团（MMG） 慕尼黑展览（上海）有限公司（MM－SH） 中国工程机械工业协会（CCMA） 中国国际贸易促进委员会机械行业分会（CCPIT－MSC） 中工工程机械成套有限公司（CNCMC）
承办方	慕尼黑展览（上海）有限公司（MM－SH）
国际合作方	美国设备制造商协会（AEM） 德国机械设备制造商协会（VDMA） 欧洲建筑设备委员会（CECE） 日本建筑设备制造商委员会（CEMA） 日本建筑机械化协会（JCMA） 韩国建筑设备制造商协会（KOCEMA）

① 资料来源：http://www.b－china.cn/.

续上表

角色定位	参与机构
国内支持方	中国机械工业联合会 中国水利企业协会 中国施工企业管理协会 中国建材工程协会 中国建筑业协会机械管理与租赁分会 中国公路建设行业协会筑养路机械分会 中国建筑材料集团有限公司 中国华电工程（集团）公司 中国铁路工程总公司 中国铁道建筑总公司 国家工程机械质量监督检验中心 中国对外承包工程商会 中国电力建设企业协会 中国工程机械工业协会工程机械租赁分会

基于展览承办方的组织结构设置分析，上海宝马展的组织结构如图 1 – 3 所示。

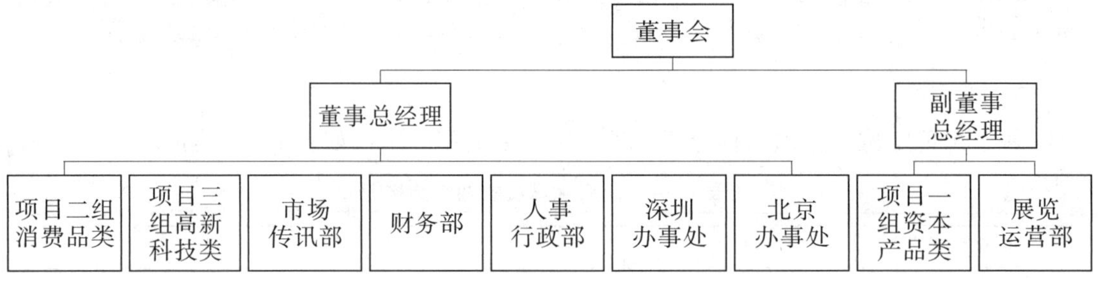

图 1 –3　上海宝马展的承办组织结构

该组织结构是典型的直线—职能制，董事总经理受董事会领导，董事总经理领导下的项目三组则根据其指示，负责整个宝马展的具体招展事宜。市场传讯部则以独立团队的形式运作，负责展览的客商邀请、新闻宣传等事项。展览服务则由副董事总经理领导下的展览运营部负责。这种形式确保了各个团队的独立性和专注性，可以说是当下市场认可度较高的组织结构形式。

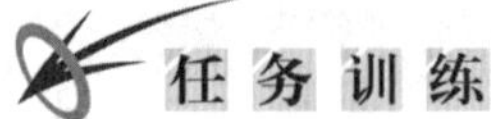

任务训练

1．任务背景

查找 1 ~3 个国内外知名大型综合展项目，分别根据角度定位及展览承办方这两方面来分析该展会项目的组织结构。

查找 1 ~3 个国内外知名专业展项目，分别根据角度定位及展览承办方这两方面来分析该展会项目的组织结构。

2．操练要求

（1）以小组为单位，每组设组长 1 名，负责组织本组成员进行实训。

（2）查找知名大型综合展和专业展项目 2 ~6 个。

（3）根据角度定位分析展会项目的组织结构。

（4）根据展览承办方分析展会项目的组织结构。

（5）实训结果汇报与教师点评。

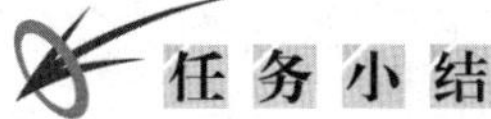

任务小结

完成上述任务，掌握相关能力。

（1）能辨别基于角色定位的组织结构与基于展览承办方的组织结构的差异。

（2）根据所提供资料画出该展会的组织结构图。

（3）能判断所采用的组织结构形式及该形式的特点。

任务四　会展管理模式与政府主导型展会

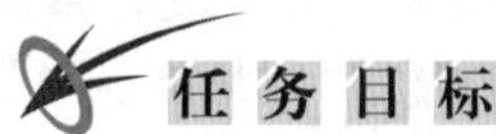

任务目标

学生通过本次任务实训，熟悉会展业管理模式，辨析不同管理模式的优劣势，掌握政府主导型展会项目的运作情况，具备一定的资料查找和分析能力。

知识准备与业务操作

（一）会展业管理模式

世界各国由于国情不同，发展阶段不同，对会展业的地位和作用认识不一，政府对会展业的管理也不尽相同。政府对会展业的宏观管理和政策扶持，是会展业协调健康发展的重要保证。整体而言，会展业较为发达的国家都是自由市场经济体，政府受相关法律、法规约束，对会展业的介入主要是为了维护市场秩序而进行必要管理，而不是直接干预市场，保障公平竞争、避免垄断是几乎所有市场经济国家都遵守的基本原则。

世界各国政府对会展业的管理模式主要有三种：政府主导型模式、市场主导型模式和政府市场结合型模式。这三种模式体现各国政府对会展业不同的介入方式及介入程度。其中市场主导型模式的政府介入最少，最突出的特征是政府对会展业既不参与，也不进行特别管理。

1. 政府主导型模式

以德国为代表的政府主导型模式的主要特征是：设立全国统一的会展管理机构，对每年的国内外博览会、展览会进行组织和协调，展览业协会与政府展览业管理机构密切配合，管理本国的会展业。大型的会展公司及会展场馆多由地方政府控股，展览公司既是展览中心的管理者，又是许多大型博览会的举办者和实施者。政府对会展业实行扶持资助政策，并建立完善的人才培养、引进及培训机制。

早在 1907 年，德国就成立了专门的贸易展览业协会 AUMA，总部设在科隆。AUMA系由德国政府授权，由参展商、采购商和展览会组织者三方力量组合而成的联合

体，在处理全国性的展览事务方面具有统一性和权威性。AUMA 的主要职能包括：审定年度会展计划；严格审查和评定会展的名称、内容；监督会展服务；核查会展组织者的能力和信誉；统计调查会展效果；支持中小企业到海外参展；等等。作为全国性的和最具权威的展览行业协会，AUMA 以政府伙伴的身份在会展组织与协调中扮演着重要角色。

2. 市场主导型模式

以美国为代表的国家对会展业的管理实行市场主导、政府仅提供间接支持的管理模式。与政府主导型模式不同，采用市场主导型模式的国家不存在会展审批制度，任何商业机构和贸易组织都不需要特殊的审批程序就可以进入会展业，政府将会议、展览与节庆活动、体育赛事等大型群体性活动同等看待，会展业没有独立的行业分类，不将会展业纳入国民经济统计类别。会展市场主体众多，且具有较强的会展行业自律性，行业由市场来主导和协调，政府不直接介入会展业的管理，没有专设的管理部门，而是由行业协会负责协调和规范会展业的发展。政府主要通过间接的手段，从宏观层面对会展业进行支持，如编制产业规划、开展行业统计、制定政策法规和提供配套服务等。政府在会展业发展中不是不作为，而是通过一些间接手段进行扶持，如通过实行“贸易展认证”计划和实施“国际购买商项目”等措施，实现对展会质量和展会组织水平的监控。

美国的行业协会系统发展得十分完善，各个领域都有全国性的专业协会，如展览行业有国际展览管理协会（IAEM），会议行业有专业会议管理协会（PCMA）和国际会议专家协会（MPI），代表所有参展商利益的贸易参展商协会（TSES），各个城市还成立会议与观光局（convention and visitor bureau）等。上述协会在业内都有足够的权威。完善的行业协会系统对实现行业自律、协调行业内部关系、促进行业持续健康发展发挥着重要作用。

3. 政府市场结合型模式

以新加坡为代表的国家对会展业的管理实行政府市场相结合的模式，一方面政府不刻意扶持会展业的发展，另一方面也不对其放任不管。新加坡政府将会展业的管理纳入旅游管理部门，旅游局下设展览及会议署。以此而论，新加坡政府主要将会展业视作群体性活动或人员商旅活动，没有将其纳入商业管理部门。新加坡政府对会展业管理的基本特点是只认证不审批，只建馆不办展，政府对会展业的介入程度弱于德国（如不办展），但是强于美国（如展会有专门的管理部门）。

（二）政府主导型展会

政府主导型展会主要是由政府为主办方，引导发展方向，并提供一定政府资源支持的展会活动。政府主导型展会的存在和发展已经成为中国会展经济发展的一大特色，中国每年举办的政府主导型展会数量世界第一，其作为政府的政策工具与手段，所发挥的独特作用及形成的历史地位无可替代。

1. 政府主导型展会类型

根据展会举办的性质不同，政府主导型展会可分为以实现一定商业价值、带有经济目的的经贸类展会，以及以宣传、教育、文化交流等为目的的非商业类展会。

（1）经贸类政府主导型展会。

经贸类政府主导型展会，其举办是为了实现一定的经济目的，参展主体是企业厂商。这类展会也是企业市场营销活动的一种形式，与一般商业展的最大区别是举办的主体是政府。此类展览根据展出产品的种类不同，又可分为综合性经贸类展会及专业性经贸类展会。如“中国第一展”广交会是综合性经贸类展会的典型代表，中国（广州）国际家具博览会是专业性经贸类展会的典型代表。

（2）非商业类政府主导型展会。

非商业类政府主导型展会的举办是以知识普及、文化教育、技术交流、政治宣传等为目的，涵盖的范围非常广泛，一切由政府主导举办的以展示为形式或手段的活动均可纳入这个范畴。如成果展示类的政府主导型展会、国家科技重大成就展、节能减排工作汇报展、上海世博会等。

（3）国家重点商贸类展会项目。

①“中国第一展”：广交会的发展历程和示范效应是中国特色展览业发展道路的最佳例证。作为政府举办的展会，广交会强大的贸易功能在中国改革开放后引发全国各地仿效，上海、昆明、哈尔滨、乌鲁木齐等地综合性的“小交会”应运而生。这些政府重点展会平台的功能定位各不相同，但共同为实施国家商务事业发展战略发挥着各自独特的作用。

②中国义乌国际小商品博览会（简称义博会）：前身是中国义乌小商品博览会，创办于1995年，2002年升格为由国家商务部参与主办的国际性展会，在每年的10月21—25日举行。义博会为全国第三大展会。

③中国—东盟博览会（CHINA－ASEAN Exposition，CAEXPO）：是由温家宝倡议，由中国和东盟10国经贸主管部门及东盟秘书处共同主办，广西壮族自治区人民政府承办的国家级、国际性经贸交流盛会，每年在广西壮族自治区南宁举办。中国—东盟博览会是中国境内由多国政府共办且长期在一地举办的展会之一。其以展览为中心，同时开展多领域多层次的交流活动，搭建了中国与东盟交流合作的平台。

④中国吉林·东北亚投资贸易博览会（简称东北亚博览会）：是经国务院批准，由商务部、国家发展和改革委员会与吉林省人民政府共同主办的国家级大型国际性区域综合博览会，是中国政府为推动中国与东北亚国家经贸往来和区域合作而采取的一项积极行动，旨在构建中国与东北亚国家互利共赢、交流合作、竞争开放的长期合作平台。

⑤中国—亚欧博览会：是乌鲁木齐对外经济贸易洽谈会（简称乌洽会）的继承和升华。将连续举办十九届的乌洽会升格为中国—亚欧博览会，是新形势下党中央、国务院着眼于进一步扩大我国沿边开放和向西开放步伐，加快将新疆建设成为我国向西开放桥头堡，确保新疆实现跨越式发展和长治久安的一项重大战略举措。站在新的起点上，办好中国—亚欧博览会能够更有效地搭建新疆招商引资和区域经济发展的平台，促进新疆与我国东部以及中亚、西亚、南亚和欧洲国家的长期经济交流与合作；有利于加强新疆与国家各相关部门、相关省区的合作交流，也是进一步推进我国沿边开放、向西开放，努力把新疆打造成我国对外开放的重要门户和基地的有效载体。

⑥中国西部国际博览会（简称西博会）：是由中国西部地区共办、共享、共赢的国

家级国际性盛会，是国家在西部地区的重要外交平台、贸易合作平台和投资促进平台，是实现“西部合作”“东中西合作”“中外合作”的重要载体，也是西部地区对外开放合作的重要窗口。西博会始创于2000年，每年一届，在四川成都举办。前十届西博会均有多国国家元首、政府总理、副总理、部长级官员及国际经贸组织重要人物出席；累计布展44万m^2，举办各类经贸活动350多场；共有16 542家国内外企业参展，100多家国内外经贸组织通过这一平台建立起了良好的合作关系；中国国内34个省（区、市）和重点城市全部参展参会。2014年西博会被纳入国家层面统筹举办的机制性大型涉外论坛和展会，按照中央要求，每两年举办一次。

⑦中国中部投资贸易博览会（简称中部博览会）：由商务部、税务总局、工商总局、广电总局、国家旅游局、中国国际贸易促进委员会、中国全国工商业联合会、中国工业经济联合会以及山西、安徽、江西、河南、湖北、湖南六省人民政府联合主办，每年举办一次。中部博览会是为了落实中央政府关于促进中部崛起的重大决策而举办的大规模、高规格的区域性经贸活动，是推动中部六省扩大对外开放和加强区域及国际交流合作的重要平台。中部博览会对提高中部地区对内、对外开放水平，促进区域经济协调发展，利用区域间生产要素和产业流动及转移加快的有利时机，发挥优势，促进中部地区国内外贸易发展，搞活流通，拉动内需，扩大消费，更好地承接国际产业转移和东部沿海地区产业梯度转移，借助外部资金加快发展，激发中部地区发展内在动力具有重要意义。中部博览会为境内外贸易、投资商全面了解中国中部地区投资政策、获取重点项目信息、开展贸易往来和兴业发展提供了大好机会，同时也为世界各地尤其是发展中国家和地区的企业搭建了展示自我的大好舞台。

⑧中国国际投资贸易洽谈会（简称投洽会）：经中华人民共和国国务院批准，于每年9月8—11日在中国厦门举办。投洽会以“引进来”和“走出去”为主题，以“突出全国性和国际性，突出投资洽谈和投资政策宣传，突出国家区域经济协调发展，突出对台经贸交流”为主要特色，是中国目前唯一以促进双向投资为目的的国际投资促进活动，也是通过国际展览业协会（UFI）认证的全球规模最大的投资性展览会。投洽会主要内容包括：投资和贸易展览、国际投资论坛及系列投资热点问题研讨会和以项目对接会为载体的投资洽谈。

（4）国家重点专业性展会项目。

随着政府对展览业发展规律认识的提高与经济发展的需要，政府主导下的专业展会项目也得到迅速发展。深圳、厦门、大连、广州、珠海、义乌等地诞生了高新技术博览会、文化产业博览会、投资洽谈会、服装博览会、工业博览会、中小企业博览会、航空航天博览会、小商品博览会，从综合性向专业性迈出了探索的步伐。

此外，还有在中心城市举办的汽车展、国际机床展、国际工程机械展、石油技术与设备展、印刷机械展、冶金铸造展、电子展、光电展、酒店用品展、家具展等。其中不少展会项目已经跻身国际同行展会的前列，被参展企业列入全球行业展览计划，参与全球行业展览竞争。

这些专业展会几乎涉及经济发展的各个部门和主要行业，吸引了一大批专业买家，成为该专业领域国际经贸合作的重要平台，在中国需要进一步调整进出口贸易结构和扩

大高新技术产品出口的时候，作用更显突出。

2. 政府主导型展会特征

政府主导型展会具有权威性与综合性，同时具有政策导向与引领示范作用。与市场化运作的商业展相比较，政府主导型展会并不完全是一个经济活动平台，而是综合展现政府业绩、延伸政府服务职能、作为政策工具、提升城市形象等的多维载体。各级政府不惜投入巨额财政资金，直接策划主办旨在宣传本地形象、扩大本地产业影响、带动本地产业发展的各种综合性展会并配套举办各类旅游文化活动。这类活动大多由政府牵头成立临时机构或组建事业单位来承办。政府主导型展会具有的基本特征如下：

（1）政府在展会的组织策划中起主导作用。

当前，我国政府主导型展会最显著的特征就是政府在整个展会的组织策划及资源配置中起主导作用，各级政府对会展资源进行综合统筹支持。通常情况下，我国政府会对展会的资金来源、招商组展、宣传推介等方面进行支持，如中国—东盟博览会就是由各级政府主持博览会的运营、展馆租用、品牌宣传、招商招展、客商接待等工作。

（2）举办形式复合型突出，以综合性展会居多。

我国现阶段政府主导型展会题材多种多样，复合型较强，主要涉及综合类，工业、机械、加工、农林牧渔类，服饰、皮革、纺织类，旅游、酒店、餐饮类，文化类，汽车、交通工具类，家居、家电、日用品类，影视、娱乐、体育类等。综合性展会仍然占了多数，以《政府主导型展会发展报告（2010）》一书中的研究样本为例，2009 年 9 月至 2010 年 9 月期间，我国举办的 100 个政府主导型展会样本中有 23 个是综合性展会，比例达到了 23%。这也从一个侧面说明了我国会展业仍然处于初级发展阶段，专业展的举办比例不高。

（3）一般体现各级政府的战略目标。

我国政府主导型展会的举办一般都体现了各级政府特定的战略目标，或服务国家外交政策，或服务当地产业发展，以展会为载体促进各级政府发展目标的实现。如中国—东盟博览会的举办就体现了我国睦邻、安邻、富邻的周边外交战略。其他政府主导型展会（如杭州的西湖国际博览会、义乌国际森林产品博览会等）也都体现了这些城市的市政府利用展会平台推介整个城市形象或城市的优势产业的战略。

3. 政府主导型展会的发展

（1）发展战略逐渐清晰，将成为带动我国会展经济发展的重要增长点。

新形势下，在面临世界性的经济结构被打破、全球政治经济格局正在重构的时刻，中国政府主导型展会的总体发展战略正在逐渐清晰化。与此同时，从各类政府主导型展会的近期发展状况来看，如中国—东盟博览会通过对历届展会进行回顾性评估并提出了新的发展战略规划，不难发现，充分发挥政府的统筹资源优势，制定长期发展战略，清晰历史使命，准确定位，落实阶段发展目标，已经成为各政府主导型展会的一个基本共识。可以预见，我国政府主导型展会将实现更大发展，政府主导型展会有望成为带动我国会展经济发展的重要增长点。

（2）金融危机促使政府主导型展会的转型。

金融危机是危机也是机遇，客观上为政府主导型展会提供了一个实现转型的外部契

机。香港资深会展专家陈金铱先生曾指出："随着国家经济在转型，会展业也需要转型。转什么型，怎么转型，是会展研究工作者的新课题。"其实，无论是专业研究机构还是独立研究者，无论是政府还是商贸会或是企业，都在高度关注新形势下会展行业升级换代的转型问题，政府主导型展会作为我国会展业"三分天下"中的一支"力量"，也将不可避免地面临转型的问题。

（3）成为国家引导市场消费的战略性政策工具。

2008 年底国务院办公厅颁发了《关于搞活流通扩大消费的意见》（国办发〔2008〕134 号），紧接着商务部在 2009 年 1 月份发布了《关于抓好 2009 年商贸会展促进消费有关工作的意见》。随着新的政府产业政策实施，人们开始重新审视政府主导型展会的功能和作用，以及政府主导型展会在引导消费中的突出作用，由此，政府主导型展会成为引导消费的政策执行工具，实现跨越式发展的转折性机遇即将到来。

（4）我国政府主导型展会将出现进一步创新的需求。

从我国会展产业的状况来看，近年来产业结构呈现出"同构化"和"低度化"倾向，产业优化升级趋势明显，全国将面临一次区域会展中心城市重新洗牌的机会，并且随着主导型展会的重要性日益凸显，必将引发人们对政府主导型展会进一步创新的需求。

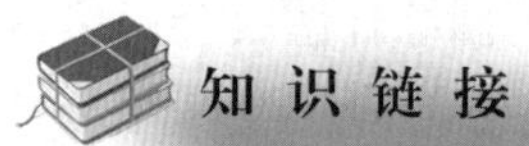

政府主导办展会之利弊及出路

一、利之益

1. 政府或政府部门以及行业协会主办展会，在目前会展市场中仍占据相当高的比例，而且都是综合性或行业内的大中型展会，以例会形式每年举办一次或两次。这些展会是计划经济时期或改革开放初期，政府办展的延续和发展，在行业内有较高的声誉，在国内外有良好的展会品牌形象，对参展企业和业内观众有较强的吸引力，为产业链各环节的企业提供了交流合作平台，它们是中国会展业的创始者、推动者和发展壮大者。在当时信息交流渠道尚不发达的情况下，通过在国内办展，组织企业出国参展，引进海外企业来中国参展等形式，促进了海内外企业的信息技术交流与合作，为改革开放和中国经济的发展和腾飞做出了贡献。

2. 政府或政府部门及行业协会主办展会，具有资金实力雄厚、组织经验丰富、行业号召力强等优势。其主办的展会可信度高、信息面广、影响力大，吸引了众多企业定期主动参展，企业在品牌形象宣传、市场开拓等方面取得了较好的效果。

3. 综合性的展会，尤其以投资、政治性强的展会为主，只有政府主导才能申办并承办好，如世界博览会、世界园艺博览会、达沃斯论坛、中国—东盟博览会、博鳌亚洲论坛、投资洽谈类展会，以及一些以宣传城市环境和形象为主的节庆活动。高级别的国际注册类展览和会议，不仅要动用国家和政府资源来申办，而且要利用国际资源和社会资源来实施，如果没有政府主导，根本无法申办，更谈不上办好，完全通过市场化运作，根本就办不起来或办不下去。2010 上海世界博览会首次在发展中国家举办，其巨

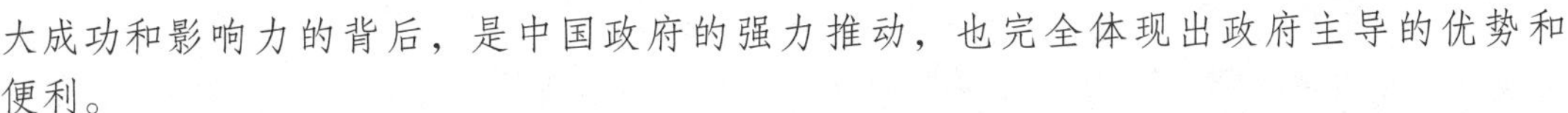

大成功和影响力的背后，是中国政府的强力推动，也完全体现出政府主导的优势和便利。

二、弊之端

1. 各地政府提出的政府主导、市场化运作，政府搭台、企业唱戏的办展模式，大多仅停留在口头上，没有实际性突破。即使搞过过渡形式，由于一些展会离开政府将难以为继的原因，又“穿着新鞋走老路”了。而所谓的展商和观众，不少是政府出面“拉郎配”搞来的。看似轰轰烈烈的场面，其实是来相互撑门面的，企业只是来做配角，没有取得多少实质性成果。会后的总结报告，自然是“王婆卖瓜，自卖自夸”，提供的数据水分含量可想而知。

2. 政府主办的展会或节庆活动，为达到轰动效应，往往会搞一系列大而全的形象工程。如大型演唱会、大型开幕式、政府招待酒会、高层论坛等，同时邀请海内外政要、各级领导、知名人士出席，费用预算动辄上千万元甚至更多，花着纳税人的钱大摆排场，名曰打造和宣传城市形象，究其实效能有几何？这也正是国务院反对政府牵头大操大办节庆会展活动的原因所在。

3. 政府主办的展会追求社会宣传和社会效应，表现为以政府需求为主，市场需求为辅，忽视经济和企业效益。政府和行业协会出面举办的一些展会，亦有凭借行政权力或行业垄断搞硬性摊派之嫌。这也是政府参与办会过程中必然出现的结果。从长远来看，办展主体决定了展会的诉求，个别展会的所谓市场化经营也只是片面的解释，大多是以政府意志为主。

三、趋之路

发展会展业要走市场化道路，实行“管办分离”，政府不再作为展会的经营主体，具体操作可采取政府委托或授权方式，交由展会经营实体具体承办。对于那些政府培育多年、具备一定规模和影响力、无形资产价值高、发展前景好的品牌展会，可采取公开拍卖等形式，让政府有偿退出展会具体经营。在实施过程中，要做到有“破”有“立”，既要发挥政府的优势，又要勇于改革，引领会展业市场尽快转型。

政府显然“破”得不够，抱着角色不放，不敢放，甚至不愿放。更糟糕的是，碰到了垄断，尤其是行业垄断时，干脆就把萌芽中的会展企业扼杀在幼苗期，勉强生存下来的会展企业，也受到左右夹击，成了长不大的“小老头树”。因此，要大力发展会展产业，就要求政府彻底转型，让位于市场，真正弄明白“一株难成林”的道理，积极扶持各种层次的会展企业发展。

政府“立”得也不够。政府在会展市场转型中主要应在以下几个方面发挥作用：

1. 推进自身改革。政府要纠正在履行职能过程中存在的越位、错位和不到位问题，尤其是管了许多不该管且又管不好的事情，而应该管的事情却没有管或没有管好的问题。要尽早从展会主办的“运动员”转变为“服务员”或“裁判员”。因此，转变政府职能，建设市场经济下的有效政府仍是当务之急。

2. 搞好规划论证。越来越多的城市政府看好会展产业的发展前景，将其列入当地“十三五”规划，并作为现代服务业发展的突破口，从而达到提升服务业层次、扩大城市宣传和对外影响力的目的。政府制定规划要因地制宜，密切结合本地区的资源优势、产业特色，必要时请有关专家充分论证，准确定位。

3. 制定优惠政策。政府要制定扶植会展产业发展的优惠政策，包括财政补贴、税收减免、宣传投入等，要指定相关部门切实抓好优惠政策的宣传和落实工作。

4. 做好效益评估。需要政府继续牵头举办的展会，要做好财务审计和效益评估，要从社会效益、经济效益等多方面综合进行评估。对达不到效果的会展节庆项目，要及时找出原因，坚决纠正，甚至停办。

5. 实行权力下放。对于政府举办展会的相关服务项目，实行服务外包，通过招投标、委托代理等方式，交由相关企业负责实施。

政府主导型展会是我国会展的发展特色，在未来很长一段时间内是无法消除的，实行市场化运作，并非是对政府主导型展会的“根除”，关键在于改变。政府和企业的合作是打开目前艰难局面的有效途径，政府要对不该管理的项目和方面放手，让企业真正参与到展会活动中，用市场来调控整体展会的运营和管理。

（资料来源：http://www.xzbu.com/2/view-634720.htm.）

4. 政府角色定位

在会展业没有完全市场化的条件下，也许政府比企业站得更高、看得更远，也能更好地借助展会平台宣传贯彻行业政策与标准，促进地方经济发展。但同时也必须看到，政府展会因其以计划手段介入会展的市场化运作，也存在着一定弊端。政府要在新形势下找准定位。

（1）理顺政府与市场的关系，正确履行政府职能。

虽然政府主办展会由于有财政资金的支持和行政资源会带来短期繁荣，但从长期看，这种直接运作一定是一种资源配置效率较低的运作方式，而且偏离市场规律，不能形成良性发展。我国应该借鉴政府主导型会展业管理经验，使政府最大限度减少对微观事务的干预，做到宏观管理不失位，微观管理不越位，把主要精力放在加强会展业发展的规划、指导和管理上，建立与国际接轨的竞争秩序，营造规范有序的会展业发展环境。

（2）从引导展览新兴产业发展、扶持公益产业的角度介入，弥补市场失灵。

市场不是永远有效的，政府要在总体发展规划、规划布局、政策导向等方面综合运用经济、法律和行政手段，加强对会展市场的宏观调控和产业引导，促进会展业的健康发展。

（3）正确认识会展业的发展规律，扶优扶强。

根据产业周期理论，从中国会展业的发展阶段和国情出发处理政府与市场的关系：在市场的培育期，政府主导有利于行业从成长期走向成熟期；行业发展到成熟期，再进行过度干预，直接办展或者直接补贴某些展会，会形成不公平竞争。根据会展基础设施投资大及回报期长、会展产业链长、具有明显正外部效应的特点，要扶持会展基地企业尤其是大型会展基地企业的发展；根据展览强国必然是品牌展会强国的规律，要重视国家级领先的标杆企业和符合我国产业发展的品牌展会，设立专项资金补贴或采取税收减免优惠鼓励其发展，扶优扶强，发挥引导作用。

（4）加强会展经济统计，建立会展业统计评估体系。

会展业具有内容复杂、涉及面广、带动行业多等特点，因此统计调查难度大于其他产业的统计。为全面准确反映城市会展经济的发展情况及对国民经济的拉动作用，应抓紧建立会展业统计指标体系，为政府制定规划与发展政策提供依据。

(5) 完善行业法规，建立有效的协调机制。

要借鉴发达国家和城市先进的行业管理经验，制定和完善会展行业法规，建立有效的协调机制。此外，还要积极培育会展市场主体，加大会展专业人才培养力度，使会展业保持持续稳定发展。

5. 政府展会运作

在政府展会核心业务中，应特别注重展会危机管理、展会新闻宣传以及展会知识产权保护的运作。

(1) 制订展会危机管理计划。

关于危机的定义有很多，美国心理学家凯普兰最先系统地提出危机的概念。他认为："每个人都在不断努力保持一种内心的稳定状态，保持自身与环境的平衡与协调。当重大问题或变化发生使个体感到难以解决、难以把握时，平衡就会打破，内心的紧张不断积蓄，继而出现无所适从甚至思维和行为的紊乱，即进入一种失衡状态，这也就是危机状态。"简言之，危机意味着稳态的破坏。这种破坏产生的后果可能对组织以及员工、产品、服务、资产和声誉等造成巨大的损害。

危机管理是指应对危机的有关机制。具体是指企业为避免或者减轻危机所带来的严重损害和威胁，从而有组织、有计划地学习、制定和实施一系列管理措施和因应策略，包括危机的规避、危机的控制、危机的解决与危机解决后的复兴等不断学习和适应的动态过程。

任何会展都会有潜在的风险。如场地风险，指的是直接与设施或展品类型有关的风险；展览风险则是指展会管理方与参展商就有关展会的规章制度理解不同产生的各类纠纷。在人员进出馆、展样品处理、设备设施、展位搭建、食品供应、物品保管等环节都存在各类安全隐患。因此，制订展会的危机管理计划是通过危机监测、危机预警、危机决策和危机处理四个环节达到避免、减少危机产生的危害，总结危机发生、发展的规律，对危机处理科学化、系统化的一种新型管理体系。

危机管理关键是对危机进行监测，在展前应有强烈的危机意识和危机应变的心理准备，建立一套危机管理机制，对危机进行检测。

许多危机在爆发之前都会出现某些征兆，危机管理关注的不仅是危机爆发后各种危害的处理，而且要建立危机警戒线，把一些可以避免的危机消灭在萌芽之中，让另一些不可避免的危机通过预警系统能够及时得到解决。

面对危机时，要在调查的基础上制定正确的危机决策。决策要根据危机产生的来龙去脉，对几种可行方案进行优缺点对比后，选择出最佳方案。方案定位要准、推行要迅速。确认危机后，要辨认危机影响的范围、程度及后果。

一旦确认某种危机发生，就要设法遏止危机的扩散，使其不影响其他事物，紧急控制如同救火般刻不容缓。在处理危机中，关键的是速度。如果企业能够及时、有效地将危机决策运用到实际中化解危机，就可以避免给企业造成损失。

（2）大型国际化展会应急预案。

大型展会在业务、技术与管理方面，都要建立相应的应急处理预案，以防不测。一套全面而细致的大型国际化展会的应急预案包括但不限于以下几个方面：一是展馆设备设施应急预案；二是应对灾害性天气应急预案；三是展览期间电梯围困人员等事件的应急处理方案；四是管理与企业系统数据库应急预案；五是突发安全事件应急预案；六是突发卫生应急预案。

总之，各类应急预案的建立可以有效应对各类突发事件，保障展会正常运行。

（3）政府展会的新闻宣传工作。

展会要成功举办并发展成为品牌展会，媒体宣传报道充分与否至关重要。展会品牌的形成需要媒体的大量正面报道。媒体的权威性和可信度有助于提升展会的知名度和美誉度。而且品牌展会也会在一定程度上吸引众多媒体的关注。各类展会为了争取展商与客商资源，纷纷斥巨资在国内外主流媒体的黄金时段或显要版面造势，扩大展会影响。此外，各类展会在专业化、差异化和展会服务上大做文章，在一定程度上分流了政府主导型展会的展商与客商资源。如何为政府主导型展会营造良好的舆论环境，重塑形象以增强其吸引力，已经成为政府展会宣传工作的重要任务。

成功的展会要依靠特色赢得关注，也要靠品质留住客户，同时需要营销拉来客户。品牌展会应加大宣传力度，创新宣传模式，最大限度地发挥宣传工作的效能，不断提升展会的知名度，保持展会长久的吸引力，一是要建立科学有效的新闻媒体运作机制，二是要强化政府主导型展会的宣传资讯功能，三是要使展会宣传及品牌建设步入规范化轨道。同时，要注重构建和谐媒体关系，为展会的可持续发展提供舆论支持。

（4）展会知识产权保护。

2006 年 1 月 10 日，商务部、国家工商总局、国家版权局、国家知识产权局共同发布第一号令《展会知识产权保护办法》，并于 2006 年 3 月 1 日正式实施。这是我国首部专门对展会知识产权保护工作制定的行政规章，为展会知识产权保护工作提供了法律保障。

同时，为了增强展会的知识产权保护意识，商务部、海关总署、国家工商总局、国家版权局、国家知识产权局和中国国际贸易促进委员会六部门在 2006 年联手开展了“蓝天展会行动”，旨在有效遏制展会期间的侵犯知识产权行为，规范展会市场秩序，营造公平的竞争环境，保护知识产权人的合法权益。《北京市展会知识产权保护办法》规定大型的展会必须派知识产权行政机构人员进驻，为参展商提供服务，方便参展商及时有效解决知识产权侵权问题。我国政府相关部门还对国内主要展会从业单位负责人和从业人员集中培训，提高展会从业单位知识产权保护的意识和水平；举办“展会知识产权保护国际研讨会”，探讨保护知识产权方面的经验和做法。可见，我国政府对展会知识产权问题已经相当重视。我国一些大型的展会对知识产权也有自己的规定，比如广交会就制定了专门的《涉嫌侵犯知识产权的投诉及处理办法》。

1. 案例资料

展会上发现侵权怎么办?

展会一般只有短短几天时间，但是展会知识产权从侵权的萌芽、发生到维权结束却是一个长期的过程。下面我们将按展前、展中、展后三个过程分别阐述如何处理知识产权侵权问题。

(1) 展会前发现侵权产品怎么办?

展会一般按行业召开，来者都是同行，任何一家企业的新技术都将成为焦点，而新产品则更容易被同行模仿。知识产权侵权不只是会发生在展会上，很多新技术早在参加展会之前就已经被同行侵权使用，如果侵权者进入同一个展会，必然以低价的优势抢走客户，这种危害比普通的侵权要大得多，所以这时参展商最大的希望就是阻止侵权者一同参展。那么，如何将侵权者阻止在展会之外呢?

(2) 展会时发现侵权产品怎么办?

在第八届中国国际建筑贸易博览会开幕的第一天，展会主办方就收到了浙江某知名装饰品公司和德国某品牌卫浴公司的公函，两家公司声称有十几家参展企业的产品侵犯了它们的专利权，要求主办方给予妥善处理。两家企业邀请上海市知识产权局执法部门出面，将侵权产品撤出了展会，问题得到了妥善解决。

在展会上发现知识产权侵权，参展商首先想到的是将侵权者或者侵权产品逐出展会，那么参展商又该如何处理呢?

(3) 展会后怎样处理侵权行为?

展会的时间只有几天，有些侵权案件无法在几天之内就得到处理，而且展会上对侵权案件采取的基本是临时措施，对侵权者的处罚、侵权赔偿等并不能在展会期间得到解决。那么展会完毕后还要继续将维权进行到底。

2. 案例分析

(1) 展前发现知识产权侵权的处理方式。

如果发现有侵权的同行可能用侵权产品参展，首先，参展商应当及时采取行动，以书面的形式告知展会的主办方，并且附上自己的相关权利证明。有些展会主办方只重视招商，而对侵权通告置之不理，参展商最好委托律师以律师函形式告知展会主办方某参展商可能侵犯自己的知识产权，希望制止其参展。如果展会主办方知道有人侵权，仍然允许其参展，展会主办方也将承担侵权责任，这时展会主办方必须考虑是要参展费还是准备承担侵权责任了。其次，参展商可向展会所在地的知识产权管理部门发律师函，告知某参展商可能将侵犯自己知识产权的产品在展会上展出，希望制止。最后，参展商还可以向自己或侵权者公司所在的知识产权管理部门要求及时查处侵权行为。

有些展会也有相关的展前预审制度。如果投诉得当，侵权人将由于无法通过知识产权预审而进不了展会，这也同时构成对侵权者的威慑，迫使其放弃将侵权产品参展，达到将

其阻挡在展会门外的目的。这样还为以后对侵权问题的处理打下很好的基础，引起各方的高度关注，一旦在展会中发现有侵权产品参展，侵权产品很容易被立刻撤出展会，将损失降到最低。

（2）展中发现知识产权侵权的处理方式。

第一要有证明自己享有相关权利的证据。参展商必须要有充分的准备，这主要是指文件上的准备。一般应当提前准备：①企业的营业执照，以表明自己的合法身份；②知识产权权属文件，以证明自己享有相关知识产权权利，如果自己不是原始的权利人，只是被许可使用者，还应当携带许可使用的协议等；③盖好公章的空白授权委托书，以便企业参展人员有权来处理侵权事宜；④其他证明文件。

第二要提出侵权者侵权的证据。证据就在侵权者的展台上，但不是直接过去拿来这么简单。法律上的取证要合法才能被认可，取证要注意以下几点：①必须要在侵权人发现之前拿到，否则侵权人很容易将证据销毁；②取证过程中避免惊动侵权人，避免发生直接冲突；③取证过程要有音像记录，偷拍、偷录的音像资料都是有效的证据；④借助外力固化。在某次展会受理的6宗投诉中，多数投诉人有律师陪同，有些投诉人还带公证机构工作人员进场取证。

第三是投诉。怎么投诉，很多展会有一些具体的规定，可以按照其规定来进行投诉。

首先要清楚向谁投诉。现在很多展会都设立了知识产权办公室，或者有相关知识产权管理部门联合执法机构入驻，可以向知识产权办公室或者联合执法机构投诉。向自己企业所在地的知识产权管理部门投诉也是个不错的办法，如济南某机器有限公司在北京的大型国际展会上发现了侵权产品，直接向山东省济南市知识产权局投诉，该局远赴北京对涉嫌侵权产品进行现场取证，将侵权产品就地封存。

其次要明白如何投诉。对于投诉人而言，投诉是希望将侵权者或侵权产品逐出展会，但这并不是很简单的事情，虽然一些地方法规或者某些展会采取的是“举证责任倒置”，也就是让侵权者来证明自己不侵权，这加大了侵权者的责任，但这也不意味着可以随便投诉，投诉还是要按照规定的程序进行，按规定递交投诉材料，除了要递交自己享有权利的证明、侵权者侵权的证明，还必须将侵权情况以及比对方式详细阐述，以便相关机构迅速做出判断，做出撤销或者遮蔽侵权产品的处理。投诉需要一定的专业知识，所以为了达到尽快处理的投诉效果，最好聘请专业的律师来打理。

（3）展后发现知识产权侵权的处理方式。

展会后维权有行政投诉和民事诉讼两条途径，如果侵权情况严重，构成侵犯知识产权罪，还可以向公安机关举报，要求对侵权者进行刑事处罚。无论是行政投诉还是民事诉讼，或者是向公安机关举报，这些都可以通过常规程序解决，因为在时间上没有迫切要求，所以聘请本地的律师来代理解决就可以了。

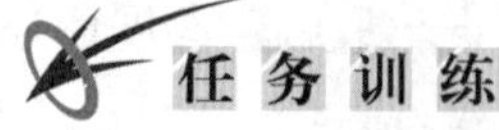

任务训练

1．任务背景

查找三种不同的会展管理模式下的展会项目各1～3个，分析三种不同管理模式的各自利弊。针对具体展会项目运作，分别从危机管理、宣传推广、应急预案、知识产权等方面选取 1 ~2 个方面进行分析。

2. 操练要求

（1）以小组为单位，每组设组长 1 名，负责组织本组成员进行实训。

（2）查找不同的会展管理模式下的展会项目各 1 ~3 个。

（3）分析不同管理模式下展会项目的发展情况。

（4）分析不同管理模式对展会项目发展的利弊。

（5）选择具体展会项目，分别从危机管理、宣传推广、应急预案、知识产权等方面选取 1 ~2 个方面进行分析。

（6）实训结果汇报与教师点评。

任务小结

完成上述任务，掌握相关能力。

（1）能辨别不同的会展管理模式的利弊。

（2）能根据资料分析政府主导型的具体展会的运作情况。

（3）清晰了解政府展会的运作，并能针对知识产权、新闻推广等方面制定相应的方案。

项目三

认识展馆

◆ 项目目标

1. 了解我国大型展馆建设与分布状况，理解展馆建设要素。
2. 识别展馆选址的规划要素，掌握展馆布局与功能设置。
3. 熟悉海内外展馆投资运营模式，理解我国展馆运营策略。

任务一　大型城市与大型展馆

任务目标

学生通过本次任务实训，熟悉会展场馆与国际贸易中心的依存互动关系，熟悉展馆的类型，分别能从组展商、参展商等不同的角度认识我国展馆建设的问题，掌握我国目前展馆运行机制及存在的问题，具备一定的资料查找和分析能力。

知识准备与业务操作

（一）会展场馆

1. 大型展馆与国际贸易中心的依存互动关系

作为国际投资贸易促进平台，同时也是会展业发展载体，现代会展场馆的建设与运营尤为重要。展馆的硬件设施条件不足，尤其是没有超大型展馆，会展业的进一步发展将遭遇瓶颈制约。在诸如上海这样的会展中心城市建设运营航母级超大型场馆，对于培育本土品牌展会，引入国际顶级商业展会，实现各类展会协调发展，服务于贸易强国建设，构建全球会展大平台，将会起到积极的推动作用。

据研究，现代会展业尤其是大型展馆与国际贸易中心的内在关联度很高。一方面，国际贸易中心把国际商贸机构、金融结算机构、制造业总部和现代服务产业链聚集在一起，对交易平台提出实际需求，促进了大型场馆的建设；另一方面，大型场馆服务于国内外大批贸易流通，直接实现进出口，支撑并推动着国际贸易的发展。

大型展馆与国际贸易中心的依存互动关系主要体现在以下几个方面：

国际贸易中心城市一般都拥有大型会展场馆。

国际贸易中心城市一般是本国或本地区场馆和展会最集中的地方。

国际贸易中心城市的场馆出租率普遍偏高。

国际贸易中心城市的大型场馆承接国际性会展活动较多。

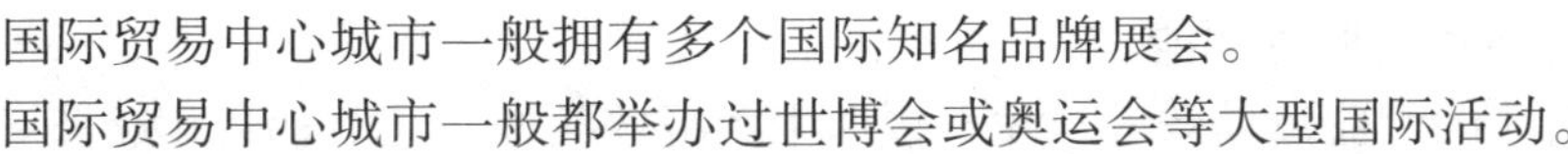

国际贸易中心城市一般拥有多个国际知名品牌展会。

国际贸易中心城市一般都举办过世博会或奥运会等大型国际活动。

2. 会展场馆的作用

会展业的发展，能够改善城市的产业结构，提升城市的形象，是构成城市竞争力的重要组成部分。会展场馆在会展业的发展中担任着举足轻重的角色。会展场馆可以决定举办哪些展览以及什么时间办展，其运营模式甚至可以决定城市会展行业的整体发展。归纳起来，会展场馆对城市会展业发展所起的作用主要体现在以下几个方面。

(1) 能够大力推进会展产业的发展。

该城市所处的区域产业基础、市场规模等因素能推动当地会展产业的发展，但一个先进适用的展馆无疑更是举办展览的硬件基础，会展场馆经营的准确定位是推进会展业发展必不可少的前提。

如大连星海会展中心的建成投入使用，带来了大连会展业的“一鸣惊人”；深圳会展也曾因“深圳国际展览中心”的建成而客商云集（后来因展览面积过小，国际家具展等品牌展览离开深圳在异地举办）。自1999年以来，随着中国国际高新技术成果交易会（简称高交会）展览馆的建成和高交会的成功举办，深圳会展业迎来了发展的契机，并逐步形成了又一个发展高峰期。

(2) 能够积极培育城市的展览品牌。

会展场馆不仅仅是为会议和展览提供场地和相关服务，其经营策略还关系到城市展览品牌的培育。按照国际惯例，展馆存在着六个月内不承接相同题材展览的行业惯例。接哪些展不接哪些展，对展览品牌的成长甚至生存至关重要。如德国的汉诺威、慕尼黑、杜塞尔多夫在上海投资建设展馆和办展，不仅加剧了上海展览场地方面的竞争，而且在一定意义上影响了上海整个城市展览业的发展方向。

(3) 能够提高会展业的市场化程度。

会展场馆的市场化运作有助于会展业的市场化经营。会展业市场化经营的主体主要包括展览公司、展台搭建公司、展品运输公司、酒店、餐饮公司、礼仪服务公司等。如果会展场馆采用垄断性经营及提供垄断性展览服务，那么行业内的展览公司、装修公司、运输公司等经营主体就无法获得公平竞争的市场环境及发展空间。

(4) 能够适度调控会展业的市场运作。

政府对会展业的宏观管理主要是体现在展览项目审批方面。目前，改革的发展趋势是审批制向备案制转变，并最终取消展览的审批手续。在城市会展业的发展过程中，特别是对发展尚未成熟的中国大中城市来讲，政府对产业的宏观指导及调控作用是不可缺少的，它能够给需要予以扶持、培育的展览品牌发展的空间，在一定程度上促进会展市场的健康发展。

(5) 能够大力培养会展业人才。

作为会展市场主体之一的会展场馆，需要大量高素质的专业人才队伍，以保证场馆管理、展览服务专业化工作的圆满完成。如香港会展中心有正式员工817人，大部分是从世界各地招聘和自己培养的高素质专业化人才。因此，会展场馆的经营和运作，可以为城市会展行业吸引大批高素质、高水平的专业人才并培养大量本土的专业化人才。

（6）能够强化城市的服务职能。

会展业具有极大的产业带动效应，除直接产生经济效应外，还对社会和经济发展有着巨大的影响和催化作用。会展业作为一个城市服务业的重要组成部分，对强化城市的服务职能有积极的推动作用，其中会展场馆的带动作用不可低估。强化和提高会展场馆的服务水平、服务质量，可以推动会展业的发展，对完善城市服务功能起到积极的作用。

3. 会展场馆的类型

会展场馆根据不同的标准，有多种划分类型。

（1）按照主要用途划分（如表2－1所示）。

表2－1　按照主要用途划分的会展场馆类型

分　类	描　述
博物馆	对有关历史、自然、文化、艺术、科学、技术的实物、资料、标本等进行收集、保管、研究，并陈列其中一部分供人们参观、学习的专用建筑。比如杭州除了有西湖等旅游名胜以外，还有位于龙井的中国茶叶博物馆、与同仁堂齐名的胡庆余堂中药博物馆、展示丝绸发展史的中国丝绸博物馆、南宋官窑博物馆等
展览馆	展览专用建筑物或从事展览馆业务的企业或事业单位
美术馆	以陈列展出美术工艺品为主的建筑物，有的也设立美术创作室
纪念馆	为纪念具有历史意义的事迹或人物而建造的建筑物
陈列馆	一般为单纯的陈列展出，或设于建筑的一角，或成为独立的建筑，其中多陈列实物以供人们参观学习
会议中心	主要的会议举办场所。在会议中心的室内，要使温度、湿度、采光、音响等符合以人为本的需要。只有室内外都有良好环境效果的会议中心，才是企业不断追求的会议中心
展览中心	有固定场馆来展示、陈列和举办一些定期、不定期的临时性展览会、博览会的场所。主办者为了一定的目的，提出一定的主题，按照主题要求选择相应的展品，在展厅里或其他场所运用恰当的艺术手法，在一定的材料和设备上展示出来，以进行宣传、教育或交流、交易。既有认识、教育、审美、娱乐等作用，又有传递信息、沟通产销、指导消费、促进生产等多方面功能
体育场	为开展群体性体育活动而设置的体育活动教学、训练和竞赛的公共体育场所。有单项的，也有综合性的。设有专职或兼职的技术指导和管理人员，负责日常工作
体育馆	室内体育运动场所的统称。大规模的体育馆包括篮球、排球、乒乓球、羽毛球等的比赛馆和练习馆
文化广场	面积广阔的文化场地和场所

续上表

分　类	描　述
文化馆	国家设立在县（自治县）、旗（自治旗）、市辖区的文化事业机构，隶属于当地政府，是开展社会主义宣传教育、组织辅导群众艺术（娱乐）等活动的综合性文化部门和活动场所
城市规划展示馆	供人们进行传授、学习或增进知识等活动的公共建筑。它要求有幽静的环境、必要的设备、适宜的空间和充足的光线等。如上海城市规划展示馆，建筑面积2万 m^2，主体结构高43 m，地上5层、地下2层
剧院	用于戏剧或其他表演艺术演出的场所
剧场	供戏剧、歌剧、曲艺等演出使用的场所

（2）按照会展场馆规模大小划分（如表2－2所示）。

表2－2　按照会展场馆规模大小划分的会展场馆类型

分　类	描　述
大型会展场馆	是指会展场馆规模庞大，一般举办大型的国际性会议和综合性的展览活动，如广州国际会展中心、上海国际展览中心等
中型会展场馆	是指会展场馆规模比较大，一般举办区域性的国际会议、大中型的行业会议和行业性的展览活动，如西安国际会展中心、昆明国际会展中心等
小型会展场馆	是指会展场馆规模较小，一般举办地区性的会议和地区性、专业性的贸易展览活动，如广州锦江展览中心等
临时会展场馆	是指不是专门用于会展的临时性会展场所，一般不会经常性举办会展活动，如广东国际大酒店等各种大型物业的展览馆

（3）按照会展内容不同划分（如表2－3所示）。

表2－3　按照会展内容划分的会展场馆类型

分　类	描　述
综合型会展场馆	是指可同时和分别举办会议和展览活动的场所，如上海国际会展中心、大连星海会展中心等
展览型会展场馆	一般只举办各类产品和信息的展览活动，不举办交流会议，如广东现代国际展览中心（东莞）、上海国际展览中心等
博览型会展场馆	是指举办各种画展、花卉展、艺术品展、文物展等博览性活动的场所，如上海新国际博览中心、广州花卉博览园等
会议型会展场馆	是指主要举办国际会议、行业会议等大型会议的场所，如北京国际会议中心、博鳌亚洲论坛会议中心等

（4）按照会展场馆性质不同划分（如表2－4所示）。

表2－4　按照会展场馆性质不同划分的会展场馆类型

分　类	描　述
项目型会展场馆	不是专门用于会展，只是偶尔举办会展的场所，如白天鹅宾馆展示厅、广东国际大酒店展览馆等
单纯型会展场馆	专门用于某种产品展览、某个行业展示和某种会议举行的活动场所，如广州花卉博览园、中国农业展览馆等
综合型会展场馆	可以举办各种商贸展览和交流会议的活动场所，如上海光大会展中心、武汉国际会展中心等

（5）根据会展场馆功能划分。

近代会展场馆大致可以分为三种类型：大型展览中心、大型会议中心和会展中心。

大型展览中心和大型会议中心的功能较为单一，主要就是各类的展览和会议，如上海新国际博览中心、香港会议中心。

会展中心又可分为会展建筑综合体和会展城。大型展览建筑体是当今较为流行的一种会展场馆类型，包含了展览、会议、办公、餐饮、休憩等多种功能，如加拿大大厦、墨尔本国际会展中心、上海世贸商城、大连星海会展中心。会展城指超大规模的会展中心，如英国国家展览中心、德国汉诺威会展中心等。我国尚未具备建设此种规模会展场馆的条件。

4．会展场馆的经营服务目标

从总体上来说，会展场馆的经营服务目标主要有：为各种会展活动提供一个合适的场地和舒适安全的环境，并在此基础上提供高效的服务，满足会展活动的组织者、参加者、会展场馆工作人员以及租用场馆办公的物业使用者等各方面的需要，实现一定经济效益和社会效益。场馆经营还要做好合理的规划，搞好会展场馆建筑本体以及场馆内部设施设备的建设和维护工作，做好场馆的环境绿化、保护、清洁、安全、消防等基本工作，最大限度地发挥场馆的物业使用价值，提高场馆的保值增值能力。

从根本上来说，会展场馆的最大目标是为客户举办会展活动提供最优的软硬件服务。因而，从这个意义上来说，会展场馆的经营服务目标应该是围绕客户界面的服务目标。

（1）会展活动项目的数量和质量情况。

举办会展活动项目的数量和质量情况，是评价会展场馆经营水平的重要指标。一个会展中心举办多少数量、多大规模、多高层次的会展活动，体现着展会的主办单位对会展中心的认可程度。

会展业发达的会展中心，是以其举办展会的数量，尤其是质量取胜的。如汉诺威拥有世界上两个最大的博览会——汉诺威工业博览会和消费电子、信息及通信博览会（CeBIT）。每届CeBIT的参展商约7 200家，展出面积365 000 m^2。法兰克福有世界上最著名的消费品博览会（Ambient & Tendence）、国际汽车—小轿车展览会（OAA）、国际礼品展览会和国际卫生—取暖—空调专业展览会，以及每年秋季举行的法兰克福书展。据悉，法兰克福书展最大的亮点是进行外文书的版权交易，每年全世界约有70%的版权交易是在该书展上签订的。

我国以北京、上海、广州为中心的会展业发达地区，会展场馆的使用率较高，基本处于饱和状态。而内陆省份有些会展场馆的使用率只有10%左右，空置率高，效率较低。

（2）客户满意度。

客户满意度是一个综合指标。按客户类别分为主办单位的满意度、采购商（买家）满意度、参展商满意度、专业人员的满意度、观众（参会人员）的满意度等；按服务项目的类别可分为硬件设施满意度、保安服务满意度、工程服务满意度、环境卫生满意度等。

会展场馆方一般是在每次展会活动过程中或展会活动结束后，采取随机抽样的方式进行调查，以获得客户满意度的结果。随着展会评估第三方市场的逐步成熟，越来越多的客户满意度数据将由展会评估的第三方提供。

（3）回头客比率。

回头客比率是指会展场馆的使用者有无再次使用的意愿与实际行动。场馆的回头客包括组展商、参展商、客商、参会者、搭建商和观众等。回头客的比率高低直接反映出客户层面的经营效果。

（4）客户投诉率。

客户投诉率的高低从另一个方面反映了会展场馆的经营状况。对客户投诉率进行评价时，不要只停留在数量上，要注重对投诉内容进行分析。在实际操作中，一般将客户投诉分为不同的等级，如严重问题、一般问题和轻微问题等，在评价客户投诉率时对不同层次的问题赋予不同的权重，这样评价才科学合理。

5. 会展场馆的经营管理

会展场馆的经营管理是一项复杂的系统工程，受到很多因素的影响。除了涉及对场馆及其内部各项硬件设施的管理，还包括对会展场馆的营销管理、会展活动举办期间的安全管理及财务管理等。

（1）会展场馆的硬件设施管理。

会展场馆的硬件设施包括：场馆本身、场馆周边的道路、停车场以及强弱电设施等。硬件管理是场馆管理的日常性工作。目前，国内一些场馆由于缺乏对场馆硬件的管理，缺乏对相关设备的定期维修保养，从而严重影响其使用寿命。加强会展场馆的硬件设施管理可以从两方面着手：首先，应该建立稳定的管理部门，即工程部或技术保障部，并配备合格的工程技术人员，健全各项操作规程和规章；其次是制订各项设施的维修、保养和更新计划，并将其纳入年度预算的范围。

（2）会展场馆的营销管理。

会展场馆的营销管理包括：租期的确定、租金的确定与预付、销售渠道、促销方式和场馆租期确定后的跟进服务等。

①租期的确定。会展活动通常具有一定的季节性。例如，每年的9月和10月是会

展活动的旺季，所以国内目前有“金九银十”的说法。在黄金季节会展场馆的出租率普遍较高，而在淡季的出租情况往往不太理想。因此，会展场馆营销时需要有明确的战略和战术安排以便提高淡季的出租率，保证场馆的经济效益。一般来讲，是否遵循“金九银十”的规律，往往取决于展会的性质，侧重采购、零售，为企业提供短期营销服务的展会通常选择在旺季举行，像贸易洽谈会、交易会等性质的展会，可以根据所涉及行业的财务、采购、季节周期特点选择在9月、10月举行。而其他形式的会展活动不一定非要在旺季举行，所以这部分展会是场馆淡季营销的主要对象。

②租金的确定与预付。因为展会活动存在季节性，所以对于会展场馆的租金，各地都有成文的“旺季价”“淡季价”和介于两者之间的一种价格。但在实际操作中，客户通常会提出优惠价的问题，而管理者也会根据市场的情况和竞争战略的需要，对不同的客户实施优惠政策。一旦谈好租期和租价后，客户通常按合同条款要求缴纳15%左右的预订金。

③销售渠道。会展场馆营销的专业性较强，其客户主要是政府部门和包括协会在内的组展商和展台搭建商。不同的场馆具有不同的历史和建筑特点，因而适合举办不同类型的展会，所以场馆的经营管理者需要根据场馆本身的特点建立独特的销售渠道。此外，在建立销售渠道时需要了解组展商和搭建商等渠道成员的关系，从而加强营销渠道中的关系管理，以便提高场馆的营销水平。

④促销方式和场馆租期确定后的跟进服务。由于对会展场馆的介绍材料多由抽象的技术参数组成，而且其客户的范围比较窄，所以在对场馆进行营销时需要使用上门面谈及在业内活动期间举办介绍会等直接面向客户的促销方式。此外，在租赁合同签订后要注意加强跟进服务，其中包括向租用方提供有关所租场馆的整套技术资料，并全程跟踪展览的筹备过程。

（3）安全管理。

安全管理是场馆管理的重要一环。尽管很多场馆配备了先进的安全设施，但场馆人多事杂的特点必然构成很多安全隐患，并引发一些问题。

场馆安全的最大隐患是火灾，因此消防工作是会展场馆安全管理的一项重要内容。

预防偷窃事件是会展场馆安全管理的另一个重点，到目前为止，很多会展活动都出现过盗窃的问题。尽管很多场馆安装了摄像头，但是并没有起到令人满意的预防作用。实践证明，除了安装摄像头等电子防盗设备以外，加强保安力量和动员客户提高防范意识是预防偷窃事件有效的措施。

场馆内部及其附近的交通混乱堵塞，也是国内大多数场馆需要面对的一个安全问题。为了避免这种情况的发生，在场馆内部不能允许车辆随意停放，更不能乱发停车证；场馆外部的交通则要依靠交管部门疏导管理。大型展览会举行时，要事前通报交管部门，争取他们的支持。

要加强对观众出入口和周边环境的管理，必要时应请当地的公安部门给予支持。

（4）会展场馆的财务管理。

建立完整的财务管理体系是会展场馆提高经济效益的保证。成本管理是会展财务管理的核心。除了建立有效的预算和执行预算制度、严密的应收应付流程外，会展场馆的

管理者还必须加强成本意识，合理地确定会展场馆及其设备的使用率，详细地进行投资的成本收益分析，并根据会展的季节性特点优化场馆的各种资源。

（5）其他。

会展场馆的管理者还要注重企业的人力资源管理和客户关系管理，以便更好地激发员工和客户的潜力，并提高本企业的核心竞争力。而提高场馆的环境管理水平，做好场馆内部及附近的绿化和保洁工作，将绿色理念引入到场馆的设计建造及展台的搭建和布置中，并且做好节能和会展活动产生的废物的处理，对推进会展场馆可持续性发展至关重要。

（二）大型展馆建设

1. 从组展商视角看大型展馆建设

以组展商眼光看中国的大型展馆建设，展馆设计应考虑以下几个方面。

①展馆的主要设计思想应该是美观、大方、新颖，体现地方民族文化特色的，并应坚持实用、节能、环保，尽可能减低建设成本，遵从低碳经济理念。展馆应以人为本，一切从方便参会者和与会客商的角度出发进行设计，创造舒适、便捷的交流、洽谈环境。故应在馆内交通、指路标识、餐饮服务、休闲、医疗救助、网络通信等方面给予特别关注。

②单体展馆应设计为单层无柱式矩形展馆。单体展馆面积控制在 12 000 m^2 以内，配套设施面积应在此基础上得到充分保证。展馆净高度应控制在 12 ~ 16 m，具备良好的采光、通风、换气、照明、监控、物流、疏导、空调、水电气运营条件，有足够的地面承重。展馆设计还应考虑当前不同类型展会的综合需求，进行多元化规划，形成全馆展会到单馆活动的承接能力，以便在淡季形成企业或行业年会、新品发布会、商品展销、节庆活动、商业演出、体育赛事的多元化商业运作模式。

③对于室外场地，应修建足够大的复合使用的展览室外场地，场地应覆盖标准水电照明网络体系，可以承接大型露天赛事活动、主题游乐活动或大型演唱会等人流密集活动。

④其他展馆配套设施和服务机构，如充足可靠的能源保障系统、公共交通综合枢纽、邮政快递中心、医疗急救中心、购物中心、旅游订票中心、休闲健身中心、海关办公室、知识产权协调中心等。此外，还要规划好整个馆区的绿化和美化。

⑤对于展馆交通物流系统的规划包括馆外和馆内两个部分。馆外要有快速轨道交通工具连接市中心、火车站和机场；馆内可设置轨道交通和公交接驳枢纽，在馆与馆之间的连接通道设置双向自动步道或者馆区巡回巴士，以方便展商和观众。馆内物流通道和馆与馆之间的卸货周转区要科学规划、面积充足，以保证展品进撤馆时物流通畅。

⑥对于停车场的规划，出租车、自驾车和大巴停车场应分开，要在展馆的建设时一起考虑，既要有利于人群在展场均匀分布流动，也要有利于人群在闭馆时和应急状态下能够及时疏散。可修建独立停车楼和车流管理系统，实现静态和动态多向管理。

⑦对于餐饮服务，应以商圈规划的目标来实现覆盖当地的餐饮服务，引进多种档次、多种风味的餐饮服务机构，以满足中外客商不同宗教和不同饮食习惯的需求，妥善解决大面积人流同时就餐这一展览行业普遍面临的难题。

⑧大型或超大型会展场馆属众多人群聚集场所，一定要有完善的消防安全设施和严

密的安全管理制度，以及相应的应急处置措施和制度。监控点布局要合理，避免监控死角。

⑨评审项目规划设计方案，不能只在现有竞标方案中比较优劣，还应参考国内外有效的展馆设计案例。甚至也应该了解和参考一些有缺陷的展馆的设计案例，从中吸取教训。

⑩作为大型会展活动的主办方，一般来说都会视场馆为会展的家园。各地政府与建设单位要能够充分了解和吸纳现代展览行业标准展馆的规划和运营经验，建设符合大型会展项目实际使用需要的现代化会展场馆。

2. 展馆产能不足与产能过剩

展馆是会展业的基础设施，对会展业的题材、特点、规模和效益形成了刚性制约。例如，由于缺乏特大型展馆，作为亚洲最大和全球三大珠宝展之一的香港珠宝展不得不分开在亚洲国家博览馆和香港会展中心两个展馆举办。场馆功能不足成为制约香港会展业发展的重要因素。

目前中国展馆的竞争力和利用率普遍偏低，造成资金、土地等资源浪费并导致展馆之间的恶性竞争。同时，我国展览场馆过分追求特殊造型，强调外表美观，实用性不强，有效展出面积低下，且由于层高不够，承重设计不足，柱式结构影响展示效果，导致供非所求，无法承接专业化、高档次的展会，客观上限制了会展业的内涵增长、规模扩张和质量提升。

我国许多会展场馆的利用率远不及会展业发达国家。德国、美国等国家会展场馆的利用率大多达到70%以上，而我国会展场馆的利用率除了北京、上海、广州几个会展中心城市达到50%以上外，其他大多数城市展馆的利用率都在20%左右。全国会展场馆的平均利用率不足30%。中国二、三线城市的会展场馆平均出租率仅为25.9%，且多数处于亏损状态。

各地兴建的大型会展场馆建成使用后，虽然说组展商有了更多的选择余地，但由于优质会展资源有限，这又无可避免地进一步加剧会展城市之间的竞争。

总之，在中国会展业快速发展的过程中，展馆产能不足与产能过剩并存的矛盾将更加突出。

3. 全球会展场馆分布

2017年，上海会展研究院（简称SMI）主编的会展蓝皮书《中外会展业动态评估研究报告（2016）》由社会科学文献出版社出版发行。该蓝皮书更新了全球10万 m^2 以上的超大场馆排行榜。报告显示，顶级场馆馆均展能面积十强国家依次为德国、法国、俄罗斯、西班牙、意大利、中国、美国、英国、泰国、瑞士。全球十大顶级场馆为德国汉诺威博览中心、中国国家会展中心（上海）、德国法兰克福展览中心、意大利米兰展览中心、中国进出口商品交易会广州琶洲馆、德国科隆展览中心、德国杜塞尔多夫展览中心、法国巴黎北维勒班特会展中心、美国麦考密克展览中心、西班牙瓦伦西亚展览中心。

该报告指出，按场馆展能强弱排序，世界会展大国场馆展能十强依次为美国、中国、德国、意大利、法国、西班牙、荷兰、巴西、英国、加拿大；2006—2012年间室内展能面积增幅排名，依次是中国、土耳其、俄罗斯、墨西哥与荷兰并列第四、西班牙和英国并列第六、巴西和加拿大并列第八、美国。

欧洲会展业的基础设施具有显著的先发优势，市场竞争力超强。根据欧洲、北美、亚太、南美、中东和非洲这六大地区的会展场馆数量统计，全世界共有55个会展场馆的室内展览面积达到了10万 m^2 以上：欧洲、亚太、北美和中东分别拥有36个、12个、6个和1个。亚太地区后来居上，拥有超大场馆的数量已超过北美，跃居全球第二。非洲和南美暂时还没有超大场馆，室内展能面积达到5 000 m^2 以上的场馆分别为25个和70个，属于会展基础设施欠发达地区。

就区域代表而言，欧洲以德国为代表，在全部36个中占11个；亚太以中国为代表，在全部12个中占9个；北美6个，均位于美国。

就超大场馆国别归属而言，德国、中国、意大利、美国和西班牙这五个国家所拥有的超大场馆展览面积之和占到总量的75%，地位举足轻重。其中，德国在全球55个超大场馆中独占11个，展览面积之和占到总量的26%；全球超大场馆前五强中，有三个位于德国。无论场馆数量还是展能规模，德国均属当之无愧的世界第一。欧洲会展在基础设施方面的优异表现，反映出欧洲会展实力强大、竞争优势显著的物质基础。

该报告围绕全球展馆50强，借助UFI（国际展览业协会）、AUMA（德国经济展览和博览会委员会）等会展行业协会专门研究机构提供的基础数据，考察了世界范围内会展场馆的数量、分布、规模和竞争实力，为我国会展业在新形势下面对“互联网+”浪潮客观准确地进行场馆定位提供了依据。

报告还对全球会展场馆发展走势作出了三个判断：一是世界会展基础设施总体温和增长；二是展馆市场热点正在由欧美向亚太转移；三是在世界范围内，发展中国家会展场馆的市场竞争力正在得到显著提升，各国会展场馆的展能实力对比正在出现重要变化。

（三）我国会展场馆分布现状与存在的问题

目前我国的会展场馆建设还处于国家和地方政府垄断建设管理的阶段，会展场馆基本还是“事业单位”，它首先要体现政府某些部门的行政意志，而不是按市场规律进行经营。目前中国展览场馆出现饱和甚至局部过剩的现象，跟这种“事业”观念的存在有很大的关系。我国目前的会展场馆主要表现为以下的几大特点：

1. 运营机制不够成熟，办展主体分散化

在市场经济比较成熟的国家，会展业一般由政府负责目的地形象的整体营销工作，而会展的具体经办则完全市场化，行业协会是会展的组织者。因为会展业有很强的外部性，因此，政府责无旁贷地负担起整个会展地区旅游目的地形象的整体营销工作。而目前我国在国家层次上进行的旅游目的地形象宣传，如美国的“中国文化周”之行、一年一个主题的中国旅游年活动，但这些活动市场细分不够，对于会展旅游目的地的整个地区形象宣传还不够。政府承担了太多会展的具体事务，会展的市场化程度不高，政府的宏观作用发挥不当：政府在整个会展目的地营销与促销中缺位，而在会展的具体操作方面又干预过多，主要限于行政审批与具体操作，既占用了政府宝贵的资源，又对会展市场的潜力挖掘不够。

我国现代展览业的起步滞后于世界展览业近一个世纪，20 世纪 90 年代后形成了贸促总会、地方分会、行业分会、各工贸公司、外贸总公司、地方经贸委（厅）以及专业展览公司等多层次、多渠道办展的格局。

2. 高级会展中心规模不够大，城市规划观念滞后

先进国家的大多数会展中心有很大规模和国际影响力，如德国汉诺威展览会拥有世界上最大、最具影响力的展览场地，总占地 100 多万 m^2，是世界展览会的发源地，已有 800 年举办展览的历史。会展中心规划的微观区位特点体现在城市规划时对会展中心的布局：规模大小、位置、是否有相对独立的专用功能区、配套设施如何。以长江三角洲会展中心城市带的中心城市上海为例，最大的上海新国际博览中心室内展览面积只有 10 万 m^2，包括室外面积，总的展览面积不超过 20 万 m^2，且在城市内分布不够集中，每年一度的上海国际汽车展不得不将展览分为 3 处。作为珠三角会展城市带中心城市的广州，由于号称“中国第一展”的中国进出口商品交易会的规模日益扩大及场地的限制，近几年不得不将每一次会展分两段进行。虽然我国目前有会展场馆近 200 个，但大多规模偏小，展馆面积在 5 万 m^2 以上的寥寥无几。

会展是一种复杂且高效率的社会活动，齐全的设施、先进的设备才能保证其顺利进行。我国的展馆建设普遍存在“重建设、轻管理”的现象，这造成了我国展馆的展前接待、展中运作、展后服务设施不配套，设备不齐全。

3. 缺乏成熟的会展经营商与会展管理人才

中国的粗放式、外延式经济增长模式决定了中国展览业走的也是一种政府建设、行政管理的道路。这种发展模式追求的是绝对数量的增加，而不是经济总体效益的提高，导致我国的会展场馆收益水平和市场化水平的低下。目前，我国展览产业每年举办近 2 500个展览会，会展活动规模已经很大，但会展效益差、产值低，每年产值仅为几十亿元人民币。

由于我国社会主义市场经济体制不尽完善，且会展业在中国发展速度非常快，以及政府在经营层次上的介入，形成了会展市场大而会展经营商数量小的局面。2002 年夏季以前，还没有一所大学设置会展专业，这和会展业的快速发展不相适应。

4. 空间布局不尽合理，会展中心功能分工不够明确

和欧美发达国家相比，我国会展业发展迟但速度快，由此产生的问题是产品单一、展览会以制造业为主。此外，会展中心城市等级分工不明显，如国际级的会展中心城市北京、上海、广州的国际化程度不高，以中外双边贸易为多，多边贸易比例不够高。而各地区域级与国家级会展重复较多，形成低水平的竞争，会展定位趋同，从全国整体来看，不利于整个国家会展业的健康发展。会展中心城市功能分工不够明确也是一个非常突出的问题。作为西部大开发桥头堡和第一阶梯的陕西，以及作为古“丝绸之路”起点和新欧亚大陆桥枢纽地位的西安，有自己独特的区位优势和窗口地位。但与广州、上海、北京等国家级会展中心相比，地处内陆的西安，无论在政治信息、经济总量、人力资源、国际化以及城市环境建设方面，都有相当差距。因此，其定位应为面向国内展览为主的西北国家级展览中心。符合这个定位的展览，如“东西部贸洽会”和“西部论坛”举办得非常成功；而一旦不符合这个定位的话，展览大多数情况下是失败的，如

2001 年举办的“西部国际礼品展”。

尤其是在科技迅猛发展的今天，运用现代高新技术对会展场馆进行智能化设计，创造舒适、安全、便捷的展览环境，已成为会展场馆建设的内在要求和必然趋势。在当前的国内会展场馆设计中，科技含量低是一个亟待解决的问题。以网络通信服务设计为例，它是会展场馆科技化与国际化程度的重要体现，然而，在中国内地，直到 2001 年 5 月，上海国际展览中心才首家推出电脑上网宽带接入 FTTB + LAN（光纤到楼的一种共享宽带网络）业务。在 2001 年汉诺威 CeBIT Asia 亚洲信息展上，汉诺威 CeBIT 设有一套很好的电脑查询系统，但该系统要求整个场馆都是联网的，而上海光大会展中心当时不具备这样的条件，很遗憾未能使用该展馆开展展会项目。因此，今后国内新建会展场馆预先就应将计算机端口与宽带网布局纳入设计规划中。

据有关部门的初步调查统计，中国已建和在建的楼宇中，能称得上是“智能楼宇”的有数千幢，这些工程在智能化系统上的资金投入占总投资的 4% ~8%。其中，总投资超过 6 亿元人民币的南京国际展览中心便是屈指可数的智能化会展场馆之一。该展览中心机电设备投资 1.5 亿元人民币，约占总投资的 1/4，智能系统投入超过 4 500 万元人民币，约占总投资的 8%，具体包括结构布线系统、停车库管理系统、计算机网络系统、通信系统、公共广播系统、卫星有线电视系统、消防报警控制系统及智能集成管理系统。南京国际展览中心在场馆设计方面为国内其他会展场馆的智能化建设提供了有益的借鉴。

任务示范

1. 案例资料

德国大型会展中心规划

德国拥有的展览面积以及会展中心的分布密度在全球都是最高的。展览面积在 115 万 m^2 以上的会展中心共有 24 家，总展览面积超过 250 万 m^2。

德国拥有大型会展中心的城市大致可分为以下几种类型：

具有重要的政治、经济地位的中心城市，如首都柏林；

重要的商业中心城市或地处交通枢纽的大城市，如慕尼黑、法兰克福、科隆等；

各州府所在地城市，如杜塞尔多夫、斯图加特等；

以会展业为主要特色的城市，如汉诺威、莱比锡等；

拥有某一特定行业专业展览的中小城市，如奥芬堡、奥芬巴赫等。

由于第二次世界大战后两德长期分裂，导致东西部发展的不均衡，主要的会展场馆基本集中在交通条件好、经济发达的西部和南部。经过将近半个世纪的发展，这些大型会展中心不仅拥有了设施完善的场馆，并已成功经营了若干名牌展会，取得了良好的业绩，目前全球五家最大的展览公司就有四家在德国。如处于德国中部的法兰克福，其会展中心自 1911 年建立以来，凭借该市重要的金融、交通中心的地位，以及自身良好的经营策略，成为当前德国销售额最高的展览公司；处于中北部的汉诺威则借世界博览会的契机加速发展，成就了全球规模最大的会展中心，拥有将近 47 万 m^2 的展览面积。

两德合并后东部地区各行业均在加快建设，作为带动经济发展的重要动力的会展业成为重点发展的产业。例如莱比锡这个东部的传统商业城市，将会展中心作为产业发展方向和城市复兴的强心剂，不仅带动了整个地区的经济贸易活动，促进了新区建设，改善了周边环境，而且增强了整个城市的信心，树立了可信的形象。

（资料来源：AUMA。）

2. 案例分析

德国的展馆规划与经济贸易密不可分，会展经济带动了产业发展和省市复兴，拥有大型会展中心的城市也各具特色，展馆及展览经济的推动和促进作用是经济发展的重要动力。

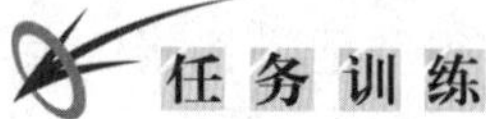

任务训练

1. 任务背景

假如你是广州某展馆公司员工，现在领导要求你收集北京、上海、广州、深圳、香港五个城市所拥有的重要会展中心的资料，包括展馆建设情况、展览面积、展馆分布等。

2. 操练要求

（1）以小组为单位，每组设组长1名，负责组织本组成员进行实训。

（2）查找四个城市的重要会展中心。

（3）分析展馆分布、展览面积、使用情况等。

（4）实训结果汇报与教师点评。

任务小结

完成上述任务，掌握相关能力。

（1）能识别大型展馆与区域经济发展的关系。

（2）根据资料了解城市展馆的建设情况。

（3）熟悉全球的会展场馆分布。

（4）掌握我国会展场馆分布、运作机制及存在的问题。

任务二　城市会展场馆的规划与管理

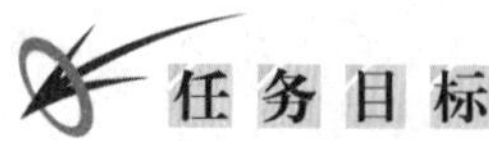

任务目标

学生通过本次任务实训，根据资料能分析大型展馆的选址模式，了解展馆的空间布局及展厅规划，熟悉国内外展馆的投资运营模式，掌握中国展馆的运营策略。

知识准备与业务操作

（一）城市会展场馆的空间选址

1. 会展场馆区位选择与区位条件的影响因素

有学者把会展场馆区位选择的依据分为：区位因素、区内因素、区域因素。其中区位因素包括地理位置、交通运输条件、城市基础设施等；区内因素包括基础结构完善程度、劳动力素质状况、政策水平、管理效率等；区域因素包括会展场馆依托的城市的政治稳定程度、社会经济发展状况、社会冲突状况等。

会展场馆区位条件的决定因素分为非制度因素和制度因素：非制度因素分为经济因素（包括劳动力及资源、原材料成本、市场规模及其增长率等）、基础因素（包括基础设施、第三产业发展水平及其他配套服务设施等）和地理因素（会展中心的区位选择、与参展商的地理距离及社会文化差异等）；制度因素又分为政治制度（包括政策连续性、政局稳定性等）、经济制度（包括贸易壁垒、对外资态度、外汇制度及双边投资保护条约等）、法律制度（法律完善程度）和企业运行的便利性（信息的可获得性、社会设施、政府清廉程度）等。区位条件的决定因素也可描述为：经济社会发展因素、文化因素（文脉）、自然环境因素、建设运作因素、基础设施因素、土地费用因素、扩建因素、集聚因素、城市规划因素等。

与会展场馆的区位条件相对应的是会展场馆的区位环境，它是会展场馆内在的软件和硬件环境条件综合形成的会展场馆发展的基础性条件。它不是一种地理区位，而是一种综合的环境要素的集成，包括政策法制环境、管理水平、设施设备、规章制度、企业文化等。在会展场馆的区位选定以后，其开发建设后所形成的综合招商环境成为一种重要的区位要素，在一定程度上影响着参展企业对会展场馆的选择行为。从一定意义上讲，会展场馆的区位条件是会展场馆发展的“先天条件”，是外在于会展场馆本体而被定的；而会展场馆自身的区位环境则是会展场馆发展的“后天条件”，内在于会展场馆本体并具有一定的能动性。区位条件和区位环境作为外因和内因，共同促进会展场馆的发展。一些区位条件良好但自身内在环境较差的会展场馆，其发展比较落后；一些内在环境较好、政策优惠、设施先进的会展场馆，如果空间区位选择失误，外在的区位条件较差，其发展效益也不会理想。

经济实力是会展中心城市的主要综合因素。有学者认为：从国内外会展业发展的大量实践中不难发现，会展中心城市的形成是多种因素综合的反映，是许多条件综合影响的结果，是各种资源会聚的产物，甚至是长期历史积淀的影响（如汉诺威、莱比锡、香港等），其中最重要的是城市本身的经济实力。影响会展中心的因素中，硬因素的重要性要大于软因素，在排名前10位的影响因素中，硬因素占了6个（生产要素、腹地经济优势、旅游基础设施、城市基础设施、生态环境优势和自然交通优势）。

2. 会展场馆区位需求偏好

有学者将不同会展场馆的区位需求进行综合，认为形成会展场馆区位主体的普遍性

区位需求偏好包括：

（1）有利于接近国际市场的地理区位。

一般是一个国家的沿海或者边境地区，以及国际交往密切的国际性城市和区域中心城市。这些城市社会经济文化都比较发达，有较高的对外开放度，在国际上有相当的知名度，一般具有良好的城市形象和较强的城市吸引力。

（2）投资环境、设施良好的地理区位。

一般指具有完善的基础设施、高效的社会服务体系和优良的环境条件的区位：自然条件优越，气候温和，风景秀丽，生态环境保护良好；交通运输设施先进齐全，通信便利；有较为发达的展会硬件设施和相关的展览服务业；具有优惠的投资政策和完善的经济制度。

（3）产业优势明显、消费潜力大的地理区位。

一般是一个国家或区域内经济相对发达、观念比较开放、产业优势明显的区位；具有广阔的市场作为依托，具备巨大的发展潜力；有较具影响力的产业和知名度比较高的产品品牌；有政府作为发展的主导部门，从战略规划以及经费上做出有利的安排。

（4）与主城区联系密切的地理区位。

对大城市而言，指处于城市的边缘地带（近郊或远郊）的地理区位；对中小城市而言，主要指处于市中心的地理区位。处于此种区位的会展场馆可以比较便利地共享城市的基础设施和公共设施。

会展中心区位主体的上述区位需求，构成了会展中心空间区位选择和空间环境建设的基本标准。能够满足这些需求的地理区位，会展中心选址时必然会被优先考虑；反之，会展中心的效益就会受到影响。

3. 会展场馆中观、微观区位特点

（1）中观层面的区位特点。

在中观层面上，我国会展场馆的中观区位分野体现在其所依托的城镇体系的等级上，它与产业支撑和消费潜力因素相关。一般而言，如果会展场馆所依托的区域经济发展较快，会展场馆的运行质量也相对较高；反之，则不令人满意，甚至走向衰落。会展场馆依托的城市在区域城镇体系中的层次越高，则对其孵化和支持能力越强。

会展中心场馆的具体选址就是会展业布局的微观区位条件。在这方面香港提供了较好的经验。作为亚太地区重要的会展中心之一，香港一直位居国际协会联盟及国际会议协会所评选的前 20 个会议最佳城市之列，也被誉为国际会展之都，连续多年被英国《会议及奖励旅游》杂志评为“全球最佳会议中心”。根据相关研究以及实际需要，有学者提出了如下一些会展产业布局的微观条件（由于会议和展览对场所的要求有所不同，对两者的选择标准也应有些区别），以供探讨。对于会议而言，会展产业布局的微观条件是：在硬件方面为便利、发达的航空服务，市内交通畅达、便捷，适宜的会展、酒店及配套的设施设备，稳定的政治经济环境和优美的环境状况；在软件方面是：来自于相关组织的财政、后勤及行政支持，专业主办机构如 PCO（为筹办会议、展览及有关活动提供专业服务的公司）及DMC（目的地管理公司）等。对于展览而言，会展产业布局的微观条件是：在硬件方面与上述选择会议地点方面基本相同，另外还需要有达到国际标准的通信设施；在软件方面为市场潜力与辐射力、产品市场开拓的可能性，相关主题展会举办情况及反响，当地居民对展会的态度。

（2）微观层面的区位特点。

会展中心微观区位特点指的是会展中心在城市内的分布及空间特点。发达国家的会展中心一般有独立的建筑用地，在城市区划中占有独立的功能区，围绕会展中心配套酒店、旅行社、写字楼、国际商务信息传播中心、银行、商业服务、健身广场或体育馆等设施，以满足会展客人的商务及生活需要，靠近主要购物中心，有便利的交通终端及一定容量的停车场。会展中心在城市微观布局的原则主要是服务会展主要功能及满足会展参加者的工作与生活需要。

在微观层面上，我国城市会展场馆的微观区位分野体现在与都市区中心的距离上，它和土地开发成本、城市基础设施、配套设施、城市整体布局与局部景观、城市结构格局、城市功能区域、城市规划及会展活动组织的难易程度等因素相关。与城区中心保持恰当的距离，可以使取得最佳的土地开发成本和享受城市的孵化功能有机结合。因此，会展场馆的微观选址定点是项目建设成效优劣的关键，除应满足城市规划及总平面设计的要求外，还应特别注意以下几点要求：

①交通便利：必须有优越的区位条件，与航空港、火车站、码头、地铁站、快速干道、城市轻轨、国道等有快捷、方便的联系，以利于进行人车分流、客货分流、交通集聚、交通疏导、交通组织。

②利于发展：符合城市总体规划，便于形成新的功能区域，如城郊接合部、优势产业较为集中的地区或新兴的卫星城。

③场地开阔：用地规整、宽阔，有较大面积的室外广场，以满足室外展出、观众活动、开幕仪式、临时存放等需要，并要求有足够的绿化和停车空间，无视觉不良障碍，具有充分的预留发展用地。

④环境良好：与成片绿地、水体、公园相得益彰，互为衬托，生态环境及景观条件优越。

⑤基础设施完备：周边道路系统完善，电力、通信、给排水、综合管线便于铺设连接，容量管径满足要求。

4. 会展场馆区位效益规律对会展场馆区位优化的要求

（1）会展场馆区位空间层次与场馆效益的关系。

就会展场馆的发展效益而言，宏观区位对会展场馆的外向型经济发展具有决定性的影响力，对会展场馆融入全球化会展经济发展潮流，以及吸引国际资本、国际参展商及专业观众具有重要影响，宏观上接近沿海的区位有利于创造一个开放型经济发展的优良环境；会展场馆的中观区位和城市的等级呈现出较强的对应关系，城市级别越高，消费潜力越大，产业优势越明显，市场竞争力越强，这进一步说明会展场馆依托的城市在区

域城镇体系的等级对会展场馆发展的重要影响；会展场馆的微观区位若与主城区联系不密切，交通、通信、市政等其他设施不配套，就会加大其与城市的交易成本，削弱会展产业对城市经济的拉动作用，同时也会降低其对参展商的吸引力。通过对区位条件与会展场馆发展效益的相关性分析，可以发现，会展场馆三个层次的区位条件和其开发效益的不同具有较强的关联性。

（2）会展场馆区位空间层次对场馆效益的影响。

宏观区位既是一种重要的地理区位，也是国家层面上调控的政策区位，其强烈的沿海指向性是会展场馆本身所无法改变的；中观区位的大都市指向通过自身的努力具有改变的可能性；微观区位的城市边缘指向具有一定的空间凝固性，会展场馆一旦在某一地点建设，则具有较大的空间沉没成本，不可能任意迁移，只能通过其他方式间接地调整。

会展场馆在中观区位上总体应该形成沿海开发区密度大于内地、大都市区周围密度大于一般城市的格局。中观区位上，会展场馆可以结合都市区产业结构的调整，向次级城市扩散，或者其发展空间变为具有独特功能的中小城市。在“会展热”的浪潮中，要特别防止西部地区机械地模仿东部会展场馆建设经验，会展场馆遍地开花的局面。因为沿海地区会展场馆的蔓延虽然有一定的盲目性，但毕竟还具有一定的优良区位的支持，而西部地区则明显缺乏支撑会展经济的优良条件。

一般来讲，会展场馆建造的主体和管理的主体均为城市政府，从城市政府的角度看，一个城市的宏观和中观区位都是相对固定的，宏观区位作为一种国家尺度的地理与政策区位，是会展场馆自身无法改变的。中观区位也具有一定的稳定性，如果没有重大的历史性机遇，城镇在所处体系中的地位也很难在短期内改变。因此，作为城市政府，其区位的调整主要在微观层次，在会展场馆选址时要注意和城市空间的衔接和协调，以降低开发成本和提高孵化效率，形成和城区一体化发展的格局。

当然，城市政府在宏观区位和中观区位方面虽然是被动适应的，但也具有一定的能动性，这就是通过与宏观和中观优势区位地区加强联系和沟通，包括有形的交通联系的优化和无形的经济社会协作机制的构建等，形成打破本区域不利区位的外部平台，在一定程度上削减不利区位对会展经济造成的空间阻力。此外，作为会展场馆的管理者，还可以通过建设高质量的会展场馆环境，作为对先天形成的外在不利区位条件的补充和矫正。

（二）城市会展场馆的空间布局

1. 城市会展业布局应充分考虑自身经济实力

会展业的发展要有一定的基础条件，如自然地理条件、交通通信等基础设施、会展场馆、产业基础、政策环境等，并不是所有的城市、所有的地区都具备这些条件，因而会展业不可能遍地开花，只能根据这些条件，有选择、有重点地发展。从国外会展业发展的大量实践中不难发现，会展中心城市的形成是多种因素的综合反映，其中最重要的是城市本身的经济实力。有学者认为，会展产业宏观布局条件指标主要是：雄厚的经济基础；完备的会展产业链；良好的公共基础设施条件，具体包括城市基础设施条件与会展产业基础设施状况；良好的会展产业发展机制和体制环境。其中，雄厚的经济基础是首要因素。

目前全国大中小各类城市中提出要把本市办成“国际会展都市”“国际会展中心”“中国会展中心城市”“中国会展名城”“中国区域会展中心”的已达数十个，但中国根本不可能同时存在那么多的世界性、全国性、区域性“会展都市”和“会展名城”。对这种会展城市热，城市的管理者及相关学者要冷静思考，量力而行。

2. 会展业布局与城市产业发展紧密相关

任何产业的布局都具有一定的指向性，如资源指向、劳动力指向、市场指向等。会展产业之所以能在一部分城市产生并迅速发展，除历史条件、区位、市场等原因外，城市的产业类型与当地的会展发展和相关会展活动的区位选择及布局有着紧密联系，因此会展业布局过程中具有明显的产业指向性。与现代化经济中其他产业的专业化生产相类似，随着产品服务的细分，会展业发展要求更加专业化，这是未来会展发展的趋势所在。许多城市在长期的社会经济发展过程中根据本区域经济基础，已具备各具特色的产业及名牌优势，这些城市在发展会展业中就应充分发挥自己的优势，发展专业性的会展，创造名牌会展产品。

3. 会展业布局和城市空间规划与布局紧密结合

会展经济的健康发展对城市的空间规划与布局有着特殊的要求。一个城市的道路交通状况、公交站点设置及线路规划、旧城改造及城市扩张等，都对城市举办的各种会展活动有很大的影响。因此，在城市会展产业布局和规划建设场馆时，一定要和整个城市的空间规划与布局紧密结合。会展业产生的经济活动是一种集体性的大规模物质、文化、信息交流的过程，其经济运行中必然会引起社会资源和要素在本地区、本城市甚至更大范围内的流动。规模如此宏大的产业发展，必须在城市发展总体战略要求下对会展业发展做出最优的战略安排，把会展业、旅游业、房地产业、中央商务区等的建设有机地结合起来。

4. 大型会展中心的布局应严格遵循规范、科学、可持续的原则

规划建造会展中心，首先要根据城市在整个会展中的定位以及自身的特点和财力，选择适宜的方向、项目、规模；其次要注重项目的规划设计，此类大型公共设施的形象往往成为城市的重要标志，要能体现城市的传统、文化和经济水平；再次要对项目建设和投入使用进行有效策划，实现大型会展中心的合理利用和可持续发展。

会展中心的选址过程是十分严密的过程。以香港新会展中心为例，香港新会展中心的选址过程是十分严密、规范和科学的：由专家组成的顾问公司在评估了香港增建会展设施的发展潜力，以及现有设施未完全满足的需求和这些需求的流失情况下，证实确有需要增建的会展设施，顾问公司便须就这类设施的适当规模、可容纳人数及选址等各方面提出意见；顾问公司还须根据建议兴建的设施及其坐落地点，阐述设施在财政上的可行性、经济成本及收益，并说明建议的实施计划。其总体过程包括：总览香港会展业过去和未来的发展情况，评估进一步加强香港竞争力和提高其全球及区域市场占有率的潜力；评估香港会展设施的供求情况及增建会展设施的需求；拟备发展建议，并评选和提议可能增建设施的地点。

（三）会展场馆和设备设施管理

1. *展览中心所需的专业设施*

（1）展厅场地。

展会设施要适应团体数量大幅度变化和商业需要。大部分展厅都经过设计，其间隔墙在大型重要活动时可以移开，从而将整个空间开放。每个展厅通常都是设备齐全的，可以提供各种服务设施。主建筑和停车区的位置是由进入点、环境和循环路线指定的。楼层设计需要将参观者通道和通往装卸货栈的通道隔离开。

（2）展厅设计。

可采用单元体系和一体化展览空间。单元体系就是指展厅采用一单元、一单元建设，展厅的层高一般为 13 ~ 16 m，两个展厅之间有过道。一体化展览空间指的是将每层展厅之间在平时采用卷闸分割成独立的部分，在有较大规模的活动时可以将 5 个或多个展厅连成一体，形成一个一体化的大展厅。

单层大厅的设计通常是标准尺寸的，适用标准结构体系，便于提前制造标准组合配件和快速搭建。其要求随目标展会的类型和运作的等级而变化，而且较小的展厅一般与在会议中心的那些展厅相似，特别是当它作为多功能厅使用时。屋顶可以设计得突出而且广阔，一次塑造独一无二的轮廓。顶层构造必须符合规定的标准：热能隔音材料和太阳能减噪材料、填充物、工程设备、暗渠、电缆、铅管工程、辅助设施、维修等。墙的较低处容易被刮伤或由于冲撞而受损，而且通常是光滑的水泥结构、以砖打底的或空心砖结构，它可以根据需要涂上想要的颜色。上部区域可以使用镶板或贴板，它们应符合消防安全标准，而且可以吸收一定程度的噪音。从装卸月台通往厅内的大门必须很宽、很高，以供车辆通过，而且为了便于移动，通常是机械化的。独立的出口线路通常也是必备的。地面包括沉重的地面负载，设计规格通常是基于 200 kN/m^2 的统一负载量，以及 300 m^2 平面的点负载量达到50 kN。地面构造通常是混凝土浇灌的，构造平整以防尘土。

对于大型展厅，典型设计为：轻量级屋顶的顶棚净高通常为 7.6 ~ 8.6 m，但那些用来做娱乐活动的展厅可能需要 16 m 或者更高的高度。铁架结构要尽可能地宽，可以完全跨越大厅。在其他情况下，大厅内 30 m 的支柱间隔和周边墙 15 m 的支柱间距是很普通的。支柱通常是 N 形或 V 形支柱，支柱之间可作为通向普通服务设施的通道。

（3）展台设计。

框架和个体展台通常在重要展会中使用。虽然可根据展品类型的不同而变化，但框架展台主要是在 9 ~ 15 mm 大小的单元基础上搭建的，而自由展台可以大得多。展台和过道设计方案的选择会受到支柱的位置、出口的位置、展厅的规模和工程利用的铁格线的影响。

参观者在礼堂内的流通路线应该在走廊两侧的展台前面。自由展台展会主要位于展厅中心位置，以更具创造活力和多样性。通往所需行程距离内的紧急出口的通道必须保留。贯穿于整个展厅的主要过道通常宽 3 m，大型展会中增加到 4 m，周边过道至少宽

2 m，通常是2.5～3 m。

（4）交流空间。

交流空间主要指的是主体建筑中人员能够出入的大厅和散步道，参观者可以通过散步道进入首层和其他各层的展厅。展馆也可以保留大片的绿地和专门的休息区，以便为展商观众在工作或参观之余提供休闲场所。人车分流的场内交通系统一定要完善，货物从专用通道运输，避免人流与物流交织而影响内部交通。

（5）会议中心。

会议室面积一般要大、小规模俱全。会议室的布局主要有礼堂式、剧院式、教学式、圆桌式等，可固定设置，也可根据需要随时变换。会议室内的家具主要有桌椅、平台、讲台等。会议室应配备射光灯、泛光灯及特效灯光，还需要配备室内灯光的调光器，考虑会议室空气流通问题、会议室高度、墙壁隔音效果、梁柱的设置等细节。

2. 展厅要素规划

（1）展厅外观。

会展场馆的建造设计材料要体现功能性。如慕尼黑展览中心外观并不豪华，看上去类似一排排的厂房或仓库，但展会上观众需要的设施一应俱全，非常实用。

（2）展厅面积。

通常展厅面积计算大约为净面积的2倍，还要加上主办单位的场地或服务区等空间面积。国外现代化展览中心的展厅基本上都是单层、单体的。单层单体约10 000m^{2}的展厅，长140 m、宽70 m，正好处于人眼的正常视觉范围内，观众不容易迷失方向。

（3）展厅的层高。

展厅最好是单层的。每层高度应符合大多数展台的设计要求，适合布展作业。每层高度13～16 m是基于一般展台设计的要求，比较适中。

（4）地面条件。

地面条件包括地面状况和地面承重条件。大部分展场的地面为混凝土，如果铺上地毯，在吸音和观瞻方面都会产生良好效果。

（5）细节。

新型会展场馆一般在展馆入口放置多台门口机，采用读卡过闸的管理方式，观众和来宾在进入展馆前必须先登记个人信息并领取卡片，方可凭卡进入。紧急出口必须标示清楚，便于疏散。在每个场馆的入口处要有简明易懂的场馆平面图，同时还要在场馆里设置特殊或明显的大型标识便于参展者识别方向。在规划时必须综合考虑场内人流量、防火需要等因素，在展览期间一定要保证通道的畅通。卫生间也不容小视，它是体现展览场馆服务水准的重要场所，必须方便人们就近使用，且时刻保持清洁。

【小案例】

展厅的展区设计与规划示例如图2－1所示。

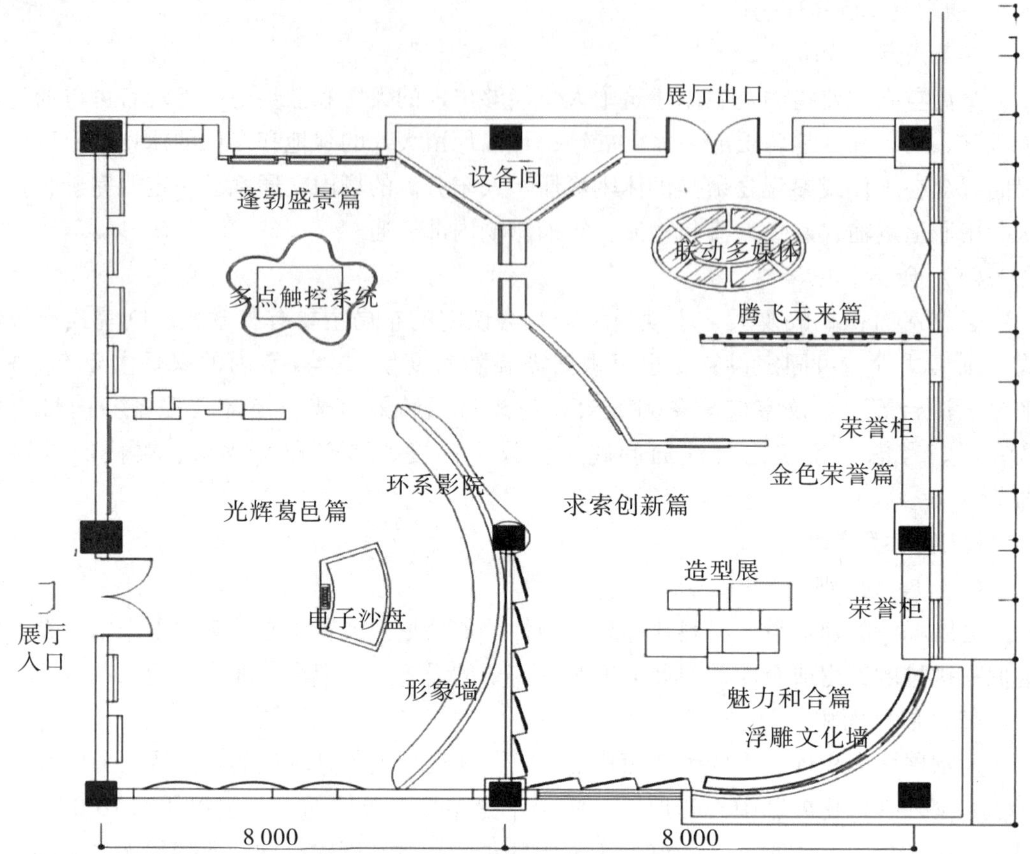

图2－1　展厅的展区设计与规划示例

3．会展中心的配套设施

（1）停车位。

会展中心对于停车量的要求非常高，往往需要大面积的停车场或停车楼。德国大型会展中心的停车量一般能达到不低于70辆车/km^2。

（2）绿化。

大型会展中心还有大量的土地用来进行绿化和环境处理。在会展中心各展厅之间或主要的轴线上设置绿化休闲场地供参展、参观者使用，并可开展多种室外展示活动。

（3）明显的标识。

会展中心规模庞大，必须拥有明确、清晰、高效率的标识设计。这对于来访者方便地到达会展中心所在地，寻找停车场、主入口，乃至在场馆内高效地到达目的地都极为重要。

（4）主入口的布局。

大型会展中心往往设多个入口，分布于几个主要的方向。这既有利于大量人流货流的集散，也有利于同时举办多个展会而互不影响。同时，主要的人行入口和货物入口也需分别布置。主入口与主要道路、停车场、轨道交通及公共交通站点的关系，是解决会展中心与外界高效联系和组织内部交通的关键。

（5）安保设施。

展厅内严禁明火焊接，严禁携带和展出各种危险物品；所有展台、展品、广告牌的布置不得占用消防通道及安全疏散通道，不得影响消防设施的使用；展馆展位装修所用的材料必须进行防火阻燃处理；布展时的包装物品等可燃材料应及时清出馆外，存放在指定的安全场所；特装展位的搭建按规定不得超高；广告牌的搭建必须牢固可靠，符合安全要求；等等。

（6）货物装卸与运输的设计。

货物装卸与运输的设计是会展场馆专业化程度的重要体现。意大利米兰国际展览中心十分重视场地服务和货物搬运工作：运货车在展厅内部开行，行车路线为专线，与观众的路线分开；在货物装卸区有功率强大的通排风装置，还有许多货物升降机，这些为参展商提供了便利的布展条件。

（7）快餐中心与休息场所设计。

新加坡博览中心拥有新加坡“第二大的厨房”，可同时供1万人用餐，并可以为参展商提供不同档次的商务用餐。德国许多场馆中间的露天场地都设有快餐中心区和休息区，并配有躺椅和遮阳避雨通道，以利于观众小憩。快餐中心区一般还设有特色风味餐厅，如亚洲餐厅和西式餐厅等，以满足人们多样化的需求。

（8）其他。

大规模展会涉及的内容除展览之外，还包括诸如信息咨询、新闻转播、餐饮休闲、纪念品销售和住宿等配套服务设施。大规模的会展中心还设有新闻中心、展览服务机构等。但酒店设施一般靠城市功能来解决，仅有少量的会展中心会有自己的酒店，如德国的杜塞尔多夫市周边只有7.5万张酒店床位，在大型展会期间预订酒店非常困难，因此会展中心建设了自己的四星级酒店。

（四）展馆投资运营模式与策略

1. 展馆投资运营模式

国内外的会展场馆可以沿用多元化投资运营模式来实现社会经济效益。

（1）海外展馆投资运营模式。

①政府大力支持展览场馆的建设。展览场馆投资大、投资周期长，私人资本一般不愿承担如此大的投资风险，所以，大多世界上一流的展览中心是由政府投资兴建的。比如说，德国汉诺威展览中心，这座世界上最大的展览场馆就是由政府投资兴建的。汉诺威展览中心整个场地占地100万 m^2，共有27个展馆，室内展览面积达到49.8万 m^2。德国政府除直接投资场馆建设以外，还投资改善场馆周边的停车设施，建立发达的公路和轨道交通网，从而使汉诺威展览中心成为国际展览交流的最佳场所。

另外，一些大型展馆设施的改建和扩建一般也由政府来完成。法国巴黎凡尔赛南北展场的改建和扩建就是由政府承担的。工程完工之后，法国巴黎凡尔赛展场展览面积达到80万 m^2，从而使巴黎的展览设施达到世界一流的水平。从世界展览场馆的建设和维护过程来看，政府起着非常关键的作用，政府财政资金是展览场馆建设和维护的主要来

源。不管是在计划经济体制下，还是在市场经济体制下，展览场馆的建设和维护都离不开政府财政资金的支持，不同的只是经营与管理方式的差别，计划经济体制下展览场馆一般实行的是“国有国营”模式，而市场经济体制下展览场馆一般实行的是“民营公助”模式。

②展览场馆普遍实行“民营公助”的管理体制。目前，世界上展览场馆利用率大多处在30%以下，大多数展览场馆达不到盈亏平衡点，只有为数不多的展览场馆能够做到自负盈亏甚至盈利。为了提高展览场馆的经济效益，发达国家政府对展览场馆普遍实行了“民营公助”的管理体制。民营机制在市场经济体制下显现出更强的适应性和灵活性，一些政府所有的展览场馆实行“民营公助”的管理体制之后，不仅节省了政府大量的财政津贴，还创造了大量新的就业机会，为整个社会的稳定与和谐贡献了力量。

展览场馆实行民营之后并不是说政府就可以放手不管了，因为展览场馆自身的盈利能力是受客观环境制约的，有的展览场馆能够做到自负盈亏，有的展览场馆达不到盈亏平衡点，所以，采取适当的政府补贴手段和社会资助政策还是非常必要的。比如说，新加坡目前就制定了相应的法律法规，明确展览场馆周边的酒店和餐馆必须拿出收入的10%来补贴展览场馆。政府还从财政收入中拿出补助资金支持展览场馆，有的展览场馆每举行一次展览，就能从政府手中获得2万新币的补助。

政府的财政补贴并不是没有条件的。英国政府在确定补贴项目和规模时，主要考虑的因素是就业，一个场馆或展览项目得到资助数额的多少往往取决于其解决就业的能力，并且资助款项一般不是一次发放，而是随着工程或项目进展的情况分期支付，这样就可以进一步达到监控的目的，从而保证工程或项目能够实现就业目标。

③重视会展各专业行业协会的建设，发挥行业协会的管理和协调功能。在市场经济条件下，政府对会展行业的管理更多的是依靠行业协会来完成的。政府通过授权使各专业行业协会在业界内具有绝对权威，而行业协会通过建立行业规章制度和自律机制来完成行业内的管理和协调职能。

这种依靠各专业行业协会进行管理和协调的机制在发达国家比较流行，德国就是依托行业协会对会展经济进行行业协调和管理的典型。AUMA是德国展览业的最高联合会，成立于1907年，总部设在科隆，它是由参展商、购买者和博览会组织者三方力量组合而成的联合体，是德国全国性的行业协会，也是代表德国政府进行宏观调控的唯一的会展管理机构。AUMA的主要职能是：审定年度展览计划；严格审查和评定展览会名称、内容；监督展览会服务；核查展览组织者的能力和信誉；统计调查展览后效果；支持中小企业到海外参展。AUMA在德国具有很高的权威性，政府将许多管理职能授予它，因此AUMA在业内的地位是不可动摇的。AUMA为确保德国博览会市场的透明度，制定了许多具体的规章制度和措施，对每年举行的国内外博览会和展览会进行协调，避免重复办展和恶性竞争，对会展名称给予类似商标的保护，以确保名牌展会不受侵害。AUMA还根据章程要求，在会展的类别、展出地点、日期、展期、周期等方面进行协调，从而保护了参展商、组织者、参观者多方面的利益。另外，AUMA还聘请专家和学者对展会进行考察，并对会展经济进行深入研究，定期发表最新研究报告和成果，为德国政府管理会展经济提供了重要的参考依据。此外，它每年还与德国经济部、农林部、能源部等政府部门进行协调，拟订下一步的会展经济发展计划，该计划一旦获得批准，AUMA 便会同有关部门及专业展览公司具体运作和执行。

法国也依托 CFME－ACTIM（海外会展委员会技术、工业和经济合作署）对会展经济进行行业协调和管理。CFME－ACTIM 是法国政府授权管理会展经济的行业组织和权威机构。在法国，CFME－ACTIM 的地位就像 AUMA 在德国的地位一样，具有极高的权威性，代表法国政府行使宏观管理职能，发挥行业协调功能。例如，它除了制定具体的行业管理制度、组织人员培训以外，还负责会展经费的预算和支配，每年 2 月份准备下一年度的工作方案，讨论选择参展的题目、国家地区和预算计划，并要听取涉及国的大使馆经济处的意见和有关企业的意见，6 月份向分管部长报告，7 月份在讨论全年预算中最终确定。

另外，法国国际专业展促进会规定，同一个专题的展会只接纳一个，条件必须是法国质量最好的展会。目前法国国际专业展促进会共有 65 个展会，都是法国最知名的国际性专业展会，这些展会规模大、国际性强。该促进会为了向这些展会提供国际促进业务，在近 50 个国家和地区建立办事处。这些办事处的任务是在各自负责的国家和地区为这 65 个展会开发形式多样的促进业务。这 50 个办事处中，除意、德、英、西、比等少数国家是由促进会总部独自投资的独资公司外，其他办事处都是财务独立的机构或公司。根据国家不同，办事处也不同，可以是法国使馆商参处、法国驻外商会、法航办事处或独立的商务公司。

法国国际专业展促进会这种把从属于不同展览公司的 65 个展会的部分促销经费集中到一起，组成一个有效的展会国际促销网络的做法很有特色，值得借鉴。

④发达国家展览场馆运营管理模式的个性启示。德、美、法、英、意等发达国家展览场馆运营管理模式各有特色，其中一些特殊的做法更值得我们研究和借鉴。

德国场馆经营与自办展结合的模式打开了展览场馆经营的空间。德国展览场馆设施是世界一流水平的，德国展览场馆经营管理模式更是代表了世界先进水平。德国的展馆经营模式为：展览场馆不仅可以经营场地出租及其相关业务，而且还能从事自办展；展览馆既是主办方，也是展览场地的经营者。这种制度安排使德国的展览业起点高，展览会场成为名副其实的展览“百货公司”，陈列和出售各种最新、最专业的“商品”，如各种展览商品、展览信息、展览评估、展览策划等。在德国，展览会场提供全方位服务，包括银行、邮局、海关、航空、翻译、日用品、商店、餐馆，整个服务体系完全能满足展览活动的一切需要。这些先进的经营管理方法和管理理念也使德国成为世界第一会展强国。

新加坡让周边酒店和餐馆对展览场馆进行补贴的做法为展览场馆拓展了生存空间。政府对展览场馆的补贴主要来源于政府拨款，财政补贴固然是一种最重要的补贴方式，但过多的财政补贴不仅会增加一国的财政负担，而且还会滋生展览场馆的依赖思想。因此，政府补贴从效率上来讲并不是最好的。新加坡政府在对展览场馆的补贴问题上就创造了一种全新的社会补贴机制，即，制定相应的法律法规，明确规定展览场馆周边的酒店和餐馆必须拿出收入的 10% 补贴展览场馆。这一做法不仅体现了公平的原则，而且

具有更高的效率意识。因为展览场馆得到周边酒店和餐馆的补贴，就会产生一定的经营压力，而这种压力又会使展览场馆想方设法举办更多更好的展览会。展会举办多了，酒店和餐馆的收入也就多了；酒店和餐馆的收益多了，展览场馆的收益自然也就多了，这样就形成了一个良性的循环。

英国展览场馆的分隔功能和延期收费的灵活机制值得场馆经营公司借鉴。英国许多展览馆为提高展览场地的利用率，在改造和新建过程中都增加了场馆的分隔功能，因此，许多中小型的展览可以同时在一个展馆内举行而互不干扰。另外，各展览场馆还制定了各种分期收费的优惠政策。例如，在英国的伦敦厄尔斯考特展馆中，展览组织者只需支付5%的场租押金就可以使用场地举办展览，而95%的馆租余额可以在组织部门收到参展商费用后再行交纳，这就大大减轻了组织者的经济负担，有利于资金周转。

（2）境内展馆投资运营模式。

①政府投资建设经营管理。我国的会展中心约75%为国有，其余为三资企业、私营企业、股份制及其他类型企业。政府部门拥有土地、资金等优势，建设的会展中心规模比较大，同时，许多的会展中心建成后是由政府部门成立管理企业负责经营管理的。我国会展中心经营管理企业的主要业务包括办展、场地出租、配套商贸服务等，有的实力较强的会展中心还涉足酒店、旅游等业务。

以广州国际会展中心为例，它是由广州市政府投资建设的，建筑面积达70万m^2，是仅次于德国汉诺威展览中心的世界第二大展览场馆。其经营管理由国务院批准成立的事业单位中国对外贸易中心负责，中国对外贸易中心每年都会自办广交会、中国（广州）国际汽车展览会等一系列展会，这些展会占了会展中心收入来源的很大一部分。同时中国对外贸易中心也将会展中心租赁给其他的会展企业举办展会。

场地出租、配套商贸服务等主要由中国对外贸易中心的直属职能部门、直属经营部门负责，办展主要由中国对外贸易广州展览总公司负责。同时中国对外贸易中心还下辖或控股广东新大地宾馆、广州交易会进出口有限公司等众多与会展相关的企业，通过为参展商、采购商、办展商提供更多、更全面的服务，从而吸引更多的企业参展或办展，提高会展中心经营管理的效益。

会展中心经营管理一般分为空置期和展期。空置期是指会展中心没有展览活动的时间段。展期是指从会展活动组织者确定在会展中心举办活动到会展活动结束的时间段。

在空置期，会展中心物业管理部门要负责会展中心设备设施的清洁维护等工作，保证设备设施的完好率；经营部门则实时地关注会展市场，加强对会展中心的宣传，提高会展中心的知名度，积极地联系会展活动组织者，通过与专业的会展组织机构或企业签订场地租赁合同，不断提高会展中心的场地出租率。

展期还分为展前、展中、展后三个阶段。展前要积极地与办展机构联系，了解展览要求，配合办展机构进行展览宣传和场地准备工作，以及展台搭建、参展样品仓储运输等工作；展中要负责会展中心保安、车辆及人流管理、信息服务和咨询服务等工作；展后要负责展品管理、运输管理等工作。

②企业投资建设经营管理。由于会展中心投资巨大、使用率低，会展中心的出租经营收益无法在短期内收回投资成本。所以，在会展业发展早期，世界上很少出现纯粹私人

投资建设的会展中心。随着会展业的发展，会展市场不断成熟，以及民营资本的不断发展壮大，企业逐渐参与到会展中心的建设和经营管理中。近年来我国的民营企业就投资兴建了深圳华南城国际会展中心、重庆国际会展中心、青岛银海海星国际会展中心等一批规模较大的会展中心。会展中心建成后，投资方设立经营部门或者会展中心经营管理公司负责会展中心的经营管理。

企业投资方财力有限，为了尽快地收回成本，许多会展中心都与商业性房地产项目（酒店、写字楼）同时建设。企业经营管理部门的业务一般都包括场地出租和会展中心范围内的广告代理、餐饮娱乐、展台搭建等比较简单的配套商贸服务等。

③托管式经营管理模式。托管式经营管理模式是投资方与受托方就管理事项签订合同，委托管理公司负责会展中心的日常业务经营和管理，管理公司在委托期限内获得固定收益或按经营实际收入的固定比例获得收益。

我国香港的会展中心主要是由政府投入土地和资金建设的，建成后由贸发局代为业主，选聘私人企业经营管理，并根据合同规定由管理公司按场馆出租和餐饮经营收入的5%～10%上缴贸发局作为承包费用。场馆管理公司只能负责场馆的出租和维修、展场的饮食服务等，不自办展览，也不承担和控制展览设计、展位搭建等工程。展位搭建、展品运输等由办展单位通过招标、合约承包等方式，选聘专业服务公司提供。政府部门则支持官方或半官方的机构推广香港的城市会展。

我国内地的许多地方采用了托管或经营管理模式。例如郑州国际会展中心，它是由香港展览会议场地管理中国有限公司与上海国际展览中心有限公司成立的合资公司负责经营管理。

内地和香港地区不同的是，内地政府对会展中心经营管理的规定没有香港地区那样严格，会展中心经营管理企业可以自行办展，许多会展中心经营管理企业也可以提供展位安装、报关等服务。但是内地缺乏专门的部门和协会负责会展中心的管理，大多数地区会展中心的宣传工作主要由经营管理企业承担。

2. 大型展馆运营策略

我国绝大多数展馆处于运营亏损状态。从世界十大展馆的运营实践来看，展馆运营业务难以成为展览机构的主要利润来源。由此看来，现代展馆运营模式也将进入“一业为主，多业并存”的展览综合体混业经营时代。但对于基地型展览机构来说，展览才是企业最主要的价值和利润来源。

（1）大型展馆应吸引更多主办方。

硬件优先发展是我国展览业的特点，会展中心作为拉动社会经济和城市建设的核心项目，将在较长时间内持续保持热度。随着展馆资源越来越多，展馆的生存和竞争也将成为令人关注的焦点。

大型展馆可从以下几个方面考虑吸引更多的主办方。

①品牌是展馆竞争的主要途径。会展场馆将出现“总量失控，供大于求”的竞争态势，主要表现在超大型展览项目成长与展馆建设之间的矛盾，大型展馆建设与展馆利用率之间的矛盾，以及城市之间发展不平衡的矛盾。于是，展馆服务品牌将成为赢得市

场竞争的基本保障。展馆要能吸引主办方，除了场地的适用性、地理位置优越和交通便利，更重要的是优质的展馆服务和品牌效应。

②成功的场馆有赖于成功的客户。在激励竞争的市场，展馆更需要与客户形成稳定的合作伙伴关系，有成功的展会才有成功的展馆。展馆方要与展会主办方的利益融为一体。目前香港国际会展中心的130多个重要客户中，有差不多100个客户与之签订长期合同。

③给客户一个值得信赖的展馆。展馆的经营理念应是给客户一个可靠的展馆。除了重视对展馆硬件的保养以外，展馆的价格、相关管理规定等不能随意更改，展馆管理人员也应相对稳定。对于主办方来说，展馆租费打折和补贴不是最重要的，最重要的是展馆要有保护主办方展览题材的合理档期安排。

④构建城市会展综合体服务体系。场馆与周边配套设施以展览客户为中心，实行城市与展馆共建，政府对展馆实施有力的支持，建立会展保障机制，相关部门与展馆一站式对接，与展会主办方携手来推动优质展会项目的做强做大。

（2）大型会展综合体运营平衡。

大型会展综合体面临如何保持庞大展馆的运营成本与有效收益之间的平衡关系。一是展馆与展览之间的平衡，二是自办展与客展之间的平衡，三是展馆与配套商业之间的平衡。因此，大型展会综合体的运营要特别注意以下几点。

①把自办展项目放在首位。自办展对于大型会展综合体具有极其重要的意义，因为它关乎基地型展览机构的生存与发展。在一个财务收支平衡或盈利的基地型展览机构的收入构成中，主要收入来源是自办展参展企业缴纳的展位费收入，而展馆租金收入以及酒店、会议、展览工程、广告传媒等配套收入占比都比较小。因此，基地型展览集团的主营业务应定位于自办展，特别是大型的、专业化程度较高的自办展。

②视展馆为竞争工具而非盈利工具。展馆原本由政府来投资较为适当，如果展馆是企业投资，则企业只能将其作为竞争工具使用，而不宜把出租率、接展面积、接展数量等作为自己的主要经济技术指标。把展馆作为策划、开发、举办自办展的竞争工具，才能实现展览集团收益最大化。客展再多，也不能弥补大型展馆的建设与运营成本。

③把握展位架构和展馆租金的定价策略。自办展的展位费收入是基地型展览集团的主要利润来源，因此展位价格确定就变得非常关键。价格是由行业整体水平和具体展览项目的供求关系、品牌、行业影响力决定的。自办展的展位定价要建立数学模型，密切跟踪同类型国内外展会展位价格的变动趋势和规律，计算展位价格在参展企业参展成本中的比重并测定参展企业对展位价格提高的敏感系数。

④全产业链模式必须强调专业化。无论是做全产业链，还是把一个专业做深做透，都是基地型展览集团或大型会展综合体面临的一个令人纠结的问题。作为会展产业链上的每一个环节、每一个公司或业务单元，都必须走专业化道路并追求高端化。否则，所谓全产业链反而成为前进的负担。因此，大型会展综合体的全产业链应该是高度专业化基础上的竞争要素优势组合，而不是大而全或者小而全的功能组合。

（3）展馆经营差异化策略。

当今会展业，展览主办方的需求已经不仅仅局限于展馆的硬件设施和基础服务，而是更为重视展览项目的专业化与个性化的配套服务等“软实力”。未来展馆经营的差异化战略应体现在全方位、深层次满足展览主办方的所有需求上，即实现从展馆必备服务提供者向展览整体服务解决方案提供者的转变。其重要意义与作用体现在以下两个方面。

第一，提高展馆的核心竞争力。在展馆形成展览整体服务解决能力后，将可为展览主办方带来高质、高效、统一、快捷的展览配套服务，更好地满足展览主办方的需求，提高客户忠诚度。

第二，进一步提升展馆的品牌价值。展览整体服务解决方案的实施，将改变展馆长期以来在客户心目中单一场地提供者、现场服务提供者的形象，进一步提升展馆的品牌价值，助力展馆在未来的市场竞争中获得进一步的优势。

此外，展馆整体服务解决方案还将成为展馆新的业务增长点，成为除场租、配套服务等现有收入外的重要补充，同时也将提高展馆在整个展览产业链上的收益占比。

（五）展馆租赁

1. 展馆租赁流程

对于展馆方来说，为组展方提供场馆的租赁及配套的服务支持，是其主要经营业务。一般而言，组展方要在开展前，并要在确保自身展会时间与展馆已有的展会排期不冲突的前提下，与展馆方确定租赁展馆的具体事宜。

展馆方提供展馆租赁的一般流程如图 2－2 所示。

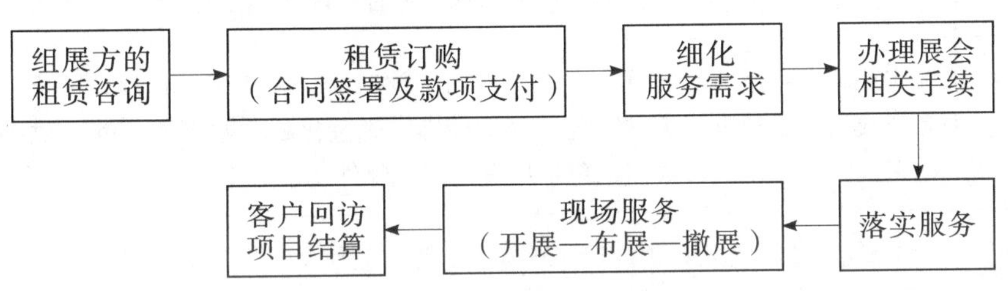

图 2－2　展馆租赁的一般流程

进行租赁咨询时，组展方需要提供包括展览会名称、主承办单位名称、展品范围、展出时间、可行性简报（首次办展）、招展书或策划书、主承办单位营业执照、法人身份证复印件等相关信息与证件。

租赁预订时，组展方工作主要包括：展期预订—项目分析—签署合同—支付合同首期款—提供销售用展位平面图以作审核—根据合同约定在进场前付清尾款及增租款；场馆营销部门工作主要包括：场租费用预算清单—项目评估分析（首次办展）—合同签署—审核销售用展位平面图并回复—开具合同款发票。

双方确定场馆租赁并签订合同后，会根据项目具体协商、细化各项服务需求。场馆方会有专门部门牵头，成立专项服务组与组展方提供统筹服务方案，并在合同签署后协助办理报批手续，逐步落实搭建安全审核、用电审核、综合布展方案、安保方案、餐饮方案、会议方案、广告方案等服务；在开展期间执行既定的各项服务方案，对现场施工、人流、物流进行严格管理，统筹经理及各专项负责人现场巡查，处理突发事件；在撤展后及时了解客户意见及要求，并根据各部门工作内容进行服务考评，待项目结束后完成服务商结算工作。

2. 展馆方的服务

展馆方一般能提供较为完善的会展信息服务，为展会主办方、会议组织者提供专业高效的观众（与会者）登记（参会报到）服务，包括观众邀请和预先登记、观众信息采集、观众胸卡印制发放、现场身份识别、完整的观众（与会者）信息统计分析、专业的数据库等。

常见的信息服务内容如表 2－5 所示。

表 2－5　常见的信息服务内容

服务项目	内容描述
观众预登记系统	观众可在网站/官方微信平台/展会 APP（手机软件）上预先申请参观证件，现场自助打印，快速入场参观；也可配合主办方提前打印直接邮寄，降低现场工作量
现场签收/办证	所有观众信息均电子化管理，便于后期的管理现场扫码，提交注册信息（通过手机验证码验证信息正确性），自助查看打印证件
门禁管理	门禁设备采集的数据实时与服务器数据进行比对，对证件的有效性进行智能判断并给出相应提示。可限制观众入场当天或累计入场次数
观众行为管理	通过收集观众在展会期间的行为数据，清楚了解每个展位的客流及每个观众的兴趣点，对展会进行优化管理，对观众提供更具个性化的服务
观众信息管理系统	实现观众数据的一次录入、多次使用，数据库存放和统一管理，即导入已有数据和新数据、处理重复信息、统一编号管理、规范化处理数据等，并可供办公网络里的多人同时使用。数据使用包括群发传真、邮件、E-mail（电子邮件）等
一站式会议管理系统	主要包括会议邀请、预注册（购票），现场签到（自助打印、会场验票）、现场活动（互动、抽奖、讲师打赏等）、意见反馈、WI－FI（无线网络）布置、吃住行管理、座位安排等，会议进度管理、任务下达、提醒、监督，会后各类分析等产品及服务
相关配套服务	防伪门票/各类入场证件的设计、印刷等；代理制作各种卡证、塑料套及挂绳；微信、APP、HTML5 等个性化开发及其他相关服务
其他	包括提供场馆外墙广告、馆内广告及空飘广告等各类广告服务以及餐饮、住宿等方面配套服务

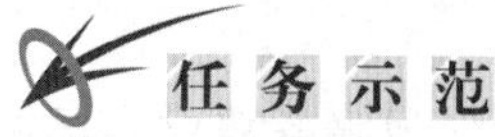

任务示范

1. 案例资料

德国大型会展中心选址模式

贸易展览是重要的城市功能，因此会展中心在城市中的地位也相当重要。在德国，会展中心甚至能成为与火车站、飞机场等场所同样重要的公共设施。其建设多由各级政府和行业协会出资，委托专业展览公司经营管理。会展中心的选址往往能得到政府的支持或政策倾斜，因而能选取较利于其发展的地方。由于现代会展中心动辄拥有超过10万m^2的展览场地，同时还需要大量的室外展场、停车场、货物堆场及发展预留用地和配套设施等，加之需要通畅的人流、物流流线，因此往往需要规模庞大的用地和便利的交通条件。经过百年来的发展，会展中心基本形成了处于城市边缘、靠近主要交通干线的选址模式。这种模式也基本适用于所有的德国会展中心。但由于建设年代及所处城市发展的不同，各会展中心的具体情况也有很大的差异。

（1）处于城市中心。这类会展中心以法兰克福、科隆和斯图加特会展中心为代表。它们多拥有较长的建馆历史，所处位置基本就在城市中心的附近不超过3 km的距离。其周边已处于建成状态，可供会展中心扩展的用地几乎没有了。其中地处欧洲交通枢纽和金融中心的法兰克福会展中心更具典型性：有建于1909年的世界最大的穹隆式建筑，有建于1989年的当时欧洲最高建筑，已成为城市地标的博览会大厦，从会展中心步行仅10分钟可达市中心的火车站。建于1924年的科隆会展中心则与著名的科隆大教堂隔河相望，与繁华的市中心相距不过1 km。

（2）处于城市近郊。这类会展中心以杜塞尔多夫、柏林会展中心为代表。它们的历史相对较短，多建于20世纪70年代前后，一般处于城区边缘，距市中心5 km左右，既有便利的公共交通系统可达，又有相对宽敞的扩展用地。经过30年的运营，这些会展中心也在不断扩建、改建。目前它们的扩建能力也近乎达到极限。以杜塞尔多夫会展中心为例，它的展览面积已经从最初1971年的1 113万m^2扩充到2000年的2 314万m^2，现有场地已经接近饱和。

（3）处于城市远郊。这类会展中心以慕尼黑、莱比锡会展中心为代表。它们均为近年来迁新址建成的，处于城市的远郊，距市中心10 km左右，靠近高速公路或快速道路。这类会展中心多是因原有市中心老馆发展受限制而异地重建的，选址往往是改造利用一些衰落的产业用地。比如慕尼黑会展中心利用了旧的机场，而莱比锡会展中心则利用了废弃的工业垃圾堆场。选择远郊能为场馆发展储备充足的建设用地，同时也带动了城市新区的发展。

（4）相对独立的会展城。这是指汉诺威会展中心。作为世界上最大的会展中心，它拥有近47万m^2的展览面积，俨然是个小城市的规模。它距市中心虽然仅6 km，但却自成一体，相对独立。凭借2000年世界博览会的契机，汉诺威会展中心改造扩建了部分场馆，进一步加强了其会展城市的功能。

（资料来源：AUMA.）

2. 案例分析

德国会展中心形成了处于城市边缘、靠近主要交通干线的选址模式。从公路交通条件、轨道交通及城市公交条件、与航空港的联系以及与航运码头的联系四个方面来说，交通都是很便利的。

任务训练

1. 任务背景

以北京、上海、广州、深圳、香港五个城市为例，列出每个城市的重要场馆，从公路交通条件、轨道交通及城市公交条件、与航空港的联系以及与航运码头的联系四个方面来分析场馆的选址位置，了解该展馆空间布局、展厅规划以及投资运营模式。

2. 操练要求

（1）以小组为单位，每组设组长 1 名，负责组织本组成员进行实训。

（2）分别从公路交通条件、轨道交通及城市公交条件、与航空港的联系以及与航运码头的联系四个方面分析场地的选址。

（3）分析该展馆的空间布局及展厅规划。

（4）分析该展馆的投资运营模式。

（5）实训结果汇报与教师点评。

任务小结

完成上述任务，掌握相关能力。

（1）能分析大型展馆的选址模式。

（2）根据资料分析展馆的空间布局及展厅规划。

（3）分析展馆的投资运营模式。

（4）熟悉中国展馆的运营策略。

项目三

会展展示工程

◆ 项目目标

1. 了解展示设计，掌握展示设计的基本流程。
2. 熟悉常用展位类型，掌握展位搭建及施工流程。
3. 了解展示环境设计与展品陈列要求，熟悉常用展具展材。

任务一　展示工程与展示设计

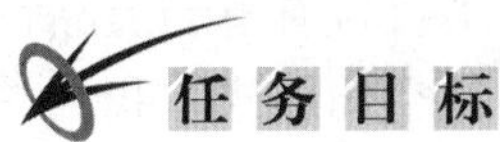

任务目标

学生通过本次任务实训，了解展示工程，掌握展示设计的基本常识，能根据具体展位分析其展位设计形式及设计理念，能画出六种形式的展位空间设计图，能根据所提供资料有针对性地设计展位布局，具备一定的资料查找和分析能力。

知识准备与业务操作

（一）展示工程

1. 认知展示工程

展示工程也是一个宽泛的概念。它可以是软性的策划包装，也可以是看得见的实实在在的展示实物。展示工程有部分装饰装修的工作，但远远高于装饰装修。它需要整合方方面面的各种信息资料，完美且正确地呈现展示事物，使其具有鲜明的独特个性和无法模仿性。

展示工程是为展示目的而进行的工程，它是现代会展活动和会展业的重要组成部分。

展示工程企业即从事展示工程的企业。它和会展业一样同属于服务业，是展示工程服务的提供方。中国展览馆协会《展示工程企业资质等级标准》指出，展示工程企业是为了各类会议、展览，永久和半永久展示的博物馆、陈列馆、展览馆和商品陈列场所，以及为各类事件（包括节庆、庆典、文化、科技、体育等活动）提供服务的企业。

2. 展示工程在会展业产业价值链中的位置

会展产业价值链，是以专业展览公司和展览场所为核心，由参展商、信息传播机构、展示工程公司、展览服务机构和最终的消费者等多个市场主体共同组成的链条，这一链条上的每一个元素紧密联系，互相作用，创造出比单一企业更大的协同效应。

会展产业价值链包括：

上游：会展项目开发、策划，一般指会展活动拥有者。他们拥有会展活动的专用权，一般是具有独立策划能力、开发能力和运作能力的会展活动组织者或主办单位、承办单位。

中游：为会展活动提供场馆及相关设施与服务的企业。

下游：其他直接或间接为会展活动主办单位、参展商、观众及其他参与方提供服务的企业或组织，如展会工程企业、运输代理企业、专业会议组织者、会议目的地接待商、旅游代理以及其他各种分包商等。

从会展业价值链和展示工程行业的定义可以看出，展示工程行业属于会展业中的一个位居下游的子行业。

（二）展示设计

1. 认知展示设计

展示设计是一门综合艺术设计，它的主体为商品。展示空间是伴随着人类社会政治、经济的阶段性发展逐渐形成的。它是指在既定的时间和空间范围内，运用艺术设计语言，通过对空间与平面的精心创造，使其产生独特的空间范围，不仅含有解释展品宣传主题的意图，还能使观众参与其中，达到完美沟通的目的。这样的空间形式，我们一般称为展示空间。对展示空间的创作过程，我们称为展示设计。

展示设计是以“展示具”为标的物的设计，更广泛地说，是以“说明”“展示具”“灯光”为间接的标的物，来烘托出“展示物”这个主角的一种设计。换句话说，展示设计的标的物具有配角的性格。展示设计从范围上可以大到博览会场、博物馆、美术馆，中到商场、卖场、临时庆典会场，小到橱窗及展示柜台（样品柜），都以具说服力的展示为主要概念。就展示设计所处理的内容而言，主要有展示物的规划、展示主题的发展、展示具、灯光、说明、指示标及附属空间（如大型展示空间就该包括典藏、消毒、厕所、茶水、休息等空间）。

从某个角度看，展示设计是新兴行业，以往较大规模与较固定性的展示设计即归属于建筑设计，较小规模的展示设计就归属于室内设计，较临时性的展示设计就归属于美术工艺或室内设计。那么，是什么因素让人们将“从大到博览会场、博物馆、美术馆，中到商场、卖场、临时庆典会场，小到橱窗及展示柜台（样品柜）”重新以“展示设计”这样的行业来理解呢？这可能涉及以下 3 个方面：第一，它们如前所述是以“展示”为主要概念；第二，短时间的博览会或工商展览会在 19 世纪末 20 世纪初兴起；第三，第二次世界大战后“卖场或商场”的大规模化与精致化、专业化。

2. 展示设计分类

展示的类别繁多，不胜枚举。展示的类别不同，其设计要求也有所不同。

（1）从目的来区分，大致可以分为经济和人文两种。

①各种规模的商展、促销活动、交易会、订货会、新产品发布会等都可视为经济类展示活动，其表现形式也许多种多样，但最终目的还是确立企业形象，促成消费行为。

②人文类展示包括科学馆、纪念馆、美术馆、博物馆、森林公园、自然保护区等，其主要目的是传承人类文明、传播科学知识、促进文化交流等。

（2）从时间上区分，可以分为长期和短期或者临时和永久几种。

由于展示的时间不同，对展示环境的要求也有所不同，包括展示的材料、灵活性、拆装形式等都要加以考虑。

（3）从形式上区分，可以分为动态展示和静态展示。

这里的“动态”与“静态”并不是指展示手法上的动态与静态，而是指展示区域。动态展示包括巡回展示、交流展示等；而静态展示多是固定地点的展示活动。

（4）从参展人群区分，可以分为纵向和横向两种。

纵向展示主要指相对某个展览而言都是某一领域中的单位或人士；横向展示则指适用范围较广，参展单位众多而且不局限在同一领域，例如世界博览会。

（5）从规模上区分，还可分为巨型、大型、中型、小型展示。

如果以一个单元展位9 m^2 计算，巨型展示空间一般占据18个展位以上，面积超过162 m^2；中型展示空间一般占据1～3个展位，面积小于27 m^2。

3．展示设计主题

展示主题的发展往往定位成告知性、贩卖性、庆典性、游艺娱乐性、教育性等。展示设计所需要的能力有：推销物品或理念的调查与企划的能力，立体造型（审美、建材与构造）的能力，懂得灯光与临时机电设备的知识，吸引人群、安排人潮动线的能力等。

简单地说，展示设计是一种“配合演出”的设计。展示设计在设计时要先了解“被展示的物件或概念”后，找出要表达的主题，然后将这“主题”以展示装置加以渲染、诠释，来完成这次设计。设计时，所设计的展示装置本身是否精彩并不是重点，反而是这展示装置完成后，“被展示的物件或概念”是否因此而精彩才是重点。

商业空间设计和会展设计是其中的分支。

4．展示设计形式

①标本与活体结合展示：比如上海科技馆生物万象展区的大型生态鱼缸中放置千姿百态的活体鱼群，备受观众喜爱。

②室内展示与露天展示结合：将某些展品放置在露天展示，可以使它们接近大自然，与观众的距离也缩短了，这种“回归自然”的形式新奇逼真，很适合当代人的审美情趣。

③动与静的结合：巧妙地运用幻灯、全息摄影、激光、录像、电影、多媒体等现代成像技术、虚拟现实技术，使静态展品得到拓展，形成生动活泼、气氛热烈的展示环境，令观众具有身临其境的感觉。

④实物与电子信息的结合：通过电子导览系统寻找理想的参观路线，通过电脑问答机详细了解展示的知识内容，测试观看与参与相结合，更是满足了观众的自主性需求。

5．展示设计标准

何为好的展示设计？作为工程的展示设计，其牢固性、安全性、时效性、经济性等质量标准比较直观并有翔实的数据可考。然而，当展示设计作为艺术时，把握其标准就没有那么简单了。展示设计艺术形象的个别性、美感的主观性、艺术的独创性往往导致“公说公有理，婆说婆有理”。但是，人们的心灵是相通的，它们都不能违背人对艺术创造的普遍性认识规律，同时也是真实的。因此，其综合的评价标准还是能够找到的，就其要点列表，如表3－1所示。

表3－1 展示设计的评价标准

设计标准	内容描述
完整性标准	整合而统一，是展示艺术的首要标准。形态统一、色彩统一、工艺统一、格调统一。总之，好的设计在艺术形式的秩序方面，都是十分明确的
创造性标准	任何艺术活动的最终目的都在于创造。展示设计的创造性主要表现在创意的新颖和艺术形象的独创性。这个独特的形象给人以冲击、给人以震撼、给人以刺激，令人过目不忘，发挥最有效的市场作为，实现最有效的形象传播。这种创造涉及形式的定位、空间的想象、材料的选择、构造的奇特、色彩的处理、方式的新颖等
时代性标准	也可称为观念性标准。时代的观念浸润着展示艺术设计的每一个细胞。在当代，展示设计应体现如下几种观点：新的综合观念、人本观念、时空观念、生态观念、系统观念、信息观念、高科技观念等。具体地讲，应注意下述五个方面：①空间环境的开放性、通透流动性、可塑性和有机性。给人以自由、亲切之感，让人可感、可知，可以自由出入、参观和交流；②实现展品信息的经典性原则。严格落实少而精的要求；③实现固有色的“交互混响”的统合色彩效果，重视对无色彩系列的运用；④尽量采用新产品、新材料、新构造、新技术和新工艺。积极运用现代光电传输技术、现代屏幕影像技术、现代人工智能技术等高科技成果；⑤重视对软体材料的自由曲线、自由曲面的运用，追求展示环境的有机化效果
行业性标准	也可称为功能性标准。主要是讲形式和内容的统一性问题。比如“冶金”业的展台设计与“日化”业的展台设计不可能是一样的
文化性标准	设计要有突出的风格和品位。其中，地域和民族性的文化传统应当有自然而然的表现，体现出历史继承下发展的有根的特征
环境性标准	这里面包含着两层意思；其一是任何一个美的客观存在都是在特定环境中实现的，好的设计必然是在充分研究“街坊四邻”、四周环境后的产物，必须与环境在形式上达到“相得益彰”；其二是任何一个好的设计都不会造成环境污染，都得符合“可持续发展”基本国策的要求

总之，好的展示设计应当是坚持了内容与形式的统一、整体与局部的统一、科学与艺术的统一、继承与创新的统一的设计。

6. 展示设计流程

展示设计的基本流程如图3－1所示。

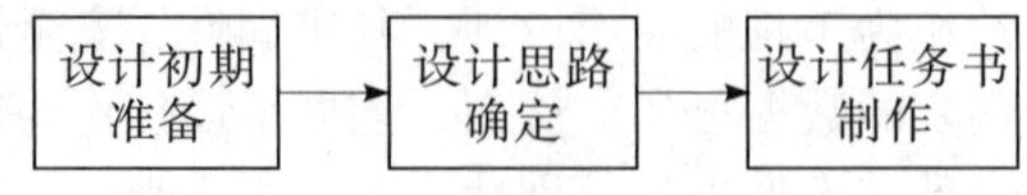

图3－1 展示设计的基本流程

（1）初期准备工作。

在进行展示设计初期，要通过拜访客户获取参展客户信息，了解客户计划参展的展样品、展位设计期望，同时可以通过上届展览会的会刊、展会专设网站以及行业资讯媒体等了解客户参展的展会特征，拿到准确的参展商手册和展位平面图，进行设计准备。

（2）设计思路确定阶段。

根据客户的需求进行脚本设定。设计时要考虑突出创意主题、技术资料和艺术设计相融合，同时给予一定的方案拓展思路，引导客户的需求。

（3）设计任务书制作。

完成设计任务书内容的制作，并以合适的形式提交。设计任务书要说明设计成果的定性、定量要求，说明对未来项目的管理要求，适应操作弹性的要求以及适当超前的设计要求。

7. 展示设计注意事项

（1）有关展台的规定。

①高度限制：展览会对展架及展品都有限制规定，尤其对双层展台、楼梯、展台顶部向外延伸的结构等限制更严。限高往往不是禁止超高，如果办理有关手续并达到技术标准，有可能获准超高建展台、布置展品。

②开面限制：很多展览会禁止全封闭展台，如果展台封闭，展览会就失去展示作用，参观者就会有抱怨。但是展出者需要封闭办公室、谈判室、仓库等。因此，协调的办法一般是规定一定比例的面积朝外敞开，这个比例一般是70%，允许30%以下的面积封闭。

（2）有关展览用具的规定。

①展架展具材料的限制：在很多国家，展览会规定必须使用经防火处理的材料，限制使用塑料，限制危险化学品。

②电器的规定：绝大部分国家的展览会对电器都有严格的规定，所用电器的技术指标必须符合当地规定和要求。

（3）有关人流的规定。

走道限制：主要是对走道宽度的规定和限制。为保证人流的畅通，展览会规定走道宽度，禁止展出者的展品、道具等占用走道。电视、零售商品往往会造成堵塞，因此也有相应的要求，比如电视不得面向走道，柜台必须离走道一定距离等。

（4）有关消防的规定。

①消防环境的规定：如果是大面积的展台，必须按展馆面积和预计的观众人数按比例设紧急通道或出口并设标志。

②消防器材的规定：必须配备消防器材。

③人员的规定：有些展览会要求展台指定消防负责人，并要求全体展台人员知道消防规定和紧急出口等。

（5）有关展品的规定和限制。

主要是对异常展品包括超高、超重展品的规定。只要采取适当措施，一般都可以解决。比如限高，只要展馆高度足够，就可以与展馆商量解决；超重展品可以使用地托，分散单位负荷。比较常见、难解决的问题是展馆卸货大门的尺寸，这是自然限制。超高、超重展品一般需要先于其他展出者的展品进馆。遇到任何难以解决的问题，都要尽早与展览会组织者或展馆所有者商量。这类展品对展览会通常有宣传价值，因此组织者会愿意积极协助。有些展览会考虑安全，会限制操作机器。对于武器，一般都有专门的规定，且手续都很麻烦。

（6）有关环境的规定。

①音量限制：背景音乐由展览会组织者安排，展出者的声像设备的音量必须控制在不影响周围展出者的范围内。

②色彩限制：展览会组织者想取得协调效果，往往会提出色彩要求，如要求展出者使用某种基本色调或标题色调。

③展览会还可能会提出标题字形、大小要求，这方面的规定大多比较宽松，只要不干扰周围展位（比如噪音太大），展出者一般可以任意设计展台形状、摆置展品。

（7）有关劳工的规定。

很多国家（尤其是发达国家）规定，展场劳工必须是工会注册工人。不允许展出者自己动手。比如在美国纽约，如果展出者拿起锤子想钉根钉子，当地工人就会夺下锤子，阻止你干活。美国人剥夺你的“劳动权”，听起来很荒唐，但却是事实，还必须遵守。

（8）有关手续的规定。

展览会大多要求展出者将设计送审，并要求展出者施工前办理手续。

（三）展示空间设计和展示版面设计

1. 展示空间设计基本原则

合理地安排空间是展示设计中最重要的部分，正确认识空间与展示设计的关系是做设计的前提和基础，较好地运用“空间”语言则可以赋予一个设计实质的意义和生命力。

（1）展示形式。

展示空间设计的最大特点是具有很强的流动性，所以采用动态的、序列化的、有节奏的展示形式是首先要遵从的基本原则，这是由展示空间的性质和人的因素决定的。人在展示空间中处于参观运动的状态，是在运动中体验并获得最终的空间感受的。这就要求展示空间必须以此为依据，以最合理的方法安排观众的参观流线，使观众在流动中完整地、经济地介入展示活动，尽可能不走或少走重复的路线，尤其是不在展示的重点区域内重复。在空间处理上要做到犹如音乐旋律般流畅，抑扬顿挫分明有致，使整个设计顺理成章，在满足功能的同时让人感受到空间变化的魅力和设计的无限趣味。

（2）人性化。

展示设计需要满足人在物质和精神上的双重需求，这是在进行展示空间分析时的基本依据。舒适和谐的展示环境、声色俱全的展示效果、信息丰富的展示内容、安全便捷的空间规划、考虑周到的服务设施等，这些都是人类在精神上对展示设计提出的要求。

因此，设计师需要仔细地分析参观者的活动行为，并在设计中以科学的态度对人机工程学给予充分的重视，使展示空间的形状、尺寸与人体尺度之间有恰当的配合，使空间内各部分的比例尺度与人们在空间中行动和感知的方式配合得宜、协调。这是最基本的空间要求。一个充满人性化的展示空间才是一个“合情”“合理”的设计。

（3）分配展区。

展品是展示空间的主角，以最有效的场所位置向观众呈现展品是划分空间的首要目的。有逻辑地设计展示的秩序、编排展示的计划并对展区进行合理分配是利用空间达到最佳展示效果的前提。因此，设计师必须将空间问题与展示的内容结合起来进行考虑，不同的展示内容有与之相对应的展示形式和空间划分。如商业性质的展示活动要求场地较为开阔，空间与空间之间相互渗透以便互动交流，展品的位置要显眼。对于那些展示视觉中心点如声、光、电、动态及模拟仿真等展示形式，要给予充分的、突出的展示空间，以增强对人的视觉冲击，给观众留下深刻的印象。总之，给展品以合理的位置是展示空间规划首要考虑的问题，也是一个展示设计的关键。

此外，设计师还要考虑将品牌宏伟远大的战略与终端视觉识别、卖场空间三者有机结合，提供专业化、系统化、战略型的品牌空间整合设计方案。

（4）“无障碍”。

在空间设计的过程中，观众的需求是第一位的，所以必须重视展示空间的安全性。比如：参观流线的安排必须设想到各种可能发生的意外因素，如停电、火警、意外灾害等，必须考虑到相应的应急措施；在大型的展示活动中，必须有足够的疏散通道和应急指示标志、应急照明系统等。

为了给观众提供方便，展示的空间设计中要相应地考虑到观众的通行、休息的方便，尽可能地考虑到伤残者的特殊需求，以谋求“无障碍”设计，这也是现代展示设计发展的一个趋向。

2. 展示空间设计要求与限定形式

（1）展示空间设计要求如表3－2所示。

表3－2　展示空间设计要求

设计要求	表　述
功能性要求	空间规划应满足陈列、演示、交流、贸易、营销和客流疏导等多项功能
精神性要求	满足相应的年龄、文化、性别、职业、民族、国籍、阶层公众的精神需求，主动传达展示的中心内涵
时效性要求	突出“多快好省”的宗旨
审美性要求	运用形式美的法则，以实现功能空间、心理空间和审美空间的有效融合

（2）空间限定形式。

根据空间的根本功能，可将空间分为6种限定形式，如表3－3所示。

表3－3　空间限定形式

限定形式类型	内容描述
天覆	悬在高空的横向分割。它的高度对于空间的效果影响很大，既有飘浮、俯冲之力，亦有控制、庇护之势
地载	既有起伏波动力，也有平静和缓之势。接近或接触地面的分割限定，给人轻松、起伏、架空感
竖断	在大空间中，竖断与面的设置相同。在小空间中，竖断具有阻截作用
夹持	具有分流作用，与地载相结合成诱导之势
合抱	有拥抱、驻留的意思，封闭感较强
围合	在空间上只留有小部分与外界沟通的通口，缺乏自由和生气

3. 展示空间功能分类

（1）公共空间。

公共空间也称共享空间，包括展示区域中的通道、过廊、休息间场所，是供公众使用和活动的区域。展示空间设计时需要考虑几点。

①以最合理的方法安排观众的流线，这样可使观众在流动中完整地、经济地介入展示活动，尽可能不走或少走重复的路线，尤其是不在展示的重点区域重复，参观的路线与方向通常与展厅的建筑空间、室内设计的特点一致，也可以设计成主要和次要流线等几种方案。

②以最有效的空间展示展品。在设计过程中必须将空间问题和展示的内容结合起来考虑，有逻辑成序列地编排展示计划，对展区合理分配。

③必须重视展示空间的安全性和可靠性。设想可能发生的意外因素并考虑相应的应急措施。

④保证展示的辅助空间。将存放设备、仪器、模型的空间与展示环境隔离，防止噪音和有害气体的污染。

（2）信息空间。

信息空间是指通过照片陈列以传达信息的空间，是展示空间造型的主体部分。取得好的视觉效果，吸引观众的注意力，有效地传达信息，是信息空间设计的关键。

在信息空间的设计中，处理好展品与人、人与空间的关系十分重要。展品的陈列既要考虑到人体尺度，同时也要考虑其视觉效果；在保障一定的通道的功能要求下，着重关注如何为观者提供一个引起兴奋的信息场所。

（3）辅助空间。

辅助空间是指公共空间和信息空间之外的空间，概括起来有如表3－4所示的几个方面。

表3－4　辅助空间的类型

辅助空间类型	内容描述
接待空间	是供顾客与展商进行交流的空间。在设计中要和整个展示设计统一考虑
工作空间	是专为工作人员设置的空间。在展览会中一般会有专门的为工作人员准备的休息区。在大型展览会中，主办方也会设置类似的空间场所
储藏空间	即存放展品、样品或宣传册等物品的空间
维修空间	无论是长期陈列还是临时性的展示活动，常有一些诸如仪器、机械、装备、模型以及灯箱、音响、电信、照明等设备。这些设备除要占有一定的空间外，还必须留出可供维修的空间

4．常用展位类型

常用的展位类型如表3－5所示。

表3－5　常用的展位类型一览表

类　型	概　念	优　点	缺　点
单面开口型	一般分布在过道的两侧，只有一面向观众通道敞开	三面隔墙提供了较为充分的展示空间	进深窄，视角小，与观众交流机会相对较少
双面开口型	一般位于通道拐弯处或“十”字形、“丁”字形通道交叉处，有相邻两面向两边观众通道敞开	观众流量比较大，视野宽，比较适宜重点展品与精品的展示	用于展示的墙面少，需要更多地使用独立展具
双向通道型	是两端敞开的位置	有较充分的展示空间，两边可摆放展品，人流通畅，展示效果好	经常成为过道，有效观众比例较低
内角型	一般位于场馆的墙角处	两个相邻通道流动的观众均可注意到展位，容易吸引观众	需要租赁3个展位才能达到展出效果
半岛型	展位三面空间向通道敞开	设计安排非常灵活，视野开阔，容易构成某种舞台景观效果，成为视觉中心	不易使用标准展具，可利用的展墙很少。一般来说，参展商至少要预订4个展位，才能获得半岛型展位
岛型	一般位于展厅的中央位置，四面敞开，通常都是以空地的形式提供给参展商	展示面积大，造型尺度、规模可以相对较大，观众流动最为畅通，流量较大，容易成为视觉焦点	没有可供利用的墙面。一般来说，参展商至少要预订8个展位，才能获得岛型展位

国际标准展位为 3 m×3 m，此外还有 2 m×5 m，2.5 m×4 m 及 2 m×4 m。

单面开口的标准展位：传统式的标准展示单元，仅一个开敞面，可见度不高，人流只有到了面前时才能被吸引。

两面成角开放的内角型展位：这是一种充满趣味的空间形式，设计师可运用自己的想象力创造出富有感染力的展示单元。它封闭的两面墙对于需要封闭的办公空间、洽谈区、休息区和产品展示屏及产品陈列墙的参展商非常有用。

三面敞开的半岛型展位：这也是对参展者具有吸引力的空间形式，适合展品数量众多和系列形式的陈列。对于那些希望展示面积中有舒适的休息区可以放置接待桌椅的参展者，封闭的后墙能提供相对秘密和安静的区域进行洽谈。

四面敞开的岛型展位：这是对参展者最有吸引力的空间形式，适合展品数量众多和系列形式的陈列。四面敞开形式的展区使展品给人强烈的视觉冲击，大量的空间直接面对观众，具有很高的可视度。

5. 展示版面设计

展示版面在起着书写文字、张贴图片、展示标题以及充当展品和整个展示环境背景的作用。内容包括：

（1）版式、字体、标题位置、底版和版心的色调、图片的形式等。

（2）文字、大标题、副标题或小标题、图片说明文字、图片中的数字等。字体的选用和字距、行距都是需要考虑的因素，行距与字距之比通常为 3∶1或 4∶1。避免标点符号纵向成列。运用错视原理调整美术字的大小和笔画的粗细以适应视觉的要求。

（3）图片是版面的主体，注意形象的完整、黑白关系以及和底色的关系。图片不宜过小，一般为版面的 1/10 或 1/20，重要的可占 1/5。根据设计要求标明尺寸和编号，方便装裱。也可用绘画的形式代替图片，往往起到意想不到的效果。

（4）图表直观、明了、简洁。

（5）版面装饰宁缺毋滥。

（6）与版面相关的工艺、技术和材料、图版表面的制作、表面色彩的处理、文字的书写制作和固定。

以互联网为基础的技术信息时代的到来，为展示空间提供了更为广阔的空间，展示设计与新媒体的结合必将给人们的视觉形态和视觉经验产生巨大的冲击。互联网上的移动展示空间是一个虚拟无围合的主题空间。而这些空间的存在和传播的方式引起人们对展示空间的视觉的形式变异，视觉传播形态与展示空间浓缩在一“点”之间，点击的动作改变了人的行为习惯，取代了人的步行观看的视觉模式。这就是网络时代所引发的视觉空间传播的新的概念与模式。现代化的展示设计运用了互联网的技术和信息技术把各种信息资料进行重构，也就是把文字、符号、图形、图像、声音、光影等有机地组合在一起，运用各种技术手段进行处理重组，进行全方位的综合设计，使多种信息资源经过设计处理后转换、互动、传递。多媒体技术的应用加速了图形信息的传播的速度。图形的传播也就从视觉的静态向动态影像发展，数码动画的产生实现了展示动感空间的传播形式多元化的发展。与此同时，图形、图像也渗透到了展示空间的每一个方位，从图像变换的世界里可以了解到更多展示空间的形态语言。

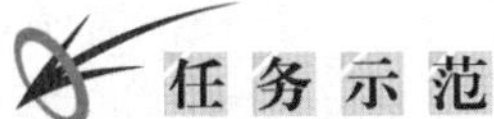

任务示范

1. 案例资料

画出六种展会常用展位空间设计示意图。

2. 案例分析

四面敞开的岛屿型展位：

三面敞开的展位：

两面成角开放的展位：

标准展位：

夹持型通透展位：

有 3～4 个敞开面的 L 形展位：

任务训练

1. 任务背景

假如你是广州某展览公司的项目总管，贵公司有一个较为知名的茶博会项目选择在琶洲馆举办，请选取琶洲馆任意一个展厅，在展厅中画出六种类型的展位设计图，至少画出四组（即 24 个展位）。

2. 操练要求

（1）以小组为单位，每组设组长 1 名，负责组织本组成员进行实训。

（2）平面图要求陈列设施摆设合理，空间尺度正确，流线顺畅，画面协调，空间感强。

（3）简明扼要阐明设计概况、设计理念及设计方法。

（4）纸张可采用 A3 水彩纸。使用马克笔或彩铅均可。

（5）实训结果汇报与教师点评。

任务小结

完成上述任务，掌握相关能力。

（1）能辨别不同形式的展位空间。

（2）根据资料设计展厅中的展位。

任务二　展台搭建与展品陈列

任务目标

学生通过本次任务实训，了解展台施工流程、标准展台与特装展台的设计搭建与管理、展台的功能分区与布局，掌握展示环境的布置，熟悉各类展品道具，并能进行一般的展品陈列工作。

知识准备与业务操作

（一）展台搭建

1. 标准展台

（1）国际标准展台。

展台，一般是指在展会上用来展出商品和图片等物品的单位空间，也称作摊位。根据面积和装修风格的不同，分为标准展台（或标准摊位，简称标摊）和特装展台。也分室内展台和室外展台。

标准展台是会展专用词汇之一，是指采用国际通用标准设计制作的展台。室内一般的标准摊位为3 m×3 m，提供的标准配置一般包括八棱柱、40（50）扁铝、三卡锁、PVC（聚氯乙烯）板，规格为3.0 m×3.0 m×2.5 m；主要器材组成为八棱柱、八棱柱支座、八棱柱锁件、大方柱、联板、双面PVC展板、接待桌式洽谈桌、展椅、射灯等。其特点是装卸快捷、便于运输、节省存储空间。

标准展台类型常见的有“墙角型”和“道边型”两种：

①“墙角型”展台：也称“双开口”展台，它位于一排展台的顶端，两面邻过道，观众可以从它前面的通道和垂直于它的过道进入展台。“墙角型”展台与“道边型”展台相比，面积相同，但多出一条观众进入展台的侧面过道，因而观众流量较大，展示效果相对较好，当然租金也要比“道边型”展台高出10%～15%。

②“道边型”展台：也称“单开口”展台，它夹在一排展台中间，观众只能从其面前的过道进入展台内。这种类型的展台租金最低，中小企业在选择这类展台时要注意它的位置、优先挑选位于洗手间、小卖部、快餐厅、咖啡屋附近的展台，因为这些地方是展会人流最密集的区域，参展者易于捕捉商机。

（2）标准展台的美化。

标准展台造价低廉、装卸快捷，广泛应用于展览展示，但其外观古板，对观众缺乏吸引力。为了提升展台视觉效果，同时保持标准展台模块化施工的低价、快捷优势，市场上出现了各种不同形状的标准展台美化设计与施工，常见形式如下。

①展台门柱门楣的加高。标准展台的面积和围板高度不变，展台楣板两侧的八棱柱更换为3.5 m或4 m，楣板升高并相应增加宽度和面积。视觉上感觉展台的空间向上拓展，展示空间增大。

②展台门柱门楣的加高加粗。标准展台的面积和围板高度不变，展台楣板两侧的八

棱柱更换为截面0.8 m×0.8 m，高3.5 m或4 m的方形铝材，固定楣板的窄扁铝叶更换为截面0.8 m×0.8 m的方形铝材，楣板升高时应增加宽度和面积，视觉上比形式①更显得高端大气。

③楣板造型。通过变更楣板的尺寸、角度、材质、楣板底色、字体颜色，配合展示空间氛围的渲染，增加关注度。

④灯箱造型。将展台门柱、灯箱、展架设计成展示灯箱，拓宽展示的形式，具有文字和色彩兼备的功能，从产品商标、品名、实物照片、色彩、企业意图到文化、经济、风俗、信仰、观念无所不包，通过构思和独特创意，以视觉传达的异质性，实现展示与广告目的。

2. 特装展台

特装展台，即展会上需要进行特别装修的展台，简称特展，指在展馆室内或室外空地上按任意面积划出的展出空间。只提供正常大厅照明及未铺地毯的展台空地，一般36 m^2起租，主办方不提供任何配置，参展商须自己设计及搭建。

（1）特装展台的市场价值。

特装展台折射出企业的实力和形象。可以这样说，展台形象好坏将直接影响采购商对供货商的选择。打造一个富有个性、独一无二、时尚简洁、精致高档的特装展台有利于提升企业形象，实现品牌升值，吸引客户眼球，汇聚人气，从而提高参展效果，创造最大的经济效益。

在国内外各类展会上，不少知名企业都会不惜成本，在展台的设计上花尽心思。有的企业把展台搭建成迷你公司，设有前台和洽谈室，还提供各种饮品和小吃，让客人有宾至如归的感觉；有的企业把当地特色和公司品牌融为一体，让整个展台富有休闲和娱乐性……这些特装展台布置值得同行借鉴。

（2）特装展台的设计原则。

首先，展台形象代表着企业的形象，它是企业品牌形象的具体体现。一个公司在不同的展览会上可能有形式各异的展台，但展台中代表着企业的标志性的核心内容不会发生改变。这些核心标志通常由标准图形、标准色彩、标准字体等三部分组成。这些核心标志代表着企业独特的经营理念和企业使命，人们一看见这些标志就能立即联想到这是一家什么公司。所以，如何将企业标志作为设计元素融入展台设计，是体现企业特性、突出展台设计效果的一个关键。

其次，为了在众多的参展商中脱颖而出，展台设计还必须有较强的视觉冲击力，因此在展台的设计上要有创新，能给观众和买家带来新鲜感和吸引力。随着设计软件的普遍应用，加上各种形式的展示材料的开发，只有当层出不穷的、独具创意的展台展现在人们面前时，才能使人产生豁然开朗、耳目一新的感觉。

最后，不要忘记用高昂价格租来的有限的展览空间的作用是什么，最大化地使用场地展示产品是参展商参展的最主要目的之一。展台设计时不要忽略展示、会谈、咨询、休息等基本功能。

（3）小型特装展台。

小型特装展台主要指展台面积小于108 m^2的展台。小型特装展台在面积、位置等因素的制约下，布局的自由度很小，可以选择的处理方式也只有为数不多的几种，如果

需要照顾的方面太多太杂，是很难面面俱到的。

小型特装展台的设计有许多共性，掌握基本的规则可以节约大量的设计时间。

①小型特装展台的四大基本功能区。

接待区：主要功能就是接待观众的问询，发放企业的宣传资料以及礼品等，进行客户资料的收集。

展品展示区：功能是对参展的商品进行美化陈列，包括实物展示和图片展示等。

洽谈区：主要功能是在现场进行初步的商业洽谈，达成初步的意向。根据不同的保密要求，从低到高可分为开放式洽谈区、半封闭式洽谈区、封闭式洽谈区。

储藏区：主要功能是存放宣传资料、展品的包装材料、参展人员的私人物品、内部人员饮水机等设备设施。

由于面积的限制，小型特装展台一般只具备基本功能。

②小型特装展台的常见类型。

一面开放式：一般位于整排展台的一侧中间位置，左右及后面都有其他展台相邻，所谓一面开放式就是展台有一边与通道相邻。这种格局的展台开放程度相对较低，如何将人吸引进展台，以及如何设置动线就显得非常重要，处理不得当的话极可能造成人流拥堵在展台中。

两面开放式：一是位于整排展台的角落，与十字交叉的两条通道相邻，这种形状是很常见的。在进行布局的时候要记住保持两边通道间的走道畅通，接待区可以置于角落上，可以设置形象墙，这样布局的好处是充分利用通道相交的地理优势向外扩张，使内部的空间最大化。接待区也可以向墙靠拢，留出前面的空间，使观众不至于太深入展台内部，缓解通道的压力。另一种形式是位于整排展台的终极位置，前后与两条平行的通道相邻。这样类型的展台常常出现在过去硬性划分展台的时代，而在现在的展会上已经不多见了。不过，在一些参展商众多、展台面积十分紧张的展会上，比如广交会上还是会碰到的。这种展台最大的特点就是它属于穿越式展台，只有引导观众穿过展台才能达到宣传和展示的目的，因此人流的动线是处理的重点。

三面开放式：三面开放的展台位于整排展台的左右两端，只有一侧与其他展台相靠，其余三面均与通道相邻，这种形状的展台也称为半岛型展台。常用的布置方式是对称中置式。这种布局稳重大气，非常气派，端端正正，门户严谨。

四面开放式：也就是独立展台。该展台不与其他任何展台相靠，四面皆为通道，也称为岛型展台。四面开放的展台自由度很高，可以模仿三面开放式的布局，也可以采用灯箱、多媒体视频等高科技展示手段，可以采用两面开放式的布局方式，增加展示墙面的面积，适当做一些墙体结构。

随着展台面积的增大，展台布局的自由度也随之增大。

（4）中型特装展台。

中型特装展台一般指大于108 m^2、小于300 m^2 的展台。其参展商一般是在行业中处于中游水平，或者由于行业自身的特点不需要大面积的展览客户。他们对设计的要求有所提高，在满足基本功能的情况下，对于美感和品质有更高的要求，大多追求品质与消费之间的平衡。

中型特装展台除了小型展台所具备的基本功能之外，还可以选择扩展功能。扩展功能分为表演区、讲座区、放映区、VIP（贵宾）区、设备控制区等。

表演区是指在展台中搭建舞台，在展览期间进行各种现场演出或者与观众进行各种互动式活动的区域。

讲座区是指将一个半封闭或者全封闭的区域设计成课堂式的布局，在展览期间定期举办讲解和讲座活动，没有活动安排的时候可以当成洽谈区或者休息区使用。

放映区是指展台中设置较大幅面的多媒体播放设备，划出一定面积的区域供观众停留观看企业宣传片或广告等。

VIP 区可以看作高级的洽谈区，VIP 区一般是全封闭的，装修比较豪华，设施也比较完善，提供的服务是贵宾级的，服务的对象是企业的客户或者潜在客户。

设备控制区域，主要是安排在后台的表演区、放映区以放置相关控制设备。

中型特装展台的设计很难说有什么法则，但一般来说展台最少是三面开放的，大多数时候是四面开放的独立展台。中型特装展台在空间上的余地大一些，在布局上可以相对灵活一些，在结构方面的选择也比较多，总的原则是宜集中不宜分散，宜整齐不宜凌乱，宜开放不宜封闭。其创意原则是紧扣行业特征和企业特点，注重细节，色彩宜少不宜多，要疏密结合，标识要突出、清楚，动线设置要流畅，并且尽可能短；要注意点、线、面的有机结合，可以使用企业标志、色彩来统一展台格调，尽可能采用整体结构，使用具有行业共性的色彩、造型和元素。

（5）大型特装展台。

大型特装展台的展台面积一般都很大，少则几百平方米，多则几千平方米。大型展台的参展商对布展效果都有比较详细的书面要求，一般以招标书的方式提供，手续正规，有的甚至会提供以往的展台设计作为参考。这类参展商对设计具有良好的继承性，在总体方向和主要元素上往往不会有大的改变，又希望有所创新。

大型特装展台首先看重的是布局，选择什么样的布局与客户的参展目的和产品相关。如果参展目的是以宣传企业形象为主，主题建筑就应该高大些、标识醒目一些；如果是以业务洽谈为主，就不妨封闭些、安静些。

如果展示的产品体积较大，其周围的空地也应该留得较大。如果参展的产品小而精致，就不妨配以精巧的展示道具和灯光展示等设计。

大型展台的布局一般为开放式、半开放式和封闭式三种形式。

①开放式：产品本身很吸引眼球，比如汽车、飞机，就应该采用开放式的布局，在展品周围留出足够的空间。要知道，这一类的展览参观人流是比较拥堵的，在设计的时候要充分考虑，留出一定的冗余度。

②半开放式：电子产品、通信产业、金融产业、IT（信息技术）等行业通常是采用半开放式的布局。半开放式布局与开放式布局的区别就是半开放式的展台不会像开放式的展台那样一览无余，由于功能上的需求会形成局部的小空间，隔断和展示墙面相对会多一些。由于产品比较小甚至产品是无形的，需要配合多媒体或者相关设备来进行展示，这些隔断和展示墙就可以派上用场。半开放式的空间局部有顶部结构，灯光的表现力和照明效率都要比开放式的好一些。

③封闭式：体育休闲类、珠宝类、卫浴等行业由于其行业特点或者使用环境的特殊要求，通常会采用封闭布局，利用近似室内空间的环境来影响参观者的情绪或者还原产

品的使用环境。这些行业的展览对于灯光方面的要求通常比较高，对于亮度、光色、光源品种会有一些附加的要求。

大型特装展台不仅要展览产品，要吸引客户，还要有利于展台工作人员推销、宣传、调研、与观众交流、与客户洽谈。所有这些工作都要用相应的空间、位置、设备，都需要设计人员根据需要和条件进行合理的安排。相应的功能区包括接待区域、展览区域、洽谈区域、贵宾室、多媒体控制室等。

（6）综合性特装展台。

综合性特装展台的参展商通常不是单一的企业，往往是国家或政府这样的综合体，展示的内容不会局限于某一个方面，而是包罗万象，甚至有些方面是抽象的，很难具体描述，如世博会的国家馆。

综合性特装展台设计是一个创造性的思维活动，但它绝不是随心所欲的，而是要具有严谨的科学性。首先表现在设计的时候要遵循一定程序，采取行动之前，必须对市场形势、消费者态度、社会环境、竞争对手的情况进行周密的调查研究；其次，根据所掌握的资料和信息进行综合分析，找出问题的关键点，确定展览目的，拟定展览计划及其具体实施方案；最后还要对展览效果进行评估，直到实现客户的展览目的和营销目的。

综合性特装展台的设计之所以复杂，原因在于综合性展台的客户的诉求不是单一的，而是全面的，涉及众多科学知识的交叉融合。这就要求设计者在充分运用展览学原理、心理学、传播学、营销学、系统论、控制论等多学科的基础上，借助计算机等现代化技术手段，为参展企业提供展览决策和最优方案，以取得最好的经济效益和社会效益。

3. 展台施工流程

展台施工流程如图 3－2 所示。

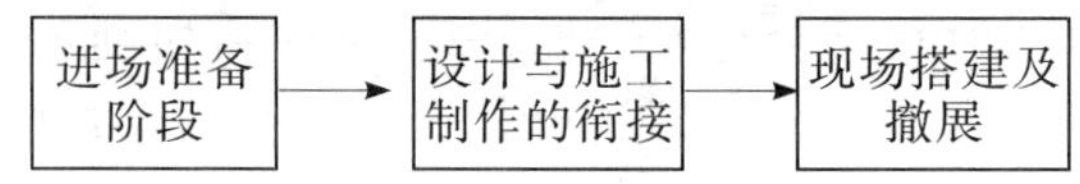

图 3－2　展台施工流程

①进场准备阶段与施工衔接：按照展馆的相关施工要求进行现场施工准备，图纸设计与现场情况要衔接，要根据现场具体要求进行调整，根据工作时间进度进行施工进度管理，施工要符合施工图最后制作要求。

②现场搭建及撤展：施工人员按照要求完成现场展台搭建，如客户提出现场追加、变更项目，在协商一致的情况下，配合客户完成项目的调整，并配合客户展品进场，协助进行展样品的摆放设置。客户验收后，根据客户要求可提供现场增值服务。展后，根据合约内容进行撤展。

4. 展台施工管理和规范

展览项目确定实施后，需要制订详细的时间表、工程施工总体计划，并组织人员，明确分工、执行、控制、结束、展会后处理等工作。这些工作都必须根据相应的管理措施与组织规范进行，否则很难保证施工进度与质量。

每个项目都具有自身的独特性，设计师不仅要完成项目的设计方案，同时也需对施工进行管理和组织，以确保项目的实施不会偏离设计意图。

（1）施工组织与现场监理。

在施工现场中，设计师应该亲自监理施工过程，确保施工的正确性和准确性，发现潜在问题并制定出调整和解决方案。主要工作包括：

①工程组织：主要是人员组织协调，使不同工种有序协调地配合工作，同时协调展馆、甲方、施工方的关系，保证工程顺利进行。

②现场监理：现场监理工作中，设计师要起主导作用，对所有入场人员要明确展览的工作要求和日程进度，特别要注意入场空间、承重设施、设备器材、消防设备等。

③搭建与拆卸：搭建前，展台区域应按设计要求在地面上画粉定位，然后搭展台、安排墙面，最后再布置各种展品并清除垃圾。为了保证布展搭建完成后展品的安全，大多数情况下会对现场进行清场，并拉上封条禁止无关人员入内。拆除工作可按照搭建的顺序逆向进行，所有展台的拆除进度都由场地负责人统一调度，拆除过程中需要注意各展区内的电源要切断。

（2）施工质量与安全隐患管理。

由于展示行业多有临时性、短期性的特点，布展、展出、撤展时间都有限制，所以搭建施工常常表现出突击性，再加上展场活动一般在人员较集中的场馆举行，因此必须高度重视展示活动各类设施的安全性和可靠性，防止各类事故的发生。

在布展过程中，如果展台布局不合理、设计结构不合理或是材料使用不合理都会导致安全隐患的存在，如展台结构不合理会导致展台坍塌，电源布置不合理会引发用电事故或者火灾。

安全通道堵塞或安全门无法正常开启时，布展应留有足够宽度的安全通道，且通道要顺直，避免弯曲转折。同一通道不宜出现宽与高的差别，通道应形成双向疏散功能，并尽量环行，同时展台不应影响消防设施功能的正常发挥。

（3）材料的控制与管理。

为加强施工过程的质量管理，需要强化工程进场材料监督和坚持的力度。首先，工程管理人员应坚持主材料必须进场验收，凡是主要材料进工地，必须同监理人员对材料质量和数量进行验收并同时签证，必要时还必须有展台使用方签证，做好记录以备检验。

建筑材料、配件及设备质量不仅应符合国家或行业现行有关技术标准规定的合格标准和设计要求，同时还要符合所注明的标准，符合以建筑材料、构配件及设备说明、实物样品等方式表明的质量状况。

材料是否符合国家标准，可以从以下几点进行判定：是否具有产品质量检验合格证明，是否标明产品名称、生产厂名和厂址，产品包装和商标样式是否符合国家有关规定和标准要求，是否有实施生产许可证或使用产品质量认证标志以及有许可证或质量认证的编号、批准日期和有效期限。

（4）配套设施。

①常用器材：主要是指视频和音频等相关设备，这些设备可以作为在现代展示中演示企业品牌文化、提升企业形象的重要手段之一。常用的视频器材有电视机、显示屏、投影仪等，常用的音频器材主要是指专业音箱和调音台、效果器、均衡器等，它们主要用于播放背景音乐或促销演示活动中的气氛渲染。

②特殊器材：在某些特殊的环境中，如新闻发布会现场等，摄像设备和灯光设备起着重要的作用。一般会场中除了摄像机外，还需要应用主机发射系统、翻译器、耳机、发言话筒等相关设备，以此构成一个整体的应用系统。

③灯光设备：主要指演艺灯光照明器材，通常有泛光灯、聚光灯、天幕灯、成像灯、摇头灯、追光灯等。相关器材还包括硅箱、换色器、调光台、三角灯架、色纸、电源控制箱、线材及电缆等。

以上配套设施安装后要进行调试，保证安全使用。

（5）各种施工规范。

在展台的施工过程中，不同的项目都有一定的施工规范和章程，只有严格遵守施工规范进行操作，才能保障质量。

①油漆施工：主要用于对木质表面的饰面进行处理，如木吊顶、木装饰线、木家具、木地板等表面涂饰。油漆的施工要考虑施工流程及施工质量要求。

②石膏线施工：石膏线条拼接，一定要修平，做到上下两线平行，石膏图纹清晰。

③钉眼的处理：所有露出的钉眼必须填补，修色要与饰面一致，钉眼不得有凹陷，钉眼隙批嵌补色后能与大面积颜色保持一致。

④墙纸的处理：墙纸与顶角线、踢脚线拼接无间隙，花纹图案应吻合。不能有漏贴、补贴、脱层的现象，阴阳转角分明，接缝平整不搭接，表面无污斑、翘边、气泡等现象。

⑤涂料的使用：混凝土或抹灰基层涂刷溶剂型涂料时，含水率不得大于8%；涂刷乳液类涂料时，含水率不得大于10%；木材基层的含水率不得大于12%。

⑥吊顶施工：吊顶的制作需要注意很多问题，如石膏板如何固定、如何预防起拱等。

5. 主场承建

主场是一个宽泛的概念，展览主场的概念至今没有一个十分确切的定义。不过业内一般是指某一个展览公司作为某展会的主要搭建商，负责设计、制作及搭建全场除特装摊位以外的全部标准摊位，并进行展览期间的全场服务以及展览结束后的撤展、清场和维护相关工作。

（1）展览主场的前期工作。

①了解该展会的行业特征。每一个行业都有区别于其他行业的一些特征，这种特征往往带有鲜明的个性或某种特殊的含义。例如，在中国红色一般有喜庆、吉祥、红火的寓意，逢年过节以及重大活动中一般都是首选颜色。但是在医疗行业中红色往往代表不安、危险、出血等，为了不刺激病人和家属，红色和黑色都要慎重使用。这些行业往往用镇静的蓝色、有生命力的绿色、清新舒缓的浅蓝或者温馨亲切的淡黄等颜色。所以说，搭建商前期调查的工作做得好并分析到位，能给别人一种了解本行业或专业的好印象。

像通信展或者手机展这种类型的展览，其展品要么过于专业，要么体积太小，所以就很依赖多媒体技术，高新的技术也大多依靠动态的视觉手段来展示。在做这些展览的主场设计时，就应该考虑使用声、光、电来营造效果。这一类展览的参展企业大多与网络密切相关，现场需要上网服务的企业极多，那么设计的时候就应该考虑到相关的需求和相应的技术支持。这一类行业的参展企业不少都有新产品发布等附加内容，所需要的礼仪和模特数量比较多，这也是作为主场的服务商的服务内容之一。调查分析到这些情况后，就可以提前联系相关单位驻场设点，或者提供给参展商。有一些因素还跟主场的报价息息相关，那就更加重要了。

某些行业展会需要特殊的设备，如图书展就需要大量倾斜的托架，而酒店设备展则需要进水与排水等设施。还有一些展会会有大宗的展品进场，需要大型机械作业，如航空设备展或者国际汽车展等。在承接这些展会的时候需要提前准备相关的设备，提前和相关的部门或企业协调，以免现场出现影响施工进度的情况。

还有些展会有些特殊的要求，如珠宝展会要求加强安全保障，保密展会要求限制拍照等。

行业特征林林总总、各不相同，但是万变不离其宗，只要认真调查、了解，就会找到特征，找到特征以后就可以有的放矢，进行有针对性的设计，做到事半功倍。

②了解展会的面积。展会的面积分为两种，即室内面积和室外面积。

室内面积又分为展览面积和通道面积，在展会刚开始规划的时候都是以国际标准展台来划分的。国际标准展台一般正背相靠，每一组之间要留参观通道。广交会展馆的规定是主通道为 6 m，辅通道为 3 m。展台是以几个国际标准展台来衡量其大小的，但并不是所有的展台都是国际标准展台。一些企业为了跟其他参展企业区别开来而要自行设计搭建展台，所以要求提供空地，这种展台称为特殊装修展台。

室外面积在展览开展前一般是作为搭建单位施工车辆的停车场使用，开展后一般用作展会配套服务设施，如餐饮区、休息区等。有一些展会也将室外面积作为展台面积来使用，但一般不会设置国际标准展台，都是特殊装修展台。这些展会要么参展企业数量多，如建材展、体育博览会等；要么展示的展品体积庞大，如航空展、汽车展等。

一般来说，参展的展品体量越大、参展商越多，展览会规模越大，所使用的面积就越多；反之，展品体量越小、参展商越少，展览会规模越小，所使用的面积就越少。也有展览会情况比较特殊，虽然展品体积比较小，但是其价值高或者这个行业中实力超群的企业多，行业竞争激烈，因此参展商所使用的面积就比较大，展台制作的规格就会比较高，这在通信行业或者走在流行前沿的行业上反映得尤其明显。而有一些综合性展会所使用的面积更为惊人，最具代表性的就是广交会。

③了解展览场馆的进出口。展览场馆在展会期间都有固定的进出口位置。这涉及布展和参展时的物流与人流的进出与集散，与施工效率和安全保卫也关系密切。入口处还往往安排签到桌、安检门，在举办开幕式时有些入口还是贵宾的通道。所以，对场馆的进出口位置也需要事先有所了解。

（2）展会的费用支出与相关要求。

每一个展会都会根据前期招商引来的资金进行预算。展会的费用归纳起来有 10 个方面：广告推广费用、场地租金、国际标准展台的搭建费用、大会制作的费用、展会 VI（视觉识别系统）设计与印刷费用、宣传品和门票的设计与印刷费用、接送班车的费用、人员开支、设备租赁费用、开幕式费用等。

展会的主场也是采用招标的形式来确认搭建商的，搭建商的标书里会附带国际标准展台的搭建费用。广交会展馆由于展馆方自有铝材，故日常展览的标准展台亦指定由馆

方的展示工程公司统一负责搭建，也就是说，广交会展馆的日常展览的主场承建商并不承担搭建标准展台的职责。

大会制作的费用部分是由有主场服务能力的展示工程公司负责设计的，设计方案决定了费用的多少，一般包括大会主题造型、大小门拱造型、参展商名录、指示系统、开幕式、现场办公室、签到处、吊旗、会刊等几大部分的费用。大会制作设计得越复杂，造价也就越高；设计得越简单，造价也就越低。大会制作部分考验展示工程公司的实力，既要考虑行业的特色，又要了解展会的历史，还要考虑到组委会的承受能力以及自己公司的优势等。不同的设计思路做出来的方案也是千差万别，有以价格低取胜的，也有以设计新颖取胜的。

（二）展示环境与展品陈列

1．展示环境

展示空间的设计实质上是一个人为环境的创造，是一门空间与场地的规划艺术，是人与物之间创造一个彼此交往的中介，是展示活动提供的一个符合美学原则的空间结构。由于展示设计的审美具有丰富的形象和直观性、变化的多样性，它的时空特征更趋向明朗和简洁，因此，采用动态空间形式、序列化展示形式和有节奏的空间变化是展示空间设计的基本原则。

（1）展示的艺术表现手法。

视觉的暗示：通过节奏和韵律、渐变与特异、造型艺术中线的长短、点的聚散、光的强弱、色的冷暖以一定的比例构成节奏和韵律感，它们由于对时空变化的暗示与时间艺术具有某种共通性而被展示艺术所运用。

心理的提示：即在展示过程中通过展示的内容使观众联想时间的变化、年代的变迁和事物的演变等，形成一种心理上的时空变化，从而创造出一个幻化的真实时空。如展品的陈列在年代的排列上，事件发展过程的呈现等。现代科技运用声像技术、激光全息摄影技术、计算机模拟仿真技术在展示现场以动态的形式创造一个使观众用心理变化体验永远运动的逼真的客观世界。

（2）展示的照明设计。

展示的照明设计首先要满足观众观看展品的亮度要求，既要有利于观众的视觉卫生，又要保证展品的展出效果；其次是渲染气氛，创造艺术氛围。

展示照明的设计原则：以突出展品为目的；光源尽可能不裸露，避免眩光；尽可能还原展品真实色彩；保持风格的一致；防止紫外线对贵重展品的破坏；照明用具必须具有防水防火、绝缘和通风散热的功能。

展示的整体照明设计通常采用泛光照明或间接照明，整体照明亮度不宜太强，除某些区域为了有意识地引导观众和疏导观众而利用灯光的强弱作示意性的照明外，在电视等显示设备的区域还要通过遮挡减少整体照明光源的影响。整体照明光源通常采用灯棚、吊灯或直接用发光器件构成吊顶，也可以利用泛光灯具作为临时性的照明，通过天花板获得柔和的反光。

照明光源的选择通常有荧光灯、碘钨灯、高压汞灯、霓虹灯、低压卤素灯、白炽灯、节能型灯等。

（3）展示的色彩设计。

展示的色彩设计要考虑空间界面的色调、展示版面的色彩、道具的色彩、照明的光色等，整体色调柔和，同一版面色彩不宜过多，道具一般做亚光处理。

色彩的明度对比分为中调、低调和高调。色彩明度高的画面使人感到活跃和轻快，明度较低的低调空间给人严肃、凝重、富有使命感的感觉，而中调使人平和、稳定。

2. 展示道具

展示道具是在商业空间设计中用于产品的衬托和商业空间设计与环境的陈列搭配的物件，展示道具主要体现在展示用品、商用设施和器材。展示道具从空间的设计来看可大可小，小至产品的一个摆件，大到空间中的重要陈列物件。展示道具也可以是一件独立的产品，单独作为展示用品。展示道具的形式多种多样，凡是能对展品起到承托、围护、吊挂、张贴、摆靠、隔断以及指示方向、说明展品等作用的，都是展示道具。

从广义来讲，展示道具包括商业展示环境的用于展示产品、提升品牌形象、表现产品优点等的所有物品。

展示道具选用的一般原则是：以标准化、系列化的定型产品为主，以特殊性和专门设计的产品为辅；以组合式、拆装式为主，便于任意组合变化，便于包装和运输、储存。道具结构设计要合理、可靠，加工精细、坚固、安全，主要部分要求选用轻质、高强度材料，造型要简洁，色彩沉着，表面做亚光处理。

（1）展示道具的种类。

展示道具的种类如图 3 – 3 所示。

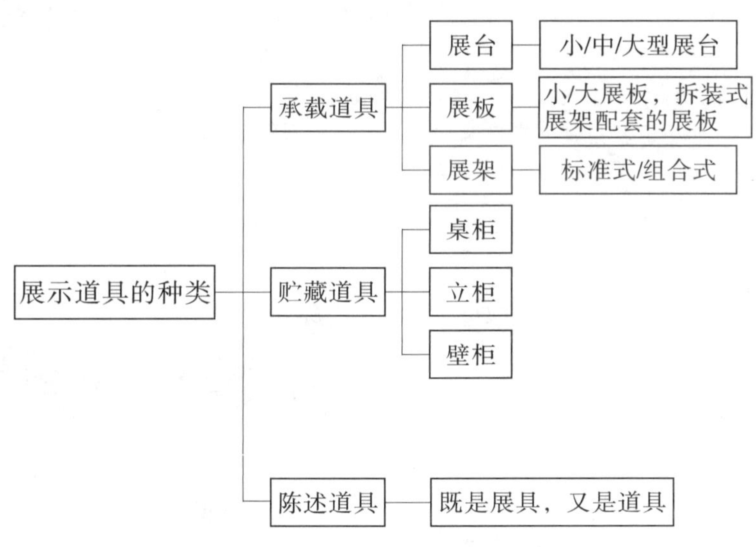

图 3 – 3　展示道具的种类

（2）展示道具的作用。

展示道具在商业展示设计行业中得到广泛的应用。展示道具在设计时不仅突出了产品的优点，而且着重于体现品牌的形象。从空间设计方面来看，展示道具主要用于装饰空间，配合主体空间的搭配和空间意境的营造；从产品方面来看，展示道具主要用于衬托产品，搭配灯光营造视觉冲击，突出产品的品牌档次以及方便顾客挑选。

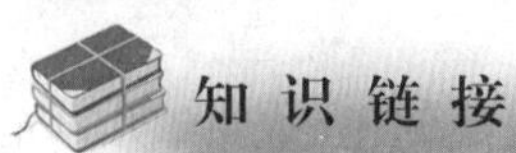

知识链接

常用展具展材

常用展具展材如图 3－4 所示。

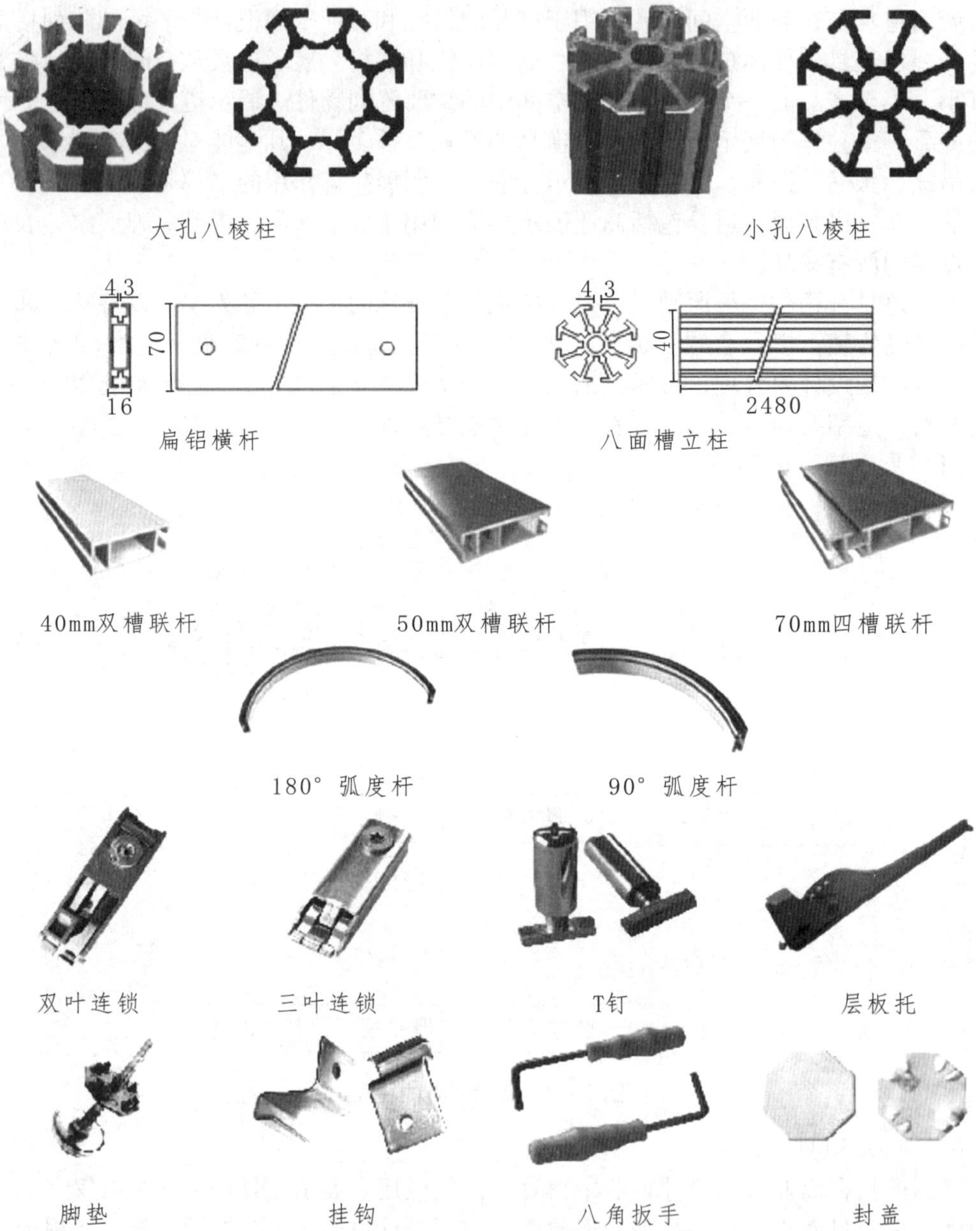

大孔八棱柱　　小孔八棱柱

4.3 70 16

扁铝横杆

4.3 40 2480

八面槽立柱

40mm双槽联杆　　50mm双槽联杆　　70mm四槽联杆

180°弧度杆　　90°弧度杆

双叶连锁　　三叶连锁　　T钉　　层板托

脚垫　　挂钩　　八角扳手　　封盖

图 3－4　常用展具展材

3. 展示陈列

（1）展示陈列的内容。

展示陈列设计是一种视觉表现的手法，是一种将理念、思想和意图转化为可视形象的创造性行为。它涵盖了美学、心理学、视觉艺术、营销学等多种知识，同时利用各种道具，结合文化及展品定位，运用各种展示技巧将展品的特性表现出来。

展厅是企业形象和品牌的直接体现，同时也是公司产品宣传的重要平台之一。展厅设计一般是根据公司的形象及产品特点并结合运用建筑学、美学等知识来对其产品的摆放位置进行展示陈列。展厅设计及展品陈列应遵从几个原则：

一是要突出产品。展厅设计中公司的产品作为展示的主体，是展厅设计重要的元素也是最终的目的。因此产品的陈列要依托于空间，使用多种方式来尽量凸显产品的特点。

二是要遵循科学性原则。展厅设计要符合展示陈列的合理性，在进行产品展示陈列时需应用人机工程学、形态心理学、色彩心理学等，同时考虑观众的视角、视距冲击感、视觉识别等合理性的相关问题。

三是要遵循艺术性原则。展厅设计中产品陈列的艺术性指的是展品陈列的形式应当具有美感，这也是陈列设计的核心关键，使展厅的陈列风格具有高的感染力。如秩序性能让人感到事物的逻辑美，陈列的多样性和层次性让人感受到韵律和结构等，最终给人带来快乐的感受。

四是要遵循经济型原则。展厅设计时应当有效地利用资源，并尽量避免不必要的浪费和失误，从结构、工艺、材料和造型等方面进行综合设计，达到最经济化和绿色环保的效果。

（2）陈列的空间类型。

陈列的空间类型如图 3－5 所示。

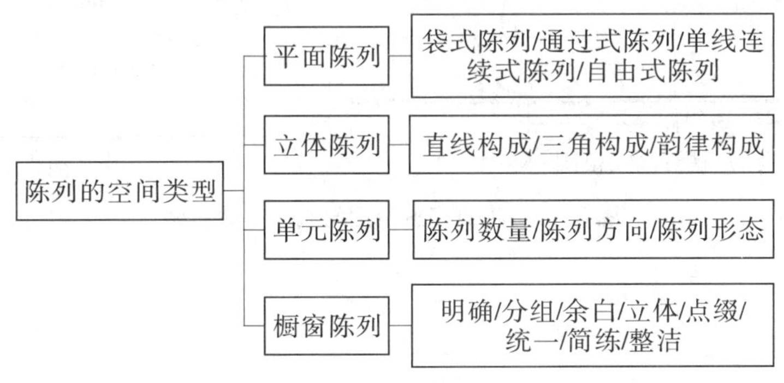

图 3－5　陈列的空间类型

平面陈列如图 3－6 所示。

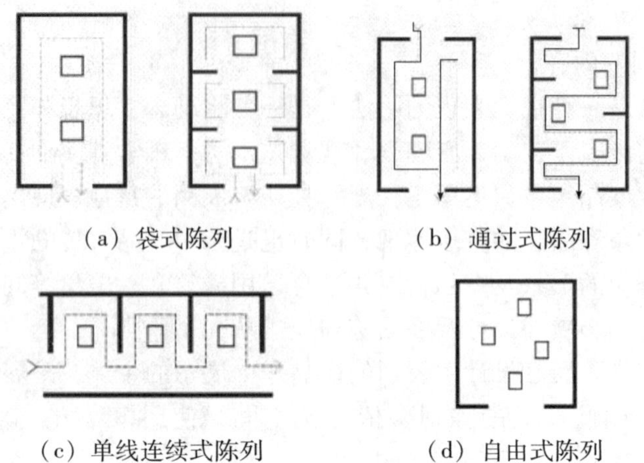

图 3-6　平面陈列图示

立体陈列如图 3-7 所示。

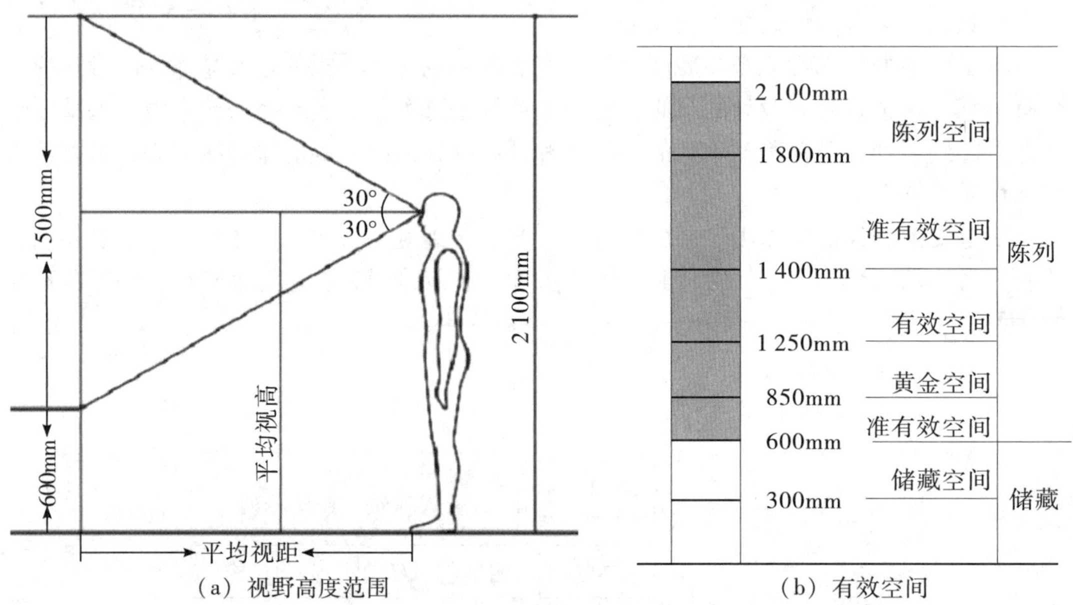

图 3-7　视野高度范围与展品有效空间

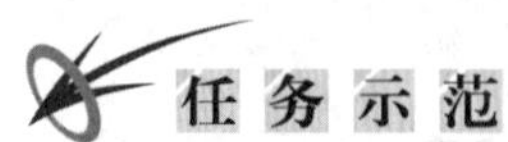

任务示范

1. 案例资料

某车展在北京国展顺义新馆开展，展馆平面布局如图 3-8 所示。

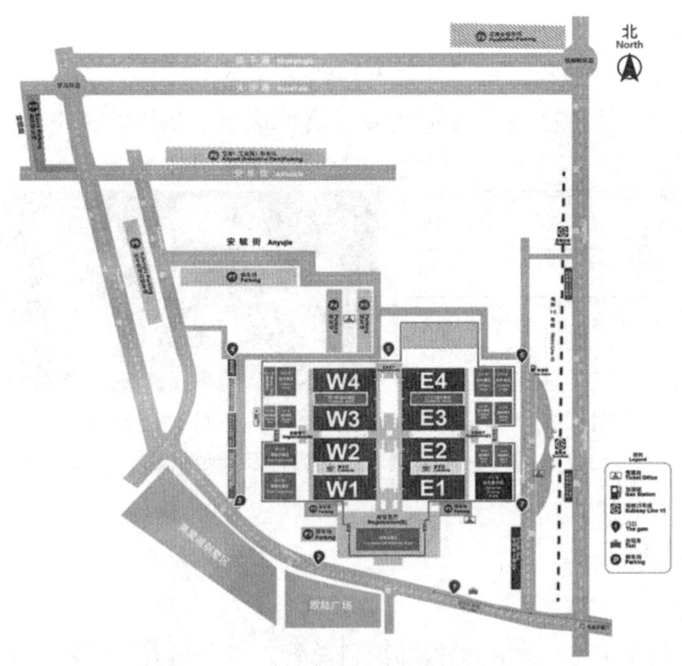

图 3 -8　北京国展顺义新馆平面布局

其中一汽奥迪在展厅中 E3 馆，展台 E306 如图 3 -9 所示。

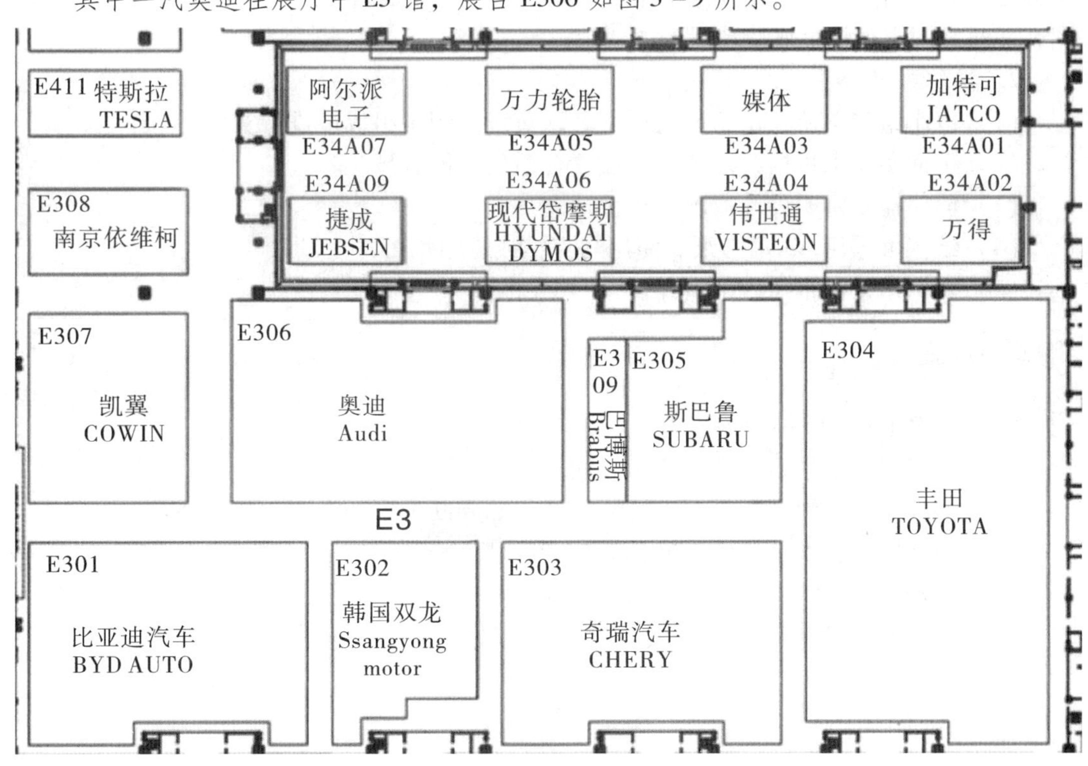

图 3 -9　E3 馆展台

请协助进行奥迪的展台设计及展台搭建。

2. 案例分析

奥迪参展采用的是特装展台，且是大型特装展台，属于半开放式，因此可以考虑设计的功能区域包括：接待区域、展览区域、洽谈区域、VIP 贵宾室、多媒体控制室等，如图 3－10 所示。

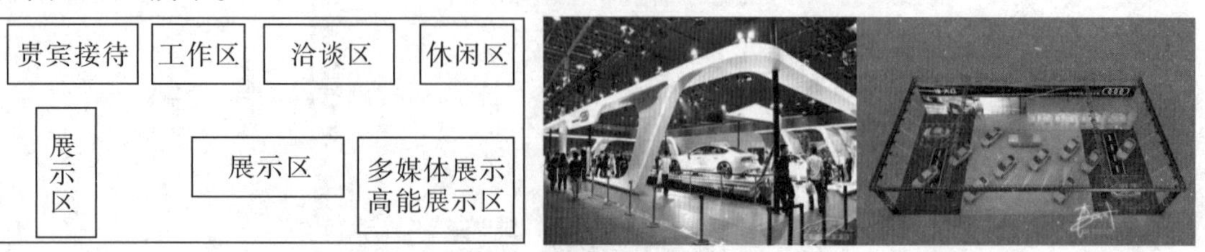

（a）平面图示例　　（b）展台图

图 3－10　奥迪展台设计及展台搭建

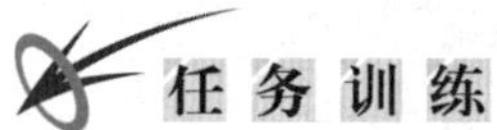

任务训练

1. 任务背景

假如你是广州某展览公司的工程部项目总管，贵公司有一个较为知名的茶博会项目选择在广州琶洲馆举办，公司的一个客户计划参加今年的展会，请求你协助设计展台，并进行展品陈列。请分别设计出小型、中型、大型特装展台，画出有相应功能区的平面图，并通过网络查找合适特装展台图。

2. 操练要求

（1）以小组为单位，每组设组长 1 名，负责组织本组成员进行实训。

（2）平面图要求根据特装类型，设置合适的功能区域。

（3）简明扼要阐明设计概况、设计理念。

（4）纸张可采用 A3 水彩纸。使用马克笔或彩铅均可。

（5）实训结果汇报与教师点评。

任务小结

完成上述任务，掌握相关能力。

（1）能根据展馆平面认识展台布局图。

（2）能根据展台图判断是否为特装单位，并判断为哪种类型的特装展台。

（3）根据展台类型设计画出展台的功能区域。

（4）根据展品的特点简述展品的陈列要求。

（5）了解展台设计及施工流程。

项目四

展前筹备实务

◆ 项目目标

1. 熟悉招展的工作流程，掌握招展的基本工作内容。
2. 能编制招展函，掌握并能使用常用的招展渠道。
3. 能制定基本的招展工作方案，并安排招展进度计划。
4. 掌握招展流程与工作方案，能编制展会通讯及邀请函。
5. 掌握常用招展渠道，制定基本招展工作方案。
6. 掌握展会整体营销方法，能编制营销计划。
7. 熟悉展务与服务工作的具体内容，能编制参展商手册等相关资料。
8. 能策划展中重大活动并制定实施方案。

任务一　招　展

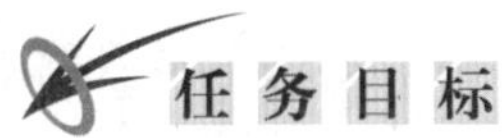

任务目标

学生通过本次任务实训，掌握招展工作流程，能熟练使用目标参展商数据库资料开展招展工作，看懂展区和展位划分的图纸，并明确具体展位类型与位置，理解招展价格制定的方法，能有效使用招展函开展招展工作；掌握常用招展渠道的使用，具备一定的资料收集能力和分析能力。

知识准备与业务操作

（一）招展工作流程

展会招展是指办展机构通过各种方法和渠道邀请展览题材所涉及的企业及观众到展会现场参展的工作过程。展会是一种联系买家和卖家的理想纽带，这里的“买家”是指专业观众或中间商，“卖家”是指参展商。展会的目的是有效地把买卖双方组织到一起，促进和提高买卖双方信息交换率和交易成功率。展商满意了，观众满意了，主承办单位也满意了，才能说展会成功了，因此招展工作至关重要。

招展工作的主要内容包括：寻找目标参展商与观众，划分展区和展位，确定招展价格，编制发放招展函，安排招展分工，招展渠道的选择与策略，制定招展宣传推广计划，安排招展预算，做好招展总体进度安排等。

招展工作流程如图 4 - 1 所示。

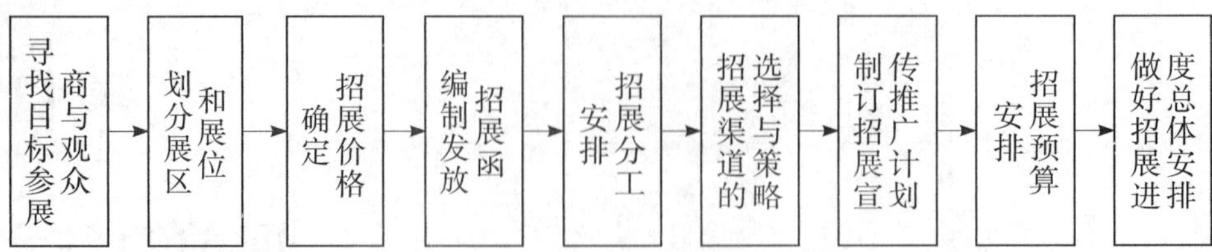

图 4－1　招展工作流程

1．寻找目标参展商与观众

会展企业通过广泛收集目标参展商及观众的信息，建立一个完整实用的目标参展商及专业观众数据库，这是做好会展招展工作的重要基础。目标参展商是会展企业要邀请参加展会展出活动的目标客户，主要包括展览题材所在行业的企业以及与之有关联的行业的企业和组织。观众包括普通观众和专业观众，重点是寻找专业观众。

2．划分展区和展位

展区是按一定的标准把展会划分为若干区域。一个专业题材展区可能包括一个或几个展馆，也可能是一个展馆的某一部分。在每个展区里又有若干展位，展位是参展企业展示其产品或服务的地域空间范围。

合理地划分展区和展位，对于展会招展和更好地吸引目标观众到会参观、提高参展商的展出效果、进行展会现场服务项目与管理非常重要。其划分法则主要有：按专业题材划分展区；注重提高展会的档次；方便观众参观；利于提高参展商的展出；便于展会现场管理和服务。

3．确定招展价格

招展价格是指展位的租赁价格。按展位不同，招展价格可分为标准展位价格和空地展位价格；按场地不同，招展价格可分为室内展位价格和室外展位价格。招展价格是会展价格中最重要的价格之一。

制定招展价格，会展企业必须考虑以下几个因素：展会的价格目标；市场竞争需要；展会的价格弹性；展会的生命周期；展会所处行业现状；展区和展位所在位置等。

4．编制发放招展函

招展函是展会主承办方用来招揽参展商参展的印刷品。招展函是展会进行展位营销的核心资料，也是目标参展商了解展会的重要信息来源之一。

招商函主要内容包括：展会名称和标识（LOGO）、举办时间和地点、主承办单位、办展目标和主题、参展企业范围和展位价格、参展手续办理流程、付款方式、参展申请表填写和展会联系方式等。同时还要考虑招展函印刷数量、发送范围和方式等。

5．安排招展分工

招展分工就是对展会招展工作的分工和安排。其内容主要包括：对主承办单位招展工作的安排、各招展单位对招展人员的分工安排和招展区域的安排等。

6．招展渠道的选择与策略

招展渠道是指组展单位与企业之间传递展览品牌价值、销售产品和服务的沟通途径与方法。招展渠道可以分为自主招展或代理招展两类。

自主招展是举办方自己成立招展部门，利用自己原有的或者收集来的客户信息进行自主招展。

代理招展是指办展机构指定销售代理商协助推介展览产品的方式。代理招展制是展览间接销售渠道的有效手段，可增加办展机构的业务网络，扩大业务辐射范围，提高办展规模，强化展会的影响力。代理招展的形式主要有独家代理、一般代理和承包代理等。代理招展的内容主要包括对展会招展代理的选择、指定和管理等做出安排，对代理佣金水平及代理招展的地区范围与权限等做出规定。

7. 制订招展宣传推广计划

招展宣传推广是指以招展为目的的宣传促销活动。其主要内容就是对围绕展会招展所做的各种招展宣传推广活动做出的统一规划和安排。

8. 安排招展预算

招展预算就是举行招展活动的各项费用支出计划。展会的招展费用主要包括：招展人员费用、招展宣传推广费用、招展代理费用、招展资料编印和邮寄费用、招展公关费用和其他不可预见的费用等。

9. 做好招展进度总体安排

招展进度总体安排就是对展会的各项招展工作进度做出的统筹规划。招展进度安排一般通过招展进度计划表来体现。招展进度计划一经确定，就要按该计划将招展工作有序展开，认真完成每一阶段的招展任务。除非情况特殊，否则最好不要做大的调整。

（二）建立目标参展企业数据库

招展的第一步就是通过广泛地收集目标参展商的信息，建立起一个完整而实用的目标参展商数据库，为展会招展做好基础性准备工作。一个好的目标参展商数据库不仅是展会招展的基础，也是进行展会规模预测和制定展会招展方案的基础。

1. 招展的调研

开展招展工作有前提条件，应该先做市场调研。

（1）展会招展调研的内容。

展会招展调研的内容包括行业环境（展会的题材定位结合），市场条件（展会的定位及市场辐射范围），目标参展商（企业名称，企业联系方式，联系人，企业性质，主要产品，主要市场，年产值，企业信誉，企业决策人姓名、国籍、职务、联系方式、年龄、性别、兴趣爱好、忌讳，企业规模等），展览场地基本情况（展馆及展区、交通等），展会的基本信息（展会的名称、地点、展览时间、布展时间和撤展时间，展会网址，搭建商，运输商，办展机构等），付款方式（开户银行、收款单位和银行账号），目标观众的基本情况，招展价格等。

（2）信息渠道。

参展商的信息来源于行业企业名录、商会和行业协会、政府主管部门、专业报刊、同类展会、外国驻华机构、专业网站及电话黄页等；办展机构的信息来源于指导性文件；观众信息来源于访问及展会现场的观察。

2. 确定目标参展企业

目标参展商数据库是指将所有目标参展商的有关信息按照一定的规章而建立的数据

库，目标参展商是指办展单位认为可能会来参加展会的企业和相关单位。目标参展商是展会招揽展出者的目标范围。展位销售成功的关键是有效地满足参展企业的需求，因此就要从以下几方面出发，确定展览可以满足哪些企业的需求，组展单位才能锁定相关的目标参展企业。

①从展览的题材定位出发。每个展览都有自己的题材定位，即使是相同题材的展览，也可能会主攻不同的细分市场。目标参展企业群体也不会永远不变，随着科技发展，每个行业的产品结构、企业分布都会发展变化，因此需要组展单位能把握行业发展趋势，紧跟行业发展脚步，开发和吸引相应的参展企业。

②从展览的功能定位出发。不同的展览功能定位不同。有的展览是贸易展，突出交易功能；有的是形象展，以信息交流为主，突出展示新产品、新技术的功能。而企业的参展目的也各不相同，因此要根据企业的参展目的确定目标参展企业。

③从展览的地域定位出发。展览可分为国际展览、国内展览，国内展又可分为全国性展览、区域性展览和地方展览。参展企业可以相应分为国内企业、国外企业等。组展单位只有根据各自区域定位开展招展活动，招揽参展企业，才能顺利开展工作。

④从展览的发展阶段出发。处于创立初期的展览，知名度不高，规模有限，需要重点邀请一些行业龙头企业参展，迅速提高展览的知名度，确保展览的档次和水平，同时吸引一批缺少市场销售渠道的信息企业参展，达到短期内扩大展览规模的目的；处于成长期的展览，需要稳住老企业，积极吸引新企业，实现利润最大化；处于成熟期的展览，规模增长缓慢，需要以行业中坚企业为目标，确保行业地位；处于衰退期的展览，整体利润水平低，需要对展览进行调整创新，尽力挖掘新企业。

3. 建立目标参展企业数据库

组展单位通过对影响因素的分析，综合展览的主题、细分市场和定位，就能明确参展企业的范围，下一步就是建立目标参展企业数据库，对其开展宣传招展工作。

目标参展商的有关信息可以通过以下各种方法来收集：通过行业企业名录收集；通过商会和行业协会收集；通过政府主管部门收集；通过专业报刊收集；通过同类展会收集；通过外国驻华机构收集；通过专业网站收集；通过电话黄页收集；等等。

建立目标观众数据库要遵循一些基本原则，具体如下：

①数据库要有一定的数据量，以保证招展时有一定的目标客户来源。

②分类科学合理，便于查找。

③数据真实可靠。

④便于查找和检索。

⑤及时更新与修改。

⑥数据库的用户界面要友好、简洁、一目了然。

⑦数据库要适合在局域网上使用，支持多用户同时使用。

⑧对数据库基本修改要有一定的权限限制，不能人人都可以对数据库的数据进行修改。

⑨目标参展商数据库与目标观众数据库之间应建立一定的联系。

展会目标观众的数量不是一成不变的，它还是展会潜在参展商的一个重要来源。有些人在这一届展会可能是观众，但下一届展会可能是参展商。当展会越办越好时，这种转变就尤其明显。因此，目标观众数据库既是会展招展时目标观众的重要来源，也是会展招展时目标参展商的潜在来源。在建立目标观众数据库时，要充分考虑这种转变，不要将目标观众数据库和目标参展商数据库截然分开，而要让它们两者保持某种联系，以便于对它们加以充分利用。

（三）划分展区和展位

1. 划分展区和展位的几种方法

①展区和展位的划分是会展招展策划与展位营销的一项重要的基础性准备工作，关系到招展和会展的整体形象，因此，展区和展位在会展招展工作进行之前就应该划分好。在划分展区展位时，常采用的方法有以下几种。

②按专业题材划分展区：就是在满足展品对场地要求的基础上，将同类展品安排在一个区域内展出。在同一题材的展区内，同类展品的参展商可以根据自己的要求，对自己需要的具体展位进行选择。按专业题材划分展区，可以使展会条理清楚、秩序井然。为进一步提高展会的专业水准，方便专业客户根据自己的需要选择要参观的专业展区，目前绝大多数的展会都按商品的展出类别划分展区，实行分类展出。

③按地区划分展区：为了突出某个国家或地区的参展商品，常采用这种分类方法。这种方法适合综合性的展会或国际参展商较多的展会，比如世博会、中博会等。

④按展品的相关性划分展区：将与某些展品相关联的展品类别划分在相邻展区，以便于观众参观。

2. 展区和展位的划分原则

展区和展位的划分不仅会影响展会的整体效果，还会影响办展机构、参展商、观众以及会展服务商在展会期间的活动，如办展机构对会展现场的管理、各参展商对具体展位的挑选、观众参观展会是否便利、会展服务商为参展商服务是否便利等。

展会招展时，同类展品的参展商被安排在同一展区里，展览展示公司也好更合理地安排工作。在该展区里，参展商一般可以根据自己的要求对自己需要的具体展位进行选择。在划分展区和展位时，要注意遵循以下原则。

（1）按展品类别划分展区原则。

按展品类别划分，即是在满足展品对场地要求的基础上，将同类展品安排在同一个区域里展出。这是划分展区首先也是最基本的原则。展会一般都按类别划分展区，如果展会的国际参展商很多，也可以不按展品类别分馆的要求而将国际参展商单独安排在一个展区里，并且一般称这个展区为“国际馆”或“海外展区”。

（2）便于观众参观原则。

展会举办期间集中了大量的人流。为保证参展的效果，便于现场管理，一般按照人流在整个会场的移动方向来考虑合理间隔区间、分流人群。注意主通道、服务区、大的展位前空间的布置面积要大。

展区和展位的划分要使对某类展品感兴趣的目标观众能很方便地找到展出该类展品的所有展位，与该展品有关联的产品也能在相邻的展区里找到。要做到这一点，需要注意遵循参观人流的规律。一般来说，在国内，由于受平时交通规则的影响，人们进入展

馆后习惯于直接向前走，如果不能直接向前就习惯于向右转；在展馆的入口处、主通道、服务区和大的展位前的人流比较多，容易形成大量的人群围观某一个展位或展品等。因此，参观人流也是展区和展位划分时要充分考虑的重要因素之一。良好的展区和展位的划分会促进展会贸易成交量，提高展会在观众心目中的地位。

（3）利于提高参展商的展出效果原则。

展区和展位的划分对参展商的展出效果有直接的影响。如果一个或几个标准展位夹在一些特装展位之中，标准展位将变得非常不显眼；如果将一些次要的题材放在展馆最好的位置，展会的整体效果将大打折扣。因此，展区和展位的划分既要符合展品的特点，也要考虑到展位的搭装效果，还要考虑到方便观众参观和集聚，这样，参展商的展出效果才不会受到太大的影响。

对于标准展位和特装展位的分配也要合理，既要注意特装展位的分配，也不能忽视标准展位的分配，做到两种展位兼顾，满足大多数参展商的需求。

（4）因地制宜原则。

展区和展位的划分除了要充分考虑会展各方的需要外，还要充分考虑展馆的场地条件，因地制宜。例如，不管是空地展位还是标准展位，参展商都不希望自己的展位里有柱子，如果展馆里有柱子，就要考虑不能将柱子划在某个展位里面。

对不同展品分区进行亮化装饰，也可使观众能够快捷地寻找到目标产品。

（5）利于展会现场管理和现场服务原则。

展区和展位的划分要注意展馆消防安全，要便于遇到紧急情况时及时疏散人群。因此，要保证任何展位不能遮挡展馆的服务设施。展馆里的一些服务设施是展会安全进行的重要保证之一，如不能遮挡消防栓，不能堵塞消防和安全通道，不能遮挡电箱等。

一个展会除展示区域外，还应合理地安排好功能服务区域，如登记处、咨询处、洽谈区、休息区、新闻中心、餐饮区等。要做到统筹兼顾、因地制宜，在保证会展质量和气氛的前提下，提高展馆的利用率。

（6）统筹兼顾原则。

统筹兼顾，就是在划分展区和展位时，要在以办好展会和符合展会需要的前提下，对展会所有的展位作统一安排，在安排时最大限度地兼顾到办展机构、参展商、观众以及展会服务商各方面的利益和便利性。展区和展位的划分如果忽视了某一方面的需要，就会给相关方面带来不利的影响，并由此造成连锁反应，进而影响到整个展会的效果。

3. 企业展位位置的安排

展位位置的好坏将直接影响企业的参展效果。参展企业对自己展位位置都十分关注，企业展位位置好、人气旺、参展效果好，企业继续参展的意愿高；反之，则可能降低企业的参展意愿。因此，展览的组展单位要从与企业建立长期客户关系的基础出发，公平地安排企业展位位置。通常有以下几种安排方法。

（1）先到先得法。

先到先得法即根据参展企业提交报名表和缴纳参展定金的时间先后顺序安排企业展位位置。这种方法是目前最常用的方法，可以鼓励企业尽快报名，促进展位销售，加快组展进度。采用此方法时，组展单位必须保证所有潜在的参展企业同时收到招展说明

书，注明展位预订的确切日期，以示公平。

（2）打分法。

打分法是通过设定一套评估标准给参展企业打分，这些评估标准包括企业的销售额或进出口额、企业规模、通过的行业认证、信誉情况、往届参展记录等。用这种方法对参展企业进行分类，即将质量好、对展览贡献率高的企业安排在好的位置。这种评估标准对于新参展企业或小企业来说是不利的，他们会发现在与老资格的参展企业的竞争中处于不利的地位；对于组展单位而言也不一定有利，有时等待回头客光顾会导致剩余展位发售的延误。

（3）抽签法。

抽签法是用抽签的方式决定展位位置的方法。这种方法是公正的，但是也会带来问题。比如一家大企业拿到一个较差的号码，被分发到一个边角的位置，那么它下次很可能就不会参展了。为了解决这个问题，一些主办方采取分类抽签法，即按照申请展位面积、企业资质等对参展企业进行分类，同类企业再进行抽签排序。

（4）预订法。

开展期间，参展企业可以根据下届展览的展位图选择展位。为了使所有参展企业机会均等，这种方式一般在开展期间的某一特定时间进行，或者在这个展览开展期间按照"先到先得法"进行。但是这一方法对于一些没有参加此次展览的企业显得不公平，由于没有到达展览现场，它们在开展期间难以预订展位。不过，为了鼓励参展企业继续参展，扩大下届展览的规模，品牌展览大多采用预订法分配展位。

（5）贡献法。

贡献法是根据不同企业对展览的贡献程度不同，对展览贡献大的企业优先安排展位。连续参展的企业对展览的忠诚度高，有助于展览保持稳定，有助于展览稳定的盈利水平。租用展位面积越大，展览获取的利润越高，这些企业对展览的贡献率也高。为此展览不仅会对这些企业给予展位费的优惠，还会优先考虑它们的展位位置安排，以建立和巩固与高贡献率企业的长期合作关系。

组展单位一般不会只采取一种方法进行企业展位位置安排，而会同时采用上述多种方法。比如广交会的品牌企业就采取打分法和贡献法结合，建立了一套品牌企业评审标准，对品牌企业进行评分，按照展位面积、评审分数、主营产品的顺序安排品牌企业位置。

（四）确定招展价格

建立合理的招展价格体系是招展策划的一项重要工作，对参展商的参展决策具有重要影响。如何制定合理的招展价格，运用招展价格体系形成多种促销手段，是展览营销研究的重要课题，也是展览营销的制胜武器。在我国展览营销的组织工作中，招展价格体系主要由招展价格制定、展览定价的方法和招展价格的折扣三个部分组成。

1. 招展价格的制定

在展览的展位销售过程中，科学地为展览的展位制定适当的价格，不仅可以提高展览营销的市场竞争力，还可以减少参展商的成本，使展览与参展商实现合作双赢，对展览的长远发展十分有利。招展价格过高，将会影响到参展商的参展积极性；招展价格过

低，会影响展览的收入，挫伤展览组织者的办展热情。因此，合理的招展价格体系，是实现展览营销和展览效益同步增长的重要助力器，是展览整体策划的重要内容。

制定合理的招展价格需要充分考虑参展商构成、展览组织成本和同类竞争展览等因素，通过掌握大量信息并进行科学的分析，采用合理的定价策略来制定可行的展位价格。招展价格必须在确保展览不亏损的情况下，围绕最大程度扩大盈利目标和摊销展览组织成本这两个目标制定。以下是基本分析方法：

（1）结合展览发展阶段定价。

展览如同产品，具有与产品相同的特质及四个不同的发展阶段：培育期、成长期、成熟期和衰退期。在不同阶段中，参展商的构成也不相同。

①培育期：展览尚处在市场竞争的劣势地位，知名度不高，行业内对展览认知有限，参展商构成以小型企业为主，展览是以保本或微利方式运行。因此，招展价格定位不宜太高。

②成长期：展览在行业内形成一定的知名度，具有一定的市场竞争力，参展商构成发生变化，中小型企业参展热情提高，展览规模迅速扩大。因此，招展价格可相应提高。

③成熟期：展览在市场上的地位基本稳定，参展商构成多元化且数量也基本固定，展览规模基本定格，展览的招展价格与其他竞争展览的价格也基本固定，因此，招展价格不宜变动。

④衰退期：展览的竞争力开始减弱，大中型参展商逐渐减少，展览规模萎缩。根据这一阶段的参展商构成，展览的招展价格应该较低，以调动参展商的参展积极性。

综上所述，展览组织机构应在制定展位销售价格时，应充分考虑展览所处的不同时期对展览的招展价格所产生的影响。

（2）分析展览题材行业发展状况定价。

展览题材所在行业的发展状况主要是指该行业平均利润率的大小和该行业的市场发展状况。行业平均利润率的大小决定了该行业里的企业可能的盈利水平和支付能力。如行业平均利润率较小，那么该行业里的企业的盈利水平和支付能力也可能不高，这时，如果展览的招展价格定得过高，参展企业将因为无法承受而放弃参展。此外，行业的市场发展状况也是制定展览招展价格时需要考虑的另一个重要因素。如果行业处于买方市场，企业参展的积极性就较高，展览的招展价格可以定得高一些；如果行业处于卖方市场，企业参展的积极性就较低，展览的招展价格就应该定得低一些。

（3）分析经营成本定价。

展览一般有五种定价目标，即利润目标、市场份额目标、价值目标、质量领先目标和生存目标。这些目标的本质都是基于展览的经营成本而言。对应不同的价格目标，展览的招展价格也不尽相同。如果展览其价格目标是以展览生存为主，那么，展览的“盈亏平衡价格”就是其最后的底线；如果展览的价格目标是尽可能地扩大市场份额，那么，展览的招展价格就可以暂时低于展览的“盈亏平衡价格”，尽管这时展览将出现亏损。而质量领先目标则可考虑以提高服务水平、高质高价的方法来确定展览的定价。

（4）充分考虑竞争需要定价。

在制定招展价格时，要充分考虑那些与本展览有竞争关系的同类展览的价格状况，要充分评估本展览在市场上处于什么样的地位，是处于市场领先地位还是处于跟随地位。如果是前者，就可以将价格稍微定得高一些；如果是后者，就必须将价格定得低一些。国际展览组织机构在开发新的展览项目时往往会仔细分析整个展览市场及展览所代表的行业发展趋势，并通过收集竞争对手的各种资料与信息，周密地进行SWOT（态势分析法）分析，通过顾问与决策团队对招展价格的反复酝酿，才会最终确定具有很强竞争力的定价标准。

（5）考虑展览的价格弹性定价。

价格弹性，是指当展位价格每变动1%时，展位销售量变动的大小。它是用来表示招展价格的变动对展位销售量影响大小的参数。如果展览的价格弹性较大，展览招展价格的降低就会引起展览展位销售量的大增；如果展览的价格弹性较小，展览招展价格的降低对展览展位的销售就不会产生什么影响；如果展览的价格弹性为负数，那么，展览招展价格的降低不仅不会促进展览展位的销售，反而会使展览展位销售量大幅下降。因此，展览招展价格的高低不是随意确定的，展览组织者还必须考虑展览价格弹性对招展价格的影响和作用。

上述各因素往往互相牵制，彼此影响。因此，在制定招展价格时，展览组织者需要全面考虑。如果只考虑某一方面而忽视其他因素，展览的招展工作就会因此而受到影响。

2. *展览定价的方法*

展览组织者一旦确定了切实可行的定价目标后，基本可采用以下三种具体的定价方法（国内外展览组织机构通常使用）：

（1）成本导向定价法。

成本导向定价法以展览组织成本作为展览定价的基础。展览组织成本包括固定成本和变动成本两个部分，而单位展位（或单位面积）的成本需要根据项目财务分析所预测的展位销售量来推算。

成本导向定价法有成本加成定价、边际成本定价和目标利润定价三种：

①成本加成定价是指在单位展位成本的基础上附加一定的加成金额作为展览组织者盈利的一种定价方法。其有两种计算方式：一种是在成本上附加一个对成本而言的百分数作为单位展位的出售价格；另一种是在展位售价中包含一定的加成率作为展览组织者的收益。

②边际成本定价是指展览增加一个展位时所增加的成本。边际成本定价法是在展览增加展位所引起的追加成本的基础上来制定展览价格。

③目标利润定价是指在制定展览价格时，使展位的售价能保证展览组织者的预期目标利润率。该定价依据展览组织的总成本来定价，而成本加成定价法则依据单位展位的成本定价。

（2）需求导向定价法。

需求导向定价法主要是从参展商的角度出发，着重考虑参展商对展览价格的期望和接受程度，并根据参展商对展览的反应和接受能力来制定展览价格。

需求导向定价法有市场价值定价、需求差别定价和需求心理定价三种：

①市场价值定价是以参展商对展览的认可程度和认可价值，而不是以展览组织成本为定价基础的一种定价方法。展览组织者首先通过市场调查来研究该展览在参展商心目中所形成的价值，然后制定价格。

②需求差别定价则根据市场需求强度的不同而定出不同的价格，所定的价格的差别与展览展位成本之间没有直接的关系。按需求差别来定价有许多种形式：其一，以顾客为基础的差别定价，如对大的参展商，由于所需展位面积大，其价格就可以比小的参展商的展位价格低一些；其二，以展位区域为基础的差别定价，如“优地优价”；其三，以时间为基础的差别定价，如展位订得越早价格就越优惠就是一种典型的办法。

③需求心理定价是根据目标客户的消费心理特点来确定价格的一种办法。在长期的消费实践中，由于价格与质量、价格与支付能力之间存在着密切的关系，目标客户形成了多种与价格有关的消费心理，这些消费心理可以成为定价的基础。例如，根据目标客户的“按质论价”心理，展览组织者可以根据自己的良好声誉提高展览的价格。

（3）竞争导向定价法。

竞争导向定价法是根据竞争的需要，以与展览有竞争关系的同类展览的价格作为展览定价基础的一种定价办法。采取这种办法给展览定价时，展览组织者必须考虑自己在竞争中所处的地位，以确保该价格是在加强而不是在削弱自己在市场竞争中的地位。

竞争导向定价法有市场定价、渗透定价和投标定价三种：

①市场定价是展览组织者依照本题材展览或者是本地区展览的一般价格水准来制定本展览价格的一种方法，即俗称“随行就市”的走价方法。采用“随行就市”定价法的展览组织者需在控制办展成本上加大力度，只有努力控制成本，才能在流行的价格水平上获取更多的利润。“随行”价格水平只是展览定价的参照系数，展览的价格水平需根据展览品牌与办展的质量而定。

②渗透定价是以打进新市场或者是扩大市场占有率、加强市场地位为目标的一种定价方法。这种定价方法是完全根据市场竞争形势的需要，而不考虑办展的成本、利润等问题。

③投标定价是展览组织者以竞争者可能的报价为基础，兼顾自身应有的利润所采用的一种定价办法。投标定价法广泛应用于部分展览主办权需通过投标方式来取得的情景。

展览组织者如果能灵活运用上述定价方法，将使其展览企业在当前激烈竞争的展览市场环境中更具活力，游刃有余。

3. *招展价格的折扣*

在展览的现实操作过程中，给予参展商一定的价格折扣，是常见的一种促销策略。价格折扣有以下几种：

①统一折扣：所有的参展商都适用于统一的折扣标准。这种折扣标准通常是按参展商参展面积的大小来制定的。参展面积越大，所得到的折扣也越大；当参展面积达到一定的规模时，折扣不再增加，也就是有一个折扣上限。

②差别折扣：针对不同的标准执行不同的价格折扣。例如，按参展商的来源地区不

同分别给予不同的折扣，或者对标准展位和空地展位执行不同的折扣标准等。这种折扣办法一般不会引起招展价格的混乱。

③特别折扣：通常是给予那些参展规模巨大、在行业内有较大影响力和知名度的企业的特别价格优惠。行业知名企业参展对于提高展览的档次和影响力、促进其他企业选择参展有重要影响，它们参展的面积一般也比较大。为了吸引这些企业参展，展览组织者一般会给予它们特别的价格优惠，也就是针对它们专门制定一个特别折扣标准。特别折扣只适用于少数行业知名企业，对于一般企业不适用。

④位置折扣：这是针对展馆内场地位置的优劣而制定的折扣标准。同一个展区内不同的展位位置有优有劣，同一个展馆内不同的展位位置优劣也有差别。为了避免相对较差的位置无人问津，对这些较差的位置可以给予较多的价格优惠。

在展位营销过程中，价格折扣如果执行得好，对展览招展有较大的促进作用，对展览的发展也会带来良性循环。但是，如果执行得不好，价格折扣往往会引起展览价格体系的混乱，对展览招展产生十分不利的负面影响。

4. 执行招展价格时应注意的问题

展览组织机构应尽量避免在招展过程中出现价格混乱的现象。不管何种原因引发的展览招展价格混乱现象，对当届展览及展览品牌的长远发展都会产生消极影响。引起招展价格混乱的原因很多，有价格折扣制定不科学的原因，也有展位促销策略方面的因素，甚至因展览招展代理引起的案例也屡见不鲜。因此，展览组织机构需在招展中采取有效措施保证招展价格的严格执行：

（1）严格执行价格及价格折扣标准。

价格及价格折扣标准一旦确定，所有营销人员就应该严格执行，对于不符合折扣标准的参展商，展览组织者坚决不能给予过多的价格折扣。要防止个别营销人员为能招揽到更多的企业参展而破坏统一的价格折扣标准；对于那些如果不给予一定幅度的价格折扣就不参展的企业，不能为了吸引更多企业参展而破坏了整个展览的价格折扣标准，因为这将会引发其他参展商对价格执行标准的不满，出现显失公平的现象，情况严重时，展览的其他参展商会提出享受更多的价格折扣的要求，若要求不被满足，甚至会出现罢展、退展的情况，最终导致客户的流失。

（2）加强对招展代理的价格管理。

展览招展代理的佣金一般是根据其销售的参展面积来确定，招展面积越多，所得到的佣金也就越多。所以，在我国的展览市场，招展代理为了获取更多的佣金，往往不顾展览组织机构所制定的价格执行标准，低价销售展位。这使得招展价格往往不符合展览的定价及折扣标准，从而引发整个展览招展价格的混乱。为了避免出现这种情况，展览组织机构要对招展代理的招展价格实施严格管理与监督，杜绝破坏展览价格标准而低价销售的行为，一旦发现违规作业，就严肃处理并取消其代理的资格，保证招展价格的正常运作。

（3）避免在招展末期低价倾销展位。

从展览品牌长远发展的角度分析，随意倾销展位，无论是对下届展览的招展和展览还是对展览组织者的形象，都会产生非常不利的影响。有些展览可能展位销售不尽如人

意，甚至在展览开幕前夕尚有相当一部分展位未销售，这时部分小型与民营展览企业往往会急于回笼资金，而不顾展览的价格标准，将展位大幅度降价出售。这种做法不仅严重挫伤了较早报名的参展企业的积极性，还助长了长期持消极观望态度的参展企业与展览组织者消耗时间的行为。如果持消极观望态度的企业数量增多，集体施压给展览组织者，展览最终不得不降价出售展位，展览的经济效益就难以保证，这样的展览，发展前景就会受到影响。因此，在招展之前，展览组织者应有所准备并采取有效措施防止类似情况出现。

（4）严格控制折扣价格的适用范围。

位置折扣的适用范围一般较好控制，因为展览中相对较差的位置一般都是比较明确的，执行起来比较方便。但是，差别折扣和特别折扣的适用范围有时候较难把握，而一旦把握不准，就会引起价格混乱。在执行差别折扣时，这种折扣的标准不宜太多，最好不要超过三个，各种折扣的标准划分要非常明确，不能含糊。在执行特别折扣时，可以将适用该标准的企业的名单一一列出，并明确达到多大参展面积时能给予的折扣范围，这样就可以避免执行这两种折扣时可能引起的价格混乱。

（五）编制发放招展函

招展函是办展单位用来说明展会以招揽目标参展商参展的小册子。招展函的主要作用是向目标参展商说明展会的有关情况，并引起他们对参加展会展出的兴趣。招展函是展会进行展位营销时的核心资料之一，也是目标参展商最初了解展会情况的主要信息来源。招展函的策划和编印工作在展会的招展策划工作中占有重要的地位。

1. 招展函的主要内容

在很多时候，目标参展商对展会的第一印象可能就是来自展会招展函，招展函是目标参展商用来了解展会的第一份正式文件。为使目标参展商对展会有足够的了解并对展会做出基本的判断，招展函一般要包括以下五个方面的内容。

（1）展会的基本内容。

展会的基本内容包括展会名称和LOGO（商标）、展会的举办时间和地点、办展机构名单、办展起因和办展目标、展会特色、展品范围和价格等。

①展会名称和LOGO：一般被放在展会招展函封面最醒目的位置，展会的名称一般用较大的字体。如果展会是国际性的，展会的名称还包括其英文名称。

②展会的举办时间和地点：一般被放在招展函的封面，其中举办时间也会放在招展函的内页，只不过封面的举办时间通常是展会的正式展览时间，而内页的举办时间往往还包括展会的布展、撤展和对专业及普通观众的开放时间等。

③办展机构：包括展会的主办单位、承办单位、协办单位和支持单位等，有时候还包括展会的批准机构。它们一般被放在展会招展函的封面。

④办展起因和办展目标：简要说明为什么要举办该展会以及计划将该展会办成什么样的一个展会。对于连续举办多次的展会，对往届展会进行回顾也是一项必不可少的内容。

⑤展会特色：常常使用非常简洁的言语来高度概括展会的特色，如展会的宣传口号、展会的主题等。要易记易懂，易于传播。

⑥展品范围：详细地列明展会的展品范围，有时候还包括展会的展区划分，供参展商做出参展决策时参考。

⑦价格：列明展会的各种价格，包括空地价格、标准展位价格、室外场地价格等。

（2）市场状况介绍。

市场状况介绍主要包括行业状况和地区的市场状况等。

①行业状况：结合展位的定位，对展会展览题材所在行业的状况做简要介绍，如行业生产、销售、进出口及发展趋势等。

②地区的市场状况：简要介绍办展所在地区的市场状况。如果展会是国际展，那么介绍的地区范围就不仅仅是展会所在的城市和省份，它可能还包括整个国家及其周边国家。至于地区范围究竟该包括哪些地区，主要取决于展会的定位和市场辐射范围的大小。

（3）展会招商和宣传推广计划。

展会招商和宣传推广计划主要包括展会招商计划、宣传推广计划、相关活动计划、展会服务项目等。

①展会招商计划：简要介绍展会，计划邀请专业观众的办法、范围和渠道。

②宣传推广计划：简要介绍展会宣传推广的手段、办法、范围和渠道以及展会计划扩大其影响的措施。展会宣传推广计划是参展商比较关注的项目，需要详细列明。

③相关活动计划：简要介绍展会期间将要举办哪些相关活动，各种活动的举办时间和地点，以及参展商参加活动的联系办法等。

④展会服务项目：招展函还要告诉目标参展商能从展会获得怎样的服务，这些服务包括展会提供的各种有偿服务和免费服务等。

（4）参展办法。

参展办法涉及问题主要包括如何办理参展手续、付款方式、参展申请表和办展机构的联系办法等。

①如何办理参展手续：告诉目标参展商怎样办理参展手续。

②付款方式：列出展会的开户银行、开户名称和账号、收款单位名称、参展商参展的付款办法、应付定金的数额和付款时间等。

③参展申请表：预留参展商参展申请表，一旦目标参展商计划参展，就可以填写该表并传真给办展机构预订展位。

④办展机构的联系办法：列明办展机构的联系地址、电话、传真、网址和 E-mail 等，供目标参展商联系之用。

（5）各种图案。

招展函里还会有一些图片和其他图案，如展馆图、展馆周边地区交通图、往届展会现场图片等。如果有需要，有些招展函还可对展馆做简要介绍。这些图片既可以对展会相关情况做进一步的说明，也可以起到美化招展函的作用。

2. 编制招展函的基本原则

展会招展函的内容较多，也较繁杂，在编制招展函时一定要对其内容、图片和版面做仔细的规划和安排，使招展函在展会招展的过程中发挥其应有的作用。

一般地，在编制招展函时要遵循以下原则：内容全面准确，简单实用，美观大方，便于邮寄和携带。

（六）招展的分工

招展是展会工作正式开始的第一步。招展的首要条件是充分宣传。宣传的目的是将展出情况告知现有的和潜在的客户，并欢迎他们前往参展。招展工作必须要坚持“一个中心、两个基本点”的原则。“一个中心”是以优秀的专业服务得到应有的经济效益；“两个基本点”一是着眼于买家（参观商），二是着眼于卖家（参展商）。

展会招展分工涉及两方面内容：一是各招展单位之间的分工安排；二是本单位招展人员及其分工安排。展会的招展单位不止一个时，各个单位招展工作混乱和招展地区出现交叉是展会招展工作的大忌。

1. 各招展单位之间的分工

展会由几个单位共同负责招展时，必须明确各招展单位之间的分工，如各招展单位必须共同遵守的招展原则、各招展单位的计划招展面积、各招展单位负责的招展地区和重点目标参展商、展位费的收取办法、如何具体安排各参展商的具体展位等。对各招展单位的招展工作进行分工，是保证展会顺利招展的重要手段之一。

对各招展单位之间的招展分工必须合理、协调和具有可操作性，并兼顾到各方面的利益。如果分工不合理，有些单位会缺乏招展的积极性，或者有些招展任务根本就是某些招展单位力所不能及的，都将严重影响展会的整体招展效果。如果分工缺乏协调性，就可能造成各招展单位之间缺乏沟通，彼此信息不流畅，会出现几个招展单位同时争抢一家目标参展商的混乱局面。如果分工没有兼顾到各方面的利益，就可能出现各招展单位竞相压价招揽企业参展的不利局面。总之，对各招展单位的招展分工一定要结合各单位的招展实力，充分发挥各单位的优势，做到优势互补，各方共赢，共同圆满完成展会的招展任务。

2. 本单位招展人员及其分工安排

不管展会的招展工作是由几个单位共同负责，还是只由本单位一家负责，招展单位都要对本单位的招展人员及其分工做出安排。第一要确定招展人员名单，第二要明确各招展人员负责招展的地区范围和重点目标名单，第三要制定各招展人员的信息沟通和工作协调方法，第四是制定统一安排展位的措施。单位内招展人员之间的分工也要注意发挥各自的特长，统筹协调，避免在招展过程中出现招展任务不明确、跟进措施不力、信息不通等现象。

（七）招展渠道的选择与策略

招展渠道可以分为自主招展和代理招展两类。

1. 自主招展

自主招展指举办方自己成立招展部门，利用自己原有的或者收集来的客户信息进行自主招展。自主招展的企业，其形式主要为成立总的招展部门负责全区域的招展。也可以将目标市场划为几个区域，在各个区域设立招展办事处。但由于展会招商多为电话招展和网络招展，招展人员流动性比较弱，除在区域市场特别大、区域比较广泛的地方设立办事处外，一般企业是不会设立招展办事处的。

2. 代理招展

代理招展指将自己的部分展位委托给一些代理商，支付一定的佣金或者提成使其代理招展，这样起到了代理宣传的效果。本国企业在国外市场招展大多是采用代理招展的方式，例如日本东京的鞋展会委托中国国内专业的鞋业招展公司上海福贸展览服务有限公司进行代理招展。在异国的代理招展可以分为两大块：一是寻找全国性的总代理，由总代理商来组织相关的招展和宣传工作，这些代理商一般要求公司规模比较大、实力比较强、影响力广泛，并且拥有展会需要的广泛的客户资源；二是将该国市场分为几个区域，在不同的区域寻找相关代理商进行招展。

组展单位采用何种招展渠道，主要受市场、展览、代理商、技术等多方面因素影响。

（1）招展代理的选择。

在展会的招展过程中，如果能够寻找到支持及协助单位作为对口的合作单位，组团作为展会的招展代理，将是一个非常不错的选择，也是招展成功的重要环节。组团的优势表现在：第一，能提高展览会的影响力，加快信息的有效快速传递；第二，善用资源，优势互补，加快资源整合；第三，最大限度地挖掘新客户，壮大参展队伍；第四，最大限度地降低招展成本。

在选择招展合作单位时，一定要确定所选择的合作单位是否符合组织方的需求，可以从几个方面去考察：①能切实有效地开展组团工作；②在该行业有较高的信誉和威望；③有一定的组团招展经济实力；④能指派专职人员负责该项工作；⑤具有丰富的招展组团工作经验。

合作招展（组团）单位一般包括：行业的政府主管部门、行业的权威协会、具有广泛影响力的行业媒体、主办单位的分支机构、办展机构（公司）、海外的代理机构（国际展）。

（2）招展代理的形式。

招展代理一般有独家代理、排他代理、一般代理和承包代理四种形式。

①独家代理：是指在指定地区和一定的期限内，由该独家代理人单独代表委托人从事有关的商业活动。委托人在该地区内不得再委派第二个代理人。在进出口业务中，采用独家代理方式时，作为委托人的出口商即给予国外的代理人在规定的地区和期限内推销指定商品的专营权。按照惯例，委托人在代理区域内达成的交易，凡属独家代理人专营的商品，不论是否通过该独家代理人，委托人都要向他支付约定比例的佣金。

②排他代理：即被代理人仅委托某一代理人在某一特定区域或某一特定事项上进行代理行为，如委托甲在东京地区独家销售。被代理人在该特定区域或该特定事项上再委托其他代理人进行代理的，构成违约；但在该特定区域以外或该特定事项以外仍可委托其他代理人进行代理。

③一般代理：是代理权未经特别限制，代理人可以实施法律上规定其可以实施的一切代理行为的代理，故又称为全权代理、总括代理或佣金代理。一般代理不享有销售代理商品的专营权利。代理人根据推销商品的实际金额或根据协议规定的办法或百分率向委托人收取佣金，委托人也可以直接与该地区的实际买主成交，而无须给代理人佣金。

在我国出口业务中，大多采用这种代理方式。

④承包代理：是为了减少同业恶性竞争所采用的一种办法，即将客户按内容或地域划分成不同的业务代理范围，由经营主体各自承包，从而实现互不交叉、各负其责的目的。

3. 常见的企业招展方式

①网络招展：专门建立关于本公司或者某一特定展会的官方网站，发布展会信息、招展信息等内容；主要通过 QQ 、微信、阿里旺旺等聊天工具进行网聊，运用 126、163、QQ 等各种邮箱发送展会邮件；通过注册企博网、新浪、网易发布信息等；通过提供展位、冠名权等方式与一些专业网站合作并在其网站上宣传和招展；等等。

②电话营销：通过网络、报纸、杂志、信息数据库以及企业间的客户资源交换等方式获取目标企业或者群众的信息和联系方式，通过电话的方式进行推销。这种模式在 20 世纪 90 年代后期比较流行，现在还是招展方式的主流。电话营销要注重把握营销技巧，注意专业术语的运用以及考虑顾客的时间和兴趣等。招展人员需要掌握较高的说话技巧和应变能力。

③信件招展：通过向参展商邮寄展会资料、自制卡片、邀请函等形式进行招展。这种招展方式在 20 世纪 80—90 年代比较流行，现在因为回复率低下、成本过高、周期时间长等原因逐渐衰退，主要是针对一些特定的比较重要的客户开展。

④协会招展：这种模式比较高效，宣传方面比较权威和容易。大部分时候协会都是作为展会主办方或者支持单位的身份出现，展会组织方需支付给协会相应的优惠或者报酬。但如果协会号召力不大或者招展不积极，也不能取到预期的效果。

⑤政府事业单位协助招展：这种宣传方式也是比较权威，甚至有时会带有一定的政治和强制色彩。考虑到招展成本和经济效益的因素，政府一般是依靠文件下达或者会议精神的方式进行宣传，或者是在有关网站或者媒体方面进行支持。其不能作为招展方式的主流。

⑥举办交流会、研讨会、新闻发布会等：为吸引参展商，展会组织者往往在招展前期或者后期举行专业的研讨会或者交流会，邀请潜在的客户和参展观众参加，特地邀请政府组织人员、行业内权威人士参加并讲话，其间安排专家介绍展会的情况并建立合作意向等。

⑦建立网上或者室外交易平台：展会组织方可以利用自己的客户信息系统为参展商配对目标人群，便于其洽谈交易。

⑧媒体招展：运用电视台、报纸等进行宣传招展。

⑨利用公司年会以及与代理商、重要客户定期举行的交流会、宴会等：宣传公司信息，洽商合作事宜。

⑩短信招展：合理编辑短信，突出幽默性、实用性，适时地向目标客户传递会展产品和活动信息。

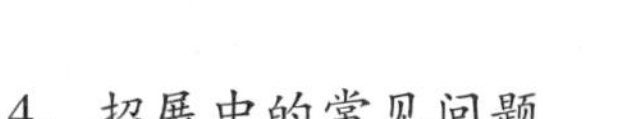

4. 招展中的常见问题

（1）代理招展的问题。

代理招展是一种目前比较流行的招展手段，在一些大型展会、品牌展会的发展中发挥了巨大的作用，并在展会培育中起到了巨大的积极作用。

然而，也有很多代理招展并没有起到预想的效果。特别是对于一些招展工作比较难做的展会来说，一些代理商成为代理后并没有将展会当做任务来做，对招展工作并不积极。还有一种情况就是，很多代理招展公司并不是专业的招展公司，他们在做招展前是从事其他方面业务的公司，招展经验不足，甚至从来就没从事过招展工作，只把招展当作一种尝试。而真正的展会组织者则误以为把部分展位的代理权交给代理商就可以高枕无忧了，结果往往是事与愿违。有些代理商最终并没有找到那么多的参展商，更有甚者进行暗箱操作，私自降价或者给予参展商更多的优惠等，导致招展工作的正常秩序被扰乱，展会工作进度被拖后，并且影响了展会的整个声誉。

（2）合作招展的问题。

合作招展在我国也比较盛行，多数情况下我国的展览公司都会选择与一些政府部门或者有地位、有影响力、有政府背景的机构合作招展，这些机构作为主办方出现。展览公司选择主办方的根本目的是发挥其行业号召力和影响力。然而，一些主办单位表面上看是有较强的号召力和招展力的，但实际上不仅没有资源，也调动不了多少资源，他们招商招展的主要目的是收取承办方的一些主办费用，或者是按照约定获取利润提成。表面上主办单位忙得不亦乐乎，实际上没有任何效果。合作的最终结果就是承办方白交了主办费用，招展工作达不到预期效果。而主办方最终不仅拿到了主办费，还扩大了自己的影响力和社会效益。还有一种可能就是，双方在前几次合作良好，但时机成熟后，主办方就会将展会项目据为己有，把原来的承办方晾到一边，虽然该行为不道德，但是又不违法，这也让承办方有苦说不出。

（3）组织者自身招展的问题。

现实中，有些招展单位的领导层过于自以为是，缺乏亲力亲为的精神，往往把招展任务分配下去以后，就坐等着下属来汇报工作，结果由于监管不到位，了解信息不准确、不及时，致使展会招展招商工作不理想。还有一种情况就是招展领导误以为把招展工作连同给员工的高提成、高待遇和高激励政策公布以后，员工就会很积极、努力地去招展。实际上，管理领导层必须和业务员一道，认真解决招商招展工作中遇到的各种困难和问题，才能找出获得客户的途径和方法。

（4）过度依赖招展人员。

展会举办人员很多为非展会专业人才，同时过分依赖人员的招展。目前国内的招展人员中专业的会展人才比较少，从事招展工作者大多非会展专业出身且文化程度不高，对会展行业的认知浅薄且专业水平低。他们普遍以为展位的出售主要在于招展工作的开展，而忽视对原有客户的维护和潜在客户的宣传，一旦压力过大或者招展工作出现困难，很容易就选择离职或者跳槽。这些对公司来说往往是不可估量的损失。

（八）招展宣传推广计划

招展宣传推广是为促进展会更好地招展而有目的、有针对性地举行的一些宣传推广活动，这些宣传推广活动是围绕着展会招展基本策略、招展进度和招展目标而制定的，有很强的协调配合性。招展方案要提出招展宣传推广的策略、渠道、时间和地域安排以及宣传推广费用预算等。

1. 主要的媒介合作伙伴

招展宣传的主要媒介合作伙伴如表4-1所示。

表4-1　招展宣传的主要媒介合作伙伴

合作伙伴类型	描　述
行业协会和商会	行业协会和商会在行业里有重要的影响和强大的号召力，它们一般拥有自己擅长的领域和自己的营销渠道，也有自己独特的营销技巧和营销手段，与这些单位合作，能很好地优势互补
国内外著名展览机构	国内外著名展览机构无论是在办展经验还是办展资源方面都有强大的优势，与国内外著名展览机构合作，能实现合作共赢的目标
专业报纸杂志	行业内的专业报纸杂志对本行业有一定的影响，也有一批熟悉的客户，对行业发展趋势比较了解，联系比较广泛，不仅可以充当营销宣传的喉舌，还可以直接招展
国际组织	一些相关的国际组织具有一定的权威性，在国际上有较强的号召力，与他们合作往往能很好地带动国外企业参展
各种招展代理	招展代理是与办展机构紧密合作的专门的招展单位，即对某一地区、某个专业拥有一定客户的中介机构、行业协会、咨询机构等。主办方可以委托他们代理招展，当然，按照国际惯例是有偿代理的
行业知名企业	行业知名企业在行业里有一定的号召力，它们的参展对其他企业有很好的示范效应，会带动一批企业参展
国外同类展会	与国外同类展会合作，在各自的展会上推广对方的展会，或采取其他合作方式争取彼此合作、营销互赢
外国驻华机构	外国驻华使馆和领事馆以及其他机构如贸易代表处、办事处等，它们不仅对自己的国家比较熟悉，联系方便，而且对所在国也很了解，它们向该国企业推荐的展会一般能取得该国企业的信任

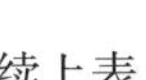
续上表

合作伙伴类型	描　述
政府有关部门	与政府部门合作不仅有利于招展，还能取得很多其他便利条件
网　络	基于网络的展览营销具有全天候、跨国界、即时性、交互式、多媒体甚至媒体拉式与推式功能兼备等明显优于传统营销方式的特点。企业以网络为平台在产品售前、售中、售后各环节展开全程市场营销活动，充分发挥网络技术的优势和功能，最大限度地满足客户需求，以达到开拓市场、树立形象、促进销售和增加盈利的经营目的。从展览机构利用网络资源和技术的深度和广度来分，网络营销的基本形式包括利用网络媒体登载广告、利用电子邮箱进行邮件营销和利用网站进行全方位网络营销三种基本形式。从展览机构网络营销的具体功能来分，网络营销包括网上调查、网上形象塑造、网络产品展示、网络促销、网络分销、网络公关、网络客户服务等形式。网络营销的发展经过三个阶段：试探营销阶段、电子邮件营销阶段、网站营销阶段。目前会展业在网络营销领域的工作重点转移到了网站建设上，包括域名申请、网站规划、网页制作、网站发布、网站推广以及网站的管理和维护。一般大型展会都有自己的网站来宣传展会，在网络上宣传也是一个不错的选择

2．招展宣传推广的办法

（1）电话营销。

电话营销是办展机构的营销人员通过电话直接向目标参展商推销展会的一种营销方式。营销人员不仅要通过电话进行展位促销，还要进行市场调查、目标客户确定、市场定位，并提供咨询、处理投诉等多项营销活动。营销人员要在合适的时间给客户打电话，在电话中公开自己及公司的身份和地址等，并如实地介绍展会，不能有意夸大事实、欺骗客户。

（2）新闻报道。

展会组织者首先要在内部指定新闻负责人，要与媒体建立和保持良好的关系，具体的工作可以委托专业公司做。由于媒体的受众不同，因此要选择那些受众是目标观众并有可能报道展会的媒体。对于贸易展的展会组织者，相关的媒体有经济报刊、商业类报刊、电子媒体、地方报刊以及采访展台的记者。展会组织者可以从展出地的新闻名录中查找合适的媒体，也可以询问当地的客户阅读哪些报刊，从中选择新闻媒体。媒体可以指单位，也可以指为媒体工作的个人，包括新闻报道员、贸易专栏评论员、电视台和无线广播电台采访员、摄影师、编辑及其他舆论导向者。可以登门拜访重要的媒体编辑，与有关编辑、记者保持联系，邀请他们参观公司。展会组织者的新闻工作程序是使用合适的新闻方式，通过合适的新闻媒体，将展出信息传达给合适的观众，即目标观众。展会组织者经常使用的新闻工作方式主要有：举行记者招待会、编发系列新闻稿、提供照片、邀请主要媒体的记者参观展台、安排专访等。新闻稿分综合新闻稿和专题新闻稿。

展会开幕前，在展出地举办记者招待会，全面介绍展出情况，包括目的、展品、展出者等。招待会上要备好装有全套新闻资料的新闻资料袋。新闻资料袋可以提供给有关

新闻媒体以及其他相关组织，包括行业协会、政府有关部门等。如果展会的观众来自不止一个地区，可以考虑在参观者集中的多个地区举办记者招待会。展会开幕后，仍要继续开展新闻工作，积极邀请记者参观展台。如果有重要活动或贵宾参观，要安排记者或有关人员发函致谢。

（3）人员推广。

人员推广是一种人际交流方式，是一种直接的宣传方式。展会组织者通过与目标观众联络，告知展出情况，邀请其参观展览。展会人员的推广方式主要有发函、打电话、传真、拜访。发函就是将各种资料直接寄给潜在的参观者，并邀请他们参观展台。这是一种直接的、单向的宣传方式，也是会展业使用最广泛、成本效益最佳的宣传方式。直接发函可以利用专门的发函公司，委托其办理直接发函，展会组织者也可以从发函公司购买邮寄名单自己邮寄。好的展会组织应建立目标观众的数据库，按行业、地区、产品兴趣、公司规模大小等标准分类，展会组织者可以无偿或有偿利用。用电子邮件、传真等发送邀请函的方式也越来越普遍。每个展会组织者都应该采取直接发函方式，直接发函工作要根据需要和预算安排工作量，可以在展出者所在地安排，也可以派人或委托人在展会所在地安排。也可以采用寄礼品、贵宾卡等方式。虽说礼品本身可能价值不大，但是收到者来参观展台的意愿及可能性却提高了。而寄出奖券，让凭奖券参展者到展台索取小礼品，或者用投资方式派发大礼品等，也可提高目标客户的参观意愿。在此要注意礼品与奖券应当与展出内容有关。贵宾卡可用于最重要的客户，表示当他们前往展台参观时，凭此卡便会立即受到接待。此外，电话联系、登门拜访也是常用的方式。

（4）广告。

会展宣传是一种单向的信息传递，即展会组织者单方向地向潜在目标客户传达展览信息。如果是消费性质的展出，可以选择大众媒体，包括大众报刊、电视、电台、网络及人流集中地段的招贴、旗帜等；如果是专业性质的贸易展出，就要选择使用生产和流通领域里针对目标观众的专业媒体，包括专业报刊、内部刊物、展览刊物、专业网站等。广告的优势是可以让信息传播得很广泛。宣传的主要方式包括：媒体广告和户外广告。媒体包括专业媒体如报纸、杂志、网站等，大众媒体如电视、电台、主导性报纸等。主办方应围绕展览不同的卖点和亮点来进行宣传，按区域、分行业地设计制作不同的软广告和硬广告。除此之外，还可以通过新闻发布会、行业研讨会等形式制造新闻题材，或对牵头参展的行业代表（企业）进行新闻专访，从侧面传播展览会信息，进行新闻炒作。户外广告则是利用人流量较大的公共场所，如：机场、车站、码头、商业街道和广场等地点，以海报、灯箱、广告牌、宣传布幅、彩旗等形式进行广泛宣传。其目的是营造展览会的声势，形成广告宣传攻势。现代会展操作越来越重视广告宣传的投入力度和宣传质量，广告宣传就像一场战争中的战略武器，有“打击面广、威慑力大、杀伤力强”等特点，是赢得竞争优势的一个重要的武器。一般情况下，广告应该在展会开幕前的三四个月就开始并持续刊登，时间间隔要事先安排好。

3. 招展宣传推广的时间和地域安排

招展宣传推广在时间和地域的分布和安排上要注意与招展实际工作紧密配合，并且要走在招展实际工作的前面，为招展工作造声势、造知名度。宣传推广在时间上要连贯，要有统一的理念和策略做指导；在地域上要因地制宜，但又不彼此冲突。

（九）招展预算安排

招展预算是为招展各项工作的顺利进行而做的费用支出预算。它是在各项招展工作筹划基本已定的基础上，对展会招展可能需要的费用支出做出的整体安排和具体支出计划。招展预算的编制应从招展工作的实际需要出发，本着统筹安排、合理利用的原则，实事求是地编制。展会的直接招展费用主要包括：招展人员费用，包括招展工作人员的工资、差旅费、办公费等；招展宣传推广费用；代理费用；招展资料的编印和邮寄费用；招展公关费用以及其他不可预见的费用。

招展预算要编制得细致，费用支出要合理，要能满足招展工作顺利开展的需要。招展预算还要本着节约的原则，只有确实需要支出的费用才可进入预算支出，这样可以严格控制展会的招展成本，防止招展费用失控。另外，招展预算的费用支出要注意在时间安排上与招展工作的实际需要相配合，不能出现工作开始时费用充足而最后费用不够，或者是开始不愿支出而最后拼命追加费用支出等不良现象。

（十）招展总体进度安排

招展进度计划，就是在招展工作开始实施之前对招展工作及其要达到的效果进行统筹规划，事先安排好什么时候该开展什么样的招展活动，采取什么样的招展措施，到什么阶段招展工作要达到什么样的效果、完成什么样的任务等。有了招展进度安排，就可以对展会招展工作进行总体控制和监督，及时对照检查、发现问题、调整策略，使招展工作能更顺利地完成，从而保证展会成功举办。招展进度安排一般用表格的形式来表现。

有了这样一张招展进度计划表，就可以有条不紊地按计划开展招展活动，并对招展效果及时检查。如果发现没有达到招展阶段性目标，就及时采取补救措施，促进招展任务的顺利完成。

招展进度计划一旦制订，就要按该计划将招展工作一步步地展开，努力按计划完成每阶段的招展任务。当然，如果具体情况发生了变化，招展进度计划也可以进行局部调整，以适应新情况的需要。但是，如果不是制订得不合理，招展进度计划一般不要大幅度调整，否则招展工作进度将会受到很大影响。

1. 会展招展的时间管理

招展是展会策划和筹备的核心工作，能否在预定的时间里顺利完成招展任务是展会能否成功举办的关键，如果招展不成功，展会势必难以顺利地如期举行。然而，展会招展不是一蹴而就的，它是要经过多次反复、多次邀请才能完成的工作。主办方必须对招展工作进行合理安排，并在时间上对展会招展进度进行有效监督和控制，合理把握展会招展工作的启动时间、加大招展力度的时间和应该调整招展策略的时间，保证在展会预定的开幕时间之前圆满完成展会的招展任务。

由于市场情况的不断变化，客户信息的不断更新，展会的招展工作一般很难像起初计划的那样顺利，因此，办展机构应该按目标参展商招展效果和展位划出数量对招展进行全程监控。招展方要将有关目标参展商的名单一一列出，将每次与各目标参展商的联系及对方的信息反馈情况记录在案；并绘制“展位分布平面图”，将已经被参展商租用

的展位用不同的颜色标出，标明租用该展位参展商的名称。招展方应随时掌握目标参展商参展和展位划出情况，与招展进度计划对比，分析招展任务完成的情况，制定进一步的招展策略，以控制招展的时间。

2. 制定招展方案

会展招展方案是对会展招展工作的总体规划和全面部署，其内容涉及会展招展工作的各个元素，结构纷繁复杂。一般来说，会展招展方案包括如表4－2所示的内容。

表4－2　会展招展方案的内容

方案结构	内容描述
产业分布特点	从宏观上介绍和指出展览题材所在行业在全国的分布特点，指出各地区的产业发展状况，介绍该产业的企业结构状况及分布情况，这些内容是制定具体招展策略的重要依据
展区和展位划分	介绍展会对展区和展位的划分和安排情况，并附上展区和展位划分平面图
招展价格	列明展会的招展价格及制定该价格的依据
招展函的编制与发送	介绍招展函的内容、印刷数量、编制办法和发送范围与发送方法等
招展分工	对展会的招展工作分工做出安排，包括招展单位分工安排、本单位内招展人员及分工安排、招展地区分工安排等
招展代理	对展会招展代理的选择、指定和管理等做出安排，对代理佣金水平及代理招展的地区与权限等做出规定
招展宣传推广	对配合展会招展所做的各种招展宣传推广活动作出规划和安排
展位营销模式或办法	提出适合展会展位营销的各种渠道、具体办法及实施措施，对招展人员的具体招展工作作出指引
招展预算	对各项招展工作的费用支出做出初步预算，以便展会能及时、合理地安排各种所需要的费用支出
招展总体进度安排与控制	对展会的各项招展工作进度做出总体规划和安排，以便控制展会招展工作的进程，确保展会招展成功。招展进度安排一般用表格的形式来表现

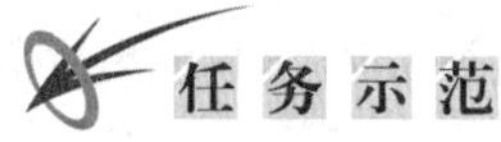

1. 案例资料

文化创意校园展销会招展函

时间：20××年×月×—×日

地点：×××科技职业学院美食城三楼体育馆

主办单位：×××科技职业学院文化××学院

承办单位：×××科技职业学院

一、前言

……

二、参展范围

1. 家乡特产：……

2. 学生作品：……

3. 学生在校生活状态的照片：……

4. 文化书籍：……

5. 其他：DV、多媒体演示……

三、参展费用

展览品存放架：×××元　宣传条幅：×××元

宣传单：×××元宣传单位：××××元

四、联系

电话：……负责人：××

E-mail：……

2. 案例分析

该招展函是学生为校内展览会设计的。这里仅从文案角度进行分析。该函结构不算完整。第一，文中缺乏对市场状况方面的介绍。如果是首次举办，可简要说明学校内举办此类展会的优劣势；如果非首次举办，可以提及之前举办展会的相关情况。第二，文中也缺乏展会招商和宣传推广计划，可根据校园展的特色策划特色活动，开展宣传推广。第三，文中缺乏参展方法说明，可预留参展申请表之类。此外，还可看出撰写者对主办和承办单位的概念还比较模糊。

任务训练

1. 任务背景

假如你是广州某展览公司的项目总监，公司有一个较为知名的茶博会项目。因为项目发展良好，公司领导层计划从茶博会中分出一个新的题材，新的展会项目以咖啡及其周边产品为主要展品范围，请思考并撰写招展方案。

2. 操练要求

（1）以小组为单位，每组设组长1名，负责组织本组成员进行实训。

（2）完成目标参展企业的范围及资料搜索工作。

（3）编制招展函（可通过网络查找相关资料进行参考）。

（4）确定招展渠道及选择该渠道的理由说明。

（5）确定宣传推广计划并考虑经费预算。

（6）安排招展工作的总体进度（可考虑使用甘特图等工具）。

（7）实训结果汇报与教师点评。

任务小结

完成上述任务，掌握相关能力。

（1）了解展区与展位的划分与安排要求。

（2）掌握招展函的编制内容。

（3）掌握招展的常用渠道并理解渠道选择的原因。

（4）能制定简单的招展宣传推广计划。

（5）理解招展的经费预算及所包括的几个方面内容。

（6）能撰写简单的招展计划工作方案。

任务二　招　　商

任务目标

学生通过本次任务实训，掌握招商工作流程，制订招商工作方案，编制展会通讯及观众邀请函，掌握招商渠道及常见招商方式，能做出基本的招商费用预算，掌握观众数据库的建立要求及方法，合理安排招商工作进度，具备一定的资料收集能力和分析能力。

知识准备与业务操作

（一）认知展会招商工作

展会招商是通过各种方式将那些对拟办展会所展示的产品有需要和感兴趣的采购商和其他观众引进展会，邀请他们到展会来参观。观众是展会成功举办不可或缺的重要因素，拥有一定数量和质量的观众是一个展会成功的重要标志之一。一般来说，“招商比招展更重要”，展会成功的关键在于招商。

1. 展会招商的对象

在招商活动前，首先要对展会做市场分析，确定是专业展会还是综合展会，展品是属于哪个行业，题材是否新开发的，最重要的是要明确展会的定位、办展的目的和参展商的需求。然后，在此基础上确定展会专业观众的目标定位和范围、信息收集、宣传推介等。一般说来，展会专业观众的范围主要集中在生产厂家、贸易商、上下游供应链、大客户、科研机构、政府主管、行业组织、专业杂志等。

2. 展会招商的特点

展会招商存在以下三个不同于招展的特点：

（1）经济的间接性：会展企业每招到一个参展商就会给它带来直接的经济利益，而招到观众却不能带来看得见的经济收益。

（2）工作的隐形性：招展投入的多少，可以通过展位的预订情况得知。而参展的观众却往往不会提前向会展企业预订，这就使招商工作具有一定的隐形性。

（3）效果的滞后性：招商效果的好坏要到展会举办期间才能知道，这时参展商的展位费等各项费用都已经缴纳。参展商即使发现招商效果不好，也无可奈何。

由于这三个特点的存在，导致了目前招商过程中存在着以下几个突出的问题：

经济的间接性会使会展企业在运作时出现“重招展、轻招商”的错误倾向，减少甚至不做招商方面的投入。当展会是由几个单位联合举办时，就会出现大家争着去招展而展会招商却无人重视的局面，结果使得展会开幕后到会观众不理想，展会质量不能令人满意，展会发展受到影响。

招展工作的隐形性会使会展企业的招商工作缺乏过程控制，缺乏迅速的反馈，使招商工作的各种策略不能根据招商工作的变化而调整，并且这种隐形性会导致各单位的招商工作出现步调不一致的混乱局面。

效果的滞后性会使一些运作能力差或资金不足的会展企业减少或者不对招商投入，使展会举办期间到会观众很少，门庭冷落，出现参展商所说的“骗展”行为。

（二）展会招商方案

展会招商方案是为展会邀请观众而制订的具体执行方案，它是在充分了解展会展品的需求市场的基础上，合理地安排招商人员在适当的时间里通过合适的渠道而进行的展会招商活动，是对展会招商活动进行的总体安排和把握，目的是力求保证展会开幕时能有足够的观众到会参观。

常见的展会招商方案主要包含七部分内容，如图 4－2 所示。

图 4－2　常见的展会招商方案主要包含的内容

1．制定招商方案的依据

制定招商方案的依据包括：展会展品的主要消费市场的地域分布状况和需求情况、展览题材所在行业及其相关产业在全国的分布状况、相关产业在各地区的发展现状、各有关产业的企业结构及分布情况等。这是制定展会招商方案的基础工作，要符合各有关产业的实际情况，准确无误。例如，对各产业消费市场的分析有误，招商重点地区的安排就会名不副实，招商宣传的重点地区就会出现偏差，实际招商工作的效果就难以保证。

2．展会招商分工

展会招商分工是根据展会的实际需要和会展企业的工作计划，对展会的招商工作做出分工安排，包括对各办展单位之间的招商分工进行安排，对本单位内部招商人员及招商工作进行安排，对各招商地区的分工进行安排等。

为应对招商工作中出现的“重招展、轻招商”的错误倾向，必须明确各办展机构之间的招商分工，明确各单位必须共同遵守的招商原则、对各单位负责的招商地区（或行业）和重点目标观众的划分、对招商费用的预算和支付办法的规定、对重点目标观众的邀请和接待的安排等、企业内部员工各自的职责等。

3. 展会通讯及观众邀请函的编印和发送计划

展会通讯及观众邀请函的编印和发送计划包括观众邀请函的内容、编印办法和发送范围与方法等。在做观众邀请函的编印和发送计划时，还要考虑到观众邀请函的印制数量、发送范围和如何发送等问题。

4. 招商渠道和措施

提出展会招商计划使用的各种渠道，以及针对各招商渠道计划采取怎样的招商措施。可以根据招商工作的实际需要来选择。

例如利用展会网站进行展前观众预登记，根据观众网上填写的信息寄出参观证，也可邀请观众到现场办理。目前观众网上预登记的方式是一种趋势。利用网络技术邀请潜在的观众，前提是借助观众数据库和平时积累的观众 E-mail 地址。由支持单位或行业组织召集会员单位参与展会活动，专业展会由行业组织出面组织邀请通常能收到比较好的效果，有利于上下游企业配对和同业间的合作交流。

短信平台也是近年发展起来的展会观众邀请方式，但要分步骤、分时段、分区域、分人群发送，要避免用户反感。

借助观众数据库的地址，通过邮局直接寄出参观券，这仍是目前最常用、最简单的方式。

5. 招商宣传推广计划

招商宣传推广的策略包括宣传推广的出发点、主题、亮点等。招商宣传推广在策略上要紧扣展会的定位和主题，突出展会的优势和个性化特色，从客户的角度出发，处处为客户的利益着想，其渠道同招商的渠道保持一致，宣传推广的时间和地域安排要与招商的实际工作紧密配合，并走在招商实际工作的前面，为招商工作造声势、造知名度。时间上要连贯，要有统一的理念和策略作指导；在地域上要因地制宜。在重点招商的时间段和重点招商的地区，要加大宣传推广力度，增强宣传推广的针对性。

6. 招商预算

招商预算是为招商各项工作顺利进行而做的费用支出预算，它是在各项招商工作筹划基本已定的基础上，对展会招商可能需要的费用支出做出的整体安排和具体支出的计划。编制招商预算，应从招商工作的实际需要出发，本着统筹安排、合理利用的原则，实事求是地进行。

展会的直接招商费用主要包括：招商人员费用（包括招商工作人员的工资、差旅费、办公费等）；招商宣传推广费用；招商代理费用；招商资料的编印和邮寄费用；招商公关费用以及其他不可预见的费用。

招商预算的编制要本着节约的原则，只有确实需要支出的费用才进入预算支出，这样可以严格控制展会招商成本，防止招商费用失控；招商预算还要编制得细致，费用支出安排要合理，能满足招商工作顺利开展的需要。费用支出安排要注意在时间上与招商工作的实际需要相配合，不能出现开始时费用充足而最后费用不够，或者是开始不愿支出而最后拼命追加费用支出等不良现象。

7. 招商进度安排

招商进度计划，就是在展会招商工作开始实施之前，对招商工作及其要达到的效果进行统筹规划，事先安排好什么时候该开展什么样的招商活动、采取什么样的招商措施、到什么阶段招商工作要达到什么样的效果、完成什么样的任务等。计划一旦制订，就要按该计划实施。如果具体情况发生了重大变化，也可以进行局部调整，以适应新情况的需要。

招商活动贯穿展览会整个过程，但在具体邀请过程中要有针对性地选择不同的方法。

（三）建立目标观众数据库

1. 目标观众

目标观众，主要是指“专业观众”或“有效观众”。这些观众可能是该展会展览题材所在行业的人士，也可能是与该题材所在行业有关联的行业的人士。展会招商是在了解了上述观众所在行业、观众的基本数量、需求特征和分布状况的前提下进行的。因此，建立一个完整实用的目标观众数据库，对展会招商具有非常重要的作用。

2. 目标观众对展会的重要意义

在展会上，专业观众越多，参展商所获得的利益就会越大。观众的数量、专业观众所占的比例、观众对其产品的购买数量、观众对其产品以及公司形象的关注程度等，决定了参展商参展收益的高低；而观众收益的高低则主要由参展商以及参展产品来决定。

场馆所有者—主办方—参展商—观众，形成了一条利益的链条。在整个链条中，处于基层的利益主体是观众。因此，不管是场馆所有者、主办方还是参展商都必须密切关注观众的参展动机，并针对观众的参展动机决定具体的营销组合策略，以吸引更多的观众和更高比例的专业观众参展。

另外，观众不仅是决定一个展会各方利益主体收益高低的最终决定因素，而且是决定一个展会是否成功的重要因素。首先，观众的数量决定一个展会的人气，观众越多的展会，也是一个人气指数越高的展会；其次，观众的数量直接决定展会的交易额；再次，专业观众的数量以及所占比例的高低直接决定参展商的满意度。

3. 了解观众的参展动机

观众来到展会上，都要花费一定的成本。因此，只有当他认为参展所带来的效用大于所花成本时才会出现在展会上。而其心理上的效用与内心的参展需要是分不开的。了解观众的参展动机，对于专业观众的邀请工作很重要。总体来说，观众的参展动机有以下常见的几种。

（1）购买动机。

有些企业或组织（专业观众）需要采购某些参展的产品，以满足其生产或贸易的需要。他们为了选择更多更好的或者价格更低的产品而来到展览会现场。他们认为参加展会可以用最少的时间购买到更合适的原材料和适销对路的产品。他们通过参加会展活动比较产品及服务的价格和性能，寻求特定的产品和发现新产品或新用途，还可以有效地了解自己所需产品的技术功能和参数。有些消费者（普通观众）参展是为了购买质优、价廉的产品。他们认为参展商会在展会上以更低的价格展示自己最好的产品。而且，由于大量卖方的存在，他们在展会现场能接触到大量的专业化的产品，可以节省很多的时间。值得注意的是，有些观众的这类动机会比较明显地表现出来，其他会展利益

主体只要对观众在展会上所表现的行为进行认真细致的观察、记录和分析，就可以很快地发现他们的这种动机，并针对他们的这种动机采取吸引、影响、打动他们的措施。当然，也有一部分观众的这种动机是隐性的，他们的表现不易察觉，他们的这种动机也不一定转化为实际的购买行为，但是在他们的内心存在这种需要，只要参展商和主办方有效地营造展会现场的气氛，加强宣传力度，就可以把这种观众的购买动机显性化。

（2）科研动机。

相关的技术人员、管理人员、科研人员、设计人员等为了了解行业的最新技术、科学技术的运用情况等而来到展会现场或参加相应的会议。通过对这类专业观众的组织，主办方可以宣传展会形象，获取有利于展会发展的信息；参展商可以有效利用观众的这种动机，宣传企业和产品形象，甚至可以借助一些措施培养他们的购买动机。

（3）市场动机。

有些专业观众参展的目的是为了以最低的成本更好地了解行业的发展状况、市场的发展前景、消费者的需求、竞争对手的情况等。由于有些参展商会选择在展会现场发布新产品信息，观众通过参加展会可以了解行业内最新的产品技术情况。对这类观众，参展商应先了解：他们的这种动机对企业有何影响；怎样利用他们的这种动机；他们有可能成为企业的客户或合作伙伴吗；他们成为客户对企业有何利弊；如何使他们成为企业的客户或合作伙伴；等等。在了解这些方面之后，企业就可以决定，对他们是采取拉拢、说服还是拒绝的策略。

（4）质量动机。

品牌展会一般聚集了行业的众多优秀企业，甚至行业的顶尖企业也派代表团参展，因此，观众可以在展会找到质量最优、技术含量最高的产品。他们特别关注产品的形象、产品的性能、附加在产品上的服务、使用产品所带来的身份和地位的提升。参展商应为这类观众准备充足的宣传产品和企业形象与品牌的资料，为观众提供耐心、细致、形象、生动的解说；准备充足的产品样本，让观众在体验产品质量与性能的过程中，将动机转化为对企业产品购买的行为。

（5）关系动机。

有些观众通过参展的方式维系或建立与展会现场参展商、其他观众的人际或商贸合作往来关系。任何成功的展会，都有人流量大的特点，而且是目的比较一致的人的集中。借助会展这个平台，观众不仅可以和老客户加强联系，增进沟通，而且可以接触到许多提供类似产品和服务的新客户，通过参观新客户的展台和产品，认识新客户，建立新的客户联系。对这类观众，参展商应以正确的心态来对待，要看到他们有一天可能会成为自己的客户。

（6）娱乐动机。

一般来说，展会都安排有开幕式，届时会有众多明星出场和精彩的演出，再加上展会上各参展商安排有众多节目以吸引观众，场面颇为热闹。因此，娱乐的需要会吸引部分观众前往。这也是大部分观众的潜在动机。参展商可以通过对声音的组织、展台的搭建、活动的策划、展品的陈列等，有效地激发观众的这种动机，增强观众对企业产品和形象的记忆，最大限度地宣传企业产品和企业品牌。

4. 影响专业观众参展的因素

(1) 参展商因素。

专业观众的价值实现的关键，在于有大量的高质量的参展商。参展商数量越多，展会整体的展览规模以及每一个参展商的展位规模越大，说明展会的质量越高，影响力越大；国外参展商所占的比例越大，说明展会的国际化程度越高；如果参展企业都是所在行业的知名企业，也说明展会的质量比较高。参展商数量和质量是决定展会影响力和观众观展效益与观众观展动机的重要因素。此外，主办方提供的专业研讨会或新技术新产品发布会，也能增加观众参加展会的附加值。

(2) 人口因素。

人口素质的高低首先决定观众是否具有现代的参展意识。如果观众对参展可带来的效用认识不足，认为参展不参展无所谓，参展动机就低。其次决定观众的观展行为。素质高的观众在展会上能如愿获得他所需要的产品和信息，这将增加他再次参展的可能。另外，观众的收入水平也是影响观众参展动机的一个重要因素。收入水平越高，对所花费的成本产生的心理成本就越低；收入水平越低，对所花费的成本产生的心理成本就越高。而心理成本越高，所期望的回报也就越高。因此，在参展效果相同的情况下，观众收入水平越低，对参展结果的满意程度就越低，再次参展的可能性就会越小。

(3) 区域优势。

区域优势对国外专业观众是否参展也有一定影响。比如，湖南省既不是沿海经济发展特区，也不是北京、上海、广州等国际大都市，一般国外观众对其不是很了解。周围省的观众也习惯选择地处经济更发达省市的展会，因为他们认为，参加那里的展会可以获得更多的回报、认识更多的贸易伙伴，而且可以顺便参观、购物、旅游。因此，湖南省的展会要想吸引更多省外观众和国外观众，只有像纽伦堡（一个 30 万人口的小城）的国际玩具展（有 51% 的国外参展商和 39% 的国外专业观众）一样，避开区域经济优势的不足，打造国际品牌专业展。

(4) 组织因素。

展会专业观众的组织和邀请工作，主要通过信函、电话、传真、电邮及广告宣传等传统方式进行。为了进一步扩大国外专业观众的邀请力度，可通过各种人员代理方式加强对国外观众的宣传组织力度，也可组织展览小组赴国外进行展览推介，也可借助国外协会和有关国外公司企业力量。而对省外观众的组织，我们一方面可以利用国内同类型展会的观众；另一方面也可以利用统计部门的资料和行业协会的资料。当然，加大广告宣传力度、加强管理、提高服务质量等都可以吸引更多观众。

(5) 展会形象。

在外部因素中，展会形象被认为是影响观众参展情况的决定性因素之一。展会形象是可触及的功能性因素和不可触及的消费者心理印象的综合。主办方为展会所树立的形象与观众感知的形象越接近，越能提高观众的忠诚度与参展热情。研究显示，历届展会所形成的形象与观众是否参展以及带着怎样的目的参展和展会上表现出何种行为密切相关。同时，展会形象也影响观众是否愿意将展会良好的一面传播给他的朋友，是否愿意带动周围的人参展。

（6）社会因素。

观众参展行为受到周围参照群体，诸如正式与非正式组织、家庭、社会角色与地位等一系列社会因素的影响。参照群体不仅为他展示新的行为模式和生活方式，而且由于模仿其参照群体愿望的存在，它会影响观众对某些事物的看法和对某些产品的态度，并促使观众行为趋于某种“一致化”，从而影响他们对展会的认同。

5. 目标观众的信息收集

收集目标专业观众的信息资料，主要有以下几种途径。

（1）借助各种公开或非公开的信息资源载体收集专业观众的资料。

借助各种公开或非公开的信息资源载体可以有效收集与展会主题相关联的专业观众资料。公开的信息资源载体主要有个人名片、电话黄页、工商黄页、互联网名录、展会会刊名录等。非公开的信息资源载体分为两类：一类是自用信息的资源拥有者，如民间社团拥有的会员名录，会议主办方拥有的与会者名录，行政机构拥有的相关单位及其人员的名录，邮政部门拥有的报刊发行名录；一类是专业从事信息服务的经营机构所拥有的资源，如信息咨询公司。

（2）通过展会收集专业观众的资料。

其方法是在展览期间对观众进行登记，而后对登记的资料进行整理。展会现场收集的专业观众资料，主要是观众的名片或观众填写的登记表。

（3）通过登门拜访、寻访的方式收集专业观众的资料。

派员到专业观众所在地或所在单位，通过登门拜访收集资料，是许多主办方常用的方法。这种方法俗称“扫街”，虽不雅致，倒也传神。

“扫街”尤其适合小微采购商居多的展会，所获资料相当准确有效。在“扫街”收集资料的过程中，代表主办方的拜访/寻访者通过与小微采购商面对面的交流，可以获得许多宝贵信息，对于展会推广大有裨益。据悉，国内某著名礼品展会，分省（区）配置客服专员，长年从事以“扫街”为主的专业观众资料收集工作，效果甚佳。

（4）利用展会自媒体收集专业观众的资料。

在互联网时代，利用展会自媒体尤其是社交媒体收集专业观众的资料，已为越来越多的主办方所青睐。展会网站的专业观众预登记，是许多主办方使用多年的信息收集方法。利用微信公众号收集信息，是当下的“新招”。此招与网站专业观众预登记并无本质不同，只是使用手机终端，更多吸引青年人关注。

收集的观众信息除了包括姓名、性别、所在单位（公司）、所任职务、办公地址、联系方式（电话、传真、手机、电子邮箱、微信、QQ）等基本内容外，还应扩展专业观众的信息内容，如年龄、出生地/籍贯、毕业学校/所学专业、所在单位性质（国有/民营/外资/合资、事业单位）、参观展会次数、有无采购决策权，等等。展会专业观众的信息资料越详细，越新鲜，与主办方所办展会主题的关联度越高，信息的质量就越高。

6. 目标数据库的建立

目标数据库是观众组织的一个基础，也是展览公司的最宝贵资产。数据库的建立不是目的，它的主要作用在于分析市场构成、需求及变化趋势并据此邀请相关观众。随着产品的目标市场越明确，客户定位越具体，展览公司就越明确展会主题并选择合适的参展商以保证展会质量，同时特别注意专业观众的意见反馈，从而进行“一对一”的个性化营销。

数据库的建立是一个长期的过程，而且途径有很多。最常规的办法是在展会现场设立观众登记处，使用信息表和收集名片。要想获得第一手的独家专业观众数据资料，最方便的办法就是查看专业观众信息表。信息表上的所有信息都要按照观众所属的行业、地区、产品兴趣、公司规模等标准分类整理后全部保存在数据库中，并由专人进行管理。

信息表有两种：一种是登记表/记录表（定性），一种是调查表（定量）。登记表是一种简单的记录方式，一般只记录每位观众的姓名、职务、公司名称、地址、联系方式等情况。这是一种比较传统的方法，虽然简便，但内容有限（没有对展商的评价和展览效果的评语以及后续工作的建议），因此不是最佳方法。而记录表的内容除参观者的基本信息外，还有公司情况（如规模、成立年份、经营业务、经营性质、现有代理和市场区域等）、参观兴趣、参观要求、购买影响力等。记录表和登记表相比，内容上增加了参观者的背景、兴趣、要求、展览感受及建议等更为个性化的内容，对今后的市场分析有较大的价值。另一种是调查表。制作调查表的理论依据是概率论及从数量角度研究自然现象的规律性。其特点是抽样，按照概率论的随机抽样方法，调查结果准确度相当高，因此对数据库的客观真实性很有帮助。调查表可含以下内容：参观者姓名，公司名称，参观目的（收集信息、寻找代理、寻找新货源、订货、其他），参观兴趣（全部产品、特定产品、新产品、零配件），从何处了解到本展会信息（广告、新闻、内部刊物、直接发函及其他），展台吸引注意的原因（展台设计、产品、资料、其他），有兴趣购买的产品是哪些（兴趣范围），你在公司购买过程中的作用（决定、参与、建议、不参与），对展览的感受（时间、地点、宣传、设计），你是否参加过其他同类展览会（请列明），本展览会下一届将在某年某地举办时你是否将参加（是、否、未确定），你经常阅读的专业报刊是什么，等等。

此外，在电视、报纸、网络上刊登广告的相关厂商属于潜在专业观众，应及时、全面地统计到数据库里。还可通过国际商业公司、信息咨询公司、公关公司等从事行销研究的公司获得专业观众名单。

7. 建立目标观众数据库的基本原则

目标观众数据库的建设要遵循一些基本原则，具体如下：

①数据库要有一定的数据量，以保证招商时有一定的目标客户来源。

②分类科学合理，便于查找。

③数据真实可靠。

④便于查找和检索。

⑤及时更新与修改。

⑥数据库的用户界面要友好、简洁、一目了然。

⑦数据库要适合在局域网上使用，支持多用户同时使用。

⑧对数据库的基本修改要有一定的权限限制，只有一部分人可以对数据库的数据进行修改。

⑨目标参展商数据库与目标观众数据库之间应建立一定的联系。

（四）展会招商的分工

展会招商分工涉及的内容有两个方面：办展机构之间的招商分工和本单位内部招商人员的安排及其分工。

1. 办展机构之间的招商分工

和展会招展不同，展会招商是一项见不到直接经济效益的工作。办展机构招到的观众往往不能直接给它带来看得见的经济收益。展会招商工作经济效益的这种隐形性和间接性使一些办展机构在策划展会整体方案时，往往会出现“重招展、轻招商”的错误倾向。

当展会是由几个单位联合举办时，就会出现大家争着去招展但展会招商却无人重视的局面，结果使得展会开幕后到会观众不理想，服务质量不能令人满意，展会发展受到影响。因此，当展会由几个单位联合举办时，必须明确展会的招商工作应由谁负责。如果展会的招商工作是由各办展机构共同负责的，就必须明确各办展机构之间的招商分工。

各办展机构之间的招商分工，包括明确各单位必须共同遵守的招商原则、对各单位负责的招商地区（或行业）和重点目标观众的划分、对招商费用的预算和支付办法的规定、对重点目标观众的邀请和接待的安排等。对各单位的招商工作进行分工，是保证展会到会观众数量和质量的重要手段之一。因此，对各单位的招商分工必须合理，并经常进行协调。展会招商工作不能平均分摊，必须要有一个主要的负责单位。总之，对各单位的招商分工一定要结合各单位的招商实力，充分发挥各单位的优势，做到优势互补，共同做好展会的招商工作。

2. 本单位内招商人员及其分工安排

不管展会的招商工作是由几个单位共同负责，还是只由一个单位负责，有招商任务的单位都要对本单位的招商人员及其工作做出安排。

第一，要确定主要负责招商的人员名单，明确其主要任务是进行展会招商而不是招展；

第二，要明确各招商人员负责招商的地区范围和重点目标观众；

第三，要制定各招商人员的信息沟通和工作协调办法；

第四，对重点目标观众要制订统一的接待安排计划。

展会招商工作带给展会的效益是长期和持续的。如果展会的招商工作不到位，展会的长期发展肯定会受到极大的影响。展会招商和展会招展一样，都是展会成功举办必不可少的重要因素。

3. 展会招商的时间管理

招商工作的成效直接关系到展会的整体展出效果，也关系到参展商参展的实现价值。招商工作的主要任务是吸引观众，并使展会开幕后有足够数量的目标观众到会参观，使目标观众能如期到会参观。

面对数量庞大但却具有很大不确定性的专业观众，展会的招商很难像对招展那样进行控制。展会应根据实际情况选择合适的监控办法。以国际展会为例，由于国外观众对于参观异国展会有很多情况不熟悉，在很多方面需要展会的帮助，他们往往会提前进行参观申请登记，所以对于国外招商就可以按观众申请登记情况进行监控。而国内观众一般不习惯预先进行参观登记申请，所以展会还是应按照事先根据市场分析情况和已掌握的目标观众数据信息而制订的招商进度计划来对国内招商情况进行有效的监控。当然也可以将这两种方法结合起来使用。

（五）展会通讯和观众邀请函

1. 展会通讯

在展会的筹备阶段，展会的目标参展商和目标观众往往很想了解展会的筹备进展情况如何。例如，展会的目标参展商希望了解展会将会邀请什么样的专业观众到会参观，展会的目标观众则希望知道有哪些企业带着什么样的产品来参展。他们对这些信息的了解程度，将极大地影响他们做出是否参展或者参观的最终决定。如果上述信息不能及时传递到他们手中，展会可能因此失去大批客户。将上述信息及时准确地传递到客户手中，制作展会通讯是常用手段之一。

展会通讯，又称展会快报、展会特刊等，是根据展会的实际需要编写的，用来向展会的目标客户通报展会有关情况的一种宣传资料。它常常是一本小册子，或者是一份小小的报纸，通常以直接邮递或 E-mail 的方式及时地传递给目标客户（展会的目标参展商和目标观众）。

展会通讯的邮寄有赖于展会目标观众数据库和目标参展商数据库的建立和完善。如果没有这两个数据库，展会通讯的邮寄就会出现困难。

（1）展会通讯的重要作用。

展会之所以要及时编制和向目标客户直接邮寄展会通讯，是因为展会通讯具有以下重要作用：

①可以及时准确地向展会的目标客户传递展会的有关信息，与目标客户保持经常的联络和信息沟通。

②可以扩大展会宣传推广的范围和渠道，建立展会的良好形象。展会通讯一般是通过直接邮寄方式向目标客户发送，针对性非常强，有效性极高，宣传效果明显。

③可以促进展会招展。展会通讯里有关当地市场和展会招商内容的通报，往往能对促进企业参展产生积极的作用。而对已经参展的行业知名企业的通报则能对其他企业参展产生积极的示范作用。

④可以促进展会招商。展会通讯可及时准确告诉展会的目标观众有哪些企业已经参展，展会将展示哪些产品，有哪些新产品将在展会上首次亮相，这对吸引观众到会参观有较大的帮助。

⑤可以为展会目标客户提供良好的信息服务。展会通讯往往不仅仅只包括展会的有关情况，常常还包括展会展览题材所在行业的国内外市场信息和行业动态。

要切实起到上述作用，展会通讯就必须要包含较为实用和较为丰富的内容，否则，展会通讯将流于形式，不仅不会受到展会目标客户的欢迎，也起不到其应有的作用。

（2）展会通讯的主要内容。

展会通讯一般是分期编印。根据展会进展的实际需求，展会通讯的编印具有一定的阶段性，并非每一期的展会通讯内容和栏目都是一致的，但是总体来说，在展会的筹备初期，展会通讯的内容要偏重于能促进招展的相关信息；在展会筹备的中后期，展会通讯的内容要偏重于能促进展会招商的有关信息；在展会已经成功举办并开始筹备下一届展会时，展会通讯里就必须包含有对上一届展会进行总结的内容。

一般来说，展会通讯的主要内容如表4－3所示。

表4－3　展会通讯的主要内容

包含的内容	描　述
展会基本内容	展会名称、举办时间和地点、办展单位、展会LOGO、展会特点和优势等，上届展会的总结和展会现场的有关图片等
市场信息和行业动态	本展会展览题材所在行业国内外市场状况、行业动态和发展趋势等
招展情况通报	除了通报所有参展企业名单外，一般还会将一些行业知名的企业的参展情况重点通报
招商情况通报	招商的渠道、宣传推广计划、措施和效果等
宣传推广情况通报	各种宣传推广渠道、办法和时间安排，用于增强客户参展和观众参观的信心
相关活动情况通报	告诉目标客户展会期间将举办一些什么样的相关活动
参展（参观）回执表	参展（参观）申请人的单位名称、地址、联系人、联系办法，参展产品介绍，办展单位的联系办法和联系人等

（3）展会通讯的编印要求。

展会通讯一般是通过直邮的方式发送给目标客户，并对其参展（参观）决策产生影响。因此，必须使客户在拿到展会通讯时愿意看、看得懂，否则，展会通讯即使是邮寄到客户手中，客户也会将它当作垃圾宣传物一样扔掉，从而起不到任何作用。因此，在编印展会通讯时要做到以下几个方面。

①展会通讯要具有知识性、时尚性和趣味性。展会通讯的内容切忌死板，对于各种信息的提供不要像记录流水账，让人读起来索然无味。展会通讯要富有趣味性，吸引客户认真看下去。尽管展会通讯是为展会服务的，但展会通讯的内容不能只局限在有关展会的信息上，还必须及时传递相关行业的动态和市场方面的信息，使客户能结合行业动态和市场信息了解展会。

②展会通讯的设计制作要美观大方。展会通讯的制作要符合展会的定位和档次，外观看起来赏心悦目、美观大方，整体版式设计要便于邮寄，文字字体和编排要便于阅读。

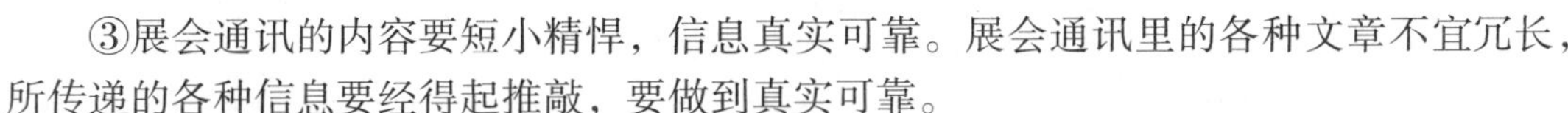

③展会通讯的内容要短小精悍，信息真实可靠。展会通讯里的各种文章不宜冗长，所传递的各种信息要经得起推敲，要做到真实可靠。

2. 观众邀请函

观众邀请函是根据展会的实际情况编写的，用来进行展会招商的一种宣传单张。观众邀请函是专门针对展会的目标观众，尤其是那些专业观众而设计和发送的。观众邀请函一般也是通过直接邮寄或者 E-mail 的方式发送到目标观众手中。观众邀请函的发送也有赖于目标观众数据库的建立和完善。观众邀请函的主要作用在于邀请专业观众到会参观，其发送的针对性非常强，效果往往也很好。

（1）观众邀请函的主要内容。

观众邀请函的主要内容如表 4 –4 所示。

表 4 –4　观众邀请函的主要内容

主要内容	内容描述
展会的基本内容	会展活动的名称、举办城市、地点、时间、背景、目的，主办机构和组织机构，会展活动的内容和形式、特点等，主要参加或参与对象，会展活动的相关收费标准，联络方式以及其他需要说明的事项
展会招展情况	包括展出的主要展品、参加展出的新产品和展会招展情况，一般还会将一些行业知名企业的参展情况进行重点通报
展会期间计划举办的相关活动	列举展会期间举办的相关活动的时间、地点和主题，以方便观众提前安排时间与准备
参观回执表	包括参观申请的联系办法和联系人等，方便观众预先登记

观众邀请函的内容比展会通讯更简洁、更集中，其所有的内容都在于吸引观众到会参观。因此，对展会的特点、优势、展品和参展企业的介绍就成为观众邀请函最为主要的内容。当然，如果展会已经举办过几届，那么对上届展会的简短总结也常常是观众邀请函所包含的内容。

（2）观众邀请函的结构与写法（如表 4 –5 所示）。

表 4 –5　观众邀请函的结构与写法

结构	内容描述
封面	通常邀请函的封面会显示邀请函的性质。普通的邀请函封面以会展活动名称、主题、主办机构、时间、地点 5 项内容为主；而特殊的邀请函在封面上只注明会展活动组织者或项目的名称、收信机构或人员的相关信息并注明“通知、特函”等字样
标题	由会展活动名称和“邀请函”组成。会展活动名称可以分为三个部分：基本部分、限定部分和附属部分。其中基本部分和限定部分构成展会名称的主体。例如：第十届中国家电产品博览会邀请函、第十二届中国国际机床机电展览会邀请函

续上表

结构构成	内容描述
称呼	根据邀请发送对象的不同，可分三种情况。发送到单位的邀请函，应当写单位名称。由于邀请函是一种礼仪性文书，称呼中要用单称的写法，不宜用泛称（统称），以示礼貌和尊重。邀请函直接发给个人的，应当写个人姓名，前冠“尊敬的”敬语词，后缀“先生”“女士”“同志”等。网上或报刊上公开发布的邀请函，由于对象不确定，可省略称呼，或以“敬启者”统称
正文	正文应逐项载明具体内容，包括但不仅限于：背景说明，写明举办会展活动的背景和目的；组织说明，对会展活动组织结构的介绍，包括主办方、协办方、承办方等；时间与地点，根据会展活动设定的举办日期、结束日期与举办城市、地点进行描述；会展活动的具体内容介绍，主要包括会展活动的展区划分、展品设定、同期活动、展示服务、会展活动的特点、会展活动的收费标准等相关内容；联系信息和方式，包括传真、电话、邮箱、负责人等
结尾	结尾处也可写“此致”，再换行顶格写“敬礼”，亦可省略
回执	回执是被邀请方根据需要和可能而给予的一种反馈信息。通常会展活动的回执内容格式统一由会展组织者进行制定，包括参与者单位信息、参与类型、具体展位或广告位、会议活动预定事项、参与人员信息、参与时报到信息说明等
落款	落款通常是会展活动的组织机构名称加盖相关印章。如果是多家机构共同主办或承办，则由多家机构共同签名盖章，以证明此邀请函的真实性与合法性。同时注明邀请函的制作发布时间
附件	附件是邀请函的附属资料，主要包括会展活动的相关说明、规定、制度、报展注意事项、人员信息表、服务内容等相关文件

（六）招商渠道和措施

不管展会招商是由几个单位共同负责还是由一个单位来负责，展会招商都要通过一定的渠道来进行。展会招商常用的渠道如表4－6所示。

表4－6　展会招商常用的渠道

渠　道	描　述
专业媒体	主要针对专业观众，可以合作招商，也可以做广告
大众媒体	主要针对普通观众，在比较临近展会开幕时进行
行业协会和商会	针对专业观众，是展会立项的合作招商伙伴
国内外同类展会	观众的范围基本相同，是一个理想的招商场所
参展商	尽量让每一个参展商都带自己的客户群来展会参观
网络	传递迅速便利，联系广泛

续上表

渠　道	描　述
国内外办展单位	与这些单位合作招商，能很好地优势互补
国际组织	与他们合作往往能很好地带动国外观众到会参观
招商代理	是与办展单位紧密合作、专门进行展会招商的单位
外国驻华机构	与他们合作能较好地带动国外观众到会参观
政府有关部门	政府的行业主管部门对行业的影响仍然很大
举办相关活动	可以在展会开幕前或展览期间以事件营销的方式招商

根据展会的实际情况，对于上述招商渠道，可以有选择地采用其中的一种，也可以同时采用几种渠道进行展会招商。

（七）招商宣传推广计划

展会宣传推广的任务主要有促进展会招展、促进展会招商、建立展会的良好形象和创造展会竞争优势、协助业务代表和代理顺利展开工作、指导内部员工如何对待客户等。

招商宣传推广是为促进展会更好地招商而有目的、有针对性地举行的一些宣传推广活动。这些宣传推广活动是围绕着展会招商的基本策略和目标而制定的，有很强的目的性和配合性。在展会招商方案里，我们要提出展会招商宣传推广计划，包括宣传推广的策略、渠道、时间和地域安排以及费用预算等。

①招商宣传推广的策略：包括宣传推广的出发点、主题、亮点等。在策略上要注意紧扣展会的定位和主题，突出展会的优势和个性化特色，从客户的角度出发，处处为客户的利益着想。

②招商宣传推广的渠道：包括召开新闻发布会，在专业和大众报纸杂志上做广告，向有关人员直接邮寄展会资料，在国内外同类展会上宣传推广，在网上宣传推广，过有关协会和商会宣传推广，利用外国驻华机构和我国驻外机构做宣传等多种渠道。招商宣传推广的策略可以根据招商工作的实际需要来选择。

③招商宣传推广的时间和地域安排：招商宣传推广在时间的安排和地域的分布上要注意与招商的实际工作紧密配合，并且要走在招商实际工作的前面，为招商工作造声势、造知名度。宣传推广在时间上要连贯，要有统一的理念和策略作指导；在地域上要因地制宜。在重点招商的时间段和重点招商的地区，要加大宣传推广力度，增强宣传推广的针对性。

（八）招商进度安排

招展和招商是展会筹备工作的两翼。和展会招展一样，展会招商工作也具有很强的时间性。展会招商工作的时间是由展会筹备工作的时间性决定的，展会招商工作必须确保展会开幕后能有足够数量并具有一定质量的观众到会参观，必须在展会开幕日期前完成招商任务。

和展会招展工作相比，展会的招商工作可以稍微迟一些启动。因为一方面，在展会筹备的初期，招展才是展会筹备的主要任务，展会筹备的主要精力要集中在展会招展上；另一方面，在展会招展还未见成效之前，展会招商工作较难展开，即使勉强展开，效果往往也不太理想。所以，在展会筹备工作启动的初期，招商工作往往不是当务之急。

展会的招展进度和招商进度互相影响，彼此促进。随着展会招展工作的进行，展会招商工作日益重要。有些企业在决定参加展会展出前，往往会向展会探询将有哪些观众到会参观。如果这时展会招商效果显著，对展会招展工作就会有很大的促进作用。所以，虽然展会招商工作可以稍微延迟起动，但迟缓的时间也不能太多，否则不但招商任务完不成，对招展还会产生不利的影响。

要圆满完成展会的招商任务，在安排展会的招商工作和制订展会的招商计划时就必须注意展会招商工作的时间性，使展会招商计划及工作安排符合招商时间性方面的要求，具体为：

（1）展会招商计划及工作安排要有统一的时间规划。

展会招商与招展工作有很大的不同。不论是新创立的展会还是已经举办的展会，展会招展工作一般都有较为具体的目标，招展工作会围绕这些目标客户而展开。而展会招商工作则不同，除了一些已知的观众名单，不管是新创立的展会还是已经举办过的展会，招商的具体目标对象都没有招展工作明确，而且，招商工作不能给展会带来直接的经济收益，所以，有些展会对招商工作不是很重视，对招商工作也没有一个统一的规划，往往到发现其他工作需要招商效果来支持时才临时采取措施，“头痛医头，脚痛医脚”，结果展会招商效果很不理想，参展商怨言很多。

其实，展会招商工作和招展一样，也要有统一的时间规划，并且由于目标观众往往不对展会招商工作直接做出是否决定参观的回应，展会的招商效果往往更难把握。因此，展会的招商工作一定要符合时间性的要求，统一规划，分步实施，使招商活动的展开和招商信息的传播符合认识规律和信息传播规律，逐步加深目标观众对展会的了解，促使他们展会举办时积极到会参观。

（2）把握好展会招商工作的启动时间。

尽管展会招商工作可以比招展工作稍晚一些启动，但不是说招商工作的启动时间就可以一拖再拖。对于那些路程较远的观众，如国外的观众，如果招商工作启动得太晚，他们要么是根本没有时间做出参观展会的计划，要么就是已经决定参观其他展会了。如果招商工作启动得太早，有些目标观众可能会把本展会早期的招商活动遗忘。因此，招商工作启动得太早和太晚都不利于展会取得较好的招商效果。展会要注意把握招商工作的启动时间。一般地，专门的招商工作可以在招展工作已经有一些效果时才开始大规模地进行，这样做有以下好处：第一，节省招商费用支出。早期的招商活动一般效果不大，但费用较高。展会可以将这些费用集中起来，放在合适的时间使用。第二，能取得更好的招商效果。观众一般在知道有哪些企业参展后才决定是否来参观，如果展会招展还不见起色就启动招商工作，展会将很难回答“有哪些企业参展”这样的问题。招展

有效果以后，展会就可以轻松地回答这样的问题，目标观众也更有理由要来参观。

（3）招商进度要与招展进度相协调。

展会的招商效果与招展效果既互相影响，又彼此促进。一方面，观众多了，参展商自然更愿意来参展，招商的效果好可以促进展会更顺利地招展；另一方面，参展企业多而且质量好，观众自然愿意来参观，招展的效果好也可以促进展会更顺利地招商。

所以，展会在制订招商计划时，不仅要考虑自身的时间性，还要充分考虑到它与展会招展计划在时间上的协调性，要在时间和进度上对这两个计划进行通盘考虑，使两者相互促进，不能让它们彼此拖后腿。

（4）善于把握展会招商工作的“黄金时期”。

和展会招展工作一样，展会的招商工作也有“黄金时期”。在这段“黄金时期”里，展会的招商活动最能对目标观众的参观决策产生影响，展会的招商活动对观众的影响最大，招商的效果也最好。

展会招商的“黄金时期”一般在展会筹备工作的中后期，展会要努力抓住这一时期，尽量提高招商效果。由于这一时期临近展会开幕时间，如果展会招商工作没有把握好这一招商重点时期，展会的招商效果将再也没有时间来弥补了。

（5）密切监控展会的招商进度。

展会的招商工作一旦开始就不能停止，各项招商工作必须按计划展开，稳步推进。为保证招商工作按计划执行并取得良好的效果，负责展会招商工作的人员必须对招商进度进行密切监控、随时跟踪，分析新情况，发现新问题，及时调整招商策略。

一般展会专业观众的数量少的有数千人，多的有数万人，有的甚至达十几万人。面对如此庞大的客户群，展会很难像了解每个参展商那样清楚地了解每个观众。并且，由于目标观众往往对展会的招商活动不作出自己是否决定参观的回应，这使展会招商的目标对象不仅数目庞大，而且还具有很大的不确定性，也使对展会招商进度的监控不能像对展会招展进度的监控那样进行。

对展会的招商进度进行监控一般有以下三种办法：

①按既定的招商进度计划进行监控。按既定的招商进度计划进行监控，就是事先根据市场分析情况和已经掌握的目标观众数据信息，参照展会的实际情况，制订一个合理的招商进度计划。展会招商工作启动以后，如果没有特殊情况出现，招商工作人员就应严格按该计划实施展会的招商工作，负责展会招商监控的有关人员也应以该计划为主要参考标准，对展会的招商进度进行监控。

按照上述这种办法对展会招商进度进行监控，要求展会的招商进度计划必须符合展会的需要，能产生良好的招商效果，并切实可行，否则，即使对展会招商进度进行监控，招商工作也难以取得较好的效果。另外，按照这种办法来监控招商进度，展会的招商进度计划还必须制订得有一定的弹性，能在一定条件下对进度计划进行必要的调整，否则，一旦特殊情况出现，招商工作就可能会停顿下来。

②按观众参观申请登记情况进行监控。尽管回应很少，但总会有一部分目标观众会对展会的招商活动提前做出自己是否决定参观的回应。尽管这些回应一般只占最后真正

到会观众数量的很小的比例，但展会还是可以根据自己以往的招商经验，结合自己本次的招商目标，根据目标观众参观申请登记情况对展会招商进度进行监控。

这种监控办法对监控国外招商进度比较有效。由于国外观众对参观异国展会的很多情况不熟悉，他们在很多方面需要展会的协助，如帮助入境签证、帮助安排交通和食宿等，因此，他们往往乐于提前进行参观申请登记。展会工作人员从参观申请登记情况可以大致了解招商的效果，知道在哪些地方需要加大招商力度，知道哪些招商策略需要调整，这样就可以对招商进度进行有效的监控。

由于目前国内观众一般不习惯预先进行参观申请登记，所以这种方法不太适用于国内招商监控。

③同时按既定招商进度计划和观众参观申请登记情况进行监控。当然，展会还可以将上述两种办法结合起来使用，以前一种方法为主来监控国内招商情况，以后一种方法来监控国际招商情况。也有一些展会将这两种方法结合起来，同时用于所有地区的招商进度监控。

综上所述，展会可以根据自己的实际情况来选择合适的招商监控办法。需要说明的是，不管采用哪种办法，除非有重大意外，展会一般不要随意删减招商预算，有些展会因招展不理想就将预定的招商预算大幅削减，结果导致招商也不理想，而招商不理想又使招展更难，如此往复，形成恶性循环，对展会发展很不利。

展会招商和展会招展是互相影响、互相作用的。一方面，如果展会招商效果好，到会观众多，质量上乘，参展商的展出效果就有保证，企业就更乐意来参展。反之，如果展会招商不理想，到会观众较少，或者无效观众很多，参展商的展出效果就难以保证，企业参展的积极性就会降低。另一方面，如果展会的招展效果较好，参展企业尤其是行业知名企业较多，展品新、信息集中，观众到会参观就会更踊跃。

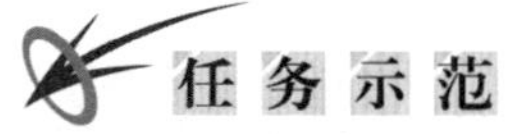

1．案例资料

文化创意校园展销会观众邀请函

时间：20××年×月×—×日

地点：×××科技职业学院美食城三楼体育馆

主办单位：×××科技职业学院文化××学院

承办单位：×××科技职业学院

展会简介：……

附：观众回执表（略）

2．案例分析

该观众邀请函是学生为校内展销会设计的。因为是展销会，不是专业展，所以邀请的观众多是在校师生，非专业观众。对于普通观众的邀请，一般不是针对具体某个人的，这类观众邀请函也仅是展会宣传推广的物品之一。对于展会的普通观众来说，回执表可以省略。又有在邀请了重要人物并想确认其是否出席展会的情况下，才有必要请其填写观展回执表，以便安排接待等方面的工作。

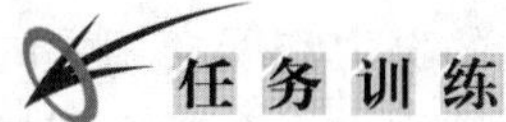

任务训练

1. 任务背景

假如你是广州某展览公司的项目总监，公司有一个较为知名的茶博会项目。因为项目发展良好，公司领导层计划从茶博会中分出一个新的题材，新的展会项目以咖啡及其周边产品为主要展品范围，新展的主要受众群体立足于广东地区，请思考并撰写招商方案。

2. 操练要求

（1）以小组为单位，每组设组长1名，负责组织本组成员进行实训。

（2）完成招商对象范围的设定。

（3）编制观众邀请函（简单阐述邀请函内容，不要求设计）。

（4）制定招商宣传推广方案（简单阐述区域的选择、渠道的选择策略及常用的推广方式）。

（5）模拟进行招商分工。

（6）实训结果汇报与教师点评。

任务小结

完成上述任务，掌握相关能力。

（1）掌握制定招商方案的依据。

（2）编制观众邀请函与展会通讯。

（3）进行招商渠道选择。

（4）使用常见的招商方式。

（5）建立目标观众数据库的方法（以专业观众为主）。

（6）招商的宣传推广方式及途径。

（7）撰写招商方案。

任务三　整体营销

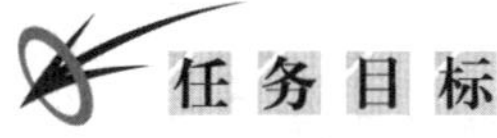

任务目标

学生通过本次任务实训，掌握展会整体营销的要素、特点、步骤及具体方式，掌握网络营销的主要方法，能熟练使用常用的营销手段，具备一定的资料收集能力和分析能力。

知识准备与业务操作

（一）展会的整体营销

展会营销是综合利用展会营销的各个要素，结合展会工作人员的努力和展会相关内容的有形展示，用适当的过程传播展会的服务承诺，将展会的展位销售出去和观众招揽来并建立展会品牌声誉的活动。成功的展会营销是展会能成功举办的重要保证。

1. 整体营销

1992 年，市场营销学界的权威菲利普·科特勒提出了跨世纪的营销新观念——整体营销（Total Marketing）理念。所谓整体营销，就是公司营销活动应该囊括内外部环境的所有重要行为者，其中包括供应商、分销商、最终顾客、职员、财务公司、政府、同盟者、竞争者、传媒和一般大众，前四者构成微观环境，后六者体现宏观环境。整体营销强调的是营销活动不要局限于部分行为对象，强调营销活动要拓宽空间视野。

整体营销是企业开拓市场、满足消费者需要的重要保证。它要求企业全面地组织市场营销活动，针对消费者多方面的需要，综合运用各种营销手段，包括合理地设计产品和制定产品价格、正确地选择分销方式和促销方式、做好产品的市场调研和售后的服务等，使企业的市场营销构成一个有机的整体。同时，整体营销还要求企业树立战略观念，在市场营销活动中根据市场形势和外部环境的变化，高瞻远瞩，审时度势，立足于现实，放眼于未来的全局利益和长远目标，通过研究和制定市场营销战略，提高企业随机应变、驾驭未来的能力。

2. 整体营销要素

整体营销涵盖了两大要素。

（1）企业各部门皆应配合营销部门，采取一致行动以争取顾客。

公司里的各个部门，均须认清他们所采取的每个行动——而不只是营销人员的行动，均与公司争取及留住顾客的能力密切相关。当生产部门为减少产品种类和形式变化而争议；当财务部门坚持新顾客必须合乎更严格的信用标准而争议；当运输部门坚持使用慢而便宜的运送方法，以降低运送费用而争议；当存货部门经理设法使制成品存量保持最低档水准等而争议时，必须明白，所有这些不同部门的主张均与顾客的满意水准直接息息相关，不可一意孤行。当然，我们强调各部门协调配合顾客需要，但并不像某些人所说的，顾客的理由永远凌驾于公司所有的其他理由之上。事实上，我们的主张是为了公司的真正利益，即不是为“销售”，更非为“成本”。话虽如此，但总需要发展出某些方法，来协调解决公司里各部门为争取顾客所可能发生的问题。这些问题一部分可以靠教导其他部门时时刻刻“想到顾客”等来解决，一部分可以设立协调委员会来处理。甚至有些公司认为解决办法是改组各部门。

（2）在营销机能内，应明智地寻求产品（Product）、价格（Price）、促销（Promotion）这四大策略因素的配合和协调，并与顾客建立坚强的交易关系。

因此，价格必须与产品品质一致；配销通路应与价格、产品品质一致；促销又应与价格、产品品质和通路一致。另外，各种营销策略必须在时间和空间上协调一致。比如促销作业不要在产品尚未出现在经销商店之前即早早展开；经销商在未开始销货前，必须先接受某些训练和鼓励等。为了达到这种整体化，许多公司在营销部门内同时设立了产品经理和市场经理。前者负责规划和协调其特定产品所需的各种必要投入因素，以便借此系统成功地推出该产品。后者则负责规划与协调公司在某一地区或某一目标顾客群所需的所有产品及服务。

总而言之，一个以营销为导向的公司，必须是一个能发展出有效措施，用以协调各种影响顾客力量的公司，它可带来既满意公司的产品又忠实公司的好顾客。整体营销策略虽然无法提供长期营销策略行动的明确指示，但是可作为日后在市场上进行各项决策的基础思想和基本原则。例如它可设定以科技创新来提高新产品的边际效益，以节约开支来对付财务危机，或者是以购并相关产业进行多角化经营、追求公司的长久成长等。

3. 展会整体营销的特点

展会营销是一种整合各种营销手段的有计划、有步骤的整体营销。招展、招商和宣传推广都是展会营销的重要组成部分。展会营销的主要任务不仅仅是促进展会的招展和招商，还要着眼于立足长远，建立展会的良好形象和创造展会竞争优势，协助展会进行客户关系管理。

通常展会营销具有如表 4－7 所示的特点。

表 4－7 展会营销的特点

特 点	描 述
任务的多重性	展会的营销任务是多重的，它服务于整个展会，兼顾促进展会招展、促进展会招商、建立展会的良好形象和创造展会竞争优势、协助业务代表和代理们顺利开展工作、指导内部员工如何对待客户五大任务
阶段性	展会营销的五大任务不是同时实现的，它们是随着展会筹备工作的进行和展会的实际需要而分步骤和分阶段逐步实现的。展会营销的阶段性很强，展会发展到什么阶段，就进行什么样的展会营销工作，这点必须十分清晰
计划性	展会的营销任务多，阶段性强。这就要求在展会一开始筹备时就必须认真规划好展会营销工作，照顾到展会筹备工作各方面对展会营销的需要，给展会筹备工作以强有力的全方位的支持
本质上是对服务的营销	展会只是各种展会服务的一个有形载体。参展商和观众之所以要参加展会，是因为他们想得到展会提供的各种服务，如果他们享受不到这些服务，展会对参展商和观众来说就形同虚设。所以，从本质上来说，展会营销是在营销展会的各种服务

续上表

特　点	描　述
多媒体和多渠道的组合营销	各媒体和渠道的宣传推广安排，要求时间上协调，口径上统一，内容上各有侧重，效果上互相补充。如此，展会营销对展会发展的促进作用才明显
整体营销	所谓整体营销，从内容上来说，是指展会营销要包含展会筹备的全过程，既包括展前，也包括展中和展后；从执行人员上来说，不仅包括专门从事展会营销部门的工作人员，也包括展会所有与客户接触的人员，是一种全员的营销

4. 制订展会营销计划的步骤

一般来说，制订展会营销计划有六个步骤：目标、投入、信息、资料、渠道和评估，如表4－8所示。

表4－8　制订展会营销计划的步骤

步　骤	内容描述
目标	就是要确定展会营销所希望达到的目标，如招展、招商、建立展会形象等五大任务。制订展会营销计划首先要明确营销的任务是什么，这样才能有目的地去实施各种营销工作。否则，展会营销工作就会变得无的放矢。展会营销的目标具有一定的阶段性，在展会筹备的不同阶段，其主要任务也有所差别，如前期偏重于招展，后期偏重于招商等
投入	就是要确定为了达到上述展会营销目标所需要的资金投入。一般以“展会营销预算”来体现。展会营销预算可以先按营销渠道的不同来分别制定，如专业媒体宣传投入预算、大众媒体宣传投入预算等；然后再将各渠道的预算汇总成展会营销的总预算。从国际普遍的做法来看，办展单位一般会将收入的5%～15%拿出来作为展会营销的资金投入
信息	就是要确定展会营销需要向外界传递的信息，如展会的办展理念、展会的优势和特点、展会的VI形象等。不管要向外界传递的是什么样的信息，这些信息都必须是真实可靠的。另外，传递的信息要具有自己的特色，具有差别性和排他性，这样才能起到更好的营销效果，才不会被其他信息所淹没
资料	就是要确定制作什么样的营销材料来承载上述信息。在制作营销资料时要注意遵循以下几个原则：第一，针对性。每一种营销资料都必须有自己具体的目标客户。第二，系统性。各种营销资料既有自己的特色又互相配合、互相补充。第三，专业性。资料在制作上要符合会展业的要求，在内容上要能反映行业的特点和展会的特色，要在具备国际性的同时又兼顾各国的不同文化差异。第四，统一性。各种营销资料在宣传口径上要统一，在各种数据、理念和VI形象上要一致。如果不是首次举办，还要附上上届展会的信息

续上表

步　骤	内容描述
渠道	就是要确定展会营销的渠道，或者说要确定采用哪种渠道将展会信息传递出去。展会营销的渠道很多，如专业媒体、大众媒体、同类展会、电子商务、直接邮寄、事件推广、公共关系等。这些渠道各有特色，要善于选择和利用，特别要注意新媒体、新技术的使用
评估	就是测评展会营销的展览和效果，评估展会营销目标完成的状况如何。展会营销的效果可以分为即时效果、近期效果和远期效果。对这些效果可以从观众、参展商和展会功能定位三个方面来评估。展会营销效果具有滞后性、交融性和隐含性等特征，有时候较难测定，对此我们必须采取科学的方法

5. 展会营销的具体方式

在国内当前的会展业市场形态下，展会营销主要采取的方式包括电话销售、直接邮寄、广告宣传、活动推广、网络营销、代理营销六大种类。不同的展会项目差别一般只在于采取的策略组合方式不同和主次投入力度的不同。

（1）电话销售。

电话销售即通过电话，有计划、有组织、高效率地扩大会展客户群，并提高客户满意度，从而维护和保持客户。当前，电话销售依然是展会营销中十分重要的策略手段。作为一种营销方法，电话销售尽管显得比较传统，但它能使展会组织者在一定的时间内快速、准确地将信息传递给目标客户，并及时获得反馈，争取客户。随着当下微信成为人们日常的交流习惯，“电话＋微信”相结合的营销形式直接、便捷、高效，在会展营销得到了普遍的应用。

电话营销是相对感性的销售过程。在营销实践过程中，电话营销的效率性和便利性往往是通过营销人员的个人魅力与技巧来实现的。以下是几点在展会营销电话销售中要注意的：

①对电话营销人员进行专业化的培训。高效率的电话营销与销售队伍的招聘、培训、激励、组织体系管理、计划等因素有密切关系。面向电话营销人员的培训包括：熟悉会展组织机构与会展项目的基本情况，了解目标客户的参会或参展动机，为目标客户准备建议方案，了解目标客户的背景，练习谈话技巧。

②CRM（客户关系管理）客户管理系统支持。CRM 客户管理系统是电话营销工作中最普遍和常用的管理工具平台。合适的 CRM 客户管理系统在提高会展营销效率的同时，也为决策层管理和分析客户、制定合适的营销策略提供科学的决策依据。

③利用广告、邮件、信件直邮等营销方法配合电话营销。从展会营销的实践角度来讲，在开展电话营销之前，如果已经通过广告、邮件、信件直邮等营销方法使得目标客户了解到了展会项目的相关信息，则电话营销人员与客户间的沟通就会更加容易，也更能取得积极有效的成果。

（2）直接邮寄。

直接邮寄的方式是将各种资料直接邮寄给潜在的会展客户，邀请他们参与会展活动。直接发函是一种相对很传统、直接、单向的宣传营销方法，尽管存在着反馈效率非常低的问题，但因其成本较低、性价比高，目前仍有小部分会展业项目使用该营销方法，尤其是在官方、政府主导的会展项目上。不过，伴随着现代信息技术的迅速发展，利用电子邮件、传真手段发送越来越普遍，直接邮寄已逐渐地淡出视野。

（3）广告宣传。

广告宣传是展会营销的极其重要的方式。展会广告的范围可能覆盖已知的和潜在的所有目标客户，可以将展会项目情况传达到直接联络所遗漏的目标客户，也可以加强直接联络的效果。广告宣传覆盖面广，但成本高，因此对广告安排需要谨慎控制和管理，明确广告宣传的目标，确定合理的科学预算，谨慎选择广告媒体，仔细安排广告投放时间段。通常，展会广告宣传的方式主要分为大众媒体广告和专业媒体广告两大类。

①大众媒体广告。大众媒体广告一般指电视、报纸、户外广告、综合门户网站、交通媒体等，其作用在于塑造展品形象和吸引一般客户参与展会活动。它的优势是覆盖面十分广泛，能让大量受众获取关于该展会的信息，时效性强。但总体而言，大众媒体广告对专业性展会的目标观众，如参展商、专业观众等与会者的针对性不够，无法直接吸引有效的客户。

②专业媒体广告。专业媒体是指展会项目题材所在行业的专业网站、报纸、杂志等其他媒介。它是专业类展会项目进行广告宣传的主要选择，主要优势在于针对性强。专业媒体的阅读者通常是与展会题材相关的行业从业人士或者相关者，这正是展会项目的目标客户，面向专业媒体的广告投放，一般能够起到较好的营销效果。另外，专业媒体往往在行业内是有一定的权威性和影响力的，这在侧面也对展会项目的真实可信度有着促进作用。

（4）活动推广。

活动推广是指采用新闻发布会、核心用户招待会、推介会、庆祝会等公关性营销活动来营销展会项目。各类公关活动与一般广告的区别在于它并不是直接推销产品或者服务，而是通过一系列活动来塑造展会组织者良好的形象和口碑，促进公众对组织者以及展会产品的了解，改善组织者与大众之间的关系，从而达到间接销售展会项目的根本目的。

在开展公关营销活动的时候，需要精心策划活动的时间、地点、邀请的嘉宾、媒体单位、发布会的内容和程序。其中尤其重要的是活动的内容，要突出推广的展会项目的特色，要让公关营销活动具备新闻价值点，成为媒体和公众的聚焦点。

（5）网络营销。

互联网在会展行业来说，早就不再是一个新鲜事物。展会的官方网站当前已然是展会营销的基本配置，也可谓是展会主办机构对互联网的基本理解和应用。

展会网络营销就是建立在展会企业营销的整合营销组合上，然后利用互联网信息技术去更快速地发布（如快速发布展会资讯，发布招商信息，启动观众报名通道等），或者利用网络技术实现企业更灵活的营销活动（如积分兑换、推荐有奖、折扣抢占展位

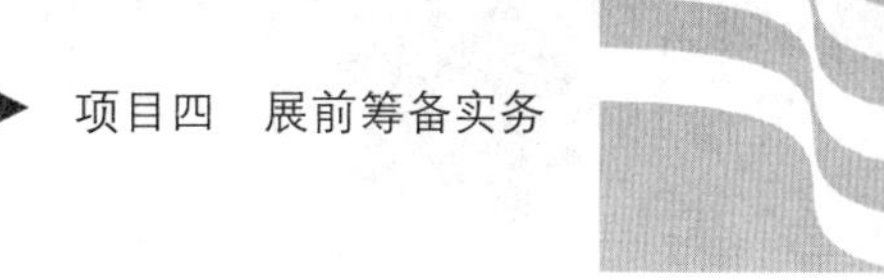

等）。会展业网络营销的形式和内容如表 4－9 所示。

表 4－9 会展业网络营销的形式和内容

形 式	内容描述
E-mail 营销	这是企业现在常用的营销推广方式之一。目前在国外，EDM 营销（电子邮件营销）依然有着重要的地位。不过，反观国内，效果并不明显，除非是大型企业以及知名度高的企业，毕竟在国内大众利用邮件办公或者邮件交流的意识依然并非十分强烈。在 E-mail 营销中，需特别注意所发送的推广展会的电子邮件用语要生动、简洁、有吸引力，并不建议一封邮件中包含过多的展示信息，这样往往会适得其反
网络广告投放	在各大门户网站和同类的网站刊登广告。打好网络广告的关键是网络广告信息，还有选取目标受众的考量。最常用的广告是网幅广告。在制作时，要考虑以下五点：一是贴近受众需求；二是表现独到之处；三是提供可信信息；四是内容简约；五是整合相关媒体技术。当前，随着数字营销技术的发展，广告投放越发精准化，对目标群体的科学投放不断提升和优化着转化效果，而这同时也在反向要求主办者对自身的受众目标群体要有更加精细化的了解
搜索引擎排名	搜索引擎排名这种方式又可以细分为三点：免费（付费）登录分类信息目录；搜索引擎优化（SEO）；关键词广告（CPC）
链接交换	链接交换就是指同类展会有直接或者间接关系的公司、组织、机构或个人交换彼此的网站链接
新媒体推广	随着移动互联网信息技术的发展，新媒体平台如雨后春笋般发展，新媒体营销已经逐渐成为现代营销模式中最重要的部分（利用互联网、移动电视、手机短信等一系列在高新科技承载下展现出来的媒体形态，被现代的人们称为新媒体）。当前，随着人们阅读和获取信息越发碎片化和移动化，新媒体推广地位越发凸显，社交关系链也成为新媒体推广在传播和目标转化方面的强有力的着力点

网络作为信息时代的主要工具和信息载体，其优势无可比拟，速度快，时效性强，管理相对容易，交互性好，成本低，效率高。对于展会组织者的营销工作而言，网络营销能在最大范围内吸引参会者，为他们提供个性化服务，并大大降低整体的营销成本，尤其是伴随着大数据应用、数字化营销、AI（人工智能）技术的发展，网络营销对于展会营销可以实现全过程、系统化、动态化的管理。

6. 编制展会营销计划

（1）营销计划的内容。

一个完整的展会营销计划包含的内容如表 4－10 所示。

表 4－10　展会营销计划的内容

包含的内容	描　述
执行概要和目录表	本营销计划的主要目标、策略及预算等的简要说明
环境分析	对展会面临的宏观和微观环境及竞争态势等进行背景分析
机会与问题分析	概述展会面临的主要机会与威胁、优势与劣势等，并对营销中必须重点关注和处理的问题加以说明
营销目标和任务	提出营销要达到的目标和要努力完成的任务
营销策略	为实现上述目标和完成上述任务而计划采取的主要营销方法、渠道、模式等
行动方案	规划好营销工作应该做什么、由谁来做、什么时候做和如何去做等，并列明具有里程碑式意义的重要行动的时间安排表
营销预算	营销所需要的费用支出
营销控制	说明将如何监控、协调、调整和管理营销计划的执行和实施

（2）营销计划提纲样本（如表 4－11 所示）。

表 4－11　营销计划提纲样本

内容	对　象	描　述
销售目标	办展方	短期展览销售目标 长期展览销售目标 意外事故计划（不可知的潜在负面风险） 影响销售目标的因素（如各种趋势、市场规模、生命周期等）
	观展方	短期观展方目标 长期观展方目标 意外事故计划 影响销售目标的因素
目标市场	办展方	主要、次要参展方概况 市场规模 决策程序 影响人和中介 地理因素
	观展方	主要、次要观展方概况 观展方规模 决策程序 影响人和中介 地理因素

续上表

内容	对 象	描 述
产品	办展方	核心供应 产品线扩展 增值服务
	观展方	核心供应 产品线扩展 增值服务
价格	办展方	提高价格体现展会优质形象 降低价格提高试用数量 降低价格提高市场份额
	观展方	提高价格体现展会优质形象 降低价格提高试用数量 降低价格提高市场份额
定位	办展方	竞争对手越少，差异化越小 存在竞争的情况下，寻找最适合的定位（独特的销售主张），看不到价值所在是参展的主要障碍，办展定位时必须排除这一障碍，展会必须根据定位展开
	观展方	竞争对手越少，差异化越小 存在竞争的情况下，寻找最适合的定位（独特的销售主张），看不到价值所在是观展的主要障碍，定位必须排除这一障碍，展会必须根据定位展开
营销目标	办展方	留住现有参展商 增加现有参展商的场地租金 增加新参展商 提高市场份额 持续控制竞争者
	观展方	留住现有观展者 增加现有观展者的观展频度 增加新观展者 提高市场份额 持续控制竞争者
促销	办展方	直接邮寄、广告促销、广告关系、直销、销售促进、电子营销、国际项目等
	观展方	直接邮寄、广告促销、广告关系、直销、销售促进、电子营销、国际项目等

7．展会营销计划的有效实施

展会营销计划制订出来并被认可以后，要通过一定的途径，确保该计划能得到贯彻执行。要确保被认可的展会营销计划能有效地实施，展会必须做到以下几点。

（1）建立必要的营销组织。营销计划的实施要有具体负责的部门、个人或行动小组，否则营销计划的实施就会出现这样或那样的问题以及偏差。

（2）明确部门和营销人员的职责分工。负责具体实施营销计划的部门、个人或行动小组，与展会其他部门之间的职责分工必须明确。同时，负责具体实施营销计划的部门和行动小组内部的人员之间的职责也必须明确，这样才能权责分明。

（3）建立必要的流程和控制系统。在负责具体实施营销计划的部门、个人或行动小组与展会其他部门之间，已经在负责具体实施营销计划的部门、个人或行动小组内部，都要建立起必要的流程和控制系统，这样才能减少内部环节，提高效率。

（4）保持营销计划执行的连续性。不要随意更改或中断营销计划，也不要临时仓促决策，要在保持营销计划有一定的弹性的同时尽量不破坏营销计划执行的连续性。

（5）注意营销计划执行各方面的协调性。营销计划得到有效执行，不仅仅是负责具体实施营销计划的部门、个人或行动小组的事，往往还需要展会其他部门的大力配合与支持。因此，加强负责具体实施营销计划的部门、个人或行动小组内部的沟通和协调，以及与展会其他部门的沟通和协调，对确保营销计划的顺利实施非常重要。

（二）网络营销

1．网络营销的概念

网络营销是企业整体营销战略的一个组成部分，是为实现企业总体经营目标所进行的，以互联网为基本手段营造网上经营环境的各种活动，是一个广义词。从目前的商业来讲，网络营销更宽泛地涵盖网络的产品及投放互联网概念。

网络营销（On-line Marketing 或 E-Marketing）是随着互联网进入商业应用而产生的，尤其是万维网（WWW）、电子邮件（E-mail）、搜索引擎、社交软件等得到广泛应用之后，网络营销的价值才越来越明显。网络营销可以利用多种手段，如 E-mail 营销、博客与微博营销、网络广告营销、视频营销、媒体营销、竞价推广营销、SEO（搜索引擎优化）排名营销、大学生网络营销能力秀等。网络营销是 21 世纪最有代表性的一种低成本、高效率的、全新的商业形式。它是以互联网为核心平台，以网络用户为中心，以市场需求和认知为导向，利用各种网络应用手段去实现企业营销目的的一系列行为。虽然网络营销以互联网为核心平台，但也可以整合其他的资源形成整合营销，比如销售渠道促销、传统媒体广告、地面活动等。互联网拥有其他任何媒体都不具备的综合营销能力，网络营销可进行从品牌推广到销售、服务、市调等一系列的工作，包括电子商务、企业展示、企业公关、品牌推广、产品推广、产品促销、活动推广、挖掘细分市场、项目招商等方面。这里所指的网络不仅包括互联网（Internet），还应该包括外联网（Extranet）及内联网（Intranet），即应用互联网技术和标准建立的企业内部信息管理和交换平台。

2．网络营销的理论基础

网络营销的理论基础主要是网络直复营销理论、网络关系营销理论、网络软营销理

论和网络整合营销理论。

（1）网络直复营销理论。

网络营销作为一种有效的直复营销策略，说明网络营销的可测试性、可度量性、可评价性和可控制性。因此，利用网络营销的这一特性，可以大大改进营销决策的效率和营销执行的效用。

直复营销理论是20世纪80年代引人注目的一个概念。美国直复营销协会对其所下的定义是："一种为了在任何地方产生可度量的反应和（或）达成交易所使用的一种或多种广告媒体的相互作用的市场营销体系。"直复营销理论的关键在于它说明网络营销是可测试的、可度量的、可评价的，这就从根本上解决了传统营销效果评价的困难性，为更科学的营销决策提供了可能。

（2）网络关系营销理论。

关系营销是1990年以来受到重视的营销理论，它主要包括两个基本点：首先，在宏观上认识到市场营销会对范围很广的一系列领域产生影响，包括顾客市场、劳动力市场、供应市场、内部市场、相关者市场以及影响者市场（政府、金融市场）；其次，在微观上认识到企业与顾客的关系不断变化，市场营销的核心应从过去的简单的一次性的交易关系转变到注重保持长期的关系上来。企业是社会经济大系统中的一个子系统，企业的营销目标要受到众多外在因素的影响，企业的营销活动是一个与消费者、竞争者、供应商、分销商、政府机构和社会组织发生相互作用的过程。正确理解这些个人与组织的关系是企业营销的核心，也是企业成败的关键。

关系营销的核心是保持顾客，为顾客提供高度满意的产品和服务价值，通过加强与顾客的联系，提供有效的顾客服务，保持与顾客的长期关系，并在与顾客保持长期的关系的基础上开展营销活动，实现企业的营销目标。实施关系营销并不是以损伤企业利益为代价的。根据研究，争取一个新顾客的营销费用是维持老顾客关系费用的5倍，因此，加强与顾客关系并建立顾客的忠诚度，是可以为企业带来长远的利益的，它提倡的是企业与顾客双赢策略。互联网作为一种有效的双向沟通渠道，企业与顾客之间可以实现低费用成本的沟通和交流，它为企业与顾客建立长期关系提供有效的保障。这是因为，首先，利用互联网企业可以直接接收顾客的订单，顾客可以直接提出自己的个性化需求。企业根据顾客的个性化需求，利用柔性化的生产技术最大限度满足顾客的需求，为顾客在消费产品和服务时创造更多的价值。企业也可以从顾客的需求中了解市场、细分市场和锁定市场，最大限度降低营销费用，提高对市场的反应速度。其次，利用互联网企业可以更好地为顾客提供服务和与顾客保持联系。互联网的不受时间和空间限制的特性能最大限度地方便顾客与企业进行沟通，顾客可以借助互联网在最短时间内以简便方式获得企业的服务。同时，通过互联网交易企业可以实现对从产品质量、服务质量到交易服务等过程的全程质量控制。

另外，通过互联网，企业还可以实现和与自己相关的企业及组织建立关系，实现双赢发展。互联网作为最廉价的沟通渠道，它能以低廉成本帮助企业与企业的供应商、分销商等建立协作伙伴关系。如联想电脑公司通过建立电子商务系统和管理信息系统实现与分销商的信息共享，降低库存成本和交易费用，同时密切双方的合作关系。有关网络

关系营销理论的应用将在后面网络营销服务策略中进行详细介绍。

（3）网络软营销理论。

软营销理论是针对工业经济时代的以大规模生产为主要特征的“强式营销”提出的新理论。该理论认为顾客在购买产品时，不仅要满足基本的生理需要，还要满足高层的精神和心理需求。因此，软营销的一个主要特征是对网络礼仪的遵循，通过对网络礼仪的巧妙运用获得期望的营销效果。它强调企业在进行市场营销活动时必须尊重消费者的感受和体念，让消费者能舒服地主动接收企业的营销活动。传统营销活动中最能体现强势营销特征的是两种促销手段：传统广告和人员推销。在传统广告中，消费者常常是被迫、被动地接受广告信息的“轰炸”，它的目标是通过不断的信息灌输方式在消费者心中留下深刻的印象，至于消费者是否愿意接受、需要不需要则不考虑；在人员推销中，推销人员根本不考虑被推销对象是否愿意和需要，只是根据推销人员自己的判断强行展开推销活动。

在互联网上，由于信息交流是自由、平等、开放和交互的，强调的是相互尊重和沟通，网络使用者比较注重个人体验和隐私保护。因此，企业采用传统的强势营销手段在互联网上展开营销活动势必适得其反，如美国著名的 AOL（美国在线公司）曾经对其用户强行发送E-mail广告，结果招致用户的一致反对，许多用户约定同时给 AOL 公司服务器发送E-mail进行报复，结果使得 AOL 的 E-mail 邮件服务器处于瘫痪状态，最后该公司不得不道歉以平息众怒。网络软营销恰好是从消费者的体验和需求出发，采取拉式策略吸引消费者关注企业来达到营销效果。在互联网上开展网络营销活动特别是促销活动，一定要遵循一定的网络虚拟社区形成规则，有的也称为“网络礼仪（Netiquette）”。网络软营销就是在遵循网络礼仪规则的基础上巧妙运用相关技术达到一种微妙的营销效果。有关网络软营销理论的应用将在网络营销促销策略中进行具体介绍。

（4）网络整合营销理论。

在当前后工业化社会中，第三产业中服务业的发展是主要的经济增长点，传统的以制造为主的产业正在向服务型发展，新型的服务业如金融、通信、交通等如日中天。后工业社会要求企业的发展必须以服务为主，必须以顾客为中心，为顾客提供适时、适地、适情的服务，最大程度上满足顾客需求。互联网络作为跨时空传输的“超导体”媒体，可以为顾客在所在地提供及时的服务。同时互联网的交互性可以了解顾客需求并提出针对性的响应，因此互联网可以说是消费者时代中最具魅力的营销工具。

网络整合营销理论主要包括以下几个关键点：

网络营销首先要求把消费者整合到整个营销过程中来，从他们的需求出发开始整个营销过程。

网络营销要求企业的分销体系以及各利益相关者要更紧密地整合在一起。

把企业利益和顾客利益整合到一起。

互联网对市场营销的作用，可以通过对 4Ps（产品/服务、价格、分销、促销）结合发挥重要作用。利用互联网传统的 4Ps 营销组合可以更好地与以顾客为中心的 4Cs（顾客、成本、方便、沟通）相结合。

①产品和服务以顾客为中心。由于互联网具有很好的互动性和引导性，用户可以通

过互联网在企业的引导下对产品或服务进行选择或提出具体要求，企业也可以根据顾客的选择和要求及时进行生产并提供及时服务，使得顾客跨时空得到所要求的产品和服务。此外，企业还可以及时了解顾客需求，并根据顾客要求及时组织生产和销售，提高企业的生产效益和营销效率。如美国个人电脑销售公司戴尔（Dell）公司，在1995年还是亏损的，但在1996年，它们通过互联网来销售电脑，业绩得到100%的增长，由于顾客可以通过互联网在戴尔公司设计的主页上进行选择和组合电脑，该公司的生产部门马上根据要求组织生产，并通过邮政公司寄送，因此戴尔公司可以实现零库存生产，特别是在电脑部件价格急剧下降的年代，零库存不但可以降低库存成本，还可以避免因高价进货带来的损失。

②以顾客能接受的成本定价。传统的以生产成本为基准的定价在以市场为导向的营销中是必须摒弃的。新型的价格应是以顾客能接受的成本来定价，并依据该成本来组织生产和销售。企业以顾客为中心定价，必须测定市场中顾客的需求以及对价格认同的标准，否则以顾客接受的成本来定价只能是空中楼阁。企业在互联网上可以很容易实现这种定价方法：顾客可以通过互联网提出接受的成本，企业根据顾客提出的成本提供柔性的产品设计和生产方案供其选择，直到顾客认同并确认后再组织生产和销售，所有这一切都是顾客在公司的服务器程序的导引下完成的，并不需要专门的服务人员，因此成本也极其低廉。目前，美国的通用汽车公司允许顾客在互联网上通过公司的有关导引系统自己设计和组装满足自己需要的汽车，用户首先确定接受价格的标准，然后系统根据价格的限定显示满足要求的汽车，用户还可以进行适当的修改，公司最终生产的产品恰好能满足顾客对价格和性能的要求。

③产品的分销以方便顾客为主。网络营销是一对一的分销渠道，是跨时空进行销售的，顾客可以随时随地利用互联网订货和购买产品。以法国钢铁制造商犹齐诺—洛林公司为例，该公司创立于8年前，因为采用了电子邮件和世界范围的订货系统，从而把加工时间从15天缩短到24小时。目前，该公司正在使用互联网为顾客提供比对手更好、更快的服务。

④从压迫式促销转向加强与顾客的沟通和联系。传统的促销是以企业为主体，通过一定的媒体或工具对顾客进行压迫式的促销，继而加强顾客对企业和产品的接受度和忠诚度，顾客是被动地接受的，企业缺乏与顾客的沟通和联系，同时企业的促销成本很高。互联网上的营销是一对一和交互式的，顾客可以参与到企业的营销活动中来，因此互联网更能加强企业与顾客的沟通和联系，更能了解顾客的需求，更易得到顾客的认同。

3. 网络营销的优势分析

目前，互联网正迅速渗透到社会政治、经济、文化各个领域，进入人们的日常生活，并带来社会经济、人们生活方式的重大变革，为企业营销带来新的契机，愈来愈多的企业认识到互联网对企业经营发展不可替代的重要作用。作为一种全新的营销方式，网络营销具有传统市场营销方式无可比拟的优越性，客观上决定了网络营销必然具有强大的生命力，也必将成为21世纪企业营销的主流，全球企业竞争的锐利武器。

（1）与国际市场的距离缩短。

互联网覆盖全球市场，通过它，企业可方便快捷地进入任何一国市场，推销自己的产品和服务。网络营销为企业架起了一座通向国际市场的通道。由于网络的开放互联性质，通信实现了信息全球化，网络可以到达推销和销售渠道无法到达的地方。通过互联网，企业可以发现世界各个角落的潜在顾客，企业的潜在用户也可以轻松廉价地了解企业的资料并达成交易。因此，网络营销为企业提供了选择范围最大的全球化市场。

（2）减本增益。

通过互联网进行商品的买卖，企业的业务是在一种“虚拟市场”的网络环境下进行的，因此可以节省营销与渠道成本，使企业具有低成本的竞争优势。网络营销加强了企业与供应商的信息交流，减少了采购费用；建立了企业与消费者之间的直接联系，减少了交易环节及销售费用；完成了企业内部信息的共享和交流实时化，实现统一管理，减少了管理费用；使企业和消费者即时沟通供需信息，使无库存生产和无库存销售成为可能，从而降低库存费用。

（3）高效便捷的信息沟通。

网络就是信息高速公路，企业可以借助网络多方面收集顾客的需求信息，尤其是个性化的信息，并迅速地做出反应，同样也可以通过网络平台把产品或服务传递给消费者，这些信息传递不仅数量大、迅速和快捷，而且几乎不受时间和地点的限制。以网络为媒体的信息内容十分丰富，网络虚拟市场的信息往往是多媒体的，有图片、动画、文字和声音等，不仅有产品和价格信息，还有相关的知识文化信息。

（4）消费者的选择空间大。

在互联网上，消费者可以不受地域和时间限制地在全球范围内根据自己的需求特点快速寻找自己满意的产品，并进行充分比较，以节省交易时间与交易成本。此外，互联网还可以帮助企业实现与消费者的一对一沟通，便于企业针对消费者的个别需要，提供具有特色的个性化服务。

（5）竞争更公平。

网络为企业提供了一个真正平等、自由的市场体系，使其具有面临消费者的机会和获取世界各地信息的机会，竞争在网上变得透明而清晰，信誉成了网上竞争新的焦点。来自消费者的信任，绝不会因为是商业巨子或是无名小卒而有所偏差。任何企业都不受自身规模的绝对限制，都能平等地获取世界各地的信息，平等地发展自己。利用互联网，中小企业只需花极小的成本，就可以迅速建立起自己的全球信息网和贸易网，将产品信息迅速传递到以前只有财力雄厚的大公司才能接触到的市场中去。因此，网络营销成为刚刚起步且面临强大竞争对手的中小企业的一个强有力的竞争武器。

4. 网络营销的基本职能

网络营销的基本职能可归纳为八个方面：网络品牌、网址推广、信息发布、销售促进、销售渠道、顾客服务、顾客关系、网上调研。网络营销的职能不仅表明了网络营销的作用和网络营销工作的主要内容，同时也说明了网络营销所应该可以实现的效果。对网络营销职能的认识有助于全面理解网络营销的价值和网络营销的内容体系，因此网络营销的职能是网络营销的理论基础之一。

（1）网络品牌。

网络营销的重要任务之一就是在互联网上建立并推广企业的品牌。知名企业的网下品牌可以在网上得以延伸；一般企业则可以通过互联网快速树立品牌形象，并提升企业整体形象。

网络品牌建设是以企业网站建设为基础，通过一系列的推广措施，达到顾客和公众对企业的认知和认可。在一定程度上说，网络品牌的价值甚至高于通过网络获得的直接收益。

（2）网址推广。

这是网络营销最基本的职能之一，几年前甚至有观点认为网络营销就是网址推广。相对于其他功能来说，网址推广显得更为迫切和重要，网站所有功能的发挥都要以一定的访问量为基础，所以，网址推广是网络营销的核心工作。

（3）信息发布。

网站是一种信息载体，通过网站发布信息是网络营销的主要方法之一，同时，信息发布也是网络营销的基本职能。所以，也可以这样理解：无论哪种网络营销方式，结果都是将一定的信息传递给目标人群，包括顾客/潜在顾客、媒体、合作伙伴、竞争者等。

（4）销售促进。

营销的基本目的是为增加销售提供帮助，网络营销也不例外。大部分网络营销方法都与直接或间接促进销售有关，但促进销售并不限于促进网上销售。事实上，网络营销在很多情况下对于促进网下销售十分有价值。

（5）销售渠道。

一个具备网上交易功能的企业网站本身就是一个网上交易场所，网上销售是企业销售渠道在网上的延伸，网上销售渠道建设也不限于网站本身，还包括建立在综合电子商务平台上的网上商店及与其他电子商务网站不同形式的合作等。

（6）顾客服务。

互联网提供了更加方便的在线顾客服务手段，从形式最简单的 FAQ（常见问题解答），到邮件列表，以及 BBS（电子公告牌系统）、MSN（微软公司旗下的门户网站）、聊天室等各种即时通信服务，顾客服务质量对于网络营销效果具有重要影响。

（7）顾客关系。

良好的顾客关系是网络营销取得成效的必要条件，企业通过网站的交互性、顾客参与等方式在开展顾客服务的同时，也增进了顾客关系。

（8）网上调研。

通过在线调查表或者电子邮件等方式，可以完成网上市场调研。相对传统的市场调研，网上调研具有高效率、低成本的特点，因此，网上调研成为网络营销的主要职能之一。

开展网络营销的意义就在于充分发挥各种职能，让网上经营的整体效益最大化，因此，仅仅由于某些方面效果欠佳就否认网络营销的作用是不合适的。网络营销的职能是通过各种网络营销方法来实现的，网络营销的各个职能之间并非相互独立的，同一个职能可能需要多种网络营销方法的共同作用，而同一种网络营销方法也可能适用于多个网

络营销职能。

5. 网络营销的主要方法和效果

(1) 常用网络营销方法体系。

网络营销的职能的实现需要通过一种或多种网络营销手段，常用的网络营销方法除了搜索引擎注册之外，还有关键词搜索、网络广告、TMTW（来电付费广告）、交换链接、信息发布、整合营销、邮件列表、许可邮件营销、个性化营销、软文推广、博客营销、微博营销、会员制营销、病毒性营销等。常用的网络营销方法及效果如表4－12所示。

表4－12　常用的网络营销方法及效果

网络营销方法	内　容	效果/作用
交换链接	或称互惠链接，是具有一定互补优势的网站之间的简单合作形式，即分别在自己的网站上放置对方网站的LOGO或网站名称并设置对方网站的超级链接，使得用户可以从合作网站中发现自己的网站，达到互相推广的目的	获得访问量，增加用户浏览时的印象，在搜索引擎排名中增加优势，通过合作网站的推荐增加访问者的可信度等。交换链接的意义已经超出了是否可以增加访问量的范畴，比直接效果更重要的是业内的认知和认可。交换链接要注重对方网站的质、量、度，交换链接主要是通过工具查看对方网站的PR（网页排名）、快照、收录数量、关键词排名等信息
网络广告	几乎所有的网络营销活动都与品牌形象有关，在所有与品牌推广有关的网络营销手段中，网络广告的作用最为直接	标准标志广告（BANNER）曾经是网上广告的主流（虽然不是唯一形式）。2001年之后，网络广告领域发起了一场轰轰烈烈的创新运动，新的广告形式不断出现。新型广告由于克服了标准条幅广告条承载信息量有限、交互性差等弱点，因此获得了相对比较高的点击率
信息发布	信息发布既是网络营销的基本职能，又是一种实用的操作手段。通过互联网，不仅可以浏览到大量商业信息，同时还可以自己发布信息	最重要的是将有价值的信息如新产品信息优惠促销信息及时发布在自己的网站上，以充分发挥网站的功能
邮件营销	基于用户许可的邮件营销比传统的推广方式或未经许可的邮件营销具有明显的优势，比如可以减少广告对用户的滋扰、增加潜在客户定位的准确度、增强与客户的关系、提高客户的品牌忠诚度等	开展邮件营销的前提是拥有潜在用户的邮件地址。企业可以从用户、潜在用户资料中自行收集整理E-mail地址，也可以利用第三方的潜在用户资源

续上表

网络营销方法	内容	效果/作用
邮件列表	邮件列表实际上也是一种邮件营销形式。邮件列表也是基于用户许可的原则，用户自愿加入、自由退出。稍微不同的是，邮件营销直接向用户发送促销信息，而邮件列表是通过为用户提供有价值的信息，在邮件内容中加入适量促销信息，从而实现营销的目的	主要价值表现在四个方面：是公司产品或服务的促销工具、方便和用户交流、获得赞助或者出售广告空间、收费信息服务。邮件列表的表现形式很多，常见的有新闻邮件、各种电子刊物、新产品通知、优惠促销信息、重要事件提醒服务等
个性化营销	个性化营销的主要内容包括：用户定制自己感兴趣的信息内容，选择自己喜欢的网页设计形式，根据自己的需要设置信息的接收方式和接收时间等等	个性化服务在改善顾客关系、培养顾客忠诚度以及增加网上销售方面具有明显的效果。为了获得某些个性化服务，在个人信息可以得到保护的情况下，用户才愿意提供有限的个人信息，这是开展个性化营销的前提保证
会员制营销	会员制营销已经被证实为电子商务网站的有效营销手段，国外许多网上零售型网站都实施了会员制计划，几乎已经覆盖了所有行业	总的来讲，国内的会员制营销还处在发展初期，不过已经可以看出电子商务企业对此表现出的浓厚兴趣以及旺盛的发展势头
网上商店	建立在第三方提供的电子商务平台上、由商家自行经营的网上商店，如同在大型商场中租用场地开设商家的专卖店一样，是一种比较简单的电子商务形式。网上商店除了通过网络直接销售产品这一基本功能之外，还是一种有效的网络营销手段	从企业整体营销策略和顾客的角度考虑，网上商店的作用主要表现在两个方面：一方面，网上商店为企业扩展网上销售渠道提供了便利的条件；另一方面，建立在知名电子商务平台上的网上商店能增加顾客的信任度。从功能上来说，网上商店对不具备电子商务功能的企业网站也是一种有效的补充，对提升企业形象并直接增加销售具有良好效果，尤其是将企业网站与网上商店相结合，效果更为明显
病毒性营销	病毒性营销并非真的以传播病毒的方式开展营销，而是通过用户的口碑宣传，让信息像病毒一样在网络上传播和扩散，利用快速复制的方式传向数以百万计的受众	病毒性营销的经典范例是，几乎所有的免费电子邮件提供商都采取类似的推广方法

续上表

网络营销方法	内　容	效果/作用
来电付费营销	英文为 Pay Per Call，按接到客户有效电话的数量进行付费，即策划不收费、展示不收费、点击不收费，只有广告主接到客户有效电话后才收取相应费用，是在欧美国家出现的一种新的广告推广计费模式	按来电付费是一种真正意义上的按效果付费的模式
网络视频营销	通过数码技术将产品营销现场实时视频图像信号和企业形象视频信号传输至互联网上。客户只需上网登录网站，就能看到对公司产品和企业形象进行展示的电视现场直播	网络视频营销可提升网民对公司的信任度
论坛营销	企业利用论坛这种网络交流的平台，通过文字、图片、视频等方式发布企业的产品和服务的信息，从而让目标客户更加深刻了解企业的产品和服务的网络营销活动	论坛营销能宣传企业的品牌，加深市场认知度
网络图片营销	网络图片营销其实已经成为人们常用的网络营销方式之一。我们时常会在 QQ 上接收到朋友发过来的有创意的图片，在各大论坛上看到以图片为主线索的帖子，这些图片中多少也掺有了一些广告信息，比如：图片右下角带有网址等	国内的图片营销方式多种多样。你如果很有创意，也可以很好地掌握图片营销
博客营销	博客营销是通过博客网站或博客论坛接触博客作者和浏览者，利用博客作者个人的知识、兴趣和生活体验等传播商品信息的营销活动	与传统营销相比，博客营销具有目标更为精确、营销成本较低、广告具有交互性、是一个信息发布和传递的工具等特点
网络品牌营销	企业、个人或组织机构以互联网为媒介，利用各种网络营销推广手段进行产品或者服务的推广	在消费者心目中树立良好的品牌形象，最终把企业的产品或服务推广出去，在满足消费者需求的同时实现企业自身的价值
电子杂志营销	以电子杂志为载体的一种营销方式	电子杂志是一种非常好的媒体表现形式，它兼具了平面与互联网两种特点，且融入了图像、文字、声音等，是读者很享受的一种阅读方式

续上表

网络营销方法	内　容	效果/作用
数据库营销	数据库营销就是以与顾客建立一对一的互动沟通关系为目标，并依赖庞大的顾客信息库进行长期促销活动的一种全新的销售手段。它是一套内容涵盖现有顾客和潜在顾客，可以随时更新的动态数据库管理系统。数据库营销的核心是数据挖掘。而网络营销中的数据库营销更多的是以互联网为平台进行营销活动	数据库营销可以更充分地了解顾客的需要，通过分析顾客的需求行为，还可以预测需求趋势，分析潜在的目标市场
IM（即时通讯）营销	是企业通过即时工具IM帮助企业推广产品和品牌的一种手段	两种情况：第一种，网络在线交流。中小企业建立网店或者企业网站时一般会有即时通讯在线，这样潜在的客户如果对产品或者服务感兴趣自然会主动和在线的商家联系。第二种，广告。中小企业可以通过IM营销通信工具发布一些产品信息、促销信息，或者通过发布一些添加了企业标识的网友喜闻乐见的图片或表情让更多人认识企业
SNS（社会性网络服务）营销	利用SNS网站的分享和共享功能，在六维理论的基础上实现的一种营销	通过病毒式传播的手段，让产品被更多的人知道
视频营销	指的是企业将各种视频短片以各种形式放到互联网上，达到一定宣传的目的的营销手段	网络视频广告的形式类似于电视视频短片，只是平台在互联网上。视频与互联网的结合，让这种创新营销形式具备了两者的优点
RSS（简易信息聚合）营销	是指利用RSS这一互联网工具传递营销信息的网络营销模式	RSS营销的特点决定了其比其他邮件列表营销具有更多的优势，是对邮件列表的替代和补充。RSS营销中RSS的送达率几乎100%，完全杜绝未经许可发送垃圾邮件

续上表

网络营销方法	内　容	效果/作用
搜索引擎营销	搜索引擎营销英文简称为 SEM (Search Engine Marketing)，就是基于搜索引擎平台的网络营销，利用人们对搜索引擎的依赖和使用习惯，在人们检索信息的时候尽可能将营销信息传递给目标客户。主要分为两类：一是有价的，被称为竞价排名；二是无价的，被称为 SEO（搜索引擎优化）	搜索引擎营销对品牌推广和产品促销有重要作用。对于网站上数以百万计的商品，搜索引擎的作用是很有效的
微博营销	随着微博的火热而催生的营销方式。每一个人都可以在新浪、网易等注册一个微博，然后更新自己的微博内容并跟大家交流	通过每天更新微博，或者发布大家感兴趣的话题，达到营销的目的
免费试用营销	是一种非常有效的营销方式。例如，可制作一个活动方案，限量免费试用某一种产品，但试用产品的前提条件是要到网站进行注册，并且邀请 5 人参加，邀请成功以后即可免费领取试用产品	免费试用营销不仅可以提高品牌的知名度，还可以达到口碑营销的效果。所有免费试用的用户都将是潜在的回头客户，会达到意想不到的营销效果
网络事件营销	是指策划某一个跟企业有关的可热议的话题或事件，通过网络预先发布出去产生网络热议，从而把企业品牌推销出去	在网络上传播迅速，能引起网友极高的关注度，在网络上制造相当规模的舆论。网络氛围在变，网络热点在变，网络营销随之改变方式和话题宣传热点。有热点跟进，没热点自己制造，这就是网络营销的“窍门”

（2）网络营销的主要效果

网络营销的主要效果如表 4－13 所示。

表 4－13　网络营销的主要效果

主要效果	内容描述
对网站的推广	网站数量不计其数，如何让网络使用者进入自己的网站是一大学问。除了利用传统的营销模式大打广告以加强网友对网站的印象之外，扩大网站的访问量亦是网络营销的另一重点工作。扩大网站访问量最主要的目的是希望使用者有寻找相关信息的需求时，可以很容易地查找并且连到公司的网站

续上表

主要效果	内容描述
加强对客户的服务	如果行业性质要求定期提供资料给客户，或者随时接收客户的建议，数字化的呈现方式是目前最为合适的方式。它已经远远领先于传统媒体，价格低廉，时效惊人
对产品销售的促进	网络营销不但是网上销售，对线下产品销售也起到很大的促进作用。网络营销与线下营销相辅相成，有机整合线下营销与网络营销，能极大地促进整体效果
对公司品牌拓展的帮助	通过分析客户搜索的关键词，企业能够更好地实现精准营销和效果营销。现有的互联网信息的获取方式在一定层面上改变了消费者固定消费的习惯，这正是企业拓展品牌和销路的重要手段

6. *网络营销战略分析*

网络营销是人类经济、科技、文化发展的必然产物，它不受时间和空间限制，在很大程度上改变了传统营销形态和业态。网络营销对企业来讲，提高了工作效率，降低了成本，扩大了市场，给企业带来了社会效益和经济效益。相对于传统营销，网络营销具有国际化、信息化和无纸化的特点，已经成为各国营销发展的趋势。为了促进网络营销的普及和发展，对网络营销进行战略分析具有重要意义。

（1）网络营销的产生。

网络营销的产生，是科学技术的发展、消费者价值观的变革和商业竞争等综合因素所促成的。

21 世纪是信息世纪，科技、经济和社会的发展正在迎接这个时代的到来。计算机网络的发展，使信息社会的内涵有了进一步改变。在信息网络时代，网络技术的应用改变了信息的分配和接收方式，改变了人们的生活、工作和学习、合作和交流的环境。企业也正在利用网络新技术的快速便车，促使企业飞速发展。网络营销是以互联网为媒体，以新的方式、方法和理念实施营销活动，更有效地促进个人和组织交易活动的实现。在潜力如此巨大的市场上开展网络营销、占领新兴市场，对企业来说既是机遇又是挑战。

网络营销也产生于消费者价值观的变革：满足消费者的需求，是企业经营永恒的核心。利用网络这一科技制高点为消费者提供各种类型的服务，是未来取得竞争优势的重要途径。市场经济发展到今天，多数产品无论在数量还是在品种上都已极为丰富，消费者能够以个人心理愿望为基础挑选和购买商品和服务。消费者的需求很多，需求的变化更快。消费者会主动通过各种可能渠道获取与商品有关的信息并进行比较，增加对产品的信任和争取心理上的满足感。

网络营销还产生于商业的竞争。随着市场竞争的日益激烈化，为了在竞争中占有优势，各企业都使出了浑身解数想方设法地吸引顾客，很难说还有什么新颖独特的方法出奇制胜。开展网络营销，可以节约大量昂贵的店面租金，可以减少库存商品资金占用，可使经营规模不受场地的制约，可便于采集客户信息，等等。这些都可以使得企业经营的成本和费用降低，运作周期变短，从根本上增强企业的竞争优势，增加盈利。

（2）网络营销的基本特征。

公平性：在网络营销中，所有的企业都站在同一条起跑线上。公平性只是意味着给不同的公司、不同的个人提供了平等的竞争机会，并不意味着财富分配上的平等。

虚拟性：由于互联网使得传统的空间概念发生变化，出现了有别于实际地理空间的虚拟空间或虚拟社会。

对称性：在网络营销中，互联性使信息的非对称性大大减少。消费者可以从网上搜索自己想要掌握的任何信息，并能得到有关专家的适时指导。

模糊性：互联网使许多人们习以为常的边界变得模糊。其中，最显著的是企业边界的模糊、生产者和消费者的模糊、产品和服务的模糊。

复杂性：由于网络营销的模糊性，经济活动变得扑朔迷离，难以分辨。

垄断性：网络营销的垄断是由创造性破坏形成的垄断，是短期存在的，因为新技术的不断出现，会使新的垄断者不断取代旧的垄断者。

多重性：在网络营销中，一项交易往往涉及多重买卖关系。

快捷性：互联网使经济活动产生了快速运行的特征，你可以迅速搜索到所需要的任何信息，对市场做出即时反应。

正反馈性：在网络营销中，由于信息传递的快捷性，人们之间产生了频繁、迅速、剧烈的交互作用，从而形成不断强化的正反馈机制。

全球性：互联网使人们超越了国界和地区的限制，使得整个世界的经济活动都紧紧联系在一起。信息、货币、商品和服务的快速流动，大大促进了世界经济一体化的进程。

（3）网络营销的竞争优势。

成本费用控制：开展网络营销给企业带来的最直接的竞争优势是企业成本费用的控制。网络营销采取的是新的营销管理模式。它通过网络改造传统的企业营销管理组织结构与运作模式，并通过整合其他相关部门如生产部门、采购部门，实现对企业成本费用最大限度的控制。利用互联网降低管理中交通、通讯、人工、财务和办公室租金等成本费用，可最大限度地提高管理效益。许多人在网上创办企业也正是因为网上企业的管理成本比较低廉。

创造市场机会：互联网上没有时间和空间的限制，它的触角可以延伸到世界每一个地方。利用互联网从事市场营销活动可以涉足过去靠人工进行销售或者传统销售所不能到达的市场。网络营销可以为企业创造更多新的市场机会。

让顾客满意：在激烈的市场竞争中，没有什么比让顾客满意更重要。企业可以将产品介绍、技术支持和订货情况等信息放到网上，顾客可以随时随地根据自己需求有选择性地了解有关信息。这样克服了为顾客提供服务时的时间和空间限制。

满足消费者的个性化需求：网络营销是一种以消费者为导向，强调个性化的营销方式，具有企业和消费者的极强的互动性，从根本上提高消费者的满意度。网络营销能满

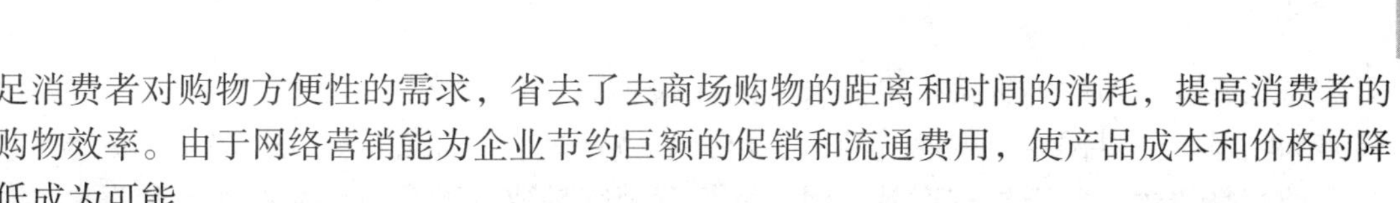

足消费者对购物方便性的需求，省去了去商场购物的距离和时间的消耗，提高消费者的购物效率。由于网络营销能为企业节约巨额的促销和流通费用，使产品成本和价格的降低成为可能。

（4）网络营销的竞争原则。

在网络营销中，企业只有顺应环境的变化，采用新的竞争原则，才能在激烈的竞争中取胜。

个人市场原则：在网络营销中，可以借助于计算机和网络适应个人的需要，有针对地提供低成本、高质量的产品或服务。

适应性原则：由于互联网的存在，市场竞争在全球范围内进行，市场呈现出瞬息万变之势。因此，公司产品要能适应消费者不断变化的个人需要，公司行为要能适应市场的急剧变化，企业组织要富于弹性，能适应市场的变化而伸缩自如。

价值链原则：一种产品的生产经营会有多个环节，每个环节都有可能增值，我们将其整体称作价值链。公司不应只着眼于价值链某个分支的增值，而应着眼于价值链的整合，着眼于整个价值链增值。

特定化原则：首先找出具有代表性的个人习惯、偏好和品位，据此生产出符合个人需要的产品。然后，公司找出同类型的大量潜在客户，把他们视作一个独立的群体，向他们出售产品。

主流化原则：为了赢得市场最大份额而赠送第一代产品的做法被称为主流化原则。尽管企业最初建立数字产品和基础设施的费用很大，但继续扩张的成本却很小，由此产生了新的规模经济。

（5）网络营销的竞争战略。

利用网络营销的企业必须加强自身能力，改变企业与其他竞争者之间的竞争对比力量。

巩固公司现有竞争优势：利用网络营销的公司可以对现有顾客的要求和潜在需求有较深了解，对公司的潜在顾客的需求也有一定了解，制定的营销策略和营销计划具有一定的针对性和科学性，便于实施和控制。公司在数据库帮助下，营销策略具有很强的针对性，在营销费用减少的同时还提高了销售收入。

加强与顾客的沟通：网络营销以顾客为中心，其中数据库中存储了大量现有顾客和潜在顾客的相关数据资料。公司可以根据顾客需求提供特定的产品和服务，具有很强的针对性和时效性，可大大地满足顾客需求。顾客的理性和知识性，要求对产品的设计和生产进行参与，从而最大限度地满足自己的需求。而通过互联网和大型数据库，公司可以低廉成本为顾客提供个性化服务。

为入侵者设置障碍：设计和建立一个有效和完善的网络营销系统是一个长期的系统性工程，需要大量人力、物力和财力。一旦某个公司已经实现有效的网络营销，竞争者就很难进入该公司的目标市场。因为竞争者要用相当多的成本建立一个类似的数据库，而这几乎是不可能的。网络营销系统是公司的难以模仿的竞争能力和可以获取收益的无形资产。

提高新产品开发和服务能力：公司开展网络营销，可以从与顾客的交互过程中了解

顾客需求，甚至由顾客直接提出需求，因此很容易确定顾客需求的特征、功能、应用、特点和收益。通过网络数据库营销，公司更容易直接与顾客进行交互式沟通，更容易产生新的产品概念。对于现有产品，通过网络营销容易取得顾客对产品的评价和意见，从而准确决定产品所需要的改进方向和换代产品的主要特征。

稳定与供应商的关系：供应商是向公司及其竞争者提供产品和服务的公司和个人。公司在选择供应商时，一方面要考虑生产的需要；另一方面要考虑时间上的需要，即计划供应量要根据市场需求，将满足要求的供应品在恰当时机送到指定地点进行生产，以最大限度地节约成本和控制质量。公司如果实行进行网络营销，就可以对市场销售进行预测，确定合理的计划供应量，保证满足公司的目标市场需求。此外公司还可以了解竞争者的供应量，制订合理的采购计划，在供应紧缺时能预先订购，确保竞争优势。

（6）网络营销战略的实施与控制。

公司实施网络营销必须考虑公司的目标、公司的规模、顾客的数量和购买频率、产品的类型、产品的周期以及竞争地位等，还要考虑公司是否能支持技术投资，决策时技术的发展状况和应用情况等。网络营销战略的制定要经历三个阶段：一是确定目标优势，分析实施网络营销能否促进本企业的市场增长，通过改进实施策略实现收入增长和降低营销成本；二是分析计算收益时要考虑战略性需求和未来收益；三是综合评价网络营销战略。公司在决定采取网络营销战略后，要组织战略的规划和执行。网络营销是通过新技术来改造和改进目前的营销渠道和方法，它涉及公司的组织、文化和管理各个方面。如果不进行有效规划和执行，该战略可能只是一种附加的营销方法，不能体现战略的竞争优势。策略规划分为：目标规划，在确定使用该战略的同时，识别与之相联系的营销渠道和组织，提出改进的目标和方法；技术规划，即网络营销很重要的一点是要有强大的技术投入和支持，因此资金投入和系统购买安装、人员培训都应统筹安排；组织规划，即实现数据库营销后，公司的组织需要进行调整以配合该策略的实施，如增加技术支持部门、数据采集处理部门，同时调整原有的推销部门等；管理规划，即组织变化后必然要求管理的变化，公司的管理必须适应网络营销需要。网络营销在规划执行后，一是应注意控制，以评估是否充分发挥该战略竞争优势，评估是否有改进余地；二是要对执行规划时的问题及时识别和加以改进；三是对技术进行评估和采用。

（7）网络营销的经济学原理。

供求关系：在网络营销中，供给增长，价格随之下降，导致需求增长；供给减少，价格随之上升，导致需求减少。例如，当供给增长时，厂商成本迅速下降，价格水平也迅速下降，这又导致需求的上升。

边际效用：在网络营销中，消费者“吃”得越多，“食欲”就越强。例如，微软公司的用户一旦使用了该公司的产品，他们就不愿意学习使用其他系统，从而不断购买原系统的新版本，对其产品具有越来越大的依赖性，表现出边际效用递增规律。

规模报酬：在网络营销中，规模报酬递增规律发挥作用，即随着企业规模的扩大，平均成本呈现不断降低的趋势。

失业：网络经济理论认为，网络营销可提高劳动生产率、繁荣经济、创造新的产业和增加新的就业机会，可以实现经济高速增长、低失业率、低通货率同时并存。

学习：学习在网络营销中是使信息增值的一种经济模式。增值能产生更多的信息，更多的信息能进一步增值。这种不断循环的特殊的信息收集过程，被称作学习。在通信、计算机等学习迅速的行业，规模经济可以转化为质量。

总之，网络营销理论是有别于传统营销理论的新营销模式，它在控制成本费用、市场开拓和与顾客保持关系等方面有很大竞争优势。但网络营销的实施不是某一个技术方面的问题、某一个网站建设的问题，它还涉及企业整个营销战略方向、营销部门管理和规划以及营销策略制定和实施。

7. 展会专门网站

展会总是为了达到某一个或者几个目的才决定建立专门网站。目的不同，网站的内容和功能的侧重点也应该有所差别。根据网站内容和功能的不同特点，为展会建立的专门网站可以分以下几种，如表4－14所示。

表4－14 展会专门网站的类型

网站类型	内容描述
信息型网站	信息型网站的主要设计目的在于通过网上信息传播，引起社会公众尤其是展会的目标客户对展会及其服务的注意，并以此来增加目标客户了解展会的机会。这种网站设计的重点在于有效地将展会的有关信息发布在网上，让目标客户通过上网来获取展会信息。为了达到广泛和迅速传递展会信息的目的，网站内容的阅读便捷和及时更新对于这种类型网站的建设显得尤为重要
服务型网站	互联网作为一种有效的沟通和协助工作的手段，很多展会都利用它来为展会展前、展中和展后服务提供技术支持。如，为了方便参展商参展，展会可以将《参展商手册》的所有内容放到网上，使参展商提前做好各种参展准备工作；为了方便观众参观，可以设计专门的“观众参观指南”栏目；展会结束后，可以将展会的总结及评估等内容在网上公布。服务型网站的设计重点在于完善展会的服务项目，更好地提高展会服务水平
在线销售型网站	在线销售型网站的设计目的主要是通过网络来吸引更多的企业参展和观众参观。网站通过精心设计的图片和文字来描述展会的优势和特色，通过开通网上预订展位来方便参展商参展，通过开通网上参观登记功能来方便观众进行预先参观登记。一旦客户进行网上参展或者参观登记，展会就会安排有关部门迅速处理相关业务。有些功能强大的网站甚至还可以自动回复客户登记和汇总登记信息
信息订阅型网站	信息订阅型网站的主要设计目的是利用展会这个汇集信息的大平台，通过网站有偿向客户提供所需要的行业和市场信息。有些展会在行业里联系广泛、信息灵通，对市场变化较为熟悉，这些信息可以作为展会的副产品在网上公布，供有需要的客户有偿索取

续上表

网站类型	内容描述
广告型网站	广告型网站的设计目的主要在于为参展企业提供一个“永不落幕”的网上展会，为参展企业做宣传更多于为展会本身做宣传。这种类型的展会网站一般都会留出大版面的空间给参展企业，有的还会为那些没有参加展会的企业留下“网上展览”的空间
综合性网站	很多展会在建立自己的专门网站时往往会追求多种功能，它们将上述五种典型网站的内容和功能进行组合，综合两种或者多种设计目标和功能，形成综合的网站。这些综合网站同时具有以上典型网站的某几种功能

为了适应日益激烈的市场竞争的需要，现在已经很少有展会不开通自己的专门网站了。是否开通了自己的专门网站已经成为展览业评估一个展会的重要指标。如果一个展会没有自己的专门网站，它必然会丢失很多目标客户。

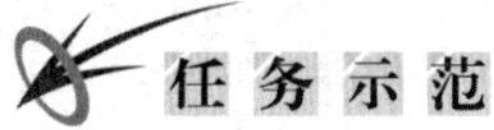

1．案例资料

我国某小玩具生产厂商首次到日本参展，意外受到日本某株式会社社长的拜访。对方对展位上的一个新产品十分满意并索要产品资料。这家玩具厂照搬之前在国内参展的习惯，只准备了一张宣传页而且是自行用工厂的打印机印制的。日本社长看到简陋的文件没有接手，直接扬长而去。

2．案例分析

案例中的企业对宣传材料不够重视，这个现象在中小企业中非常普遍。由于产品的种类不是很多，更新换代的速度又比较快，很多企业觉得没有必要印制精美的产品目录。甚至有境外展出经验的企业也觉得相比宣传资料，大多数客户更关注展品本身，不需要为此劳心费神。实际上，产品资料的准备与展会的观展人群性质密切相关。对于受众面较广、普通消费者较多的展会，过于精美的材料确实没有必要。一般受众收集资料往往是出于好奇，这些关注并不会转化为询盘和订单。而许多专业展会是不对普通观众开放的。对于这样的展会，准备一些有技术亮点的资料会给行内观众留下印象，即使现场没有机会交流，展后仍有可能获得询盘。从文化角度看，亚洲国家举办的展会相对于欧美国家展会更注重形象包装，因此资料的印制也要求更讲究一些。而像日本这样注重等级阶层的国家，对礼仪礼节的要求会更加细致，从名片、公司简介到产品目录都有一定的规范。这就要求企业事先了解展会观众的类型，做好相应准备，以免因小失大。

任务训练

1. 任务背景

假如你是广州某展览公司的项目总监，公司有一个较为知名的茶博会项目。因为项目发展良好，公司领导层计划从茶博会中分出一个新的题材，新的展会项目以咖啡及其周边产品为主要展品范围，新展的主要受众群体立足于广东地区，新展会项目将通过传统营销与网络营销相结合的方式进行营销，请编制整体营销方案。

2. 操练要求

（1）以小组为单位，每组设组长1名，负责组织本组成员进行实训。

（2）制定展会营销步骤。

（3）选择几种常用营销方式并阐述选择的理由。

（4）制订网络营销计划。

（5）实训结果汇报与教师点评。

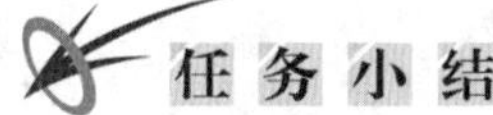

任务小结

完成上述任务，掌握相关能力。

（1）了解整体营销的特点与要求。

（2）能制订简单的整体营销计划。

（3）熟悉网络营销的主要方法。

（4）掌握几种常用的网络营销方法。

任务四　展务与服务

任务目标

学生通过本次任务实训，掌握展务与服务的主要工作内容，熟悉包括承建商、运输代理商等服务承包商的选择与确定，掌握会刊、参展商手册等重要资料的编制，策划并组织重大活动，掌握展前客户关系服务与管理的主要内容与方式，具备一定的资料收集能力和分析能力。

知识准备与业务操作

（一）认知展务与服务

展务和服务工作是举办展会不可或缺的重要组成部分，它们为展会提供强有力的支持，没有展务和服务工作，展会的开展将举步维艰。

1. 展务工作

展务工作所包含的内容很多，也很琐碎。但从“以人为本”的角度出发，展会的

展务工作基本可以分为两大类：一类是以商务活动为主要服务目标的展会商务性展务；另一类是以为客户提供生活便利的展会生活性展务，如表4－15所示。

表4－15　展务服务一览表

分类	详细分类	描　述
商务展务	选择展览场地	选择合适的举办地点和展览场馆
	办理报批手续	办理批文、消防、安保、工商管理等手续
	编印各种文件	编印展会各种对内和对外使用的文件
	展样品运输	将展样品及展材运到展会，提供报关服务
	划分展区及搭建展位	按照专业题材划分展区、按预订情况划分展位，按要求和规划搭建展位及在公共区域布展
	信息与咨询	提供商务或社会信息及咨询
	展会清洁	使展会及各有关公共区域保持清洁
	展会安保	为展会及与会人员提供一般安全保障
	邮寄与快递	提供信件、物品的邮寄和快递服务
生活展务	交通	为有需要者提供赴展会的交通服务和信息
	餐饮	为有需要者提供餐饮服务或有关信息
	旅游	为有需要者提供商务或休闲旅游服务选择
	酒店	为有需要的与会人员预订酒店或提供相关信息
	医疗保障	一旦与会人员身体不适，可提供医疗帮助
	保险	为与会人员投保有关险别以防发生意外事故
	银行业务	提供货币兑换、汇款和收款等银行业务

商务展务和生活展务之间的内容并不是截然分开的。有些展务服务既涉及个人生活方面的服务，也是为展会商务活动提供服务。之所以有上述的划分，主要依据是展会的这些展务工作最初设立的出发点是为了什么而服务的。

2．展会服务工作

展会服务是从更大的范畴来从事的活动，它包含了展务。展会服务从不同的角度看多种多样，如表4－16所示。

表4－16　展会服务种类一览表

分类角度	详细分类	描　述
服务对象	对参展商的服务	通报展会筹备情况、提供行业发展信息、提供贸易成交信息、展示策划服务、展品运输、邀请合适的观众到会参观、展位搭建、展览现场服务、商旅服务等。其中，邀请到一定数量和质量的合适观众到会参观是展会提供给参展商的最重要的服务
	对观众的服务	通报展会展品信息，提供行业发展信息、产品供给信息，招揽合适的参展商到会展出，展会现场服务，商旅服务等。其中，招揽到一定数量和质量的合适的参展商是展会提供给专业观众的最好的服务
	对其他方面的服务	如对媒体，行业协会，商务、行业主管部门，国际组织和国外驻华机构等。对这些对象的服务包罗万象，其中最主要的是信息服务
筹备的不同阶段	展前	展会开幕前提供给参展商、观众和其他方面的服务，如展会筹备情况通报、展品运输、参展参观咨询、展示策划服务等
	展中	展览期间的服务，如安全保卫、清洁卫生、观众报到登记等
	展后	展会闭幕以后展会继续提供给参展商、观众和其他人员的后续服务，如邮寄展会总结、展会成交情况通报、介绍展会参展商和观众的来源及构成等
服务的功能	展览服务	提供产品展示、贸易成交、新产品发布、展示策划服务等传统服务，是展会最基本的服务
	信息咨询服务	提供有关行业发展、贸易需求、行业动态、市场分析等商务信息及其咨询服务
	商旅服务	提供了解当地市场等商旅咨询和组织商旅考察等服务
服务方式	承诺服务	事先对自己拟提供的服务方式和服务质量等向客户提出承诺，然后严格按照承诺向客户提供服务
	标准化服务	对自己向客户提供的各种服务制定统一的标准，然后严格按照标准向客户提供规范的标准化服务
	个性化服务	根据各个客户的不同需求，对不同的客户提供适合其需求的有差别的服务
	专业服务	根据展览行业的实际需要，由经过培训的专业员工，以专业的手段和方式，为客户提供各种服务

在实际操作中，很多展会只注重展中服务，对展前服务只是被动地提供，对展后服务很不重视或根本没有展后服务。其实，展前、展中和展后服务都是展会服务的重要组成部分，对任何一部分的忽视都会严重影响展会服务的质量。

3．展务与服务外包

外包（Outsourcing）也称资源外包、资源外取、外源化。就是企业做自己最能干的事情（扬己所长），把其他的工作外包给能做好这些事情的专业组织（避己之短）。外包业是新近兴起的一个行业，它给企业带来了新的活力。业务外包就是企业根据自身的需要将运营工作中的某一项或是所有项外包出去，由专业的组织或机构进行运作，以减少人力投入、减少企业投资、降低成本，实现效率最大化。实行外包服务，可以解决企业由于自身团队或资源配置不足等带来的难题。企业可以得到更加专业、流程更加完善的外包服务，享受人才、推广宣传、采购、出租转让等批量服务呈现的丰硕成果，大大节省企业投入渠道 、扩大开支进程中的人力、时间和金钱成本。

外包帮助企业或组织更加专注于核心业务。外包合作伙伴能带来知识，增加后备管理时间，在执行者专注于其特长业务时，为其降低运营成本，改善产品的整体质量。

根据外包协会进行的一项研究显示，外包使企业、政府节省9%以上的成本，而能力与质量则上升了15%。利用外包服务的公司能够获得其内部所不具备的国际水准的知识与技术。外包解放了公司的财务资本，使之用于可取得最大利润回报的活动。外包使一些新的经营业务得以实现。一些小公司和刚起步的公司可因外包大量运营职能而获得全球性的飞速增长。

对于会展企业来说，实践证明，展会展务和服务工作外包给展会管理和组织工作带来很大益处，可以让展会组织者更加集中精力策划和组织好展会，邀请到更好的参展商和观众，使相关工作质量得到更好的保障，使客户得到更加专业和细致的服务，使展会管理工作更加有条不紊，可以有效提高展会的品质等。

展会外包的展务和服务，通常都是展会非核心的展务和服务工作。对于承接展会外包的展务和服务工作的专门服务机构，我们统称为展会服务商。由于越来越多的展会将展务外包，因此，展会服务商提供的服务已构成展会展务工作的重要内容，加强对服务商的沟通与管理工作就成了展会管理工作的重要组成部分。

（二）展会服务与服务承包商

1．认知展会服务承包商

（1）展会服务商的概念。

展会服务商是在展览中主要为展会主办方、承办方、参展商、观众等各方提供专业服务的承包商或被委托方。这类服务包括展品运输服务、展厅安全保洁服务、保税仓储服务、展示设计服务、展览工程服务、展会广告宣传服务、会议服务、旅游服务等。展会服务商的职责就是为展会提供一流的、专业的展览服务。

会展服务承包商协会（ESCA）将展会服务商分成三种：第一种是会展总承包商（GEC），又称综合服务承包商（GSC）。提供全方位服务的综合服务承包商由展会经理人指定，他们有充分的设备为一个200个以上展位的商贸展览提供服务。综合服务承包商的代表性服务有：设备与材料的保管、运输与搬运，展台搭建、维修与拆卸，水、电、燃气、照明的接入，场地装饰等。第二种是专业承包商，即为商贸展会提供某项专门服务的公司，包括 A/V（视听设备）的提供者、电力供应商、花木公司、摄影公司、搬运公司、展台搭建公司、保安部门、专业家具租赁公司、登记服务公司、参展商指定的承包商等。第三种是合伙人，即综合承包商或专业承包商的供应商。尽管综合服务承包商是由展会经理人选定的，但仍然存在着总承包商无法完全控制展会服务的情况，一些展会地点可能与特定供应商有合同约定，而此时，综合服务承包商仍需要与他们保持协调合作。

（2）展会服务商是展会客户的重要组成部分。

展会服务商是与参展商和观众不一样的客户：参展商和观众基本都是向展会支付费用（有些展会是向观众收费的），展会为他们服务；但展会服务商却相反，由展会向展会服务商支付费用，展会服务商为展会服务。基于这种不同，很多展会在考虑展会客户时往往会忽视展会服务商。其实，展会服务商也是展会客户的重要组成部分。原因如下：

展会一旦将一些服务性事务交给展会服务商去完成，展会服务商即与展会融为一体。展会服务商这时是代表展会去与参展商、观众以及其他各有关方面打交道的，展会服务商的形象直接影响到展会的形象，展会服务商的办事效率和办事结果直接影响到展会的声誉。

参展商和观众会将展会服务商提供的各种服务视为展会本身提供的服务，将展会服务商的服务失误直接视为展会的服务失误。这样一来，展会服务商服务的好坏和服务质量的优劣直接影响到参展商和观众对展会的整体评价。因此，展会必须与展会服务商协调、统一行动。

2. 承建商

展会承建商也称为搭建商，主要负责公共环境布置和展会展位的搭建工作。它不仅对展会负责，也对有展位搭建需求的参展商负责。展会公共环境和展位外观设计效果的好坏，在很大程度上会影响到展会的整体形象和参展商的展出效果。

（1）展会承建商的种类。

根据承担工作的不同，展会承建商可以分为两种：一种是展会主场承建商，负责展会整体布展和撤展管理、展会整体形象布展、公共环境设计和布置。另一种是展位承建商，负责承建展会的具体展位，视其承建的展位的不同，可以进一步细分为特装展位承建商和标准展位承建商。对于一些大型展会，有时候会将负责展会公共环境设计和布置的承建工作公开招标或专门指定承建商完成搭建工作。

（2）对展会承建商的总体要求。

对展会承建商的要求主要集中在五个方面：技术是否全面、经验是否丰富、价格是否合理、是否熟悉展览场地及其设施、是否能提供展位维护和保养服务。

①技术是否全面：展会的展位设计不仅要科学，有艺术上的美感，还要安全与实用，有利于参展商实现展出目标。要达到这样的效果，展会承建商必须要具有全面的技

术能力。

②经验是否丰富：经验丰富的承建商在展位承建工作中能起到事半功倍的效果。展位的承建工作特别需要经验的积累，如对展具展架的使用、对展会施工要求的理解、对观众人流空间的事先预留、对展出要求和设计原理的处理等。一般具有丰富经验的搭建商会取得相应的搭建资质。

③价格是否合理：参展商通常将展会承建商承建展位的价格看作是展会本身价格的一部分，因此，对展会承建商提供的价格，既要关注它们向展会提供服务的价格，也要关注它们向参展商提供服务的价格。展会承建商承建展位的价格并不是越低越好，一般来说，展会承建商提出的价格与他们的实力有一定的关系。实力强大的公司，由于工作质量有保证并值得信赖，价格自然要高些。在选择承建商时，价格是一个值得考虑的重要因素，但不是绝对因素。

④是否熟悉展览场地及其设施：熟悉展览场地及其设施，展会承建商才能更好地考虑展位的空间设计和布局，才能更好地预先安排参观人流的流向。不同展览场地的布局、结构及其设施各不相同，展会的布局和撤展时间有限，展会承建商要对展览场地及其设施有所了解，才能更顺利地展开工作。

⑤是否能提供展位维护和保养服务：展会承建商搭建好展位后，并不是所有的工作都完成了，他们还要按参展商和展会的需要，对展位承担维护和保养的义务。展会开幕以后，如果有需要，承建商要能及时地为参展商和展会提供服务，能完成参展商对展位进行维护和调整的要求，这些要求应在合同条款中体现。

（3）展会承建商的数量。

根据展会规模的大小、展览题材的多寡和承建商承担工作的不同，一个展会可以选定一个或多个展会承建商。

同时选择几个承建商的展会通常都是那些规模较大、展览题材较多或者展区划分较细致的展会。如果展会的规模很大，一个承建商很难在有限的时间内完成大量的展位承建工作，展位承建工作就必须由多个承建商来分担完成。如果展会包含的展览题材多，不同的展览题材的展位对承建工作的要求差别很大，这时，由几家擅长不同专业题材的展位搭建的承建商来承建展位，能更好地为参展商提供服务。

对于一些规模较小、展览题材较单一的展会，最好是选择一家资质较好的承建商来负责展会的展位承建工作，这样不仅有利于管理，也有利于保持展会的统一形象和服务质量。

根据承建商的能力和承建工作的难易程度，展会的特装展位承建商、标准展位承建商和展会主场承建商可以由一家承建商来担任，也可以分别由几家承建商来担任。

3．运输代理商

展览运输不仅仅只是运输展品，它还可能要运输展架、展具、布展用品和道具、维修工具、宣传资料和招待用品等，如果运输不当，就可能会出现展会已经开幕了，物品却还未运到，或者物品在运输中途损坏和丢失的情况。不管是哪种情况，都会严重影响参展商的展出计划，损坏展会的声誉。展览运输也是一项专业性很强的工作，办展单位往往指定一些专业的运输公司来负责展会的展品运输工作。展会运输代理的基本任务，是将参展商的展品、展具和宣传资料等物品安全及时地运到展会现场，如果是国际运输，还涉及相关物品的报关和沽关工作。

国际展览运输协会（IELA）认为，展会运输代理的工作很大程度上依赖于对三个方面的有效管理：联络、海关手续和搬运操作。

IELA对报关代理的海关报关工作要求主要有六个方面：联络、展前客户联系、单证办理及通知、最佳运输、现场支持、展后处理。

举办展会，参展商可能来自国内，也可能来自国外。有些展会只指定一家运输公司作为展会的运输代理，统一负责海内外的运输事宜。但是，由于国内运输和跨国运输之间有很大的差别，因此也有一些展会在指定运输代理时，会分别指定国内运输代理和海外运输代理。

（1）国内运输代理。

国内运输代理主要负责展品及相关物资在国内段的运输工作。在指定展会的国内运输代理时，要将它的业务与所指定的海外运输代理的业务结合起来考虑，这样才更有利于整个展会的展品及相关物资的运输工作。运输工作主要有来程运输和回程运输两类。其中，来程运输是指将参展商的展品及相关物资自参展商所在地运至展会现场之间的运输工作；回程运输是指在展会结束后，将展品及相关物资自展位运至参展商指定的其他地点的运输工作。回程运输的目的地可能是参展商的所在地，也可能是参展商指定的其他地点，如其经销商和代理的所在地或另一个展会的所在地等。

回程运输的基本环节与来程运输很相似，只不过方向正好相反。并且，除了撤离展馆时要抓紧时间以外，其他各运输环节对时间的要求一般都不高。

对于办展单位和运输代理来说，回程运输工作在展会筹备时就要着手策划，不能等到展会结束时才开始，否则将引起撤展现场的严重混乱和无序。

（2）海外运输代理。

如果举办的展会是有海外参展商参展的国际性展会，那么，只有国内运输代理还是不够的，还应当指定海外运输代理来负责展品及相关物品的海外段的运输工作。这项运输工作是跨国的货物运输，其与国内运输最大的不同集中表现在三个方面：运输方式、有关文件和海关报关。

①运输方式：跨国运输是一种国际联运，整个运输过程基本都要经过陆运—海运—陆运或者陆运—空运—陆运等几个环节，参展的货物要从一个国家运到另一个国家才能完成。因此，展会指定的海外运输代理，清楚了解关海关规定、海关手续和进口税率、当地对展品进口的处理办法和规定、当地是否有免费进口宣传品和自用品的规定等十分重要。

②有关文件：跨国运输的货物要从一个国家运到另一个国家才能完成，因此，运输过程中涉及的有关文件要比国内运输多得多，也复杂得多。有关文件主要有展览文件、运输单证、海关单证、保险单证。对于这四种文件，运输代理要明确告诉参展商提供各文件的具体时间和最后期限，以便及时办理有关手续。

③海关报关：如果有回程运输，跨国展览货物运输的海关报关手续就有两次：一次是来程运输时的货物进口报关，另一次是回程运输时的货物出口报关。

比较而言，来程运输时的货物进口报关对参展商来说更加重要。因为如果货物不能及时过关，就将严重影响参展商的展出计划。对于来程运输时的货物进口报关一般有ATA（单证办理）、保税、再出口和进口四种办理形式。

（3）指定展会运输代理时应注意的问题。

除了要妥善安排好来程运输和回程运输以外，在指定展会的国内运输代理时，还要考虑如表4－17所示的几个因素：

表4－17 指定展会运输代理需考虑的因素

需考虑的因素	内容描述
有关时间安排	展品及相关物品的运输时间要尽早安排好，并向展会所有的参展商公布。需要安排好的运输时间主要有：交箱日期、办理手续日期、发运日期、抵达目的地日期、到达展馆日期以及回运日期等
包装要求	在同一个大型展馆可能会同时举办多个展会，为方便在展览现场的搬运和装卸，要安排好本展会展品等物资的运输包装要求，如包装标志要注明展会名称、展位号、收货人名称和地址等
运输线路和运输方式	尽管运输代理和参展商对运输线路和运输方式有自主选择权，但为了给参展商提供最好的运输服务，展会有必要督促运输代理为参展商安排最佳运输线路和运输方式，如“门到门”的服务，尽量一次发运而不多次转运，尽量使用集装箱或其他安全运输方式等。此外，还要明确水运、空运以及陆路运输的到达目的地
费用问题	由于参展商一般都倾向于把运输代理的收费看成是展会收费的组成部分，因此，展会有必要让运输代理向参展商提供合理的运费及杂费的收费标准，防止运输代理收取的费用过高。要和运输代理谈妥陆运、水运和空运的基本费率，以及迟到附加费、早到存放费、码头进场费等附加费率、自选服务的费率，并将这些费率告诉参展商
保险	展会一般不负责展出者的展品丢失、损坏等风险，因此要督促运输代理提醒参展商在安排运输时投保
现场服务	要让运输代理向各参展商明确可以提供哪些现场服务及其收费标准，以供有需要的参展商选择

4．保洁服务商

在展位搭建、参展商布展和展会撤展的过程中都会产生很多垃圾，展会一般会指定一些保洁服务商来搬运和及时处理有关垃圾问题。展会清洁工作涉及两个方面：从时间上看，展会清洁包括布展时的垃圾清理、展会开幕后的清洁和撤展时的垃圾清理；从空

间上看，展会清洁包括展位内的清洁和展馆通道及公共区域的清洁。

布展和撤展时的垃圾清理。展位搭装、布展和撤展时会产生大量的垃圾，如废弃的包装物、包装木板等，如果不及时清理，不仅现场将混乱不堪，而且还会影响筹展或撤展的进度。

开幕后展会的清洁。展会开幕以后，有大量的观众进入展馆，展会也会产生很多垃圾，这些垃圾如果得不到及时的处理，会严重影响展会的形象。每天，展会都有专门的工作人员在展馆内巡回处理通道和公共区域的垃圾，并在展览时间结束后对通道和公共区域的垃圾进行清理。参展商则需要负责保持自己展位内的清洁。在展会闭幕撤展时，参展商还需要将自己展位内的搭建物和展品等及时撤离展馆。

根据展会规模的大小，展会一般会指定一家或几家保洁服务商来负责展会的上述清洁工作。

5. 安保服务商

展览是一项大型的公众参与性的活动。在展会进行展位搭建、布展和撤展时，往往需要大量用水、用电，有的还会动用明火，一旦失火或者是用电过量引起断电，都会影响展会的筹备或撤展进程，严重的还会造成重大损失。因此，安全问题十分重要。展会组织者常常将展会的安全保卫工作委托给指定的展会安保服务商来负责。展会的安全保卫工作主要有：消防安全、人员安全、展品安全以及公共安全等。

①消防安全：展会内人员密集，展品众多，展会的消防安全十分重要。展会一般都要求各参展商用于展位搭建的材料必须符合消防要求，是耐火材料；参展商不论是在展位搭建还是在展品演示时使用电力都必须符合要求；展位之间的通道必须保持有一定的宽度，大的展位的搭建设计要考虑消防安全的需要。一般禁止在展馆内抽烟。

②人员安全：展会对参展商在布展、撤展时或在展会开幕后有关人员的安全问题不负责任，但展会一般都要求参展商为其参展人员购买“第三者责任险”和“展出人员险”等以保障其人员的安全。

③展品安全：展品在搬运、布展和展出过程中都可能出现批坏、破碎、丢失等问题。如果展品出现问题，参展商就将无法取得较好的展出效果，因此，有必要对展品的安全问题加以关注。

④公共安全：展会负责大会的公共安全保卫工作。展会要聘请专门的保安人员 24 小时巡视会场，负责展会的公共安全工作，防范展会里的安全隐患。

6. 旅游代理商

参加展会的参展商和观众 90% 以上是商务人士，这些商务人士在展会开幕前后，有许多会希望去一些产业集中的地区或市场集中的地区实地深入了解一下有关商品信息和市场行情，或者到当地著名风景区去适度放松心情。为提高客户对展会的满意度，作为一种附加服务，展会有必要考虑如何满足参展商和观众对会展旅游的需求。

（1）会展旅游的类别。

参展商和观众对会展旅游的需求可能在展会开幕之前、展会进行之中，也可能在展会结束之后，但一般来说，在展会结束之后比较多。参展商和观众对会展旅游的需求之

所以在展会开幕前后都有，是因为他们对会展旅游的需求主要来源于两个目的：一是商务考察，二是观光休闲。从总体上看，展会开幕之前和展会进行之中的会展旅游主要是商务考察，展会结束之后的会展旅游中商务考察和观光休闲都有。

商务考察：就是以收集有关商品的市场信息、了解有关市场的行情为主要目的的商务旅行活动。参展商和观众对展会具有的贸易、展示、信息和发布四大功能的选择重点各有不同。如果参展商和观众觉得在展会上获取的东西还未达到他参加此次展会的全部目的，那么，他们就有亲自到市场中去看一看的愿望。于是，商务考察的需求就应运而生。

观光休闲：主要是为了在游览风景名胜和文化古迹等旅游景点的过程中放松身心，增长见识。以观光休闲为主要目的的会展旅游主要集中在展会结束之后，在展会开幕之前和展会进行之中比较少见。如果说商务考察是展会的一种补充的话，那么，观光休闲基本就是展会的一种延伸，这在国际性的展会中表现得特别明显。

（2）会展旅游代理。

大多数展会倾向于把会展旅游的有关业务委托给专业的旅游公司去安排。由于参展商和观众往往把会展旅游看成展会的一部分，因此，在指定旅游代理时，一定要选择那些资质好、能力强的公司，以便以良好的旅游服务来加深参展商和观众对展会的良好印象。

根据客户的来源或者旅游线路的不同，展会在指定旅游代理时，可以考虑分别指定一个海外旅游代理和一个国内旅游代理。如果某家旅游公司的实力特别强，也可以只指定一家旅游代理，将海外和国内旅游的业务都交给它来经营。

7．接待酒店

举办展会是一项有大量人员聚集的活动，小型展会的参展商和观众数量都会有好几千甚至上万人，大型展会的到会参展商和观众就更多，如广交会仅海外观众就有 20 万之多。在展会举办的短短几天里，如此多的人聚集在一起，吃、住、交通等都有待协调，尤其是那些对当地不太熟悉的外地参展商和观众，在这方面就更需要办展单位的指引。

为了方便参展商和观众在展会期间的生活安排，展会除了要指定旅游代理以外，往往还会和一些宾馆、酒店合作，与这些宾馆、酒店签订合作协议，指定这些宾馆、酒店为展会的接待酒店。届时，展会将向所有的参展商和观众推荐这些指定的宾馆、酒店，推荐他们在这些宾馆、酒店住宿；这些宾馆、酒店也将按和展会签订的合作协议，以比市场价更优惠的价格向该展会的参展商和观众提供住宿等服务。展会往往会选择那些离展览场地较近、信誉较好的宾馆、酒店，这样不仅服务质量有保障，还有利于参展商和观众在住宿地和展馆之间的往来。

在指定接待酒店时，展会要根据展会参展商和观众需求的不同，高、中、低档的酒店都选择一些，以供展会参展商和观众选择。但一般来说，由于参加展会的参展商和观众基本都是商务人士，所以展会的指定接待酒店的档次也不能太低，如一般不能低于三星级。

指定了展会接待酒店以后，展会就要将这些宾馆、酒店的协议入住价格、地址、联系人和联系办法、酒店离展馆的距离远近、展馆与酒店之间的交通等基本信息告诉展会的参展商和观众。此外，为了区分哪些是展会的参展商和观众，有些宾馆、酒店还会要求参展商和观众在办理入住手续时，出示参展商证、观众证等证明材料才能按优惠价格入住。对于这些特殊规定，展会也要及时告诉参展商和观众。

为展会指定接待酒店，对展会、宾馆和酒店、参展商和观众来说，是一个多赢的选择。对展会来说，由于有些参展商和观众并不需要旅游服务，他们会自己选择交通工具来参加展会，有了指定的接待酒店，住宿等问题就可以解决，这样可以解除他们的后顾之忧，有利于展会吸引更多的参展商和观众；对于宾馆和酒店来说，成为展会的指定接待酒店，就意味着有了大量的客源；对于参展商和观众来说，在这些指定接待酒店住宿，安全有了一定的保证，而且价格还比市场价格要低。

8．餐饮服务商

在举办展会的过程中，展会现场餐饮服务的重点有两个：

一是午餐。因为早餐和晚餐客商基本都可以通过展会指定酒店或自己解决，但午餐时绝大多数参展商和观众都在展馆，用餐时间集中，人员多，场地有限，需要认真对待。

二是饮料供应。在现代社会，饮料供应点并不仅仅只是供应饮料和饮用饮料的地方，它还是一个休憩、洽谈和品尝点心的地方，在展会里尤其如此。

展览开幕期间，展会组织者解决展会现场的餐饮服务问题一般有三种办法：一是指定展会餐饮服务商；二是推荐展场周边餐饮设施；三是将上述两种结合起来，既指定展会餐饮服务商，也推荐展场周边餐饮设施。

①指定展会餐饮服务商。如果展会展览现场有足够的空间，或者展会所使用的展馆有专门的餐饮服务区，展会一般会指定一些餐饮服务商，如酒店、饭馆和其他餐饮供应者，在展会现场指定的地点设立供应点为展会提供餐饮服务。

②推荐展场周边餐饮设施。如果展会展览现场场地不够，或者展会所使用的展馆不允许在展会现场设立餐饮供应点，或者展会的规模较小，无法或没有必要指定餐饮服务商在展会现场设点供应，这时，展会推荐展场周边餐饮设施给参展商和观众及其他有关人士使用，当是一种不错的选择。

③既指定展会餐饮服务商，也推荐展场周边餐饮设施。如果展会规模很大、展馆条件也允许，很多展会在指定一些展会餐饮服务商在展会现场设点供应餐饮的同时，也会推荐一些展场周边餐饮设施供客商选用。这种做法有利于给客商在餐饮方面更多的选择。

9．知识产权服务

参展中可能会涉及的知识产权纠纷，大多在专利与商标两方面，这两者共同的特点是专有性，无论专利或商标，经法定程序获得后，即受法律保护，所有权人享有排他的权利。未经权利人许可，任何人不得为生产经营目的擅自使用、生产、销售或进出口专利产品和具有相同商标的产品，否则即构成侵权，引起纠纷。

展会中知识产权保护协调体系的建立是一个亟待解决的问题。展会的组织者和参展

商，已经意识到对知识产权相关问题进行具体管理的必要性。

国际展览业协会（UFI）在2008年2月编写的《展会知识产权的保护建议》中明确提出展会组织者对以下行为做出保证：

①在展会开始之前，组织者应该通过如下方式为参展商提供关于知识产权保护的资料：与登记/参展表一起发出的特别手册、组织方的网站、参展商手册或展会的通用条款。这些资料应该包含对参展商提出的建议，如：

参展商应该在贸易展会开始前保护并注册商标、专利或外观设计，以取得有效的权利（展览可能破坏新颖性）并能够利用所有形式的法律保护，不论是平时还是在展览期间。

为此，强烈建议向专利和商标专业律师咨询关于专利的注册方案、要求、手续及保护方面的相关知识，并获得相关建议。

展会组织公司的知识产权负责人的具体联系方式，当地/国家知识产权组织、海关当局和专利及商标律师的联系方式均应该提供给参展商。

在展览之前，如果参展商认为另外一个参展商会侵犯他的权利，就应该向海关当局提出申请，海关可以因此阻止涉嫌侵权的商品的交付，对货物进行调查、采样并销毁侵权假冒品。

参展商应该随身携带其专利权或商标权注册的初始文件或授权副本，防止展览期间可能出现的侵权。这种文件也包括任何已经做出的针对某个参加展会的侵犯专利权产品的判决。

②另外，为了帮助参展商解决在展会期间出现的知识产权投诉或侵权，组织者应该提供当地愿意为希望通过法律程序起诉某个被指控的侵权者的参展商提供代理服务的律师名单。

③组织者在展会期间应该提供现场专家或电话在线专家（知识产权律师、海关当局），以便在展会期间向受知识产权侵权影响的个人提供法律建议、识别假冒品。

④组织者应该能够提供中立的仲裁、仲裁员或法官的联系方式，以帮助确定在展会期间是否有违反知识产权的行为或帮助解决与知识产权有关的纠纷。

⑤组织者应该提供翻译，以便外国参展商发生纠纷时帮助进行沟通。

⑥如果适当并且可能的话，组织者应该提供现场办公室、特殊服务点或接待处来应对在整个展会期间可能出现的任何知识产权要求或投诉。

⑦为了保护参展商的产品在展会期间不被假冒，或者保护参展商的知识产权在展会期间不被侵犯，鼓励参展商提供他们的产品或服务受知识产权保护的证明。

法国、德国、西班牙等欧盟成员国，不禁止也不特别支持展会上进行知识产权执法。其他的一些欧盟成员国（如意大利）考虑到要保持博览会的"避风港"地位，在展会期间不会授权进行民事执法没收展品。只有非常极端的情况下刑事机构才会干预，而刑事机构是唯一有权没收侵权商品的机构。

在知识产权问题上，参展企业应该从以下几方面努力：

①参展企业应增强知识产权的自我保护意识，加强知识产权保护工作，在产品的研究开发、生产经营等各个环节都要严把知识产权关，避免浪费人力、物力的进行重复研

究，防止侵犯他人知识产权。

②参展商必须尽可能采取措施预防参展侵权，对展出的新品要进行专利、商标等检索，对自己开发的新产品要及时申请专利以取得产品“出生证”；在选择参展样品时，不要携带侵权产品，防止展览会的气氛受到影响。参展商展出涉及知识产权的展品，必须携带相关证书及有关证明材料。

③在展会中，参展企业一方面要避免自己侵犯他人的知识产权，另一方面也要保护自己的知识产权不容他人侵犯。这是一个问题的两个方面，参展企业既要知晓本企业被侵权时的解决办法，也要熟悉本企业面临侵犯他人知识产权问题的处理程序。

10. 其他服务

为了参展企业的宣传推广，组展方还会有偿提供诸如会刊广告、门票广告及展馆外围广告等方面的广告宣传服务，同时还会与一些供应商合作，提供绿化植物租赁、展具展材租赁、文印制作等之类的服务，帮助参展企业更好地开展参展工作。

（三）展会重要资料编写与发放

1. 参展商手册

（1）参展商手册的主要内容。

参展商手册是将展会筹备、开幕以及参展商参加展会时应注意的其他问题汇编成册，以方便参展商进行参展准备的一种小册子。参展商手册不仅是帮助参展商进行参展筹备的纲领性文件，也是办展单位对展会布展、展览和撤展等各环节进行有效管理的指导性文件。参展商手册主要包括如表 4-18 所示的几方面的内容。

表 4-18　参展商手册的主要内容

内　容	描　述
前言	对参展商参加本展会表示欢迎，说明本手册编制的原则和目的，提醒参展商在筹展、布展、展览和撤展等环节要自觉遵守本手册的相关规定等。前言一般都很简短，言简意赅
展览场地基本情况	包括展馆及展区平面图、至展馆的交通图、展览场地的基本技术数据等
展会的基本情况	包括展会的名称、举办地点、展览时间、办展单位、展会指定承建商、指定运输代理、指定旅游代理、指定接待酒店等
展会规则	展会要求参展商和观众等参加展会时所必须遵守的一些规章制度，包括：展会有关证件使用和管理的规定、展会现场保安和保险的规定、展位清洁的规定、物品储藏的规定、现场使用水电的注意事项、现场展品销售的规定、消防规定、知识产权保护规定、现场展品演示的注意事项等。展会规则是所有与会人员必须遵守的一些制度，对展会现场管理和维护现场秩序十分重要

续上表

内　容	描　述
展位搭装指南	对展会展位搭装的一些基本要求和说明，主要包括标准展位说明和空地展位搭装说明等
展品运输指南	对参展商将展品等物品运到展览现场所做的一些指引和说明，主要包括海外运输指南和国内运输指南等
会展旅游信息	对解决参展商及观众等参加展会期间的交通、吃、住、行等需要和展会前后的旅游需要等做出必要的说明
相关表格	有关参展商在筹展和布展过程中需要使用的各种表格，主要包括展览表格和展位搭装表格两种

（2）参展商手册编制原则。

参展商手册主要是为方便和指引参展商顺利进行筹展、布展、展览和撤展等服务的，它不仅对参展商进行参展筹备有着十分重要的指引作用，也对办展单位对展会的布展、展览和撤展等各环节进行有效的现场管理有很大的帮助和影响。

要让参展商手册在展会筹备过程中切实地起到上述作用，在编制参展商手册时必须坚持以下几个原则。

①实用：参展商手册所包含的内容必须是对参展商进行筹展、布展、展览和撤展等有较大的指引作用，或者是对办展单位对展会筹展、布展、展览和撤展各环节进行管理有较大帮助，或者对参展商邀请其老客户来展会参观有辅助作用，否则，该内容就不能进入参展商手册。

②简洁明了：参展商手册对各方面内容的说明和叙述应该简洁，文字不要太多，篇幅不要太长，能说明问题就行。参展商手册对各方面内容的说明和叙述必须准确、具体，让人看得明明白白，不能让人看不懂，更不能让人产生歧义，否则，在展会筹展、布展、展览和撤展等环节的具体执行中就会引起争议，既不利于参展商展出，也不利于办展单位对展会现场进行管理。

③细致全面：对于参展商手册提到的各项内容要尽量详细，如对布展和撤展加班时间的规定可以具体到小时和分钟，对各种表格的返回最后期限的规定具体到某月某日等，这样更有利于展会具体操作和管理。对于参展商手册提到的各项内容要做到没有遗漏，如对展览场地基本情况的说明中，对展馆入口的高度和宽度、对展馆的地面承重能力、对消防的注意事项等要一一列明，不能遗漏，否则现场操作就会出现问题。比如，如果没有提到展馆入口的高度和宽度，就有可能会使一些较大、较长的物品进不了展馆。

④美观：参展商手册的排版和制作要美观大方，印刷讲究，尽量不要出现错别字和其他印刷错误；参展商手册的制作和用纸要与展会的档次和办展单位的品牌与声誉相符，不能让人产生不好的联想。

⑤专业：参展商手册的遣词造句要符合行业习惯和规范，要使用行业熟悉的语言，所涉及的术语要规范，不能想当然地使用一些行业比较陌生的词语；内容编排要符合参展商筹展的程序，不能让他们翻来覆去地寻找自己需要了解的内容。

⑥国际化：如果展会是国际性的展会，或者展会有向国际化方向发展的打算，那么，参展商手册的内容编排和制作也要尽量做到符合国际参展商的需要，不仅要有中文的文本，还要有外文的文本。外文文本的参展商手册，其翻译一定要准确，因为海外参展商就是根据该手册来筹备各项参展事宜的；如果翻译不准确，将会给海外参展商带来极大的不便。

2. 展会参观指南

展会参观指南是展会编印的用来指引观众参观展会的一种小册子。它主要是向展会的专业观众、媒体记者以及与会参观的嘉宾发放。到会的观众、媒体记者和嘉宾借助于参观指南可以更加方便地参观展会。好的参观指南就像是到展会参观的指南针，有了它的指引，观众不但可以很方便地找到自己要到的展馆或者展区，还可以很容易地找到某一个具体的参展企业的位置。

参观指南包括的主要内容如表 4 – 19 所示。

表 4 – 19 参观指南的主要内容

内　容	描　述
展会的基本内容	包括展会的 LOGO、名称、展览时间和地点、办展机构名称和展品范围等
展会的简短介绍	主要简单介绍展会的规模、参展企业数量和来源、展品特点、展会相关活动安排等
展区和展位划分与安排	主要包括展会的展区展位划分图，各展区的位置和范围，各参展企业名单及其展位号一览表，大的或知名参展企业的名字及具体位置等
其他有关图表	主要有展馆在该城市中的位置及交通图，展馆内部交通图，展馆内各服务网点的分布图等

参观指南的编写一切都是从观众的需要出发，为了方便观众到会参观，因此，参观指南一定要编写得实用，条理清楚，一目了然。参观指南主要是为指引与会者参观而编印的。在与会者进入展馆之前，为了收集专业观众的有关信息，展会一般还要对专业观众进行登记，为此，展会还要编印观众登记表。

3. 会刊

展会会刊是展会所有参展商的有关信息的汇编。它是展会为参展商提供的一项宣传服务，可以补充参展商在展会上接触的信息的不足，为参展商架起一座走向市场的桥梁。展会一般会通过多种渠道将会刊分发到所有参展商、专业观众、行业协会和商会、外国驻华机构等手中，借此帮助参展商扩大宣传，提高参展商的知名度。专业观众及有关机构也可以凭该会刊寻找自己需要的产品供应商。

展会会刊一般要收录参展商的以下信息：单位名称，地址，联系人，联系办法如电

话、传真、电子邮件和网址，单位及产品简介，产品主要面向的市场范围等，同时还会标明该参展商在本届展会里的展位号以便观众寻找。除了上述信息以外，展会会刊还会附上展会展区和展位划分平面图。一些著名的展会的会刊发放的范围很广，宣传效果很好，除了提供会刊收录的上述信息外，很多参展商还在会刊里专门刊登企业或产品广告。

会刊的编印是一项十分细致和琐碎的工作。首先，展会应要求所有的参展商必须在规定的时间前提供登录会刊的有关信息，这样展会才有时间及时汇编印刷；其次，各参展商提供的资料必须真实可靠并且文责自负，展会只负责照样刊登；再次，展会必须对所有参展商的信息仔细核对，不能出现与参展商提供的信息不符的错误，例如，不能将参展商的地址、联系电话和传真等任何信息印刷错误。

展会会刊一般通过两种方式对外发放：一是免费赠送，一是定价出售。免费赠送主要是赠送给行业协会和商会、外国驻华机构等组织以及所有的参展商，有些展会也部分赠送给展会的专业观众；定价出售主要是出售给展会的专业观众。在展会展览期间，展会可以在专业观众登记柜台附近设一个专门的会刊出售（或赠送）点来出售（或赠送）会刊。对于参展商，展会一般都会免费赠送一定数量的会刊。

4. 展会证件与门票

展会开幕以后，一般要实行证件管理，有展会认可的证件才能进入展馆参观。实行证件管理的目的在于维持展会现场的良好秩序，保证展会的安全和参展商取得较好的展出效果。

根据实际需要，展会需要使用的证件类型如表 4 -20 所示。

表 4 -20　展会需要使用的证件类型

证件类型	描　述
参展商证	供展会参展商进出展馆使用
筹（撤）展证	供承建商和参展商的相关工作人员在布展和撤展时使用。筹（撤）展证在展会展览期间一般不能使用，在展会展览期间承建商和参展商的相关工作人员不能凭此证进出展馆
专业观众证	供展会的专业观众使用。专业观众在填写上述“专业观众登记表”后取得本证，凭本证可以进入展馆参观展会
贵宾证	也叫 VIP 证，供到会参观的嘉宾使用
媒体证	供各新闻媒体的记者及摄影等工作人员使用
工作人员证	供办展机构的有关工作人员使用
车证	供参展商、观众和到会嘉宾在展馆停车场停车之用
门票	有些展会对普通观众开放并出售门票，专业观众凭“专业观众证”进馆参观，普通观众凭门票进馆参观；还有一些展会对所有的观众都出售门票，所有观众都凭门票进馆参观

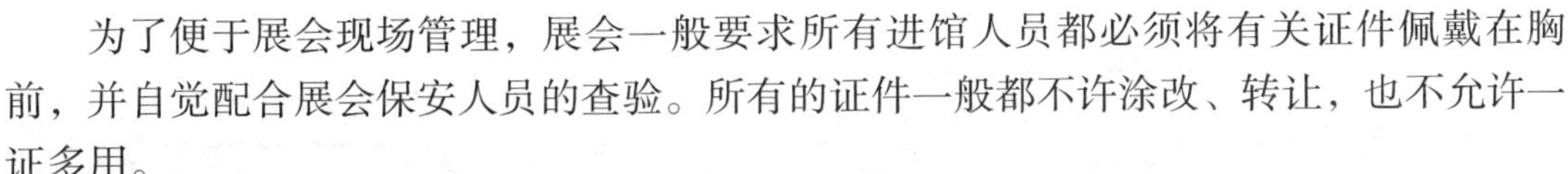

为了便于展会现场管理，展会一般要求所有进馆人员都必须将有关证件佩戴在胸前，并自觉配合展会保安人员的查验。所有的证件一般都不许涂改、转让，也不允许一证多用。

（四）重大活动组织与举办

1. *重大活动的主要形式*

重大活动指的是具有重要地位和意义的大型活动。重要地位和意义指的是活动的发起方以及活动本身承载的内容、出席人员具有较高的社会价值和社会地位。大型活动指的是具有规格层次高、需调动资源数量庞大、需耗费人力较大、筹备时间较长等特点的活动。对于大型展会而言，重大活动通常包括以下几种形式。

①开幕式：对于举办周期较长的展览而言，开幕式是最常见与作用最大的活动形式。一个良好的开幕式，可以有效地吸引与会客商、新闻媒体的注意力，主办方可抓住这一时机宣布重要事项，或向外界传递当届的新鲜事项。个别展览的开幕式会伴有表演项目，这也是调动气氛、博得“头彩”的不错方式。

②开幕晚宴/酒会：这是相较于开幕式而言，参与者范围更窄一些的活动，适用于与会者中的高端人群参与。与会人群就餐只是一个形式，更重要的是他们可以借助宴会短暂聚首的契机，进行小范围的资讯交流，这较之展览期间的洽谈有着更为显著的效果和针对性。由于与会群体的特殊性，这些宴会通常意味着严格的准入规章（如需凭请柬入内），高规格的阶段标准，以及高端的资讯发布。例如香港设计中心每年均会在香港设计营期间举行周年晚宴，宴会期间将会颁发一系列针对个人的荣誉奖项。

③高层/高峰论坛：不同于一般的展览论坛，高层论坛有着更高的与会嘉宾级别、论题层次、开展规模和场地布置要求。对于展览而言，高层论坛的成功举办通常能向外界释放展览在业内的权威地位信号，因此其成功举办与否有着极为重要的意义。

④其他形式：部分展览的重大活动形式还包括嘉宾巡馆、合影等。

2. *重大活动的实施环节*

重大活动的一般实施环节如表 4－21 所示。

表 4－21　重大活动的一般实施环节

实施环节	内　容
项目启动	首先，要在能够调动的资源范围内确定活动的可举办形式和操作范围，划定方案制订及讨论的边界，以免在项目策划阶段耗费太多精力和时间；其次，需要来自上层的政治确定，即以一种自上而下的方式，对即将要举办的重大活动予以确认，这种“正名”的行为，能为项目的推进打下坚实的基础，为辖下成员植入心理预期；最后，准备项目启动所需要的文件资料，并物色及确认项目领头人。好的项目领头人有着良好的项目管理经验和执行力，是项目成功与否的核心

续上表

实施环节	内　容
项目计划	重大活动要顺利实施，良好、细致的计划是必不可少的。计划应该包含以下几个要素：实施机制、整体方案、职能划分、人员构成、实施细节、控制要素、应急预案、费用预算等。在这个过程中，一个尽可能详尽的计划对下一阶段人员的配备极为重要，因此应尽可能在制订计划时就对整个项目进行解构和分块
项目执行	项目执行应该把关注度放在两个方面，一是以已经制订并通过的计划，在可调动的人力资源范围内组织项目团队，并按照相应的职能职责进行划分；二是建立及时、对等、友好的沟通协调机制。明晰权责，有利于活动的运作控制，减少互动推诿的现象，也可避免出现问题后无法找到责任人的尴尬。良好的沟通协调机制可减少沟通时间和经济成本，更可为项目团队成员彼此间的关系培养和个人业务提升营造良好的环境
项目控制	主要是指对项目实施过程、效果的预判、监测和调整。保持定时、一定频率的监测，有助于项目顺利按照计划推进，也可以避免偏离计划所带来的损失。良好的预判和监测，有助于对项目实施中所发生的突发情况进行及时的应对并进行自我调整
项目收尾	是对整个项目完成程度的一次详细评估，不仅可以通过文书、合同、备案等途径进行逐项检查，更可在检查过程中实现对项目实施的总结和梳理，归纳出下次再行实施需要注意的事项，并针对不足提出修正优化意见，为日后工作做准备

（五）展前客户关系管理

1．展前服务的主要内容

按照国际标准，展会开幕前的服务内容如表4－22所示。

表4－22　展前服务的主要内容

服务内容	描　述
信息咨询	是组织者结合展会的特点提供信息的咨询服务
网络资讯	由于网络方便快捷，主办方可以通过网络发布展会的相关信息，比如上届展览会的数据分析，本届展览会的日程和活动安排、展馆地理位置、酒店预订、运输和搭建、预约观众等，也可以更广泛地利用网络进行在线招展（邀请参展商）和招商（邀请专业采购商）
参展商信息收集	被视为最有价值的行业数据资源中心。主要通过参展商参展调查表、参展发放的产品资料、参展商公司网站以及相关行业媒体的介绍和评价等几个方面全面掌握参展商的信息

续上表

服务内容	描　述
信息预登记	可以通过专业公司来完成，从而令主办方从登记工作和观众管理中解脱出来，进一步按照行业特点将参展商和展品进行分类，使参展商信息更加利于有效利用
观众邀请	对预登记的观众邮寄邀请函和胸卡
免费培训	近年来，受国际化服务的影响，部分国内组织者也在展前为参展商和主要贸易采购商举办免费培训。对参展商来说，可以探讨如何利用这个平台达到宣传的效果；而对观众来讲，也告诉了他们展会的主要特点
虚拟展览	随着网络更广泛地应用，虚拟展览在美国非常流行。目前，香港展览公司在内地举办的展会中运用虚拟展览的较多，内地组织者应用得比较少。随着网络技术的普及，虚拟展览也会成为实物展览的主要伙伴

2. *展前服务的主要方式*

展会组织者在招展工作阶段开展的客户关系管理，最重要的就是需求信息收集与客户服务，通过网络、呼叫中心等多种渠道与企业进行互动交流，积累客户数据，分析、了解他们的参展需求，改进和完善自己的展览产品和服务，吸引企业参展。具体有以下几种方式。

（1）利用网络。

信息化时代，展览企业纷纷建立自己的网站，在社交网络上注册账号，为企业提供申请、展览信息、服务预订等服务。展览组织者可以通过网络接受企业申请，而申请的企业要填写完整的信息，特别是企业资质和产品方面的信息，方便展览组织者收集企业的市场信息，了解企业希望开拓的市场，发现企业的需求，提高企业满意度。同时，展览组织者也可以整理各方面信息，定期发送展前通讯等信息，提供供求信息，增强各方面对展览的认识和了解。

（2）呼叫中心。

展览组织者通过呼叫中心提供宣传、咨询、回访等服务，不断宣传和推销展览，及时响应参展企业的需求，解决他们的问题，并通过大量的沟通，及时整理分析咨询、需求信息，不断改进服务。

（3）招展路演或实地拜访。

展览组织者与企业面对面地沟通交流，不仅可以促进展览宣传，展示自己的团队，而且可以直接了解企业需求。

展览是一个尤其适合数据库营销的行业，因此承办机构应该尽可能将收集到的客户信息量化，进行数据分析、挖掘，进而根据分析结果采取相应措施，提高客户满意度。在现今高度发达的技术条件下，可以有很多手段帮助企业完成这些任务。

任务示范

1. 案例资料

广州某展览公司在展会开展期间收到了数起投诉，包括展场清洁工作不到位，不断发现有观众丢弃的垃圾等，同时出现了安保人员与观众起冲突的现象，还有客户投诉餐厅供应的午餐不卫生。

2. 案例分析

展会期间主展方提供的安保、保洁和餐饮等服务，一般都是由服务供应商提供的。展会组织者在选择服务供应商时要认真考察对方的资质，所提供的服务内容与服务质量，在确保质量的前提下才能进行合作。同时，展会组织者在现场也应加强对服务承包商的工作人员的管理，明确其工作要求，一旦出现问题，要及时找相关负责人及时处理。

任务训练

1. 任务背景

假如你是广州某展览公司的项目总监，贵公司有一个较为知名的茶博会项目。因为项目发展良好，公司领导层计划从茶博会中分出一个新的题材，新的展会项目以咖啡及其周边产品为主要展品范围，新展的主要受众群体立足于广东地区，新展会项目将通过传统营销与网络营销相结合的方式进行营销。经过前期招商与招展工作，项目目前进展良好，已经具备开展的条件。请撰写展会展务服务方案，选择合适的服务承包商，其中包括编制参展商手册、会刊、参观指南、证件及门票（每组选其中一个即可）等重要资料，并策划开幕式、舞台表演项目（1~3个）（每组选其中一个即可）。

2. 操练要求

（1）以小组为单位，每组设组长1名，负责组织本组成员进行实训。

（2）选择服务承包商并确定合作关系（每组选择2~3个合作商进行洽谈合作）。

（3）编制参展商手册、会刊、参观指南、证件及门票等（每组选其中一个即可，给出基本框架结构即可）。

（4）策划开幕式、舞台表演项目（1~3个）（每组选其中一个即可，给出简单的活动方案）。

（5）撰写展会展务服务方案。

（6）实训结果汇报与教师点评。

任务小结

完成上述任务，掌握相关能力。

（1）熟悉展务与服务工作内容。

（2）熟悉展会服务承包商的种类及承包工作内容。

（3）与服务承包商能进行合作洽谈。

（4）编制简单的会刊、参展商手册等重要资料。

（5）策划与组织实施重大活动。

（6）掌握展前客户服务与管理工作内容。

项目五

展中实务

◆ 项目目标

1. 了解展览现场服务体系的基本特征及具体策略，掌握展中服务工作内容。
2. 识别展中客户关系管理类型与具体内容，掌握展中专业观众管理工作内容。
3. 掌握展中重大活动的组织与实施，掌握展中调研的内容与方法。

任务一 展会现场服务与管理

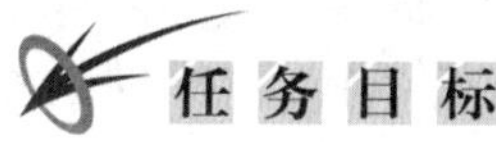

任务目标

学生通过本次任务实训，了解展会现场服务体系的基本特征及具体策略，能熟练使用具体策略开展服务工作。了解几种常见服务质量缺口，并掌握消除服务缺口的具体策略，具备一定的资料收集能力和分析能力。

知识准备与业务操作

（一）展会服务体系

1. 展会服务体系介绍

服务体系（service system）作为展会（exhibition）的核心组成部分，对于促进会展业在我国的良性发展具有重要的战略性意义。但是，因为起步较晚、缺少协调机构两方面的原因，我国会展业目前的服务体系不仅在实践中缺少充分的、完整的体现，即便在理论上也不具备成熟的、系统的指导。例如，作为展览项目承办方的展览公司，其本身就属于服务行业，对参展商的服务自然就应是一家现代展览公司的核心内容。所以，对参展商的良好服务不仅对于参展商取得好的展览效果有帮助，对展览项目和展览企业自身的发展也有利，从更广泛、更深远的意义来讲，更可以促进我国会展经济的整体发展。目前，我国正处于会展业高速发展的时期，但长期以来，会展服务却一直是会展行业的一大软肋，特别是展会的服务体系还处于初级发展阶段。因此，服务能力作为一个展览项目竞争力的体现，服务体系的缺失必将成为影响整个会展业快速成长的最核心部分之一。只有从这样的高度出发来开展具体的展会服务工作，才能在行业迅速发展的过程中尽快突破展会服务这一瓶颈的制约。

从展会的实际运作过程来看，一个展会的服务体系应该包括展前、展中和展后三个阶段的内容。展前服务在本书项目四展前筹备实务的相关章节已经介绍过，这里着重介

绍展中的服务内容。在整个展会服务过程当中，展中服务是最为紧张的环节，需要组织者有效的协调机制。

2. 展会服务质量管理

展会服务可以通过各种策略体系来具体实现，但是，如果展会服务的质量得不到有效的保证，任何策略对展会服务来说只是策略而已，它并不能给展会服务水平带来任何实质性的改观。因此，在采取合理的服务策略的同时必须保证服务质量，这才是展会服务的康庄大道。

展会服务的消费者主要是参展商和观众。对参展商和观众来说，展会服务的好坏主要取决于以下三个方面：一是经验属性，二是信任属性，三是个人需求。

所谓经验属性，就是参展商和观众对服务的评价主要取决于自己对该服务的主观感受，他们主要根据自己的经验来评价该服务的质量。所谓信任属性，就是其他人对某一展会的服务的评价会极大地影响到参展商和观众对该服务的评价，这时，展会的口碑好坏就成为影响参展商和观众信任属性的重要因素。

3. 消除展会服务的质量缺口

展会服务涉及面广、中间环节多并需要许多人配合才能完成。考察展会服务的各个环节，在展会服务的过程中，容易出现五个严重影响展会服务质量的“缺口”，即认知缺口、设计缺口、服务提供与交付的缺口、沟通缺口和期望感受缺口。要使展会服务具有较高的质量，使参展商和观众满意，展会在提供服务时就必须努力消除这五个“缺口”。

(1) 认知缺口。

认知缺口，就是参展商和观众对展会服务的实际需要与展会对他们这种需要的认识之间的差距。衡量服务质量好坏的基本标准是客户标准，如果展会服务不符合参展商和观众的期望，或者与他们的期望相去甚远，即使展会费尽心机，参展商和观众也会认为展会服务质量不高。对此，展会要注重了解目标参展商和观众对展会服务的期望及其发展趋势，如果这些期望是合理的，就在展会服务中努力满足它。

(2) 设计缺口。

认识到参展商和观众对展会服务的需求以后，展会还必须采取适当的方式去满足他们的需求，也就是设计一些服务品种去满足他们的期望。但是，在很多时候，虽然展会能正确理解参展商和观众的期望，可是为满足这种期望所设计的服务及其所定的服务质量标准却不能很好地满足参展商和观众的服务期望，或者服务质量标准本身就设计得脱离实际而不可行，于是就产生了设计缺口。设计缺口的存在成为提高展会服务质量的一大障碍。

(3) 服务提供与交付的缺口。

有些展会也理解参展商和观众对展会服务的期望，它们为满足这些期望所进行的服务设计和设定的服务标准与参展商和观众的期望也一致，但是，在实际操作中，由于存在服务人员素质和技术的差异等种种原因，依照这种设计所提供的服务或所定标准与参展商和观众的期望还是有很大的差距，于是就产生了服务提供与交付的缺口。服务提供与交付的缺口很多时候是由于服务提供与交付过程中出现某些偏差而产生的，如服务现场管理不善、服务流程设计不合理、服务人员素质不高等。

（4）沟通缺口。

展会组织者通常都会对自己举办的展会进行各方面的宣传，而沟通缺口是指办展机构所宣传的展会服务与其实际提供的服务或承诺之间的不一致。展会对服务的宣传通常是根据自身服务提供能力和市场研究结果而提出，而参展商和观众往往根据经验属性、个人需求和信任属性来判断服务的好坏，这很容易产生沟通缺口。这时，展会夸大其词的宣传将提高参展商和观众对展会服务的期望，如果到时展会不能满足他们的期望，将严重影响展会的形象；但如果展会服务能力很强却又宣传不力，就会使参展商和观众对该展会形成比竞争对手低得多的期望，将十分不利于该展会展开市场竞争。

（5）期望感受缺口。

期望感受缺口是指参展商和观众实际感受到的展会服务与他们对该服务的期望之间的差异。参展商和观众在展会现场感受到的服务可能超出他们原来的期望，也可能低于他们原来的期望，前者将会使参展商和观众对展会极为满意，后者将使他们对展会深感失望。

上述服务质量缺口是经常存在的。展会可以根据上述内容提供的思路，尽量了解和引导参展商与观众对展会服务的期望，加强对展会服务的创新和管理，努力消除上述缺口，使展会的各项服务成为无质量缺口的高效优质服务。

（二）展会服务的基本特征

展会服务渗透到展会举办的各个方面。在会展业营销手段和宣传推广策略日益同质化的今天，优质的展会服务正日益成为各种展会之间展开竞争最为锐利的武器。我们有必要了解展会服务的基本特征，这对于拓宽展会服务的思路，创新展会服务的办法，制定恰当的展会服务策略有极大的帮助。

1. 展会服务的基本特征及应对方法（如表5－1所示）

表5－1　展会服务的基本特征及应对方法

服务的特征	对展会服务的影响		展会应对方法
	有利的一面	不利的一面	
无形性	展会的无形性为展会提高服务的技巧和满足客户的需要提供了极大的空间，为展会服务技巧的发展提供了广阔的天地	无形性致使参展商和观众不容易识别这些“无形”的服务，且服务的质量较难控制和测量，一旦发生纠纷，服务的投诉较难处理	让无形的服务有形化，让客户能实实在在感受到服务的存在
差异性	可以提高服务的灵活性和进行服务创新，有利于针对不同参展商和观众提供差异化和个性化的服务	展会服务的差异性也容易致使展会服务难以规范化和标准化，服务规范和标准较难严格执行，使服务质量不稳定	保持服务的高品质、高水平，力求服务始终如一

续上表

服务的特征	对展会服务的影响		展会应对方法
	有利的一面	不利的一面	
不可分割性	展会为更好地控制服务质量而不得不缩短服务流程，精简服务渠道，更多地采用直接供给的方式提供服务。展会服务的不可分割性有利于展会和客户直接交流并建立更紧密的关系	许多服务仅能“一对一”地为客户提供并且易造成混乱；服务质量的好坏有赖于展会所有相关服务人员及部门的配合和协调；服务人员与客户接触的那一瞬间把握不好的话，服务质量将深受影响；服务质量的高低有赖于客户的积极配合	展会需要经常与客户交流，了解客户的需求，不断改进服务流程
不可储存性	使参展商和观众重视亲自参与展会；使展会重视服务的时间效率、服务的空间布局、服务流程的设计和服务人员的组织管理	展会服务的不可储存性使得服务在时间和空间上较难协调，容易出现忙闲不均的现象，从而影响服务的效率和质量	提高服务的灵活性及服务效率

2．*展会服务的具体策略*

（1）克服展会服务的“无形性”的服务策略。

为了克服展会服务“无形性”的不利一面，展会组织者可以用服务“有形化”来发扬其有利的一面。展会所采取的具体服务策略有：

①展会服务的有形化。展会服务的有形化，是指展会策略性地向参展商和观众提供有关展会服务的有形线索，使参展商和观众能更形象地了解和识别展会所提供的各种服务。所谓有形线索，是指展会服务流程中能被参展商和观众直接感知的、能提示展会服务的各种有形物品，如展会展区展位分布图、参观指示图、参观指南、公布展会宣传推广成果、现场一条龙服务咨询台等。参展商和观众看不到展会服务，他们只能通过这些有形的物品来感受展会的服务。展会服务的有形化可以从服务承诺化、服务品牌化、服务展示化和服务便利化来具体进行。

服务承诺化：对外公布展会服务的质量或者效果标准，并对参展商和观众参加展会的利益加以承诺。由于承诺是看得见的利益，这对参展商和观众非常具有吸引力。为了使展会服务承诺化，必须对展会服务的各个环节加以规范，并制定相应的服务质量标准。服务承诺化既是对客户利益的一种担保，也是对员工的一种激励，它为员工树立了明确的服务质量目标，鼓励员工努力去提供优质的服务。

服务品牌化：为展会树立品牌并以该品牌来促进展会服务。品牌是一个无形的概念，但展会可以通过展会的LOGO（徽标）、CI（企业标志）（徽标）、VI（视觉识别系统）等形象来将它展现在广大参展商和观众面前，使参展商和观众对该品牌产生信赖和忠诚。品牌是一个有形的线索，它向参展商和观众提示展会服务质量和服务特色，有利于参展商和观众对展会服务进行识别。一旦展会形成品牌，就可以不断通过该品牌提示新老客户该展会服务的存在，还可以通过老客户的“口碑”宣传该展会的服务，并可以树立展会的良好形象，让展会服务从中受益。

服务展示化：服务展示化是指尽量将展会服务通过有形的线索布置在展会现场，让它们时刻提示参展商和观众展会服务的存在。这要求在展会现场环境布置上要下一番功夫。如对展会宣传推广成果的展示、对观众需求的实物引导、对参展商名单和展位号的集中公布等。服务展示化使展会抽象的服务理念和服务手段通过有形的物品和展会现场环境布置来得到体现，从而有利于参展商和观众认识和感知到展会的服务。

服务便利化：服务便利化是指展会尽量从参展商和观众的需求出发来设计展会服务流程和布置展会现场环境，努力让参展商和观众能以最便利的方式得到展会的服务。例如，展会布展环节的便利化、观众登记的便利化、展馆内参观指示引导的便利化等。

②展会服务的专业化。展会服务的专业化，是指展会努力为参展商和观众提供符合展览行业需求的专业服务，展会服务人员的服务技能、服务知识和服务态度等都达到专业的水准。展会服务的专业化，使展会服务有了一把行业评价的尺子，使展会服务具有很好的行业可比性，有利于参展商和观众感知展会服务的存在。展会服务的专业化可以从服务的技巧化、服务的知识化、服务的技能化和服务的国际化来具体进行。

服务的技巧化：培养和增强展会服务人员的服务技能，利用服务人员的服务技巧来提高展会的服务质量。每一个展会都有自己的服务传统和自己独特的服务技巧，这些服务技巧增强了它们的竞争力，使参展商和观众能体会到这个展会的与众不同之处。展会服务十分讲究服务的技巧，同一种服务，不同的服务人员来操作，由于服务的技巧不同，服务的质量和效果可能差别很大。

服务的知识化：提高展会服务人员的专业知识素养，发挥知识在展会服务中的作用，努力用知识来完善展会服务和满足参展商和观众的服务需求。

服务的技能化：提高展会服务人员的服务熟练程度、服务技艺和服务能力来满足参展商和观众的服务需求。参展商和观众最终得到的服务与提供该服务的展会服务人员的技能有很大的关系，例如展会现场问题的处理技能、展会观众登记的方法等，都能让参展商和观众真实地感受到展会服务的效果。

服务的国际化：为参展商和观众提供符合展览业国际惯例的服务，如展会资料的制作充分考虑各国文化的差异，展会提供不同语言服务等。服务国际化有利于参展商和观众在国际对比中增强对本展会的信心和忠诚度。

（2）克服展会服务的“差异性”的服务策略。

用服务规范化来克服其不利的一面，用服务个性化来发扬其有利的一面。

①展会服务规范化。展会服务规范化，是指为展会服务建立起规范并用这些规范来引导和约束展会服务人员，以此来保持展会服务质量的稳定和一致。展会服务的差异性使得展会服务质量不容易稳定，参展商和观众不易感受到展会服务。为了克服这些不利的影响，展会可以努力使展会服务规范化，以此来减少展会服务的变异。展会服务规范化可以从服务理念化、服务标准化和服务系统化来具体进行。

服务理念化：就是为展会服务提出符合客户需要和展会实际的服务理念，并在展会服务的实践中要求服务人员从该服务理念出发，努力实现该服务理念。服务理念是从展会实际情况中提炼出来的服务思想或者经营哲学，它用精练的文字概括和描述，向社会和员工公布，用以指导员工的服务态度和行为，并提示参展商和观众，它正被展会怎样地重视。服务理念化有利于展会形成自己的服务特色，有利于展会以服务为武器与别的展会展开竞争。

服务标准化：在统一的和被客户接受的服务理念的指导下，为展会服务建立起一套质量标准，并用这套质量标准来约束服务人员的服务行为。行为是在理念指导下的行为，行为规范是理念规范的具体化，所以，服务标准化能很好地统一服务人员的思想和行为，有利于展会服务质量的量化管理和控制。

服务系统化：在服务标准化的基础上，将展会服务的各环节有机整合，使展会服务流程更加合理化和人性化，将展会服务各环节的质量偏差控制在尽可能小的范围内。服务系统化使展会服务变得可以控制，而展会服务一旦变得可以控制，就更有利于对展会服务进行质量管理。如果展会服务不可控制，再好的服务标准也形同虚设。

②展会服务个性化。展会服务个性化，是指在展会服务规范化的大原则下，针对不同客户的需要尽量采取适合其需要的个性化的服务。展会服务的差异性揭示的是不同的客户的需求可能不同；同一个客户在不同的时间和地点，其期望得到的服务也可能不一样。展会服务个性化正是利用这一点来尽量满足不同客户的不同需求。展会服务个性化可以由服务多样化、服务特色化和服务差异化来具体进行。

服务多样化：展会针对不同客户的不同需求提供不同的服务。尤其是展会的一些大客户和重点客户，他们的需求与一般客户往往不同，而他们对展会又极为重要，为他们提供多样化的展会服务，对展会留住这些重要客户有很大的帮助。

服务特色化：展会向客户提供与众不同的能体现自己独有特色的展会服务。每一个展会都有自己的优势，每一个办展单位也都有自己的服务“秘诀”，展会可以凭此形成自己的服务风格。

服务差异化：展会根据服务提供的时间和地点的不同，或者根据环境的变化的需要来向客户提供不同的服务。由于服务时间和环境的变化，有些服务标准变得难以执行或者根本没有执行的必要，这时，差异化的服务能极大地增强服务的灵活性和创造性。

（3）克服展会服务的“不可分割性”的服务策略。

对展会服务中的“不可分割性”，展会所采取的服务策略是用服务流程化来克服其不利的一面，用服务关系化来发扬其有利的一面。

①展会服务流程化。展会服务流程化，是指科学设计展会服务的流程，使展会的服务人员和客户之间能实现部分的分离，以此来减少展会服务的复杂性和对服务人员的过度依赖。展会服务流程化可以由服务自助化、服务分离化和服务网络化来具体实现。

服务自助化：展会通过向客户提供部分服务用品或工具，使某些服务由客户自己来完成。例如，对展会的老客户发放多届有效的参观卡或者 VIP 观众卡，他们凭该卡到会参观就不用再排队登记而可以直接进场参观。

服务分离化：将展会的某些服务分离出去，由其他专业的服务公司为客户提供服务。例如，将展会的展品运输和报关委托给专业的国际货运公司，将展会的展位搭建委托给专业的展位承建商，将展会的商旅服务委托给专业的旅游公司，这样更有利于提高展会的服务质量。

服务网络化：通过国际互联网来完成某些展会服务。例如，展开网上参展和参观预先登记，进行网上信息咨询等。

②展会服务关系化。展会服务关系化，是指在展会服务中强调与客户建立良好的关系，及时进行沟通，重视客户口碑传播，利用关系营销来促使客户与展会形成融洽的关系。展会服务关系化可以通过服务情感化、服务合作化和服务组织化来具体进行。

服务情感化：使展会在服务实施过程中倾注情感因素，如赋予服务人员一定的角色，让其在服务中全神贯注地进入角色；让服务人员处处关心和体贴客户，从细微处照顾客户的需要和感受。情感化的服务容易拉近客户和展会的距离，有利于留住客户。

服务合作化：展会与展会的其他服务商之间通过紧密合作来共同满足客户的需求，发展与客户的关系。展会将有关服务委托给展位承建商、展品运输商、旅游公司以后，并不是就对该服务不闻不问了，展会还要与他们密切合作，保证各种服务的质量。

服务组织化：展会以某种方式将客户组织起来，使客户与展会的关系更加明确化和正式化。例如，采用会员制，展会的参展商和观众达到一定的标准就可以成为展会的会员并享受相应的优惠服务等。

（4）克服展会服务的“不可储存性”的服务策略。

对展会服务中的“不可储存性”，展会所采取的服务策略是用服务灵活化来克服其不利的一面，用服务效率化来发扬其有利的一面。

展会服务灵活化，是指展会通过对服务时间、服务地点和服务供求关系的调节和灵活处理来满足客户的需求。展会服务的“不可储存性”使展会服务供求平衡经常在时间和空间上不一致，展会服务灵活化有助于展会克服这一不利影响。

展会服务灵活化主要通过调节展会服务时间、服务地点和服务供求关系来实现。例如，对展会开馆和闭馆时间的调节，对展会现场服务点设点地点及其布局的调节，对观众进馆参观高峰时间的人流量的调节等。

展会服务效率化，是指通过提高展会服务的效率来满足客户的需求。展会服务的“不可储存性”要求展会服务快捷、高效，这样参展商和观众才能在最短的时间里取得其所期望的展会服务。例如，如果展会观众登记效率不高，观众将会对登记台前的排队长龙望而生畏。展会服务效率化主要通过服务的便捷化、服务的一条龙化和服务的多功能化来实现。

（三）展中现场工作内容

展会开幕以后，展会就进入了展览期间的现场工作阶段，这是展会最重要和最关键的阶段，展会前期的所有准备工作都是为了这一个时期的工作能顺利进行。展会的办展目标、参展商的展览目标和观众的参观目标主要是在这一阶段得到实现，这一阶段的工作直接决定展会举办是否成功。展会展览期间的现场工作主要包括：

1．参展商现场联络和服务

展览期间，所有的参展商都亲临展会。展会组织者一般都会抓住这一机会，亲自到各参展商的展位拜访参展商，或者邀请参展商座谈，与他们联络感情，了解他们的需求，征求他们对展会的意见和改进建议，及时提供他们需要的各种服务。

2．观众登记和服务

观众登记和服务这一环节，目前国内的知名品牌展会已经委托专业公司负责。专业公司会对观众数据进行采集和分类，并在现场打印观众基本信息，生成个性化的参观卡，方便参展商识别。

观众通过登记进入展会会场以后，展会要对观众参观、信息咨询、中场休息、与参展商进行贸易谈判等提供便利和服务。

3．公关和重要接待活动

展会举办期间，展会组织者往往会安排一些重要的公关活动，如邀请重要领导参观和视察展会、接待外国参展和参观代表团、接待行业协会和商会的考察、接待外国驻华机构代表的访问等。这些公关和接待活动对扩大展会影响、树立展会良好形象有重要作用。

对于展会嘉宾的接待，要准备嘉宾休息室或者会客室，休息室内除了要配备茶水、咖啡和小点心等以外，还可以放一些与展会有关的介绍资料。如果有必要，还可以为该休息室或会客室配备专门的服务人员或者翻译。

4．媒体接待与采访

展会开幕前，展会组织者要与相关媒体取得联系，为媒体记者对展会开幕新闻发布会和展览现场进行采访和新闻报道做准备。邀请的媒体记者包括新闻记者和摄影记者。

许多展会在开幕前会举行一次新闻发布会，向媒体通报展会筹备情况，并告诉社会各界展会将按计划如期举行。这次新闻发布会是展会开幕方案的一个组成部分，它起到将展会消息提前通知新闻界的作用，使新闻界提前对展会开幕进行预备报道，并让他们对随后到来的展会开幕式及展览现场的各种采访有一定的准备。

很多展会都会在展会现场适当的地方开辟一定的区域作为展会的新闻中心供各媒体和记者使用。在新闻中心里，除了要配备电脑、传真机、写字台、纸笔等供记者写稿、发稿用的必要设施之外，还要配备供记者小憩的茶水、咖啡以及小点心等。新闻中心里还可以放一些有关展会的介绍资料，如展会的办展背景、行业概况、展会特点、相关活动安排计划以及展会的相关数据等，以便记者在写新闻报道时参考。新闻中心一般只供媒体的有关人员使用，其他人员除非被邀请，否则不准进入。

展会可以给所有的媒体记者每一个人发放一个新闻袋。新闻袋里放置的资料一般有：展会开幕新闻通稿、展会背景介绍、展会特点介绍、展会有关数据、展会相关活动

安排计划、展会会刊、展会参观指南以及一些小礼品等。新闻袋务必发放到每一个记者手中，这样更有利于他们编写展会新闻报道。

展会要安排专人负责新闻记者的接待和联络工作。负责接待新闻记者的展会工作人员要对展会的有关情况非常熟悉，能随时回答记者提出的有关展会的各种问题。如果记者希望现场采访某些参展企业、出席展会开幕式的嘉宾或者某些重要的观众，而展会又认为可行，那么展会要事先与有关人员取得联系并征得他们的同意，然后安排好具体的时间和地点，通知记者按时按点采访。为示尊重，采访完毕后，如果记者采访的内容在有关媒体上发表，最好在会后邮寄一份给被采访的有关人员。

展会可以有意识地组织、引导和安排各新闻媒体对展会进行新闻报道，为各媒体记者提供必要的展会资料，积极回答记者提出的各种问题。展会可以根据不同媒体的不同新闻需求来向其提供不同的展会资料。例如，专业媒体更倾向于报道一些较专业的行业新闻，大众媒体则更注重大众所喜闻乐见的新闻。只要报道的基调一致。展会可以引导不同的媒体从不同的侧面对展会进行报道。

对于各媒体和新闻记者对展会的各种采访报道，在展会展览期间及展会闭幕以后要注意及时收集和整理，要分析这些资料对展会报道的内容和角度是否符合展会发展的需要，分析这些报道还有哪些可以改进的地方，以便下一届展会开幕时与媒体沟通改进。如果某些媒体对展会的报道有失偏颇，就要及时采取补救措施来扭转媒体的报道视角。

5．展会布展管理

（1）展会布展管理。

当展会招展和招商工作已经接近尾声、展会开幕日期临近时，展会就要在所租用的展览馆里迎接参展商进馆进行布展。所谓布展，从参展商的角度看，是指参展商为准备展览而在展会开幕前对展位进行搭装、布置和将展品陈列在展位上的系列工作；从展会的角度看，是指对展会现场环境进行布置和对参展商的有关工作进行协调和管理。

展会布展是展会开幕前的现场筹备工作，一般在展会开幕前几天进行。不同题材的展会需要的时间长短不同。有的展会布展时间很长，如汽车展和大型机械展，布展的时间往往需要一个星期；有的展会布展的时间很短，如消费品展布展时间常常只需要两天。展会布展时间的长短主要取决于展览题材及展品的复杂程度。展会规模的大小对布展时间也有一定的影响，展会规模越大，其需要的布展时间往往越长。对于一般的展会来说，布展时间常常为2~4天。

根据国内对展会的管理规定，展会在组织布展前需要到工商、消防、安保和海关等部门办理有关手续，办理好有关手续后展会才能开始布展。需要办理的手续分别是工商报批、消防报批和备案、安全保卫报批和备案、海关报批和备案。

在进行展会布展前，还需与展会指定搭建商和展品运输代理商进行充分协调和沟通，共同交流对展会现场环境布置、展位搭建的意见和建议，及时解决展品运输过程中可能出现的各种问题，从而保证展会布展现场格调统一，展品及时运输到位。

另外，如果展馆位于城市的中心地带，有些城市还需要办理外地车辆进城证以方便外地企业运送展品到展会现场布展。

（2）布展工作的具体实施。

展会布展工作的具体实施内容如表5－2所示。

表5－2 展会布展工作的具体实施内容

工作实施内容	描 述
展位画线工作	按照各参展单位租用的场地面积和位置画好每一个展位的地域范围，确定每一个展位的具体位置，方便参展商在自己租用的地方搭建展位和陈列展品。展位画线工作涉及每一个参展商租用展位的具体位置和面积大小，办展机构要认真仔细、一丝不苟，要按照事先对参展商的承诺如实办理
展馆地毯铺设	在展馆计划铺设地毯的地方按计划铺设地毯，如展馆的公共区域、某些标准展位等。地毯铺设一定要紧贴地面，要美观，不能妨碍行人通行
参展商报到和进场	各参展商凭合同及其他有关证明到展会现场报到，付清各种款项，领取相关证件，办理入场手续
展位搭建协调工作	除了一些特装展位由参展商自己搭建以外，展会一般还要负责搭建一些标准展位。不管是标准展位还是特装展位，展会要监督所有的承建商都按展会要求搭建；对于展位搭建中出现的各种问题，要及时协调处理
现场施工管理和验收	展会要派出专门人员管理各承建商的现场施工，如现场用电、用火、噪声、展位高度控制、线缆的安装和走向、灯光的设计和使用、搭建展位的材料的防火性能、展位之间通道宽度的控制、重型机械的地面承重控制、标准展位的标准配置等要及时查验，避免施工现场秩序混乱和出现安全隐患
海关现场办公	对于海外参展的展品要及时办理海关通关手续，如果海外展品参展比例较大，可以邀请海关现场办公。对于所有海外参展展品，展会要陪同海关进行现场抽样查验
展位楣板的制作、安装和核对	各参展商展位的楣板上标有参展商的单位名称和展位号，有的还有参展商的企业标志或展品商标。这些内容是参展商的门面，对参展商非常重要，一定不能有丝毫的差错，展会要派出专门人员认真核对
现场安全保卫工作	布展期间现场人员众多，各单位布展施工涉及用水、用电，有一定的危险性。展会要负责展会的一般安全保卫工作，但对参展商的展品丢失、损坏和人员以外伤亡等不负责任。为保护自己的展品和人员安全，参展商一般还要对自己的展品和员工投保
消防和安全检查	所有的展位布置完毕以后，展会组织者还要陪同消防和安保部门对所有的展位进行一次全面系统的检查，保证展会符合消防和安全要求，彻底消除展会现场可能存在的安全隐患
现场清洁和布展垃圾的处理	展会布展往往会产生大量的垃圾，要及时收集和运出展馆并进行处理

上述布展工作结束以后，展会的现场布置就已经基本就绪。在布置好展会的开幕现场、序幕大厅、观众登记处、展会相关活动现场和其他各服务网点以后，展会就可以按计划举行开幕式，对外正式宣布展会开幕。

6. *展会现场布置与安排*

展会举行期间举办的会议、比赛、表演和其他相关活动，展会组织者要积极安排和协调。

展会现场要在举办展会之前布置好，以便为展会举行各项活动和观众到会参观作充分的准备。展会现场布置需要安排好以下各项内容。

（1）展会开幕现场。

展会开幕现场需要布置好开幕背板、门楼或展会横幅，并在背板上写上展会名称，开放时间，展会的主办、承办、支持单位等办展单位的名称等。如果有单位祝贺展会开幕或有企业做现场广告，还要布置好现场空飘气球或其他广告牌等。如果展会开幕现场有表演，还要按表演的需要布置好表演的场地。开幕式现场要布置得庄严隆重，气氛要营造得符合展会定位的需要。

（2）展馆序幕大厅。

要在展馆序幕大厅布置好展馆、展区和展位分布平面图、各服务网点分布图、各参展企业及其展位号一览表，设置名录牌、展会简介牌、展区参观路线指示牌、展会宣传推广报道牌、展会相关活动告示牌等。序幕大厅的布置要与整个展会的气氛相协调，要醒目易辨认。

（3）展会各展馆。

除了各参展企业的展位以外，还要布置好各展馆（展区）的主要展览内容提示牌、参观路线指示牌、本展区服务网点提示牌、至其他展馆（展区）的路线提示牌、本展区参展企业及其展位号一览表等。上述内容要布置在展馆（展区）比较显眼或观众容易迷路的地方，这样更有利于观众参观。

（4）其他。

对于展会的重要活动如论坛峰会、舞台秀、企业产品推介会等活动，场地的安排可根据活动的具体要求进行布置。

为方便参展商现场租赁各种展具和申请额外用水用电，展会可以在展馆适当的地方设立展会布展“一条龙服务点”，集中处理参展商布展及展览期间租赁展具和申请额外用水用电的需求。另外，为方便参展商和观众，还可以在展馆序幕大厅、展馆的主通道或其他便利的地方设立联络咨询服务中心，安排专门的人员在该中心负责接待和联系客户，现场处理和回答客户的有关问题。如果展会规模较大，除该联络咨询服务中心外，展会还可以在其他合适的地方再设立一些联络咨询服务点为客户服务。

上述各种布置必须在展会开幕前完成。因为展会一旦开幕，观众就将入场参观，如果展会现场的各种布置在观众进场后还未完成，那势必会严重影响展会的现场秩序和展会的整体形象，影响观众的参观和参展商的展出效果，对展会发展不利。

7. 现场安全保卫及清洁工作

展览期间的安全保卫工作主要是防止可疑人员进入展会、防止展品丢失和被盗、展会消防安全保护、协助参展商处理一些安全保卫方面的工作等。和布展时一样，展览期间展会也只负责提供一般的安全保卫工作。

展会一般要负责展场公共区域如通道等的清洁卫生工作，展览期间以及每天闭馆后派出相关人员清洁和打扫这些区域。展会一般不负责各展位里面的清洁卫生工作，这些区域的清洁卫生工作由各参展商自己负责。

8. 有关信息的收集整理

展会展览期间，各种信息汇集于展馆，展会要抓住这一时机收集有关信息，如对参展商和观众进行问卷调查，了解他们对展会各方面的看法和意见等。展览期间收集的信息是改进展会办展策略的重要参考资料，展会要认真收集、分析和整理。

9. 与场地部门结算

展会要派出专门人员与展馆场地部门核对展会租用面积、参展类别和各项服务收费，准备相关资料和数据，为展会闭幕后与场地部门结算做准备。

10. 展位预订与展会的合作和代理

展览期间，展会的各合作单位和招展、招商代理一般都会亲临展会，这时，要与他们商谈下一届展会的合作与代理招展、招商等事宜，为下一届展会提前做准备。

展览期间，行业内企业和人员大量汇集，展会可以在大会现场设立专门的招展办公室，负责为参展商预订下一届展会的展位。

展会展览期间的现场工作涉及的面很广，展会组织者一定要事先周密布置，仔细安排，责任到人，确保每一项工作都有专人负责，使每个工作人员分工合理、责任分明、分工协作，共同管理好展会现场的各项工作。

11. 现场监控

现场监控是更加细化的服务，包括出入口管理和进入场馆和会议室的权限控制。比如，对当前展会的每个出入口的到达情况进行详细的监控，如到达人数、到达曲线、到达人员的比例分析等，这些信息同时可在大会的信息发布处现场显示，充分体现展会的高科技含量。

此外，现场监控还可以细化到提供展台服务系统、现场分析报告制作、电子会刊的制作以及市场营销的软件方面的服务。

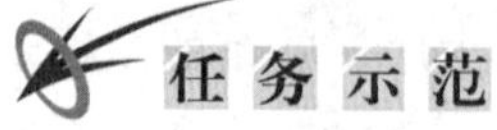

任务示范

1. 案例资料

假如你是某展览公司的项目经理，负责开展期间的现场服务与管理工作，请根据现场具体工作内容安排部门员工及临时工作人员的工作内容，并明确工作要求。

2. 案例分析

现场的服务与管理工作基本上是前期筹备工作的延续，需要明确具体工作内容、负

责人员、工作要求及工作的时间节点，可以用表格形式具体表现，如表5－3所示。

表5－3　现场服务与管理工作安排参考表

项　目	具体工作内容	工作要求	负责人	时　间
参展商服务	1. 展商现场登记 2. 资料录入 3. 资料的更新 4. 现场办证	1. 登记的表格 2. 资料更新与录入要求 3. 办证的条件 4. 现场制证及设备使用	××	××
观众服务	1. 观众登记 2. 观众咨询 3. 观众投诉与建议处理	1. 观众登记表格 2. 表格的收集与整理 3. 观众投诉记录与处理 4. 观众建议记录与处理		
公关与接待				
⋮				

任务训练

1. 任务背景

假如你是广州某展览公司工程部的工作人员，负责该公司新的一个展会项目咖啡展的现场布置工作，请画出组展方的布展工作流程图，列出具体布展工作内容。

2. 操练要求

（1）以小组为单位，每组设组长1名，负责组织本组成员进行实训。

（2）根据布展管理的相关内容，设计并画出布展工作流程图。

（3）列出组展方布展所涉及的工作内容。

（4）实训结果汇报与教师点评。

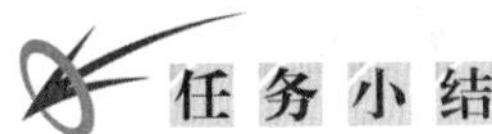

任务小结

完成上述任务，掌握相关能力。

（1）熟悉展中现场工作内容。

（2）能绘制展会布展流程，并分析布展具体工作内容。

（3）撰写现场工作方案，安排人员分工。

（4）跟踪具体展会，了解现场安保、保洁及监控等方面的工作。

任务二　展中客户关系维护与管理

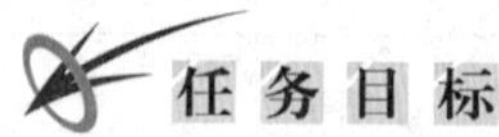

任务目标

学生通过本次任务实训，掌握展中客户关系类型及客户关系管理策略，能熟练掌握展中登记观众信息、发放登记表、录入资料、更新资料等方法，能指导观众使用观展的指示手册，正确引导观众观展，具备一定的资料收集能力和分析能力。

知识准备与业务操作

（一）展中客户关系类型

1. 客户生命周期

作为企业的重要资源，客户具有价值和生命周期。客户生命周期理论也称客户关系生命周期理论，是指从企业与客户建立业务关系到完全终止关系的全过程，是客户关系水平随时间变化的发展轨迹，它动态地描述了客户关系在不同阶段的总体特征。客户生命周期可分为考察期、形成期、稳定期和退化期等四个阶段。考察期是客户关系的孕育期，形成期是客户关系的快速发展阶段，稳定期是客户关系的成熟期和理想阶段，退化期是客户关系水平发生逆转的阶段。

2. 客户生命周期各阶段特征

（1）考察期：是关系的探索和试验阶段。

在这一阶段，双方考察和测试目标的相容性、对方的诚意、对方的绩效，考虑如果建立长期关系双方潜在的职责、权利和义务。双方相互了解不足、不确定性大是考察期的基本特征，所以评估对方的潜在价值和降低不确定性是这一阶段的中心目标。在这一阶段客户会下一些尝试性的订单，企业与客户开始交流并建立联系。因为客户想对企业的业务进行了解，所以企业要进行相应的解答，某一特定区域内的所有客户均是潜在客户，企业投入是对所有客户进行调研，以便确定出可开发的目标客户。此时企业有客户关系投入成本，但客户尚未对企业做出大的贡献。

（2）形成期：是关系的快速发展阶段。

双方关系能进入这一阶段，表明在考察期双方相互满意，并建立了一定的相互信任和相互依赖的关系。在这一阶段，双方从关系中获得的回报日趋增多，交互依赖的范围和深度也日益增加，逐渐认识到对方有能力提供令自己满意的价值（或利益）和履行其在关系中担负的职责，因此愿意承诺一种长期关系。在这一阶段，随着双方了解和信任的不断加深，关系日趋成熟，双方的风险承受意愿增加，由此双方交易不断增加。当企业对目标客户开发成功后，客户已经与企业发生业务往来，且业务在逐步扩大，此时已进入客户成长期。这一时期企业的投入和开发期相比要小得多，主要是发展投入，目的是进一步融洽与客户的关系，提高客户的满意度、忠诚度，进一步扩大交易量。此时客户已经开始为企业做贡献，企业从交易中获得的收入已经大于投入，开始盈利。

（3）稳定期：是关系发展的最高阶段。

在这一阶段，双方或含蓄或明确地对持续长期关系做了保证。这一阶段有如下明显特征：双方对对方提供的价值高度满意；为能长期维持稳定的关系，双方都做了大量有形和无形投入；双方存在大量的交易。因此，在这一时期双方的相互依赖水平达到整个关系发展过程的最高点，双方关系处于一种相对稳定状态。此时企业的投入较少，客户为企业做出较大的贡献，企业与客户的交易量处于较高的盈利时期。

（4）退化期：是关系发展过程中关系水平逆转的阶段。

关系的退化并不总是发生在稳定期后的第四阶段，实际上，在任何一个阶段关系都可能退化。引起关系退化的原因有很多，如一方或双方经历了一些不满意、需求发生变化等。退化期的主要表现为交易量下降；一方或双方正在考虑结束关系甚至物色候选关系伙伴（供应商或客户）；开始交流结束关系的意图等。当客户与企业的业务交易量逐渐下降或急剧下降，客户自身的总业务量并未下降时，说明客户关系已进入退化期。此时，企业有两种选择，一种是加大对客户的投入，重新恢复与客户的关系，进行客户关系的二次开发；另一种做法是不再做过多的投入，渐渐放弃这些客户。企业两种不同做法自然就会有不同的投入产出效益。当企业的客户不再与企业发生业务关系，且企业与客户之间的债权债务关系已经理清时，意味着客户生命周期的完全终止。此时企业有少许成本支出而无收益。

3. 客户生命周期各阶段客户与企业的关系

在客户生命周期不同阶段，客户对企业收益的贡献是不同的。

（1）在考察期，企业只能获得基本的利益，客户对企业的贡献不大。

（2）在形成期，客户开始为企业做贡献，企业从客户交易获得的收入大于投入，开始盈利。

（3）在稳定期内，客户愿意支付较高的价格，带给企业的利润较大，而且由于客户忠诚度的增加，企业将获得良好的间接收益。

（4）在退化期，客户对企业提供的价值不满意，交易量回落，带给企业的利润快速下降。

根据客户生命周期理论，客户关系水平随着时间的推移，从考察期到形成期和稳定期直至退化期依次增高，稳定期是理想阶段。客户关系的发展具有不可跳跃性。同时，客户带给企业的利润随着生命周期的发展不断提高，考察期最小，形成期次之，稳定期最大。

客户成熟期的长度可以充分反映出一个企业的盈利能力。因此，面对激烈的市场竞争，企业可以借助建立客户联盟，针对客户生命周期的不同特点，提供相应的个性化服务，进行不同的战略投入，使企业获得更多的客户价值，从而增强企业竞争力。

4. 展中客户关系类型

展会举办通常只有短短几天，万商云集。利用这个机会做好客户关系管理与维护工作，对展会的发展起到极为重要的作用。如果说展前的客户关系重点是收集客户需求信息，那么展中客户关系管理的重点就是维护客户关系，即充分满足客户的各类需求，巩固良好的客户关系，将老客户变成忠实客户，将潜在客户变成展会真正的客户。

在展览开幕期间，上述四个阶段的客户关系往往是同时存在的，即很可能既有“只是来看看的”，又有“再也不来的”；既有第一次参展的，又有多届参展的等。展中客户关系类型的集中性与多样性，在给办展机构带来便利的同时，亦十分考验其“面面俱到”的能力。

（二）展中客户关系管理与维护

展览期间是管理与维护客户关系的重要机会。客户关系的管理维护手段多样，最主要和最基本的策略有以下三点。

1. 客户获取策略

展会主办机构要获得客户支持，首先要获取客户，建立客户关系。关系是双方的、相互的，首先建立在相互了解、基本认识的基础上。一方面要寻找目标客户，另一方面要让客户了解自己。只有双方都认为可以从对方的交换中获取合理的利益时，这种合作关系才能达成。因此，建立客户关系的首要原则是“公平合理、各取所需”。展览期间，展会主办机构主要做以下工作：一是主动宣传，向目标客户主动宣传当届的情况、特点以及下届展览的方案等，增加并深化目标客户的感性认识。二是提高展览效果和服务水平，通过影响现有参展对象来吸引目标客户。

2. 客户保留策略

要加深、巩固与现有客户的关系，就要不断寻求增进关系的方法，理解、满足甚至超越参展商的期望，预见参展客户可能出现的问题，尽可能去协助解决。这就要求对参展客户的需求变化充分把握，了解并满足客户的参展目的。

一是要追踪与满足客户的服务需求，取得客户长期信任。座谈会、调查表和电话回访等都是捕捉客户信息的常规方法。调研只是第一步，关键要倾听并付诸行动，在展会服务层面上建立客户的归属感。

二是想办法提升展会效果。前来参展的客户继续参展的动力一定是有利可图。政府举办的大型综合展如果要继续获得政府各层面支持，也一定是因为展览效果达到预期，有继续举办的意义，因此提升展览效果是客户保留策略的核心。

3. 客户忠诚策略

客户忠诚既可以界定为一种行为，也可以界定为一种心态，一系列态度、心理、愿望等，是一个综合体。展览主办机构应主动以各种形式、各种手段去赢得客户忠诚：一是提供获利帮助或参展便利，如举办参展培训、从参展角度不断寻求改进展会效果的方法、在参展各环节提供服务便利，为参展各方增加利润，减少开支等；二是实施差异化服务策略，为重点客户提供优先服务，通过差异化服务强化核心客户的忠诚度；三是开展联谊工作，建立会员俱乐部等组织形式，举办联谊会，加强与忠诚客户的联系；四是促销激励，如价格折扣、免费或低成本促销产品、礼品或服务等，让客户获得参展回报。

展览的客户关系维护，要特别注重差异化。差异化不仅是对忠诚客户的尊重，更可形成一种激励机制，促进客户关系的良性循环。对于新客户和潜在客户，要积极采取客户获取策略，增加其多次与会的可能性；对于一般的已参展的客户，要采取客户保留策略，不断加深、巩固客户关系；对于重要忠诚客户，要通过客户忠诚策略，让客户感受到充分的尊重，形成归属感，从而成为展会核心竞争力的保证。差异化的客户关系管理维护策略正是目前我国会展业要特别重视的，很多展览机构市场意识相对欠缺，在展览服务和客户关系维护中有“一刀切”的倾向，这对于重要忠诚客户的关系维护极为不利。

（三）展中专业观众管理

1. 展会的专业观众登记工作

展会可以在展馆的序幕大厅或者专门的观众进馆大厅内设立专业观众登记柜台来进行展会的专业观众登记工作。与此相对应，展会还要设立观众登记通道。展会可以根据方便观众登记和展会的需要，对观众登记柜台和通道进行分类管理。

展会可以根据以前对专业观众发放邀请函的情况，将专业观众登记柜台和通道分为“持有邀请函观众登记柜台”和“无邀请函观众登记柜台”。前者负责登记那些持有展会邀请函的观众，后者负责登记那些没有展会邀请函的观众。将观众登记分为“持有邀请函观众登记柜台”和“无邀请函观众登记柜台”有以下好处：第一，减少观众登记现场工作量，提高登记效率。有展会邀请函的观众一般在登记前就在邀请函的附表上填写了展会需要的信息，在现场不必再填写“专业观众登记表”。这可以节约大量的时间，能极大地提高现场登记的效率。第二，由于登记效率提高，观众不必长时间排队等候登记领证。第三，展会录入观众资料更容易，也更准确，更有利于展会进行客户管理。

有些展会在向观众发放观众邀请函时，就将观众进行编号，赋予每一位观众一个客户号码，将该号码印在给观众发放的邀请函上。一旦观众到会参观，展会只要读取该客户号码，就可以知道该客户的有关信息而不必现场录入该信息。这种办法也可以极大地提高展会现场观众登记的效率，也有利于展会进行客户关系管理。

有些展会还会在专业观众证上打印条形码，观众进出展馆时都要用读码机读一次条码，以此来掌握观众进出展馆的次数和他们在展馆里停留时间的长短。用这种方法，展会还可以控制展馆里的人流量。例如，如果展馆里人流量太大，展会可以适当控制入馆的人数，以保证展馆里不至于太过于拥挤。

2. 展会观众登记表及其内容

观众登记表是用来收集专业观众信息的一种问卷调查表，专业观众需要填写它才能取得可以进入展馆参观展会的“专业观众证”。展会通过观众登记表收集到会观众的信息，这些信息是展会今后调整展会经营思路、进行观众系统分析和进行展会客户关系管理的重要依据。观众登记表主要包括两部分的内容：一是问卷调查的问题，二是观众的联系办法。

①问卷调查的问题一般至少包括以下五个方面：一是调查观众所在单位的业务性质，二是调查观众感兴趣的产品和技术种类，三是调查观众参观本展会的主要目的，四是调查观众在产品购买中的角色，五是调查观众从什么渠道得知本展会的信息。调查的前两个问题主要是想了解观众对本展会展品范围的态度如何，了解本展会的展品范围是否符合市场的需要，以便今后据此做出适当的调整；第三个问题主要是想知道观众为什么来参观本展会，以便今后更好地调整展会的功能；第四个问题主要是想了解观众的质量如何；第五个问题主要是想检测展会宣传推广的效果，以便今后适当调整宣传推广策略。

②观众联系办法部分主要包括：观众的名称、职务及其所在的单位名称、地址、联系办法等。在设计“地址”一栏时，往往把观众来自的国家/地区、省和城市单列出来，这样更能了解观众的地域来源构成。了解到观众的地域来源构成，展会就可以更好地调整和执行其宣传推广和招商策略。

3．展会的专业观众登记的注意事项

不管观众登记是由展会自己负责还是委托给专业公司负责，在进行观众登记时都应处理好以下几个问题：

①要有专人负责管理观众登记的现场事务，观众登记现场要保持秩序井然，不杂乱。

②观众提交的资料要尽量完整。如果观众没有填写好观众登记表的相关内容，现场工作人员要提醒观众填写，并在观众按要求填写后才给其办理进馆手续。

③工作人员现场录入的观众信息要力求准确，尽量少出错误。

④如果现场来不及录入观众的所有信息，可以录入其中主要的信息，其他信息在展会后期录入。

⑤观众提交的填写好的观众登记表、邀请函和名片等资料要妥善保管，分类整理，以便以后对录入的观众资料进行核对。

⑥现场工作人员的工作态度要好，动作要迅速，并对展会有一定的了解，能回答观众提出的关于展会的一般问题。

观众登记工作为展会“把守门户”。如果观众登记有条不紊地进行，展会现场秩序也会井然有序；如果观众登记出现混乱，展会现场秩序也会受到严重的干扰。

观众登记所获得的资料还是展会客户资料数据库重要的信息来源，这些资料不仅可以及时准确地更新和补充客户数据库的信息，还是展会进行客户分析的第一手资料，对展会改善客户关系管理办法和调整宣传推广策略有重要的作用。

4．观众参观指引方法

（1）将展会的一些重要日程安排明确通知观众。

为了帮助观众安排合理的参观日程计划，展会可以将一些重要的日程安排明确通知观众，这些日程安排包括：展会正式开幕日期和具体时间，展会闭幕日期和具体时间，展会期间每天对观众开放的具体时间，一些重要的相关活动的日程和时间安排等。如果展会分专业观众参观时间和非专业观众参观时间，展会也要将它明确地通知观众。对于这些日程安排，展会可以列在观众邀请函上通知观众，也可印在展会门票上提醒观众，还可以通过电子邮件、网站等方式通知观众。

（2）在展会现场布置展会重要日程安排表。

尽管有上述方式可以通知观众有关日程安排，可是每次展会开幕时，总会有很多观众不带观众邀请函等有展会日程安排的资料，也有很多观众记不住这些日程安排。这时，展会不应该去抱怨观众的“失误”，更不应该对观众的“困境”置之不理，而应该采取补救措施来帮助这部分观众。在展会现场适当的地方布置展会重要日程安排表，是帮助这部分观众安排和把握参观日程的有效办法。展会可以在展览现场的主要入口或通道适当的地方布置这些展会重要日程安排表，使观众了解有关事宜。

（3）在展会现场设置咨询台。

每当展会开幕，除了上述观众以外，总还会有另外一些观众，他们既不携带观众邀请函等有展会日程安排的资料，也注意不到展会现场的展会重要日程安排表，还记不住展会有关日程安排。对于这些观众，展会可以采用在展会现场设置咨询台的办法，使他们有渠道了解展会的有关日程安排。

一旦观众完全了解了展会的有关日程安排，他们将会尽量合理地安排自己的参观日程计划，这对展会维护良好的展览现场秩序和提高客户服务水平有重要的帮助。和参展商一样，观众也是展会的重要客户，展会帮助观众顺利参观也就是在帮助展会自己，办展单位对此一定不能忽视。

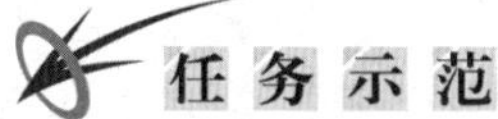

任务示范

1. 案例资料

假如你是某展会的资深业务人员，在开展期间，你如何处理客户关系并利用展会开发新客户？

2. 案例分析

对于已经是自己客户的人员，要根据客商类型采取不同的客户维系策略：对于资深客户，提供周到个性化的服务；对于一般客户，提供展会能提供的正常服务；对于潜在客户，尽量收集相关资料，宣传展会情况，激发起客户的参展意愿，并提供参展咨询服务。

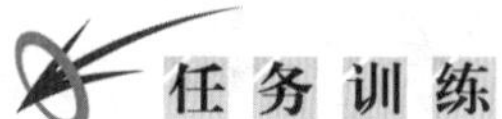

任务训练

1. 任务背景

假如你是广州某展览公司营销部工作人员，在公司的新项目咖啡展中负责展中专业观众的服务与管理工作。请列出专业观众服务的具体工作内容，设计专业观众登记表，提供指引专业观众参观的方法。

2. 操练要求

（1）以小组为单位，每组设组长 1 名，负责组织本组成员进行实训。

（2）可根据参加展会的实习经历，列出针对专业观众的服务与管理工作内容。

（3）熟悉专业观众登记表的内容并制作表格。

（4）可查收资料，分析指引观众参观的方法，选定其中一种进行详细阐述。

（5）实训结果汇报与教师点评。

任务小结

完成上述任务，掌握相关能力。

（1）展中老客户关系的维系与服务内容与常用方法。

（2）展中潜在客户的开发。

（3）展中专业观众的信息登记与更新。

（4）制作观众登记表。

（5）制定观众观展指引方法。

任务三　展中重大活动实施与危机管理

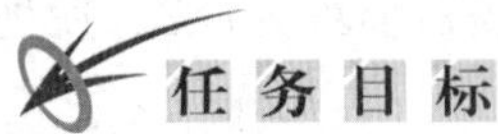

任务目标

学生通过本次任务实训，熟悉展中重大活动的类型，掌握常见活动的实施方案撰写，熟知活动中可能出现的危机种类及处理方式，尤其是针对媒体的危机处理方式和策略。具备一定的资料收集能力和分析能力。

知识准备与业务操作

（一）展会举行期间的会议与活动策划

1. 展会举行期间的会议与活动策划的目的

成功的展会各有其成功之处，但是，很多成功的展会都会有一个共同的成功点：它们往往不但有著名的企业参展，有相当多的观众参观，还有组织得很好的各种会议与相关活动。展览期间精彩的会议与活动，可以使展会的成功更加流光溢彩。

展览期间举办的各种会议与活动不仅能进一步丰富和完善展会的基本功能，还能活跃展会现场气氛，拓展展会的市场范围，吸引更多的潜在参展企业和潜在观众。

展会期间的会议与活动策划的目的主要体现在以下几个方面。

（1）丰富展会的信息功能。

展会是行业和市场信息的重要集散地。对于专业展会而言，观众参观展会的主要目的是为了收集各种有用的信息；一些参展商在展示自己的产品和技术设备之余，也会在展会上大力收集各种重要的信息。展览期间举办的各种会议和活动极大地丰富了展会的信息功能，一些专业研讨会、技术交流会和行业会议的与会专家、学者和行业专业人士能大力地将信息带给与会观众，信息集聚和传播的作用非常明显。

（2）扩展展会的展示功能。

展会是企业产品的重要展示平台，许多参展企业精心设计展位、精挑细选展品，目的就是为了在展会上充分展示企业和企业产品的良好形象，树立和强化企业和有关产品的品牌。展览期间举办的各种会议与活动能很好扩展展会的这一功能。例如，在展会期间举办的产品或项目推介会、有关表演和比赛等使企业和产品的形象更好地展现，使观众对其产生深刻的印象。

（3）强化展会的发布功能。

由于展会行业人士空前聚集，信息传播很快，在此发布新产品影响更大，有许多企业选择展会作为发布新产品的场所，展会因此成为企业发布新产品的一个重要场所。有些展会专门组织产品发布会供企业选择，还有些展会将新产品发布和表演、比赛等活动结合起来举办，以此来强化展会的发布功能。

（4）延伸展会的贸易功能。

很多企业参展的主要目的是贸易成交，很多观众参观的主要目的是为了寻找合适的

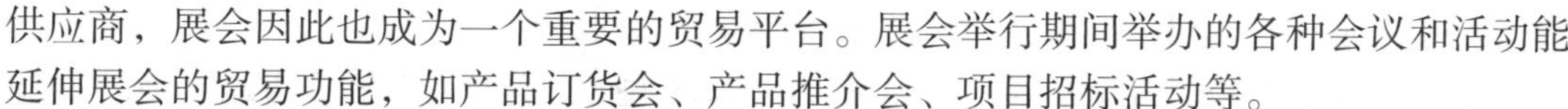

供应商，展会因此也成为一个重要的贸易平台。展会举行期间举办的各种会议和活动能延伸展会的贸易功能，如产品订货会、产品推介会、项目招标活动等。

（5）吸引更多的潜在参展企业和潜在观众。

策划得当、组织完善、丰富多彩的展会相关活动对展会观众有很大的吸引力，行业会议、项目招标、技术交流会等对吸引企业参展也有较大的帮助。

（6）提升展会档次，扩大展会影响。

现代展会是一个信息高度集中和丰富的商业平台，如果展会期间各种会议和活动策划得好，不仅能进一步扩大展会的影响，还能极大地提升展会的档次。例如，行业会议、高水平的专业研讨会和技术交流会等就能极大地提升展会的号召力。

（7）活跃展会现场气氛。

一些富于观赏性的相关活动以及大众参与性较强的相关活动能极大地提升展会的号召力。

2. *展会举行期间会议与活动策划的原则*

在展会举行期间举办的各种会议和活动与展会之间应存在某种内在的联系，不能脱离展会而存在，更不能为了举办活动而举办活动。如果策划不当，或者与展会毫不相干，那么，在展会期间举办各种会议和活动不仅不能促进展会顺利成功，反而会对展会产生这样或那样的不良干扰。一般来说，展会期间举办各种会议和活动应遵循以下基本原则。

（1）主题与形式要符合展会的需要。

会议和活动的策划不能天马行空、漫无边际，不能脱离展会的主题，形式不能脱离展会的实际，否则，会议和活动不但会与展会脱节，还会与展会形成“争取观众”的内部竞争，扰乱展会现场秩序，甚至还会给展会带来安全隐患及副作用。

（2）能进一步丰富和完善展会的基本功能。

即使是在同一个展会里，不同的参展企业和观众对展会的功能需求程度也各不相同，有的可能对贸易功能的需求更强一些，有的可能注重信息功能。一个展会有时难以同时兼顾贸易、展示、信息和发布这四项基本功能，这时，会议和活动就要能丰富和完善展会的一项或者几项基本功能。另外，即使展会能同时提供这些功能，但往往有强有弱，这时，会议和活动就能针对弱项而策划，强化和完善该功能。

（3）有助于展会吸引更多的潜在企业参展和观众参观。

展会须有一定数量的参展企业和观众，这是一个展会赖以存在的基础，也是一个展会进一步发展的根本。展会举行期间举办会议和丰富多彩的辅助活动，会对一些企业参展或观众参观形成一定的吸引力，进而促进他们来参展和参观。

（4）有助于活跃展会现场气氛但不影响企业展出和观众参观。

表演、比赛等活动往往能产生十分热闹的气氛，吸引大量的人群围观和参与，这对活跃展会现场气氛有一定的帮助。但是，如果展会现场气氛过分热烈，到会的无效观众太多，就会对企业的展出效果产生不利的影响，对观众参观产生干扰。例如，活动现场噪音过大会影响到企业谈生意，围观的人群太多会使观众进出展位发生困难等。

(5) 会议和活动本身要能产生较好的效果。

会议和活动本身要策划得当、组织有力、秩序井然，是人们所喜闻乐见的，并能产生良好的效果。例如，专业研讨会要能紧紧抓住行业的特点和难点问题，群英聚集，智慧激荡，要有助于拓宽视野、更新知识、开拓思路，表演要富有观赏性等。如果会议和活动本身都不能产生较好的效果，则它们的存在就是一个问题，更不用说借助它们来促进展会的进一步发展了。

3. 常见的会议与活动形式

展会举行期间的会议与活动和展会已经融为一体，成为整个展会的重要组成部分。它们可以和展会在同一个地方举办，也可以在不同的地方举办，但一般来说，如果展会现场场地允许，它们多是和展会在同一个地方举办的。这样更有利于它们与展会之间的互动，有利于彼此资源共享。

展会期间举办的会议和活动，既有展会主办方主办的，也有参展商或者观众举办的，还有一些是行业组织、新闻媒体或者政府主办的。这些会议和活动，不论是谁主办的，都要在遵循展会目的和原则的前提下开展，宁缺毋滥。

尽管展会举行期间举办的会议和活动（如表5－4所示）主体很多，但基本形式大致相同。

表5－4　展会期间常见的会议和活动一览表

项目	详细分类	功能/作用
会议	行业会议	是帮助展会加强行业信息交流、增进友谊、架设桥梁的有益纽带，可提高展会形象，进一步丰富、扩展展会的品牌知名度
	专业研讨会	
	技术交流会	
	产品发布会	
	投资洽谈会	
	经销商会议	
活动	表演	策划得当，对活跃气氛和吸引潜在观众有较大帮助，否则反而会干扰展会并产生不好的影响
	比赛	活跃会场气氛，吸引潜在观众，吸引企业参展
	招投标	能提高展会的成交功能，吸引企业参展
	买卖家配对	能提高展会的成交和信息功能，吸引企业参展和买家到会参观
	明星/公众人物见面	活跃会场气氛，吸引潜在观众
	成果展示	借助展会平台展示某一方面取得的成果
	群众性参与活动	活跃会场气氛，具有互动性，吸引潜在观众

4. 会议

(1) 会议概述。

会议是指有组织、有领导、有目的的议事活动，它是在限定的时间和地点，按照一定的程序进行的。会议一般包括议论、决定、行动三个要素。因此，会议必须做到会而有议、议而有决、决而有行，否则就是闲谈或议论，不能成为会议。会议是一种普遍的社会现象，几乎有组织的地方都会有会议。会议的主要功能包括决策、控制、协调和教育等。

现代会议早已超出了单一的政府会议的格局，正朝着多元化方向发展，很多都是直接带有商业目的并能产生巨大经济效益的，如各种高峰论坛、专家培训会议等。会议的一般操作原理为：会议的主办方制订举办会议的计划并委托给承办方，承办方（可以是专业会议组织者即 PCO、公司的会议与奖励旅行部等）将围绕既定的主题进行精心设计，并在市场上联系会议的买家（即目标与会者）、相关人员（如政府官员、演讲嘉宾等）及举办场所，最后自己接待会议，或将业务分包给会务公司。

国际会议是最重要、最有影响力的会议。国际上对国际会议认定的权威组织主要有 ICCA（国际大会及会议协会）和 UIA（国际协会联盟）等。由于每个组织所规定的标准有所不同，会造成认定或统计上的偏差，因此，对这些组织标准的明确划分是研究国际会议发展趋势的前提。

①ICCA 国际会议标准。ICCA（The International Congress & Convention Association，国际大会及会议协会）创建于 1963 年，是全球国际会议最主要的机构组织之一。现有成员数目已经超过了 720 个，涉及近 80 个国家。在会议领域内，它是最具有国际影响力的协会。

ICCA 规定的国际会议标准有 3 个：至少有 50 个参加者；定期组织举行会议（不包括一次性会议）；必须在至少 3 个国家举行。

北京市旅游局、北京国际会议中心、上海国际会议中心都是 ICCA 的会员单位。在国内见到的有关国际会议的统计数字，大部分来源于 ICCA 的统计资料。

②UIA 国际会议标准。UIA（Union of International Associations，国际协会联盟）创建于 1907 年。国内很少使用 UIA 的统计数据，所以这个组织在国内没有什么影响，但在国际上，它还是一个很重要的国际会议组织。

UIA 规定的国际会议标准有 4 个：至少有 300 个参加者；国外参加者至少占总量的 40%；参加会议的国家至少有 5 个；最短会期为 3 天。

③中国尚无国际会议的权威统计标准。据国家有关文件的规定，来自 3 个或 3 个以上国家或地区（不含港、澳、台地区）的代表参加，以交流为主要目的而举办的研讨会、报告会、交流会、论坛及国际组织的行政会议，可称为国际会议。

（2）会议准备。

要成功地举办一次会议，尤其是大型会议，需要考虑很多方面的问题，比如开会的时间是否大家都能参加，会不会遇到外宾来访或者公司出货；不能出席的人是否有替代人选，怎样联络；会议的主席、主持、记录人员、现场服务人员等相关人员的安排是否妥当；会议需要什么辅助器材，由谁负责；会议进行的时间预计多久；等等。只有事先做好准备工作，才能保证会议的顺利进行与圆满结束。

①准备会议方案、内容。

会议的名称、时间、地点和规模：会议要确定一个名称才好对外宣传和发布。会议的名称要有一定的概括性和导向性。会议举办的时间要符合该领域的习惯，要注意结合会议各嘉宾和各主讲人的到会时间、编制好会议各议题的场次和日程安排。会议的地点应尽量安排一些设施比较好、环境比较好、有关与会人员容易到达的地方。会议的规模是指会议计划有多少场演讲或讨论，有多少听众。会议主办机构要事先对会议听众数量做出预测，以便安排会议的场地。如果场地容量有限，就要对听众数量有所限制，避免会议现场出现混乱。

编制会议议程：会议议程是实施计划的进度安排，是对会议的进程进行总体调控和安排。其中包括主持人的确定、致开幕词嘉宾人选的确定、有关部门和企业出席会议的领导人选的确定、会议的各项议题及分论坛安排、会议中的活动设置（如嘉宾对会议的启动仪式、签约仪式）等。会议议程的编制要科学合理，并适当安排中途休息时间。

会议的主讲人和听众：会议的主讲人对会议的成功举办起着举足轻重的作用。知名的专家、学者或者是企业家的演讲将会使会议光芒四射；政府主管部门的权威人士的演讲将更加提升会议的权威性。会议的主题和议题确定以后，要邀请一些对该议题有深入研究的人士作为会议的主讲人，并及时向他们发出邀请。向会议主讲人发送的邀请函要明确会议的主题和该主讲人将分担的具体议题、会议日期和地点、演讲的时间安排和要求等，这样才方便主讲人准备演讲材料。

会议不能没有听众，会议的听众也是会议的一个重要组成部分。会议方案要对会议的目标听众做出分析和预测，要确定听众的来源和范围，会议现场可以容纳的听众的数量等。

会议的召开方式：会议的召开方式对会议的成功举办也有较大的影响。会议要根据其主体和议题、会议的主讲人以及听众的特点来确定究竟要采用何种具体方式召开。从听众的参与程度来看，会议的方式一般有开放式、半开放式和封闭式三种。开放式的会议是指那些不设置主讲人、只有会议主持人，听众能和所有的与会人员就某一议题展开自由讨论的会议形式；半开放式的会议是指有会议主讲人和主持人、会议主要由会议主讲人演讲，但听众在主讲人演讲完毕后有一定机会和时间提问的会议形式；封闭式的会议是指会议全部由主讲人演讲，不安排主讲人演讲完毕与听众互动交流的会议形式。这三种会议的组织形式各有利弊：开放式的会议比较自由，但往往议题难以集中；半开放式的会议研讨的问题比较深入，但听众发言的机会比较少；封闭式的会议能集中议题，但没有听众参与的机会。由于半开放式的会议能很好地发挥主讲人和听众两方面的积极性和智慧，因此它也较受欢迎。选择何种形式应视大会的具体情况和主办方的诉求而定。

会议资料准备：会议有大量的资料需要事前准备，重点是会议会刊。在准备会议的过程中，有关会议的各个事项，如时间、地点、会议议程等都应该用文字记录下来，便于在后续工作中察看。有关会议的决定、通知等要打印出来发给相关人员，不能只进行口头通知，必须把工作做细致。同时还有会议的入场证件、门票、引导标识等也需要准备完备。会议资料的印刷要美观大方，内容简洁明了，并尽可能减少成本。

会议接待计划：会议嘉宾、主持人、听众等确定后，要策划周到的会议接待办法。要在会议现场适当的地方设立接待台，安排适当的人员负责接待工作。要事先制订接待程序和接待方式计划，以免措手不及。要对会议现场调度有方，及时处理现场出现的拥挤和混乱。如果会议要事先征集论文或作品，则要规划好征集方式。如果要对作品进行评奖，则要事先成立评奖机构。在接待计划中，要妥善规划和安排会议嘉宾、主讲人、听众等各与会者的吃、住、行等基本需要。

②会场的器材准备。现代化的会议离不开各种辅助器材，在召开会议之前，就应该把各种辅助器材准备妥当。

桌椅、名牌（现代高档会议室用桌面智能终端取代传统名牌）、茶水等：桌椅是最基本的设备，可以根据会议的需要摆成圆桌型或报告型。如果参加会议的人数较多，一般应采用报告型，不需要准备座位牌；如果参加会议的人比较少，一般采用圆桌型，并且要制作座位牌即名牌，让与会人员方便就座。为了提高会议的档次及满足现代会议的需要，一般采用能重复使用的桌面智能终端，推进无纸化的进程，真正体现绿色会议、智能会议的需要。会议上的茶水饮料最好准备矿泉水，因为每个人的口味不一样，有的人喜欢喝茶，有的人喜欢喝果汁，还有的人喜欢喝咖啡，所以如果没有特别的要求，矿泉水是最能让每个人都接受的选择。

签到簿、名册、会议议程：签到簿的作用是帮助了解到会人员的多少，分别是谁。一方面使会议组织者能够查明是否有人缺席；另一方面能够使会议组织者根据签到簿安排下一步的工作，比如就餐、住宿等。印刷名册可以方便会议的主席和与会人员尽快地掌握参加会议的人员的相关资料，加深了解，彼此熟悉。

黑板、白板、笔：在有的场合，与会人员需要在黑板或者白板上写字或画图，从而说明问题，虽然视听设备发展得很快，但是传统的表达方式依然受到很多人的喜爱，而且在黑板或白板上表述具有即兴、方便的特点。此外，粉笔、万能笔、板擦等配套的工具也必不可少。

各种视听器材：现代科技的发展带来了投影仪、幻灯机、录像机、激光指示笔或指示棒等视听设备，给人们提供了极大的方便。在召开会议前，必须先检查各种设备是否能正常使用。如果要用幻灯机，则需要提前做好幻灯片。录音机和摄像机能够把会议的过程和内容完整记录下来。有时需要立即把会议的结论或建议打印出来，这时就需要准备一台小型的影印机或打印机。

资料、样品：如果会议属于业务汇报或者产品介绍，那么有关的资料和样品是必不可少的。比如在介绍一种新产品时，单凭口头泛泛而谈是不能给人留下深刻印象的，如果给大家展示一个具体的样品，结合样品一一介绍它的特点和优点，那么给大家留下的印象就会深刻得多。

会标、背景板、展板：会标一般指会议名称和会议标语横幅。为强化会议效果，许多会议将会标美化、渲染为会议背景板（采用喷绘画面），特别是一些特殊的如党代会等，采用喷绘背景板，可将党徽、旗帜等喷绘在画面上，从而节约会议成本和准备时间。但采用喷绘写真画面时，一定要注意采用环保材料，否则喷绘写真画面散发的刺鼻气味不仅影响会议氛围，还对与会者尤其是主席台就座人员身体健康不利。为渲染会议

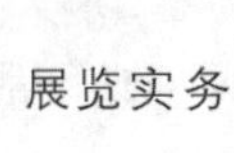

或活动，会场内外放置展板是有效方法。

（3）各种会议。

①行业会议。行业会议是由行业协会或者政府主管部门组织举办、行业协会会员或者该行业有关企业参加的会议。行业会议的主办方一般在该行业有较大的发言权和较强的号召力，会议的参加者一般是该行业比较有影响的企业，会议的影响力一般比较大。在专业展览中策划行业会议尤其重要。

国际会议协会（ICCA）将行业会议分为三类：科技会议、商贸会议和会员会议。

科技会议是以技术推广、科技交流与合作为主要目的的行业会议；商贸会议是以传播商业和贸易信息、研讨行业贸易问题为主要目的的行业会议；会员会议是主要由行业协会会员参加的、旨在促进会员之间的相互了解和合作的行业会议。

除了上述讲到的一般流程外，和一般会议相比，行业会议的筹备方案还有一些特殊的方面。

时间、地点和规模：有些行业会议的举办时间每年都比较固定，会期一般是 2 ~ 5 天；而地点往往是不固定的，经常变换，有少数行业会议召开会议的地点比较固定。行业会议的规模一般都在 400 人以下，但也有一些大型的会议参会人数超过千人，这就是较大规模的行业会议了。

主持人和听众：行业会议的主持人基本来自行业协会、协会会议和政府主管部门三个方面，也有少数来自行业以外的科研机构。会议的主持人一般由行业协会或政府主管部门确定和要求。行业会议的听众基本都是行业内部的企业尤其是协会会员单位。有些较重要的行业会议，有时会专门邀请有关新闻媒体记者到会旁听并进行现场采访。

会议议程：和一般会议不同，行业会议一般都有政府主管部门和协会领导出席，会议议程因此也比一般会议多了一个领导人致辞和发言的程序，有的还要有新闻媒体对领导人的采访或者新闻发布会。

会议资料准备：除了一般会议资料外，行业会议还要准备会议纪念品和礼品，要准备新闻稿和领导发言致辞等。

会议召开方式：行业会议的召开方式更多、更灵活。它可以采取一般专业研讨会和技术交流会议的会议形式，也可以采取联谊会、座谈会、茶话会等形式，主要看会议的主题和议题而定。

会议预算：行业会议预算的资金支出和一般的会议相似，但预算的资金来源更加丰富，会员的会费、协会的基金、政府拨款和企业赞助等都是重要的来源。

除了上述一些问题外，行业会议也要经历收集市场信息、确定会议主题、准备会议方案、邀请会议主讲人员、会议召开、会后总结等诸多阶段。

②技术交流会。技术交流会是以技术的交流和传播为主要内容的会议。技术交流会的策划遵循一般会议的策划流程，但它也有一些特别之处。

在确定会议主题阶段：技术交流会侧重收集所在行业的最新技术发展状况和发展趋势，了解该行业的使用技术发展状况。会议要多与该行业内的著名企业尤其是那些技术领先的企业联系，或者是与专业的科技机构沟通，以确定技术交流会需要哪些技术，特别是哪些前沿技术。会议主题要与技术问题密切相连，要务实，尤其是会议的议题，既要反映技术方面的内涵，也要通俗易懂，能为一般人所理解。

在准备会议方案阶段：尤其是要注意会议时间的安排、会议议程的确定和会议资料的准备工作。由于技术交流会的演讲内容是关于技术的话题，因此很多演讲都需要伴有现场演示，这就要求会议的每一个具体议题的时间安排要合理。在安排时间时要考虑到有些演示在演讲中途可能会出现一些细小的失误，所以，对于某一个议题演讲时间的安排要留有一定的余地，在编制会议议程时不可太紧凑。技术交流会的资料比较复杂，准备时一定要小心，尽量不要出错。

在邀请会议主讲人阶段：主讲人最好要有一定的技术背景和经历，要能回答听众关于该技术议题的一些问题。如果会议需要现场翻译人员，要尽量让翻译人员事先熟悉该演讲所包含的一些技术专有名词，以保证翻译人员在现场能流利翻译。

在会议召开阶段：要根据技术议题的特殊要求对会议现场进行布置。要能够提供和维护会议所需要的特殊设备，要安排懂技术设备操作和维护的现场工作人员。如果会议主办机构不能提供这些人员，可以要求演讲者提供。

在做会议预算和寻求会议赞助时，由于技术交流会常常是企业唱主角，因此，技术交流会往往会向有关企业收取一定的费用作为会议经费的主要来源，企业赞助往往较少。

③专业研讨会。专业研讨会是以研讨行业发展动态为主要内容的会议。相比较技术交流会的“务实”，这种会议在内容上要“务虚”一些。专业研讨会的策划基本也遵循一般的会议策划流程。在举办这种会议时，要注意处理好以下一些问题。

会议的议题：专业研讨会所讨论的议题往往是偏重理论性的话题，如行业发展特点，行业未来的发展趋势，对行业发展进行总结，对行业热点问题进行研讨，对行业内企业管理、营销等理念和思路进行富有前瞻性和启发性的研讨等。

会议的目标：举办专业研讨会最主要的目的是给听众开拓思路，启迪思维，开阔视野，加深听众对行业发展现状、发展特点和发展趋势的了解。

会议的主讲人：由于专业研讨会涉及的议题往往是与宏观相联系的一些话题，是一些理论性较强问题，所以，会议的主讲人往往是一些科研机构、院校和专业杂志的有关专家，有时候也有来自企业的管理人员。

会议的听众：专业研讨会的听众范围很广，他们可以是企业的管理人员、技术人员、一般工作人员，也可以是来自各种科学研究机构、大专院校和专业杂志的有关人员。

会议的复杂程度：由于设计的议题不同，会议需要准备和提供的设备和会议的复杂程度也不同。专业研讨会涉及的议题较为抽象，不需要太多的设备和演示。

④产品发布会。产品发布会是以发布产品或者是发布有关新产品的信息为主要内容的会议，产品发布会的真正主办方一般是企业，其新产品和信息的发布功能强大。和其他会议相比，产品发布会有以下特点：

会议的标的是新产品或有关新产品的信息。产品发布会的主要目的是推出新产品或者是有关新产品的信息。这些新产品可能是一件能够正式推向市场的最新产品，也可能是一些有关新产品的概念和信息，如汽车企业召开的新概念车发布会，服装企业发布的

流行色等。产品发布会更多强调该产品“新”在哪里，有哪些技术进步，或者设计和款式上如何与众不同等。

会议的最终目的是将产品推向市场。对于产品发布会而言，不管会议的目的是新产品还是有关新产品的概念和信息，其最终的目的都是为了将产品更好地推向市场，只不过如果发布的是有关新产品的概念和信息，这种未完全成熟的产品还要经过市场的检验并改进成熟后才能推向市场。产品发布会有时候并不在乎产品是否能立即进入市场，但它绝对在乎新产品的新闻效应以及消费者对新产品的反应。为此，产品发布会往往会安排新闻媒体采访报道。

产品发布会的形式类似新闻发布会。由于产品发布会标的具有新颖性和新闻价值，故一般采用新闻发布会或者类似新闻发布会的形式举行。

5. 新闻发布会

（1）展会召开新闻发布会的时机。

展会从开始筹备到最后开幕，这期间可以视需要组织多次新闻发布会。比如，在展会筹备之初、在展会招展工作基本结束时、在展会开幕前、在展会闭幕时都是召开新闻发布会的绝好时机。在这些时候召开新闻发布会，对展会具有较大的促进作用。

在展会筹备之初召开新闻发布会，一般是向新闻界介绍举办展会的时间、地点、办展目的、展会主题、展品范围和展会的发展前景等。发布会的目的主要是通过新闻界告诉行业人士：在某时某地将有一个十分有发展前景的展会要举办。这时召开新闻发布会，主要是起一种“消息发布”和“事件提示”的作用。

在展会招展工作基本结束时，有些展会也会就展会的筹备进展情况、参展商的特点及构成等情况举行新闻发布会，通过新闻发布会告诉社会展会的进展情况，吸引展会的目标观众届时到会参观，对尚未决定参展的目标参展商提供进一步的参展激励。

在开幕前，绝大多数展会都会召开新闻发布会，向外通报展会的特点、参展商的特点和构成、展会的招商情况、展品范围、贵宾邀请等内容。在展会开幕前召开的新闻发布会是一次十分重要的发布会，很多展会都会精心组织，广泛邀请记者与会。

在展会闭幕时召开的新闻发布会一般包括向外界通报展会的展出效果、展出者的收获、参展商和观众的构成和特点、贵宾参观情况、展望展会的未来发展等内容。这种发布会就像是展会的总结，如果组织得好，对下一届展会的筹备会有一定的帮助。

（2）展会新闻发布会的筹备。

在确定了新闻发布会的举办时间以后，组织召开新闻发布会还要准备好以下一些内容：

①确定发布会的地点：召开新闻发布会的地点可以在展会的举办地，也可以不在展会的举办地，须视展会的具体需要而定。从实际操作看，很多展会都将展会开幕时和闭幕后的发布会放在展会举办地召开。

②确定出席发布会的媒体及相关人员：发布会要选择合适的媒体参加才有效果，如果交给不合适的媒体，再好的新闻材料也会被浪费。参加发布会的媒体一定要是对目标参展商和观众有较大影响的媒体。参加发布会的媒体的数量和地区来源要规划好。除了新闻媒体，还可以邀请一些行业协会、工商部门、政府主管机构、外国驻华机构、参展

商代表等人员参加。需要注意的是，参加新闻发布会的媒体人员不应该仅仅是记者，还可以邀请一些专栏评论员、摄影师、编辑和其他有舆论导向作用的人员参加。上述人员的全面参与有助于展会获得更高的报道率。

③确定发布会的主持人：发布会的主持人可以是有关行业协会或商会的领导、办展单位的负责人、政府主管部门的官员等，也可以由上述机构共同来主持。

④确定发布会要发布的内容：发布会的内容应视发布会召开的时间不同而各有侧重，如前所述。发布会的内容可以编成各种新闻资料，如新闻稿、特别报道、特写、新闻图片、专题报道等。这些新闻资料一定要口径一致，并重点突出。在上述新闻资料中，新闻稿是给媒体提供的最基本和最重要的新闻资料，展会一定要精心编写。为满足不同媒体的不同需要，还可以编写各有侧重的专题报道稿件和背景材料供其选用。

⑤确定发布会的召开程序：包括办展单位、行业协会或政府主管部门有关领导讲话，展会信息发布和展示，记者提问，等等。有关领导的讲话要简短，其所占用的时间不要超过展会信息发布和展示的时间，且要精心准备回答记者可能提出的各种问题，避免冷场。发布会的时间不宜太长，一般认为最好不要超过一个小时。

发布会结束以后，还要及时跟踪和收集各媒体的报道情况。如果有媒体需要更详细的资料，要及时提供；如果一时提供不了，可以安排有关媒体进行实地采访和拍摄。

（3）新闻发布会主要流程。

一般而言，新闻发布会主要流程为四个步骤。

①迎宾、签到（公关人员或服务生）：欢迎和等待与会人员的入场。

②分发资料（公关人员）：根据新闻发布会的主题准备好各种材料，如各种背景资料、新闻宣传资料、新闻通稿等要及时发放到与会人员手中。

③启动会议程序（主持人和发言人）：一般有四个程序，首先主持人宣布会议开始，介绍发言人、来宾和新闻单位；其次，发言人发布新闻、介绍详细情况等；再次，记者提问，发言人逐一回答；最后，主持人宣布会议结束。

④参观或其他安排（公关人员）：会后可安排参观、茶话会或自助餐等，目的是提供双向沟通的场所，方便记者采访。

6. 开幕式与开幕酒会

（1）开幕式的策划。

展会一般以举行开幕式的形式来宣告开幕。开幕式是一项较为大型的活动，一般会有有关领导参加并伴有一些表演活动，涉及的层面很多，事务也很复杂，需要事先经过周密的部署和仔细的筹划。

①开幕的时间和地点：展会开幕的时间和地点要提前做好规划并通知有关方面。展会开幕的时间一般不宜太早，太早了不利于参展商进场准备和出席开幕式的嘉宾按时到场；展会开幕式持续的时间也不宜太长，太长了会让等待进场参观的观众产生厌烦的情绪。开幕式的地点一般安排在展会展馆前的广场上，这样更方便有关人员在开幕式结束后入场参观。如果开幕式上安排有一些表演活动，要注意适当安排好表演的时间和地点，使表演和展会开幕式交相辉映、相得益彰。

②出席开幕式的主要嘉宾：展会一般会邀请一些行业主管部门官员、行业协会与商

会的领导、外国驻华机构代表以及其他有关人员作为展会的嘉宾出席展会开幕式。对于这些嘉宾，展会要事先落实他们的名单并与他们多方沟通，告诉他们展会开幕的准确时间和地点。一旦他们出席开幕式，展会就要派专人负责接待，要准备签到簿让嘉宾签到。如果有必要，该接待人员还要懂外语并承担起翻译的任务。另外，对于这些嘉宾在开幕式嘉宾台上的位置也要事先做出安排。

③开幕式讲话稿和新闻通稿：开幕式讲话稿和新闻通稿是展会对外宣布展会正式开幕的“宣言”，它对于社会各界正确认识展会有重要的影响。展会开幕式讲话稿与展会新闻通稿在内容上有些相似之处，只不过展会开幕式讲话稿比展会新闻通稿更简化。展会新闻通稿是各新闻媒体报道展会的基调，是展会给媒体和记者的第一印象，展会要认真准备。

④开幕方式的确定：展会可以多种方式来举行开幕式，如鸣放礼炮、嘉宾剪彩、领导讲话等。如果是鸣放礼炮，要事先安排好放置礼炮的地点和鸣放礼炮的时机；如果是嘉宾剪彩，要安排好剪彩嘉宾，并安排礼仪小姐；如果是领导讲话，要准备好讲话稿。展会开幕式里也可以包含上述几种活动。一个展会典型的开幕式的程序一般是：由展会工作人员引领国内外嘉宾至开幕式主席台就位，开幕式主持人主持展会开幕并介绍到会嘉宾，主持人请有关领导讲话，相关开幕表演开始，某位重要嘉宾宣布展会正式开幕，主持人宣布开幕式结束并请各位嘉宾和展会观众进场参观。整个开幕式的程序要紧凑，不拖拉；开幕式上的表演要恰到好处，不喧宾夺主。开幕式结束后，重要的嘉宾参观展会要有专人陪同；如果嘉宾对展会某方面有兴趣，陪同人员要能随时做出相关说明和介绍。

（2）开幕酒会的策划。

在开幕的当天，展会往往还会举行开幕酒会，用来招待出席开幕式的领导、嘉宾和参展商代表。开幕酒会是展会的一项重要公关活动，它可以很好地起到促进展会与参展商、行业领导和其他有关各方面关系的作用。

举行开幕酒会，展会要事先安排好酒会举办的地点、时间、方式、出席酒会的人员范围、酒会的标准等。

①地点：开幕酒会最好安排在离展馆不远的酒店里举行。选择举办酒会的酒店时，不仅要联系展会的实际考虑酒店的档次，要根据酒会的规模考虑酒店的接待能力，还要考虑出席酒会的有关人员到酒店的便利程度。另外，对于酒会的安全问题也要加以充分考虑。

②时间：开幕酒会可以根据展会的实际需要安排在展会开幕当天的中午或者是晚上。很多展会都将酒会安排在当天晚上，这样更有利于有关嘉宾尤其是参展商代表安排出席酒会的时间。如果酒会安排在晚上，则酒会开始的时间不宜太早，也不要太迟。太早了参展商代表可能还在展馆里忙碌而无法出席，太迟了可能会影响到展会嘉宾的其他活动安排。

③方式：开幕酒会可以采用自助餐的形式，也可以采用围餐的形式。在酒会举行前可以安排一个小型的鸡尾酒会供大家互相认识和交流。在酒会正式开始后，可以由办展单位领导致简短欢迎词，并安排其他有关领导发表简短讲话。酒会进行期间可以播音

乐，也可以安排表演活动，用以活跃气氛。

④出席酒会的人员范围：一般来说，出席酒会的人员要包括出席开幕式的领导和嘉宾、办展机构的领导和代表、行业协会和商会的领导、参展商代表、行业主管部门官员、新闻媒体、工商管理部门的代表、有关外国驻华机构代表等。出席酒会的人员范围一定要全面兼顾，不能漏掉某一方面。另外，出席酒会人员的总人数要事先计划好，要避免出现人员爆满而有人没有座位或者空出大量座位的不良现象。对于出席酒会的所有人员，展会都要事先通知他们有关酒会的情况，并对他们发出正式与会邀请，派专人跟踪落实他们的到会情况。

⑤酒会的标准：酒会标准可以按展会的总预算中对酒会的预算来具体安排，并根据该预算做好酒会的详细预算。酒会预算可以按出席酒会的人数以每人多少钱来计算，也可以根据酒会有多少桌按每桌多少钱来计算。不管按什么标准来计算，酒会的档次都要适当。

（二）展中危机管理

1. 展中危机管理介绍

（1）展会危机管理的基本原理。

不管是哪种危机，一旦遇上，就必须正确对待；要正确对待危机并保证展会能如期安全举办，展会就必须学会危机管理的办法。对展会危机进行管理，一般可以遵循以下原理来进行：预警（readiness）、沟通（communication）、反应（response）和恢复（recovery），也就是说，在危机发生前对危机进行有效预防，在危机发生时进行及时有效的信息沟通，同时对危机做出正确的反应，控制危机蔓延和减少损失，使危机得到有效控制，然后尽快使展会等受危机影响的事物恢复到原来的正常状态。我们可以将这种办法称为展会危机管理的“RCRR 模式”。

“RCRR 模式”的主要内容包括以下几个方面。

①预警：预警就是在危机发生前对可能发生的危机事件进行预测和预防，通过捕捉危机可能发生的蛛丝马迹，分析危机事件发生的可能性，针对危机可能发生的概率制定不同的预防措施，做到防患于未然。如果预警正确，不仅可以使展会将一些危机消灭在萌芽状态，还可以使展会对一些不可避免的危机早做准备，减少损失。

②沟通：为了阻止危机事件的发生，或者在危机发生以后有效地进行危机管理，办展单位内部的信息交流和沟通以及他们与外部的沟通十分重要，没有很好的信息交流和沟通就没有有效的危机管理。在危机管理中，在与众多部门和人员的沟通中，尤其要重视与媒体的沟通。

③反应：反应就是危机事件发生以后不惊慌失措，能按计划和实际情况对危机采取必要的应对措施并做出快速而正确的反应，使危机能得到控制，使危机所造成的损失能降到最低限度。

④恢复：恢复就是在危机持续期间和危机得到控制以后，办展单位能采取切实措施，使受危机影响的客户、展会、设施和有关人员等尽快恢复到危机发生前的正常状态，能抓住危机中的机会，化不利为有利，使展会得到更好的发展。

（2）展会危机的基本特点分析。

展会面临的危机具有以下几种基本特点：

①突发性：危机事件发生突然，人们处于一种必须立刻采取行动来控制危机进一步发展的紧急状态中，这时展会就需要做好危机的预警工作，从而做到有备无患。

②破坏性：如果没有得到有效的预防和控制，危机会给展会造成巨大损失，严重的还会造成人员伤亡，这时展会要尽可能地控制事态的发展，尽量把损失控制在一定范围内，危机过后能尽快恢复。

③紧迫性：危机不但突然发生，而且很快蔓延，如果没有得到有效控制，危机所造成的损失将会越来越大，这时展会要在最短的时间内对危机做出正确的反应，必须在尽可能短的时间内控制住危机。

④确定性：很难判断危机发生的时间和地点，也很难预测危机的规模和危害有多大、范围有多广。展会对危机进行科学的预警和有效的监控十分重要。

⑤信息不充分性：危机对现场的分割使原来正常的沟通和联系渠道被破坏，危机事件中的各种信息真伪难辨，这时，展会的内部信息和外部信息沟通、有关管理人员之间进行有效的信息沟通就非常重要了。

⑥资源缺乏：用以控制危机蔓延的物资严重缺乏，可以调动的人员寥寥无几，这时展会一定要合理调度物资和安排人员。

（3）展中危机的预警分析。

每个办展单位都不希望有危机事件在自己举办的展会上发生，也不希望有影响自己展会的危机事件存在。很多办展单位在管理危机时，首先考虑的问题就是如何尽量不让危机事件在自己的展会上发生，如果有些危机事件的发生是不可避免的，就要想方设法减少危机带来的影响和损失。因此，对危机进行预警，并通过建立危机预警机制来对可能发生的危机事件进行预防就成为展会危机管理的第一步。

危机预警是展会危机管理的基础。危机预警的任务就是通过对展会可能面临的危机进行风险评估，找出展会可能面临的危机有哪些，分析这些危机发生的概率如何，并确认这些可能发生的危机的性质，以便展会采取有效的管理措施来管理这些危机。如果没有危机预警，危机一旦突然发生，展会对危机进行管理就会非常被动。

很多危机事件是突然发生的，人们有时候很难用一套数量指标来准确地分析危机发生的概率到底如何。这时，人们往往用定性的方法来对危机发生的可能性加以评估。定性分析评估的方法很多，其中被使用得较多的主要有头脑风暴法、德尔菲法和名义群体法三种。

举办展会期间，展会危机的发生不是毫无征兆的，很多危机的发生事先都有一些蛛丝马迹。危机预警就是要通过危机评估来发现这些蛛丝马迹，建立起一套感应危机来临的信号，并通过对这些信号的不断监测来对有关人员及时发出危机来临的警报。

危机预警机制的建立对危机管理具有重要的意义。第一，它有利于展会及时采取措施预防危机事件的发生，有利于将可能发生的危机事件消灭在萌芽状态；第二，它有利于展会及时发现危机并迅速采取措施对危机事件做出快速反应；第三，它可以大大降低展会危机管理成本，确保展会按期安全举行。

（4）危机管理者在展中对危机的处理。

为了使展会危机不对自身展会造成相应的形象影响，危机管理者需要注意以下几方面的内容。

①切记要及时处理大众关注的焦点问题。大部分展会危机管理者在处理展会危机事件时，一般只会关注组织内部的焦点，只会关注减少物质利益的损失，这会使外部世界对组织产生“不负责任”或“漠不关心、没有人情味”的印象。这种印象一旦产生，对组织的形象损害就不可避免。所以，在展会危机管理时，展会危机管理者不仅要关注内部事务，还要注意及时处理外部关注的焦点问题，使组织免遭外部舆论的攻击。

②要反映展会的真实态度和行为。展会危机管理者在与外界沟通时，要注意沟通一定要畅通，意思传递也要明确，一旦因为沟通原因而引起误解，那么展会的不良形象很快就会产生。为此，展会危机管理者在与外界沟通时，一定要尽早提出某种有利于自身组织形象的观念或概念，要为人们描述未来行动的计划，并在随后的行动中加以验证。

③态度和行为要一致。展会危机处理者在对外沟通时，一定要注意内容要与危机发生前的态度和行为保持一致。如果办展单位在危机发生前有一个良好的形象，那么在危机发生后，千万不要因为一时忙乱而改变了以前的态度和行动原则，要一如既往地善待客户和其他利益相关者，要密切注意外界对危机的现有看法；危机过后，不要因为危机已经被消除了而中断了危机中所做的各种承诺，要使危机中的各种行动承诺和公开态度在危机消除之后还继续保持。

④要协调与利益相关者的关系。在展会危机之中，办展单位在努力控制危机的同时，还要努力协调与各方面的关系。其中，因为涉及利益问题，办展单位与利益相关者的关系很难协调；而一旦协调不好，利益相关者经常会将办展单位已经受损的形象危机放大。危机中，要倾听利益相关者的呼声，了解他们的看法，重视他们的利益。如果有必要，可以让他们选派代表参与危机管理，使他们了解管理者的难处和处境，争取他们的合作与支持。声誉和形象是一个展会重要的无形资产，它和展会的有形资产一样宝贵，保护无形资产不受损害也是危机管理的重要任务之一。在危机中，危机管理者不能对展会的无形资产漠然视之，更不能以牺牲无形资产为代价来保护眼前的有形资产。

（5）展会危机管理的目标。

许多展会危机都是在毫无预警的情况下发生的，让管理者措手不及；也有些展会危机虽然有预警，但是留给管理者预防的时间却很短；还有些展会危机，尽管有预警，但由于种种原因，人们还是没有能力来阻止它的爆发。不管哪种情况，当展会危机爆发并进入持续阶段以后，人们就不得不面对危机并做出反应。适当的危机反应能有效地控制和消除危机，不良的危机反应往往会助长危机的蔓延并造成更大的损失。

从广义上讲，展会危机反应管理包括积极维护办展单位和展会的声誉和形象，保护各利益相关者的利益，积极与媒体和外界进行沟通。从这个意义上讲，危机反应管理的主要目标，就是努力减少危机造成的直接和间接损失并为展会回到正常状态创造条件，具体为：

①展会危机管理小组应该迅速消除危机或阻止危机的扩散。展会危机突然爆发之后，展会危机管理小组应该尽快采取有效措施迅速地消除危机或阻止危机的扩散，否

则，展会危机的破坏性将会进一步扩大，展会危机将变得一发不可收拾。

②尽量阻止或减少展会危机的相互作用。展会危机的相互作用会引起连锁反应，如果应对不当，一个危机的突然爆发有可能会导致其他危机的连续爆发。展会危机反应管理的任务之一就是要努力阻止或是减少危机的相互作用，使一个危机不至于引发另一个危机。

③阻止或减少展会危机对人、财、物的伤害。展会危机爆发以后，展会危机管理者应该尽快对危机做出反应，尽快采取有效措施，尽量阻止或减少危机对人、财、物所造成的伤害。在危机反应中，确保人的安全应该放在首要位置，要贯彻“人员优先，财物其次”的安全原则，努力阻止和减少危机对人身造成的伤害，并在确保人员安全的前提下，积极保护财物的安全。

2. 危机管理中的沟通

（1）沟通在危机管理中的重要作用。

一旦得到危机预警或者危机一旦发生，展会就需要在有限的时间内迅速了解事情的有关情况，及时落实危机管理计划。这时，如果没有良好的沟通，管理工作就可能会陷入一片混乱，危机就可能进一步蔓延，损失就可能进一步扩大。危机发生的突然性、危机反应的时间紧迫性和危机事件的破坏性，需要危机管理团队成员进行良好的沟通，这样才能互通信息，团结协作，共同管理好危机。可见，有效的沟通在危机管理中起着十分重要的作用。

①良好的内部沟通有助于一致行动并尽快控制危机。良好的内部沟通对危机管理的每一个环节都必不可少。有时，即使危机的征兆已经非常明显，但由于沟通不畅，管理者也感觉不到危机的来临。错失良机、对危机反应迟钝等往往是因为沟通不畅所引起的。沟通不畅使信息难以被快速和准确地交流，而信息的堵塞又使决策产生困难，决策的延误导致危机反应措施的滞后，这会使危机持续的时间更长，造成的损失更大。

②良好的外部沟通有利于获得有关方面的协助和支持。危机事件发生以后，与外部进行及时和有效的沟通就显得更为重要，例如，与客户的沟通、与其他利益相关者的沟通、与媒体的沟通、与政府主管部门的沟通、与消防安全等职能部门的沟通等，保持这些沟通渠道的畅通和信息传递的及时与准确，是取得这些机构和部门的理解和支持的重要手段。没有他们的理解和支持，危机管理有时候是寸步难行的。

③良好的整体沟通有助于提高危机管理水平。危机管理既有赖于充分发挥大家的智慧，又有赖于大家团结协作，共同努力。良好的整体沟通可以使内外部信息充分交流，及时了解全局，发动群众，群策群力，集中集体的智慧处理危机事件。交流可以碰出思想的火花，沟通可以带来管理的创新。通过整体沟通，可以使危机管理计划更完美、更全面、更科学。

（2）危机管理中的沟通技巧。

信息是沟通的载体，如果信息没有被传递和接收，就意味着沟通没有发生；沟通还有赖于理解，如果信息没有被正确地理解，沟通也就没有成功。可见，良好的沟通不仅要发出信息，还要想办法使信息的目标受体能接收到该信息，并能准确地理解该信息。

在展会的危机管理中，有效的沟通不是强行要求沟通的双方意见一致，而是要求双方能准确地理解对方发出的信息的含义，因为，“意见一致”往往是妥协的产物，而妥协的结果在危机管理中可能会导致更大的危机。例如，消防部门与展位搭建者就展位搭建方案形成的“妥协”就有可能埋下安全和火灾的隐患。

在展会危机预警和危机反应中，可以采用多种渠道来进行沟通，例如通讯的方式、口头的方式、书面的方式和电子媒介的方式等。不管采用哪种方式，都必须确保成员之间沟通的通道畅通。例如，如果采用通讯的方式，就可以将所有成员的电话号码编成一张表并让所有成员人手一份。

（3）危机管理沟通中需要注意的事项。

和日常沟通相比，展会危机管理中的沟通具有一定的特殊性。例如，情况紧急、时间紧迫、场面复杂、困扰因素多、资源短缺、大量的信息需要快速传递等。展会危机管理中沟通的特殊性，要求我们对沟通加以特别关注：使用合适的沟通渠道；使用规范化的沟通方式；培养信息收集和分析的技能；公开地与外界进行交流；重视与媒体的沟通以及避免沟通不当引起冲突。

①使用合适的沟通渠道。第一，沟通渠道的选择因不同的危机事件而不同。例如，观众的过分拥挤使人员难以快速通行，这时使用口头沟通的方式就非常不可取。第二，沟通渠道的选择还要因不同的沟通对象而不同。例如，紧急情况最好用无线电通信的方式，那样更直接和快速。第三，沟通渠道的选用要具有一定的抗干扰能力。要考虑危机环境和交互作用对沟通渠道的影响，做到有备无患。第四，要尽量简化沟通渠道的层次。层次太多，不仅会使信息走样，还会错过最佳时机。第五，沟通渠道要有一定的代偿性。不能因为一个渠道遭到破坏或者被堵塞就没有可用的替代渠道。不管怎样。选择合适的沟通渠道是保持沟通畅通的基础。

②使用规范化的沟通方式。使用规范化的方式进行沟通，可以节省大量的沟通时间，提高沟通的准确性，在危机管理中经常被使用。规范化的沟通方式可以从多个方面对危机中的沟通进行规范，例如，沟通程序的规范化、沟通内容的规范化和沟通渠道的规范化等。

③培养信息收集和分析的技能。展会危机管理中，确保被传递的信息的真实性和准确性是非常重要的。正所谓：“失之毫厘，谬以千里。”在展会危机中，能否对有关信息进行准确的判断并及时准确地向有关方面传递出去，往往关系到展会危机反应措施的成败。所以，展会危机管理者要培养所有管理成员的信息收集和分析技能，充分发挥集体的智慧，不能仅仅只是依靠管理者一人。

④公开地与外界进行交流。展会危机一旦发生，除非能快速消除和控制，否则，主动公开地与外界交流比隐瞒和躲躲藏藏要好。因为，公众和专家不同，公众是感觉危机风险，而专家是理解危机风险。如果能以坦诚的态度与公众交流，就能更多地获取他们的理解和支持，而公众的理解和支持是危机管理的一个重要力量来源。

⑤重视与媒体的沟通。媒体在展会危机管理中可以发挥重要的作用。媒体是展会危机管理者与外界进行沟通的重要渠道，重视与媒体的沟通，对危机预警、危机反应和危机恢复都大有好处。

⑥避免沟通不当引起冲突。展会危机一旦发生，情况就已经十分混乱了。如果因为

沟通不畅或沟通不当而再引起冲突，那就更是“乱上加乱”了。因此，在危机管理中，要尽量避免因沟通不畅或沟通不当而引起冲突。

3. 危机管理中的媒体管理

(1) 展会危机中的媒体管理。

展会在与外界进行有效沟通时，媒体是最重要的沟通媒介。媒体对展会危机管理的最终效果具有决定性的影响力，它既能够成为帮助展会进行危机处理的正面因素，也可以成为妨碍展会进行危机管理的定时炸弹。展会本来就是一件容易引起社会兴奋的大型公众活动，如果在展会期间不幸发生了一些危机事件，它马上就会成为全社会关注的焦点。这时，如果展会没有良好的媒体管理计划，媒体铺天盖地的报道可能会拖垮该展会，并进而拖垮该办展单位。

①在展会危机管理中，媒体的重要作用。媒体在危机管理中是一把双刃剑，如果管理得好，就可以尽可能地减少媒体在危机事件中的负面作用，增加它们在危机事件中的积极作用。如果管理不好，就会严重影响展会的进行或是办展单位的名誉。

②在展会危机处理中，危机管理者与媒体会产生矛盾和冲突。在展会危机处理过程中，展会危机管理者与媒体的关系既是矛盾的也是统一的。一方面，媒体出于自身行业的需求，对突发的危机事件进行全方位、准确及时的对外报道；另一方面，展会危机的管理者出于对展会危机管理的需求，对媒体的一些报道方式、时间和报道内容往往有一定的目标性要求。这样，在展会危机事件中，危机管理者与媒体就会产生某种矛盾和冲突。这要求在对媒体管理时注意运用一些技巧和策略：不要和媒体发生冲突；不要责怪其他组织和个人；尽量提供真实的信息；保持冷静并表现得坦率和诚实；要富有责任心和同情心以及注意运用应对采访的技巧。

(2) 展会危机中的媒体管理方法。

在展会危机处理事件中，展会危机管理者与媒体之间之所以会产生某种冲突，大部分是因为彼此都认为对方是在有意打扰自己的工作。与媒体产生冲突对展会危机管理是非常不利的，危机管理者要努力了解媒体在危机事件报道中的相关兴趣和需求，并设法调控这些兴趣和需求，不盲目地设置障碍和排斥媒体，使媒体报道向着有利于危机管理的方向发展。

①将媒体作为一个重要的管理对象纳入展会危机管理计划。很多展会在对危机进行预警和其他管理时，往往都将注意力集中在对危机源、环境和交互作用的管理和控制上，都不重视对媒体的管理，或者干脆就忽视了对媒体的管理，结果酿成大错。其实，一开始进行展会危机管理就应该将媒体纳为主要对象，并依此制订相应的媒体管理计划。这样，一旦危机发生，展会才不至于措手不及。将媒体纳入危机管理的对象，可以通过主动地引导媒体报道和采访、主动地向媒体提供信息来有计划地引导媒体为危机管理服务。

指定与媒体沟通的负责人或成立相应的管理部门，是展会将媒体纳入管理对象的一项重要举措。在危机事件中，展会不可以多头对外发布信息，更不可以发布相互矛盾的信息，否则，混乱的信息将使外界对危机的理解更加混乱。所以，将与媒体的沟通和信息发布集中到一个人或一个部门，可以有效地避免信息的混乱和前后矛盾。

②多方位地与媒体保持良好的沟通并建立密切的关系。展会危机产生后，多渠道地与媒体保持良好的沟通是十分重要的。这是因为，如果媒体无法从展会危机管理者那里获得信息，它们就可能听取谣言和道听途说，而这些信息又往往是不真实的，并且，如果媒体不能从展会危机管理者那里获得信息，它们就可能将关注的重点转移到危机的受害者那里，而过多地报道危机受害者对相关机构的控诉却无益于危机的解决。所以，与媒体保持沟通对促进危机管理十分有利。

展会危机管理者可以通过多种渠道与媒体保持沟通和联系，例如新闻发布会、媒体会议、现场采访、随机或秘密采访等。对于新闻发布会和媒体会议，要注意介绍四个方面的信息：危机在本会议召开时的情况如何、人们的兴趣所在、当前事态的进展怎样、将来会如何发展等。在发布形式上，要注意做到以下四点：第一，简明清晰地介绍信息发布的动机和内容；第二，作一个本事件给人们带来的影响的简要评论；第三，清楚地陈述自己已经、当前和将要采取的危机管理措施；第四，给媒体留下继续获取信息的时间、地点和途径。

对于各种采访，危机管理者要有一定的准备，要使被采访者能镇静应对，不要陷入猝不及防的尴尬状态；被采访者对外提供的信息要口径一致，不要随意发挥。

③恰当有效地控制相关媒体在展会危机处理过程中的活动范围。在展会危机中，几乎所有的展会危机管理者都不容许媒体进行无限制的活动和无限制的采访。因为，一旦媒体的活动范围不受控制，一方面，他们无限制的活动和采访可能干扰危机管理者决策，影响危机管理者工作的展开，使某些危机管理措施的执行受到影响；另一方面，媒体由此可能会获得一些危机管理者暂时还不想对外发布的信息，因为这些信息如果此时公布可能会导致危机局面更加混乱，使危机更加扩大。所以，在危机管理中，媒体的活动范围都是受到一定的控制的。

有效地控制媒体的活动范围，可以通过划定媒体区域和限定媒体区域的方式来实现。需要提醒的是，适当地控制媒体在危机中的活动范围，并不是拒绝媒体对危机现场进行采访和报道，更不是对媒体搞封锁。实际上，通过控制媒体在危机中的活动范围来达到封锁消息的目的是行不通的。所以，在对媒体活动范围进行适当控制时，还要对媒体说明原因，取得媒体的理解和配合，同时还要积极给媒体提供必要的信息，这样，氛围控制才会有效。

另外，不容许媒体进入的范围也可以是不固定的。随着危机被逐步控制，受限制的范围可以逐步缩小，到危机完全被控制，就可以取消范围限制，给媒体活动的自由。

（3）对媒体管理的注意事项。

在展会危机管理过程中，为了更好地对展会进行危机管理，展会危机管理者在进行媒体管理时要注意运用一些技巧和策略：

①尽量不要和媒体起正面冲突。任何时候都不要与媒体产生冲突，那是最不明智的选择。因为一旦展会与媒体发生冲突，媒体就可能联合起来共同捍卫行业的整体利益。这时，媒体可能发布一些不利于展会危机控制的信息，成为展会危机的制造者和危机控制的妨碍者。

②绝对不可以责怪其他组织和个人。对其他组织和个人的任何指责都会给人一种逃

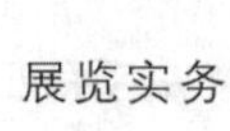

避责任的印象，会破坏展会危机管理团队的团结。在展会危机管理期间，其核心的任务是如何有效控制和消除展会危机而不是追究究竟该谁负责任。

③尽量提供真实的信息。一旦媒体发现展会危机管理者提供的某条信息不是事实，他们就会有一种被欺骗的感觉，就会对展会危机管理者提供的其他信息也产生怀疑。要尽量向媒体提供真实的情况，对一些暂时还不明确的情况不要进行主观臆测。如果发现已经提供的某些信息与事实有出入，或者彼此之间出现不一致，要主动地承认这种情况，并就出现这种情况的原因对媒体做出合理的解释。

④始终保持冷静并表现得坦率和诚实。不论媒体的采访提问如何尖锐，危机管理者都要保持冷静，要避免情绪化；对一些敏感的问题，只要不影响危机管理的效果都可以公开。以坦率和诚实的方式与媒体交往，有利于在彼此之间形成一种和谐和友好的气氛。

⑤一定要富有责任心和同情心。对于一些涉及危机的受害者和其他利益相关者的问题，危机管理者要表现得富有责任心和同情心，不要表现得漠不关心，否则就容易引起媒体和社会公众的反感。

⑥注意运用应对采访的技巧。例如，在安排新闻发布会时，要安排危机管理的主要负责人出场，这样就给人一种较负责任的印象；而在其他场合，如果不是非常必要，就尽量不要安排危机管理的主要负责人出场，因为一旦其将有关情况说定，与媒体进行再协调的机会就少了，危机管理工作就可能陷入被动。

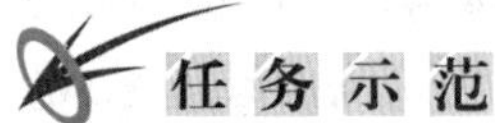

任务示范

1. 案例资料

假如你是某展览公司员工，负责某展会项目的酒会策划，撰写酒会活动方案。

在酒会活动实施过程中，出现了以下几个方面的问题：指示不清，部分嘉宾找不到酒会地址；酒会现场提供的酒水不够；酒会邀请的媒体接待不到位，媒体记者没有拿到统一的新闻稿。

2. 案例分析

酒会方案的基本结构应包括：

（1）酒会背景。

（2）酒会目的。

（3）酒会主题。

（4）酒会形式。

形式内容：自助晚餐及酒会、精彩演出、抽奖活动等。自助餐提供各种饮料、果盘、小点心等。

酒水应包括：鸡尾酒、啤酒、葡萄酒、香槟酒、白兰地酒、威士忌酒、白酒等。

精彩演出：与礼仪公司协商确定节目及演出公司。整体答谢酒会控制在120分钟左右。

（5）酒会时间。

（6）酒会地点（备选地点）。

（7）酒会参加人员（具体可用附件形式）。

（8）酒会主持（可外部邀请，也可用内部员工）。

（9）现场布置。

（10）酒会流程。

（11）节目安排。

（12）人员安排。

（13）费用预算（包括签约仪式或者其他相关费用）。

（14）筹备进程（工作内容及进度管理）。

（15）阶段任务及工作分配（人员分工、工作要求）。

（16）危机处理（可能出现危机问题及处理建议）。

（17）附录（工作细则要求、物料种类及购物需求、宣传资料背景板等设计、邀请人员、具体流程资料等）。

酒会中出现的各种问题，首先在方案中应考虑到。如果方案中没有相关内容，出现问题时，在活动现场应快速及时做出反应。比如，关于指引问题，可迅速安排工作人员在关键点站岗指引。关于酒水问题，应及时进行补充。关于媒体接待问题，应立即指定专门工作人员进行媒体人员接待。没有及时提供的新闻稿，可以事后逐一发送至媒体指定人员手中。

任务训练

1. 任务背景

假如你是广州某展览公司营销部工作人员，在公司的新项目咖啡展中负责活动的策划与组织工作，请选择展中的某一活动，如会议、论坛、开幕式、酒会、产品推介会等活动，撰写活动方案，并设定活动中的3~5种危机类型（如人员组织混乱、媒体采访出错、背景板等出现文字性错误、路牌指示不明确等），提出解决方案。

2. 操练要求

（1）以小组为单位，每组设组长1名，负责组织本组成员进行实训。

（2）选定一项具体活动，撰写活动方案。

（3）设定活动中3~5项出现的问题，提供解决方案。

（4）实训结果汇报与教师点评。

任务小结

完成上述任务，掌握相关能力。

（1）熟悉展中重大活动的类型。

（2）能撰写常见的活动方案。

（3）了解活动中可能出现的危机种类及处理方式。

（4）注重对媒体的接待及管理。

任务四　展会调研与改进

任务目标

学生通过本次任务实训，熟悉展会调研类型及常用调研方法，能撰写调研方案与调研报告。

知识准备与业务操作

（一）展会调研

1．展会调研介绍

美国市场营销协会（简称 AMA）对市场调研做出这样的定义：市场调研是对商品和服务市场相关问题的全部数据进行系统计划、搜集、记录和分析的活动过程。市场调研是一种把消费者及公共部门和市场联系起来的特定活动——这些信息用以识别和界定市场营销机会和问题，产生、改进和评价营销活动，监控营销绩效，增进对营销过程的理解。市场调研实际上是一项寻求市场与企业之间“共谐”的过程。因为市场营销的观念意味着消费者的需求应该予以满足，所以公司内部人士一定要聆听消费者的呼声，而通过市场调研可以“倾听”消费者的声音。

以此为基础，展会市场调研可以理解为：展会活动中的利益相关者，尤其是展会公司，利用特定的方法和手段，对会展活动相关的会展市场信息进行系统的设计、搜集、整理和分析，并得出各种市场调查数据和研究结构，从而为组织制定经营决策提供依据的活动。这包含两个层面：一是为展会本身提供资讯的调研；二是以展会为平台解决营销问题的调研。

对于一个展会来说，调研非常重要，调研是展会主办机构了解展会效果和自身问题、了解市场环境和行业趋势、了解竞争对手发展状况、明晰自身发展发向的基本手段。

具体来看，市场调研对营销管理的重要性表现在五个方面：提供作为决策基础的信息，弥补信息不足的缺陷，了解外部信息，了解市场环境变化以及了解新的市场环境。

2．调研类型

就展会而言，根据其不同的调研目的，可分为以下几类。

（1）展会效果的评估。

基于了解并提升自身展会效果的调研评估，包括参展效果调研、展会服务调研、成交统计分析及根据需要开展的相关展会现场运作效果调研等，据此提出改进展会效果的策略，促进展会效果的不断提升。

①参展效果评估：主要针对展会的参展效果评估调研，了解企业参展目的和习惯、对行业前景的判断、对参展效果的评价以及下届展会的参展意愿等。以广交会为例，广交会每届均择时开展展会效果的评估调研，了解参展商的参展习惯、消费心理及投入程

度，了解参展商对广交会参展效果及各项服务工作的评价，为广交会的招展招商以及展会组织等工作改进提供参考。

②展会服务评估：针对展会主办机构提供的各项展会服务的实施效果、改进建议等方面进行专题的调研评估。

③根据需要进行的展会专题评估：展会主办机构可根据自身需要开展与展会效果相关的调研评估，如不同展馆区域的人流情况、不同产品区的受欢迎程度、品牌区与特装及标摊区的效果对比分析等。展会效果的调研主题多样，但不需要面面俱到，应有的放矢。

④成交统计分析：展会一般作为贸易展示平台而存在。现代展会举办期间很难达成现场成交，很多交易都是在展会之后双方进一步沟通达成的。因此，一般商业展通常不统计成交情况，国际通行做法也不会将展会成交情况作为衡量展会成效的标准。但展会主办方在展后跟踪参展企业成交情况，统计成交数据仍是可行的，只是需要投入大量人力物力，意义不大。展会主办机构应将重点回归到展会本身。对于许多展会，特别是政府主导型展会来说，成交统计分析是一种比较特殊的调研主题，也是评估展会效果的一项重要指标。展会期间的成交统计的准确度难以把握，但不可否认成交统计分析的数据可以在一定程度上体现不同产品类型和不同地区的大体交易特点和趋势，能为政府的形势分析提供基本数据资料。因此，成交统计分析是我国政府主办大型展会比较通行的做法。

广交会成交统计分析工作已经成为每届的常规工作。开展期间，交易团每天向企业发放成交统计收集卡，收集后交至大会业务办成交统计分析组，录入信息之后，系统自动生成固定格式的成交统计分析报表，定时呈送领导，以了解成交动向，并在闭幕新闻发布会上对外公布当届成交情况及特点。广交会成交统计已经成为体现外贸形势冷暖的重要参考数据。由于广交会是贸易型展会，为参展企业带来的订单是实在的，企业提交的数据以订单为基础（包括已经达成的和潜在的订单），因此可以反映其半年内的业务发展状态。事实上，广交会成交统计的经验对其他大型综合性会展的可推广性不强。国内大部分综合展往往除了贸易成交，还担负了招展引资、地域经贸合作推广等其他内容，这些项目的时间周期长，与展会相关度不确定，如果笼统地进行统计，反而容易产生误导。曾经出现个别仅是第一届举办的综合性展会，展会规模只有数万平方米，刚刚达到一个大型展会的规模，成交统计却轻而易举超越举办了 100 多届的广交会的情况。这样的数据用作商业宣传用途也许无关紧要，但如果作为相关政府部门分析和决策的数据则不够客观。

（2）前瞻性调研。

基于展会自身优化发展的前瞻性调研，主要包括行业市场现状和发展趋势分析、展期和展区设置、参展企业筛选和展品摆放、展位安排流程和规则等。前瞻性调研是制定展会应对策略、促进展会业健康发展的依据。

①市场分析：市场分析的说法较为宽泛。就展会行业来说，宏观方面包括国际经济环境、国内经济环境、外贸发展环境、展会市场竞争状态等，如当前外贸发展和企业发展的转型升级带来的对设计创新、品牌建设的需求；微观方面包括参展商和采购商的行

为方式、参展意向变化、展位供求关系变化、采购需求变化、参展需求变化、新技术性手段在展会中的应用状况分析等，如电子商务的发展、电子信息和通信技术在展会中的应用等。

②行业发展趋势：行业发展包括两个层面，一是展会行业的发展状况，这通常基于对自身展会的分析，以及与其他展会的对比分析，大型综合展的各专业展区也需要对比分析各自对应的行业的专业展发展情况，从而据此了解展会行业及不同专业展领域的发展变化趋势，适时调整自身发展战略；二是展会所涉及各展区板块的市场发展状况和发展趋势，如家电电子行业的发展方向，在招展中予以适当倾斜。

③展期和展会时间设置：一方面，有些展会的题材有很强的采购季节性，比如纺织服装类、礼品装饰品类的题材，展会时间的设置是否恰当将直接影响到该板块的展会效果，需要建立在充分的市场调研分析基础上；另一方面，随着展会从数量增长向规模和品牌扩张、转变的趋势越来越明显，大型综合展越来越多地涌现，这些展会常常面临场馆面积不够的尴尬，以时间换空间的分期举办方式逐渐受到关注，广交会就是通过一期变二期、二期变三期来满足不断增长的市场需求，而每一次展期的变化都面临着参展商和采购商逐步适应的阵痛期。这就需要进行具体、翔实、充分的调研分析。

④展区设置：展区设置主要包括两个方面，一是展会题材的选择，需要根据展会定位确定展区，同时要根据经济发展、科技进步、产业转型升级、市场需求等各种发展因素，选择有发展前景的展会题材，可以是对现有展区的细分，也可以选取新题材设立新展区；二是展区规模和位置的设置，需要综合企业需求状况、展馆物理条件、展区相关度统筹考虑。此外，同一展区内位置安排是否合理，展品摆放是否合理规范，同类展品集中摆放程度是否恰当等也是展区设置需要考虑的因素。不管是题材的选择还是展区规模和位置的设置，都需要以参展商和采购商利益为核心，以促进展会的健康发展为出发点，都需要充分调研和听取参展企业、采购商和组展各方的意见。

⑤参展质量：参展质量包括参展企业质量和参展展品质量两方面。参展企业方面，需要充分了解参展企业的结构、筛选标准是否合理，考察相关组展代理机构企业招展情况，跟踪参展企业尤其是VIP企业的参展情况和参展需求；参展展品方面，应重点关注展品品质、品牌、行业认证、创新性、专利与自主知识产权等。

（3）竞争对手调研。

即以竞争对手为对象的调研，目的是通过了解行业发展信息和竞争状况，明晰自身的优势和不足，制定相应的发展策略。竞争对手调研的对象主要包括展馆周边同期展会、区域周边同期展会、各专业展区对应专业展以及国内同类型综合展。

①展会同期“搭车展”调研：指位于主展所在展馆周边、与主展同期举办、题材雷同或接近，借用主展的市场资源而生存的展会。通常国际上这类现象比较少出现。在中国，一些地方市政规划时，往往会出现一个城市里有多个展馆的现象，甚至一些小的展馆直接建在大展馆的旁边。由于“馆外馆”的存在，自然很容易导致馆外“搭车展”的产生。缺乏政府的良好规划和管控，或者缺乏展会行业的协调和自律，这类行为就难以消除。大型综合展及产品类别相对较多，尤其容易受到馆外“搭车展”的冲击，因为馆外“搭车展”可以不必与主展保持全部题材相同，只需选择一两个对其最有利的

题材办展，较为容易形成集中优势兵力冲击主展个别题材的态势，无疑对主展的威胁更大。

②区域周边同期展会调研：区域周边同期展会除了展馆周边的同期展会之外，还包括展会所在城市或经济区周边的同期展会。一定区域内同期举办的展会是一种竞争与共享并存的生存态势：一方面竞争是必然的，展会之间在参展商和采购商资源方面都不可避免存在竞争；另一方面，同一区域的同期特别是同题材展会，会形成一种集聚效应，吸引更多的采购商因为可同时参加多个同类型展会而远道而来。对于有一定影响力的全国或区域性大型展，很有必要了解周边区域同期特别是同题材展会的发展态势，对比自身优劣，获取同行经验，探索应对之道。

③各题材或展区对应的标杆专业展调研：大型展会不可避免地对业内同题材展会形成一定的竞争。通过对业内领先的标杆展进行调研，可以扬长避短，错位发展或者实现超越。

④同类型展调研：虽然对于大型综合展来说，很难找到题材完全吻合的综合展作为参照，但在综合展相对较多的中国，也存在着一些题材有部分重叠的综合展，特别是在一些有政府机构参与的综合展当中尤为常见。因此，大型综合展也要注重对同类型综合展的调研，对于一些有政府机构参与的展会，更需要在调研其市场领域的竞争态势的同时，了解政府部门的政策导向对其办展逻辑与理念的影响。

3. 市场调查原始数据收集方法

（1）观察法。

观察法分为直接观察和实际痕迹测量两种方法。所谓直接观察法，指调查者在调查现场有目的、有计划、有系统地对调查对象的行为、言辞、表情进行观察记录，以取得第一手资料。它最大的特点是在自然条件下进行，所得材料真实生动，但也会因为所观察的对象的特殊性而使观察结果流于片面。实际痕迹测量是通过某一事件留下的实际痕迹来观察调查，一般用于对用户的流量，广告的效果等的调查。例如，企业在几种报纸、杂志上做广告时，在广告下面附有一张表格或条子，请读者阅后剪下，分别寄回企业有关部门，企业从回收的表格中可以了解哪种报纸杂志上刊登广告最为有效，是今后选择广告媒介和测定广告效果的可靠资料。

（2）询问法。

询问法是将所要调查的事项以当面、书面或电话的方式，向被调查者提出询问，以获得所需要的资料。它是市场调查中最常见的一种方法，可分为面谈调查、电话调查、邮寄调查、留置询问表调查四种。它们有各自的优缺点。面谈调查能直接听取对方意见，富有灵活性，但成本较高，结果容易受调查人员技术水平的影响。邮寄调查速度快、成本低，但回收率低。电话调查速度快、成本最低，但只限于在有电话的用户中调查，整体性不高。留置询问表可以弥补以上缺点，由调查人员当面交给被调查人员问卷，说明方法，由之自行填写，再由调查人员定期收回。

（3）实验法。

它通常用来调查某种因素对市场销售量的影响，这种方法是在一定条件下进行小规模实验，然后对实际结果做出分析，研究是否值得推广。它的应用范围很广，凡是某一

商品在改变品种、品质、包装、设计、价格、广告、陈列方法等因素时都可以应用这种方法，调查用户的反应。

4. 调研的基本过程

企业开展市场调查可以采用两种方式，一是委托专业市场调查公司来做，二是企业自己来做。企业可以设立市场研究部门，负责此项工作。市场调查工作的基本过程包括：明确调查目标、设计调查方案、制订调查工作计划、组织实地调查、整理和分析调查资料、撰写调查报告。

（1）明确调查目标。

进行市场调查，首先要明确市场调查的目标。按照企业的不同需要，市场调查的目标有所不同：企业实施经营战略时，必须调查宏观市场环境的发展变化趋势，尤其要调查所处行业未来的发展状况；企业制定市场营销策略时，要调查市场需求状况、市场竞争状况、消费者购买行为和营销要素情况；当企业在经营中遇到了问题，这时应针对存在的问题和产生的原因进行市场调查。

（2）设计调查方案。

一个完善的市场调查方案一般包括以下几方面内容：

①调查目的要求：在调查方案中列出本次市场调查的具体目的要求。例如：本次市场调查的目的是了解某产品的消费者购买行为和消费偏好情况等。

②调查对象：调查的对象一般为消费者、零售商、批发商。零售商和批发商为经销调查产品的商家，消费者一般为使用该产品的消费群体。在以消费者为调查对象时，要注意到有时某一产品的购买者和使用者不一致，如对婴儿食品的调查，其调查对象应为孩子的母亲。此外，还应注意到一些产品的消费对象主要针对某一特定消费群体或侧重于某一消费群体，这时调查对象应注意选择产品的主要消费群体。如对于化妆品，调查对象主要选择女性；对于酒类产品，其调查对象主要为男性。

③调查内容：调查内容是收集资料的依据，是为实现调查目标服务的，可根据市场调查的目的确定具体的调查内容。如调查消费者行为时，可按消费者购买、使用、使用后评价三个方面列出调查的具体内容项目。调查内容的确定要全面、具体，条理清晰、简练，避免面面俱到，内容过多，过于烦琐，避免把与调查目的无关的内容列入其中。

④调查表：调查表是市场调查的基本工具。调查表的设计质量直接影响到市场调查的质量。设计调查表要注意以下几点：调查表的设计要与调查主题密切相关，重点突出，避免可有可无的问题。调查表中的问题要容易让被调查者接受，避免出现被调查者不愿回答或令被调查者难堪的问题。调查表中的问题次序要条理清楚，顺理成章，符合逻辑顺序，一般可遵循容易回答的问题放在前面，较难回答的问题放在中间，敏感性问题放在最后的原则，封闭式问题在前，开放式问题在后。调查表的内容要简明，尽量使用简单、直接、无偏见的词汇，保证被调查者能在较短的时间内完成调查表。

⑤调查地区范围：调查地区范围应与企业产品销售范围相一致。当在某一城市做市场调查时，调查范围应为整个城市；但由于调查样本数量有限，调查范围不可能遍及城市的每一个地方。一般可根据城市的人口分布情况，主要考虑人口特征中收入、文化程度等因素，在城市中划定若干个小范围调查区域，划分原则是使各区域内的综合情况与

城市的总体情况分布一致，将总样本按比例分配到各个区域，在各个区域内实施访问调查。这样可相对缩小调查范围，减少实地访问工作量，提高调查工作效率，减少费用。

⑥样本的抽取：调查样本要在调查对象中抽取。由于调查对象分布范围较广，应制定一个抽样方案，以保证抽取的样本能反映总体情况。样本的抽取数量可根据市场调查的准确程度的要求确定，市场调查结果准确度要求愈高，抽取样本数量应愈多，但调查费用也愈高。一般可根据市场调查结果的用途情况确定适宜的样本数量。实际市场调查中，在一个中等以上规模城市进行市场调查的样本数量，按调查项目的要求不同，可选择200～1 000个样本，样本的抽取可采用统计学中的抽样方法。具体抽样时，要注意对抽取样本的人口特征因素的控制，以保证抽取样本的人口特征分布与调查对象总体的人口特征分布相一致。

⑦资料的收集和整理方法：市场调查中，常用的资料收集方法有调查法、观察法和实验法。一般来说，前一种方法适用于描述性研究，后两种方法适用于探测性研究。企业做市场调查时，采用调查法较为普遍。调查法又可分为面谈法、电话调查法、邮寄法、留置法等。这几种调查方法各有其优缺点，适用于不同的调查场合，企业可根据实际调研项目的要求来选择。资料的整理方法一般可采用统计学中的方法，利用Excel工作表格可以很方便地对调查表进行统计处理，获得大量的统计数据。

（二）调研报告

1. 调研报告的格式

调研报告的格式一般由标题、目录、概述、正文、结论与建议、附件等几部分组成。

①标题：标题和报告日期、委托方、调查方，一般应打印在扉页上。一般要在标题那一页把被调查单位、调查内容明确而具体地表示出来，如《关于××市展会市场调查报告》。有的调查报告还采用正、副标题形式，一般正标题表达调查的主题，副标题则具体表明调查的单位和问题。如：消费者眼中的丽水宝产品与丽水宝产品主要消费者群体研究报告。

②目录：如果调查报告的内容、页数较多，为了方便读者阅读，应当使用目录或索引形式列出报告所分的主要章节和附录，并注明标题、有关章节号码及页码。一般来说，目录的篇幅不宜超过一页。

③概述：概述主要阐述课题的基本情况，它是按照市场调查课题的顺序将问题展开，并阐述对调查的原始资料进行选择、评价、做出结论、提出建议的原则等。主要包括三方面内容：第一，简要说明调查目的。即简要地说明调查的由来和委托调查的原因。第二，简要介绍调查对象和调查内容，包括调查时间、地点、对象、范围、调查要点及所要解答的问题。第三，简要介绍调查研究的方法。介绍调查研究的方法，有助于使人确信调查结果的可靠性，因此对所用方法要进行简短叙述，并说明选用方法的原因。例如，是用抽样调查法还是用典型调查法，是用实地调查法还是文案调查法，这些一般是在调查过程中使用的方法。另外，在分析中使用的方法，如指数平滑分析、回归分析、聚类分析等方法都应作简要说明。如果部分内容很多，应有详细的工作技术报告加以说明补充，附在市场调查报告的最后部分的附件中。

④正文：正文是市场调查分析报告的主体部分。这部分必须准确阐明全部有关论据，包括问题的提出到引出的结论、论证的全部过程、分析研究问题的方法，还应当有可供市场活动的决策者进行独立思考的全部调查结果和必要的市场信息，以及对这些情况和内容的分析评论。

⑤结论与建议：结论与建议是撰写综合分析报告的主要目的。这部分包括对引言和正文部分所提出的主要内容的总结，提出如何利用已证明为有效的措施和解决某一具体问题可供选择的方案与建议。结论和建议与正文部分的论述要紧密对应，不可以提出无证据的结论，也不要没有结论性意见的论证。

⑥附件：附件是指调查报告正文包含不了或没有提及，但与正文有关必须附加说明的部分。它是对正文报告的补充或更详尽的说明，包括数据汇总表及原始资料背景材料和必要的工作技术报告，例如为调查选定样本的有关细节资料及调查期间所使用的文件副本等。

2. 调研报告的内容

调研报告的主要内容包括：说明调查目的及所要解决的问题；介绍市场背景资料、分析的方法（如样本的抽取，资料的收集、整理、分析技术等）；调研数据及其分析；提出论点（即摆出自己的观点和看法）；论证所提观点的基本理由；提出解决问题可供选择的建议、方案和步骤；预测可能遇到的风险、对策。

任务示范

1. 案例资料

假如你是某展会公司员工，负责在展中针对参展者进行调研，请选择合适的调研方法开展调研活动，并撰写调研报告。

2. 案例分析

首先是设置调研目标。因为是针对参展企业的现场调研，可以针对参展商在参展过程中遇到的各类问题，对组展方的意见和建议，对展会的参展效果及展会品牌等方面设定调研目标。

其次是关于调研方法的使用和资料的收集。因为是针对展会现场的参展商的调研，可以设计合适的调研问卷，采用询问法与参展商进行面对面访谈收集相关信息，并通过数据分析，得出合适的结论，撰写调研报告。

最后，调研报告的撰写要符合格式，数据要真实可靠，样本的收集要有一定的数量，且要考虑到对参展企业中的核心企业的调研。

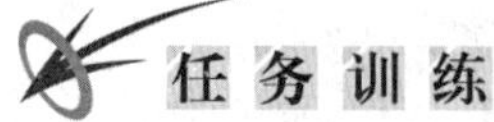

任务训练

1. 任务背景

假如你是广州某展会公司的员工，公司的新项目咖啡展已经顺利开展。在开展期间，请就新展会项目的开展情况，分别对参展商、观众进行调研。请自行设定调研目标，选择合适的调研方式，设计调研问题，并进行数据分析，撰写调研报告。

2. 操练要求

（1）以小组为单位，每组设组长1名，负责组织本组成员进行实训。

（2）每组选定一种调研对象进行调研。

（3）根据调研目标设定调研问卷。

（4）根据收集样本，进行数据分析。

（5）实训结果汇报与教师点评。

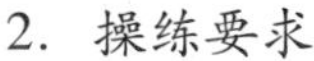

任务小结

完成上述任务，掌握相关能力。

（1）熟悉展会调研类型与过程。

（2）能根据调研目标设计调研问卷。

（3）掌握常用的几种调研方法。

（4）能根据数据进行分析，并撰写调研报告。

项目六

展后实务

◆ 项目目标

1. 掌握撤展的工作内容并撰写撤展工作方案，及时处理遗留问题。
2. 更新客户数据库资料，进行有效客户关系维护并促进下届参展。
3. 撰写并正确使用展览总结性报告，开展新一轮招展招商启动。
4. 对展会进行正确评估，撰写个人工作总结。

任务一　离场工作与遗留问题

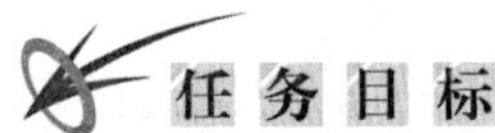

任务目标

学生通过本次任务实训，熟悉撤展的工作流程，能协助展商进行展样品的撤离，协助搭建方进行标摊与特装单位的拆除工作。严格按照展馆方的时间要求完成撤展工作，对于展会遗留问题，及时进行扫尾处理，尤其有关展商的问题要及时反馈并予以处理。清楚撤展的整体工作内容，并能撰写撤展方案。具备一定的资料收集能力和分析能力。

知识准备与业务操作

（一）撤展

当展会按计划的天数完成以后，展会就要准备闭幕，展会闭幕标志着本届展会正式结束。然而，展会闭幕并不意味着展会现场工作就此结束。展会闭幕后，展会的撤展工作还需要展会的大力介入及进行必要的管理。

如果展会闭幕在即才考虑撤展事宜，恐怕就为时已晚了。成熟的参展商来参展之前就会制订一份详尽的撤展计划。撤展计划要标明完成各项工作的时间安排，包括包装托运箱进馆时间、工人拆卸展台时间、展品重新装箱打包时间、参展物品离馆时间等。

撤展除了指对展览闭幕后的展品、展具的处理工作，包括展品处理、展架拆除、道具退还等环节，还包括对参展商人员的离场管理。如果承接了商务考察等配套性服务，还要注意处理好人员与时间的衔接工作。

要使展览客户尤其是参展商及展品能顺利撤离展览场地，就需要办展机构提前设计合理、便利的撤离路线。其中，高峰期的交通配套、服务代理商是否充足等，均应纳入考虑因素。在展览客户撤离展场前，所有与本次展览有关的财务结算也应完成。如果因开展期间忙碌或者其他原因未付清款项的，在离场阶段应有相应的措施追缴欠款，如组

团单位担保、限制其以后参展等。

一般而言，撤展的工作流程如图6－1所示。

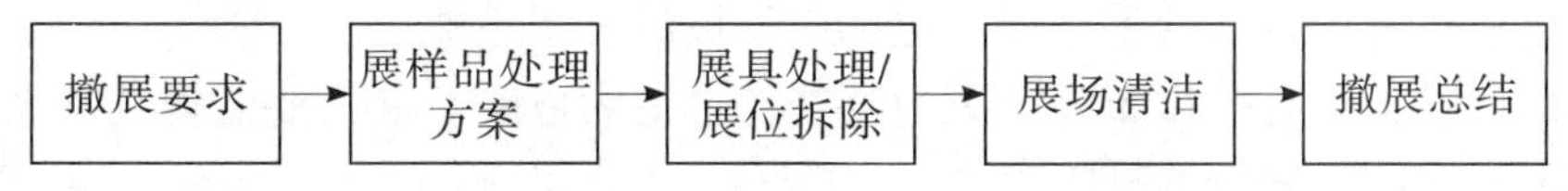

图6－1　撤展的工作流程

撤展的主要工作内容包括以下几个方面：

1. 参展商展品的处理和回运

展品处理是撤展第一项而且是非常重要的工作。

展览结束后，参展商的展品有四种处理办法：出售、赠送、回运和销毁。有些展会不许现场出售展品，这时，参展商就不能在展览结束后将展品卖给观众，他们可以将展品赠送给客户、当地代理商或其他有关人员。某些不便赠送或者参展商不愿出售和赠送的展品，往往被就地销毁；对于一些价值较大又无法现场售出的展品，参展商往往要将它们运回去。

①出售方式：在以零售为主的展会上，展品也是卖品，观众往往是一手付款、一手取货。而贸易性质的展会则不同，展品出售后买主不能立即将其取走，一般需要等到展会闭幕后再来取货。采用出售方式时，通常将其整批或分类卖给当地的客商，有的客商会将其陈列出来供批发、零售商人观看，这样比拿去使用多了一点商业功效。将展品出售给客商可按清册价计算，也可另行议价、做好清单，待展会闭幕撤下装箱，让客商进馆清点接货。展品采用出售方式，事先须办好清关纳税手续。

②赠送方式：展品采用赠送方式与采用出售方式相似，其最大的好处是节省了可观的回运运费。参展商通常将展品赠送给我国驻展地的商务处，展会结束后约商务处工作人员进馆，按展品清册逐一点交展品，受赠方核对无误，在展品清册上签字盖章。受赠方签署后的展品清册是参展商去海关办理结关手续的凭证。处理展品，把展品留给商务处并不是为了节省一些外汇，而是它们可能会带来生意。

③回运方式：参加境外展会，展品入境时以特定目的办理临时许可（temporary ad-mission）手续的，展会结束后这些属海关监管的展品在特定期限内应原封不动运回国内，在这里，展品还包括展示器材、展览道具和其他物品。展会结束后参展商或其代理人应向海关交验经现场海关人员确认的回运展品清单，办理出口许可证后委托运输。回运展品经历出口—进口—再出口—再进口诸多环节，参展外贸企业应与货代、船公司、海关、商检、保险、银行、仓储等各种机构协同配合，做好工作。

④销毁方式：对一些价值不大、参展企业既不想出售也不愿回运的展品，也有采取销毁方式的，销毁现场通常要有证人在场见证。

2. 展位的拆除

一般认为撤展时间大约相当于布展时间的一半，而撤展时间大半会用于撤除展台的工作。

展览完毕，各参展商的展位要安全拆除，让展览场地恢复原貌。展位的拆除工作一般在展品取下展架后才进行。由展会主办方统一设计搭建的标准展台由搭建布展单位统一撤除，参展商只需移走展品、清理现场即可；而由参展企业自行搭建布展的展台，撤除工作通常由当时搭建的施工公司负责撤除，委托合同条款对此应有规定。不论哪种情况，参展企业虽不用自己动手撤展，但都应积极配合，不能撒手不管、一走了之。

展位的拆除工作有时比布展时更为复杂，也更为危险。展会要监督各参展商或承建商按规定的程序进行展位的拆除工作。

3. 参展商租用展具的退还

展览完毕，各参展商临时租用的展具要及时退还展馆服务部门或者各承建商。如果参展商在退还展具时和展馆服务部门或承建商之间出现问题，展会可以从中协调。

4. 展品出馆控制

为了保证所有出馆人员带出展馆的展品确实归其所有，在展会展览期间及展会结束后，展会要对所有的出馆展品进行查验才给予放行。展会给出馆展品实行“放行条”控制，需要出馆的展品，相应的参展商要向展会申请“放行条”，展会在查验展品与“放行条”一致时才准许其出馆。

5. 展场的清洁

展会撤展时往往会比布展时产生更多的垃圾，对于这些垃圾，展会或其指定的承建商要及时处理。不要在展会结束后在展馆留下大量的垃圾，也不要弄脏展场地面和其他有关设施。

6. 撤展安全保卫

展会撤展时往往比较杂乱，撤展现场的安全和消防保卫工作不能松懈。展会的撤展工作是在展会闭幕后才进行的，但展会撤展管理的准备工作要在展会撤展前就准备就绪，这样才能保证展会撤展工作有条不紊地进行，不然，撤展工作就可能会出现混乱。

（二）撤展的相关注意事项

1. 展样品处理的注意事项

展品处理的一般规则是价值越大、使用范围越窄的就越要提前处理；反之，展品价值很小、使用范围很广，参展企业就无须太操心，甚至可以到展会闭幕时才处理。有些大型机械设备，最好在做展出决定时就考虑好处理方式，参展商一般都是在确定买主的情况下才将大型设备运到展会展出，展后则由买主来车运走。要是没有买主，展后安排回运，各项费用和资金占用均很大，中小企业会承受不起。

展后撤下的展品需要再行包装装箱，体积小、重量轻的展品一般由展台人员自行撤下再包装；体积大、分量重的展品需要安排专业工人拆卸再包装，包装材料和外箱要事先安排好并从仓库运送到展会现场。展品从展架、展柜上撤下再包装前要注意清点数量，装盒时应防止张冠李戴，也不要漏装了部件、配件和说明书，装箱前要做好衬垫，销毁处理的展品也不能胡乱扔在现场。

撤展是展览活动中现场最混乱的时刻，要注意做好展品的防护工作，贵重的展品可先由展台业务员取下或提前装箱，有的参展企业在撤展前根据展品贵重程度列出一张装箱顺序表，在其他撤展人员进入展台之前，已将贵重物品装箱；还有的参展企业在闭展后把展位用织物封闭起来，外面贴张告示：“本展台已关闭，下次展会再见。”以保证撤展安全顺利地进行。

2．撤展的注意事项

（1）充分准备。

参展企业对撤展工作事先要有具体安排，包括工作步骤、负责人员等，即便事先设计妥当，到撤展现场还可能会有不同程度的变化，须根据实际情况及时调整。展台人员在展会后期闲暇时间可对撤展做一些必要的准备工作，比如先撤什么、后撤什么，哪些物品要归还、哪些物品在当地处理，撤展包装和衬垫物的准备，废弃物的处理，展品接收、回运外协单位的联络，租用推车、打包机等工具，有人甚至事先观察好大型展品移出展馆的路线和出口，把每样事情都考虑周全，以保证撤展的顺利进行。

（2）按时撤展。

展会主办方对展会闭幕的时间有严格规定，参展企业应令行禁止，不得随意提早撤展，如果包装箱提前拿进展馆，切忌放在过道当中。在观众清场之前，可安排办理归还租赁器材、退还押金等手续，但不宜撤下展品，以免造成不良影响甚至遭到处罚。有个别参展企业或为节省费用，或因归心似箭，把回程机票订在展期最后一天，于是在展会尚未结束时就早早收拾打包，准备打道回府，这种“胜利大逃亡”式的撤展不仅耽误观众参观，还易发生安全事故。

（3）有序撤展。

展会现场无序撤展不仅会大大降低撤展工作效率，还会出现展品丢失、破损，其他文件、物品寻找不到的现象。为避免类似情况发生，展台负责人撤展前要将操作程序、人员分工进行明确交代。撤下的展架、展具，要分门别类、码放整齐，根据不同情况装箱打包，并即时做好各种必要的标志。在撤展现场还要与协作单位保持联系，让他们按实际需要进场，有序完成各种物品的交接工作。

3．撤展的有关要求

①撤展人员必须持证（如撤展证或布展证）才能进入展馆，搬运工要请展馆内穿有标志服装的人员，不得随意到展馆外雇请搬运工。

②在规定的撤展时间内开始撤展，不得随意提前或延后。

③严格执行“先撤展品，后撤展台，再清运”的原则，所有施工单位不得在参展商未撤运完展品时进行拆卸展台的工作。如果是笨重、体积巨大、不容易出场的展品，撤展时为提高效率，可以先撤展台，再吊运展品。

④撤展期间，各种装修材料、展样品不得堆放在展厅门口或展馆通道上，以免堵塞消防通道。

⑤及时将展品包装箱、包装填充物等杂物清理出馆，严禁将其存放在摊位内、柜顶、板壁的背面或其他隐蔽的地方。严禁乱扔废弃物、杂物，严禁倾倒污水、污油等污染环境。

⑥撤展时，不得将展馆的展具、家具等携带出馆。

⑦参展商须办理展品离场许可证后，方可携带展品离场。

⑧在撤展台的时候，很容易出现展品和展览设施被盗的现象，因此要及时预订保安人员照看展品和车辆的运输。

⑨一般到展会尾声的时候，人们都会有所松懈，撤展时更要注意安全问题。有的时

候由于时间紧张（如紧接着就有下一个展会），在参展客户还没有撤离的时候就要拆卸展台，如操作不当，会造成人员伤亡。

⑩撤展费应在安排返程运输前结清。

（三）撤展的时间管理

展会撤展是在展会规定的撤展期内进行的，所谓撤展期，是指展会闭幕以后参展商撤除展位和将展品运出展览现场的这一段时间。这段时间一般不会很长，短的往往只有1天，长的也很少超过4天。

由于一个展会闭幕以后，展馆可能还安排有其他的展会在此展出，所以，和筹展期一样，撤展期一旦确定下来，往往也不容易更改。在短短的撤展期内，众多的参展商要将各自的展位撤除和将展品运出展览现场，各参展商必须对自己的撤展工作事先做好规划，组展方也要加大对撤展现场的管理力度。

为维护撤展现场秩序，使各参展商安全、快速和顺利地撤展，有必要对撤展进行有效的时间管理。

1．将撤展的确切起止时间准确地通知参展商

为方便参展商进行撤展规划，展会要将展会撤展的确切起止时间准确地通知参展商；如果参展商的展位撤除工作不是由参展商自己负责，而是由其他承建商负责，展会就要将该时间同时通知参展商和该承建商。展会可以将该时间在《参展商手册》中明确写下来，还可以用专门的信函来通知，也可以在撤展通知中注明以让参展商心中有数；展览的最后一天，在展览现场，展会还要以广播的形式提醒各参展商，让他们随时准备撤展。

2．让参展商理解撤展时间的不可变更性

在很多展会现场，由于种种原因，参展商常常不遵守展会对撤展时间的规定。例如，有些参展商由于展会末期观众较少而想及早离开，他们因此而提前撤展；有些参展商因为展品已经处理完毕而提前撤展；还有一些参展商由于参展效果太好，即使到展会末期观众还是络绎不绝，他们因此而拖延撤展，如此等等。对于拖延撤展的参展商，只要他们能在规定的时间内完成自己的撤展工作，展会对他们可以不加干涉；对于那些提前撤展的参展商，由于规定的撤展时间未到，他们的提前撤展行为对展会的正常展出形成严重干扰，展会应加以阻止。所以展会要让参展商理解撤展时间的不可变更性，让他们在展会规定的时间内撤展，尤其不要提前撤展。

3．加强撤展现场管理

和筹展一样，撤展的现场秩序对保证各参展商顺利撤展也很重要。例如，尽管每个参展商都规划好了自己的撤展工作和时间计划，但如果撤展现场秩序混乱，各参展商的撤展工作互相影响，他们的撤展工作进程必将大受影响，展会的整体撤展进度必将被拖延。因此，展会有必要对撤展现场进行有效的管理，通过现场管理，维持良好的现场秩序，使参展商在撤展时尽量互不影响，尽快完成各自的撤展工作。在必要时，展会还可以对有需要的参展商提供协助。

对展会撤展进行有效的时间管理，需要展会、参展商、展位承建商和展品运输代理等方面的通力合作和密切配合，还要有展场清洁公司的协助，他们之中任何一方的工作

延误都会对展会的整体撤展工作带来不利影响。为此，展会要保持和参展商、展位承建商以及展品运输代理等相关机构联系畅通。

（四）扫尾工作与遗留问题处理

1. 扫尾工作

①整理资料：一些重要的业务资料在展后应及时整理归类，这是参展成果，也是持续发展后续业务的依据，包括成交合同、新客户名录、观众接待记录、市场行情调研结果、回运展品单证、各种发票收据、展会主办方及有关支援单位联系方式等。

②归还设备：展会结束后，参展企业应将租赁的展具、道具、电话、桌椅、花卉及其他设备及时归还给展会主办方，并取回抵押的资金或证件。归还之前应注意保管，以免丢失承担赔偿责任，兼职的财务人员还应及时结清所有账目。

③清理现场：展品处理特别是展台撤除时会产生大量废弃物，参展企业在完成撤展前要清除垃圾并清扫现场，将展场干净整洁地交还给展会主办方。展台人员还要注意那些没有用完的业务资料和宣传材料，如空白合同、多余样本，包括客商名片、报价单等都应妥善处理，千万不能因为粗心大意而丢失了商业机密。

2. 遗留问题处理

展览具有时效性，到了闭幕时间，该收尾就要收尾。但是，有些在开幕期间产生的问题可能还来不及处理完，这就形成了遗留问题。遗留问题往往与展览客户对参展场地、有关配套服务不满或发生冲突性参展行为有关，难以短时间内解决。办展机构应具备辨识遗留问题的能力，在开幕期间要有渠道收集展览客户反映的问题，并保持跟踪。在闭幕后应知道哪些问题已经解决，哪些问题尚待解决，并对客户予以及时回应。

大型展览容易出现客户意见分散收集，多头重复处理或搁置等问题。一个好的解决办法是由办展机构设立一个专门的类似于“问题中转站”的部门，集中收集客户反映的问题，并跟踪他们的解决情况。比如，现在很多企业设立的客户服务呼叫中心，就承担了这样的职能。如广交会在2010年成立广交会客户联络中心，每届展会闭幕后都会对遗留问题保持跟踪，对提升广交会客户服务整体形象起到了一定的作用。

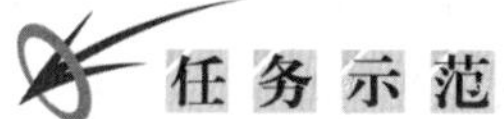

1. 案例资料

假如你是某展览公司项目经理，公司在琶洲馆的展会项目已经结束，你有5天的时间进行撤展工作，请撰写撤展的工作方案。在展会期间接到展商投诉约8起，请同时协助处理投诉问题。

2. 案例分析

撤展工作方案包括5天中具体事项的时间安排，如展样品撤离时间规定和要求、展位拆除时间规定和要求、展场清场的时间规定和要求等。

关于投诉问题，首先进行问题分类，根据分类找不同部门的负责人员进行处理，能及时反馈的应第一时间反馈，需要提交高层领导处理的，也应尽快提交处理，在等待处理结果时，要及时和客户沟通进展情况。

任务训练

1. 任务背景

假如你是广州某展览公司员工，公司的新项目咖啡展已经顺利完成，进入撤展阶段，请撰写撤展方案，另外有关展商投诉了关于展馆清洁与保卫问题共计5起，展商名录出错问题共计4处，展馆指示不明确问题共计3处，展样品运输混乱问题共计5起，请给出问题处理方法。

2. 操练要求

（1）以小组为单位，每组设组长1名，负责组织本组成员进行实训。

（2）撰写撤展方案，注意在外地撤展的一些特殊需求。

（3）阐明投诉问题的处理方式并分析为何采用该种处理方式。

（4）实训结果汇报与教师点评。

任务小结

完成上述任务，掌握相关能力。

（1）熟悉撤展工作，能撰写撤展工作方案。

（2）协助展商进行展样品处理工作，协助标摊和特装的拆除工作。

（3）针对遗留问题进行分类，并提供解决方案。

任务二　展后客户关系管理

任务目标

学生通过本次任务实训，能根据收到的客户资料及时进行展后客户数据库的更新工作，协助进行客户回访与客户跟踪工作。掌握客户跟踪与回访的几种工作方式。使用更新的数据库进行下一轮招展招商工作。具备一定的资料收集能力和分析能力。

知识准备与业务操作

（一）展后客户关系管理内容

在展览闭幕后的一个时期内，参加展览的客户都带有较强的“参展烙印”，相对于其筹备与开幕阶段，此时他们对展览的利弊、好坏的体会较深，办展机构通过发送展览报告、进行客户回访等方式能够加强其好感体验，了解其参展问题并协助化解，如果维护得法，将起到事半功倍的作用，也十分有助于维系客户的忠诚度。

展后客户关系管理的主要内容包括：

客户跟踪与展后服务：最重要的部分是数据分析及客户维护服务。

展会统计分析报告：根据规范化的展览会数据统计，分析现场展览效果，辅助未来展览策略。通过专业的公司对展览会收集到的信息进行价值评估。

展后回访：这是展览会服务的重要组成部分之一，对专业观众的回访包括邮寄、E-mail、传真等，内容包括展览会满意度调查、下届参观意向等，通过展后回访，可以分别管理观众各种联系方式的有效性，进一步提高信息质量。

建立行业信息中心：注重对参展商和观众的问卷调查，收集反馈意见，有效利用信息管理的统一平台，实现行业卖家和买家信息库的有效使用。基于此，还要建立展览会特定行业的信息网站，促进参展商和观众之间的展后交流。

参展意向登记：了解未签约的客户并发送客户参展意向登记表，争取促成签约。

（二）客户数据库更新与客户跟踪

1．客户数据库的更新与数据挖掘

在展览举办期间，办展机构往往对展览客户进行进一步的信息收集，如采购商参观登记、调研等。在展览闭幕后，应相应对客户数据库予以更新、补充，将核心客户进行进一步细分，并根据不同对象实施不同的营销策略。

在市场经济环境下，客户是公司生存发展的重要因素，一般分为两类：现有客户和潜在客户。在信息发达的市场，搜集编制所有的客户名单并不是一件难事，而且，营销工作做得好的公司都有完整的客户名单。所有客户都应当是公司争取建立关系的对象，现有客户是有实际贸易关系的客户，要保持、巩固、发展与这些客户的关系，防止现有客户被竞争对手挖走的可能。潜在客户是还没有贸易关系，但是通过努力有可能成为客户的公司或机构，接触潜在客户，发展和潜在客户的关系是展会工作和展会后续工作的重要和主要任务。通过展会期间的接触，以及展会之后的后续巩固和发展工作，一些潜在客户能成为实际客户。但与此同时，也有可能失去一些现有客户，这就导致了公司的客户数据库不可能是一成不变的。因此，要编制、调整、更新客户名单，并根据名单的变化分析，发现和调整对客户工作的方向和投入，调整宣传、广告和公关策略，这是客户数据库更新和维护的重要任务，也是展后工作的重点。

2．客户跟踪

客户跟踪与回访是客户关系管理的常用方法，目的都是为了维护客户关系。客户跟踪的常用方法有以下几种。

（1）制订客户跟踪计划。

客户跟踪其实就是持续不断的客户联络，其目的在于以下几个方面：一是传递办展机构的诚意和服务姿态；二是了解客户的真实需求，以便及时调整展览策划与营销方案；三是避免客户联系方式的流失，确定办展机构寄送资料的准确到达；四是维系良好合作关系，经常提醒对方“我们的存在”，培养对方在选择展览时想起我们的习惯。

制订客户跟踪计划要考虑的因素有：每日或每周的客户联络数量与频率、联络方式、为重要客户建立联络档案、定期总结。客户跟踪计划应每周制订一次。

（2）客户跟踪联络的数量和周期。

根据客户分类及目标，制订不同分类下的客户拜访或联络的数量计划，其中，参展商和采购商是客户联络的重点对象。由于数量较大，要选择重点客户予以重点联络，但要注意合理安排数量，数量太少则不能完成联络计划，数量太多则会降低质量。

根据经验，在展览刚刚闭幕后，应在不迟于3～5天内与重要客户沟通一次，关心

其是否返程，返程是否顺利，了解其参展过程是否如意，是否有什么意见与建议，同时寄送展览总结性宣传资料，以充分体现办展机构的关怀与重视，并及时推介、加深展览印象。其后，每天联络重要客户的数量宜为10～15个，每周要与重要客户保持至少一次的沟通。

（3）客户跟踪的工作原则与方式。

主动联络与及时响应是客户跟踪工作的重要原则。展览闭幕后，主动向客户发送展览总结性宣传资料，关系客户参展效果等，对重要客户还可以登门拜访。资料发送后不能守株待兔，要积极主动与其中的重要客户沟通，询问是否收到资料或者邮件，是否还有什么需求等。联系客户的方式可以是多样的，如电话、短信、客户常用的即时聊天工具、邮件等。要注意的是，为切实传达客户关系管理的核心理念——客户关怀，在与重要客户进行沟通与联络时，应注意个性化的服务，不要让对方感觉是模板式的、机械式的，尽量避免群发短信或邮件，否则效果适得其反。语言运用上，要注意采用客气、礼貌、谦虚的语气，用词正确，表述简洁，突出重点。

展览闭幕后的客户跟踪，首先要向客户表示参会感谢，并及时向客户寄送展览宣传性总结资料。展览的致谢函除了寄送给现有的参展商和采购商外，还应对那些曾经协助支持的单位或个人一并致谢，对部分重要客户还可由办展机构派人登门拜访。

闭幕后的客户跟踪工作还会经常遇到客户反映参展中的若干问题。为了能使客户反馈的问题得到及时响应，可以先给予对方一个明确的处理时间，并认真守信落实。若不能很快明确时间，可以先预约某个具体时间内给予回应，无论该问题是否能完全得到解决。比如，客户反映参展期间展品被禁止摆放的问题，并表示不解时，联络员在不清楚事件全过程的情况下，无法立即给予明确的处理时间回复，就可以告诉客户："您提到的这个问题，我需要向××部门做进一步了解，我会在明天下班之前给您一个明确的答复。"这样，客户一般都会满意。

（4）为客户建立档案。

客户跟踪过程中需要为重要客户建立档案，以便记录客户在参展过程中的问题、特点、行为习惯等。对展览参展商的跟踪，还要包括使用现场收到的名片数量、意向成交金额、新客商比例、主观满意度评价等指标，记录其参展成效，等等。建立档案不但有助于更好地为其提供个性化服务，还能为展览策划提供参考。

（5）定期总结。

定期对客户跟踪工作进行总结，包括对跟踪经验、技巧的总结，对收集的客户信息进行汇总与分析，提炼出有价值的市场反馈信息。

（三）客户回访

客户回访是客户服务的重要内容，做好客户回访是提升客户满意度的重要方法。客户回访对于参展企业来讲，不仅可以得到客户的认同，还可以创造客户价值。闭幕后展览客户回访工作的目的是：获得对提高展览水平、提高核心竞争力有帮助的客户信息。一般来说，客户对于具有品牌知名度或认可其诚信度的企业的回访往往会比较放心，愿意沟通和提出一些具体的意见。客户提供的信息是企业在进行回访或满意度调查时的重要目的。如果企业本身并不为人太多知晓，而回访策划得又不好，往往很难得到客户的

配合，得不到什么有用信息，更有可能会对企业及其形象造成负面影响。

回访内容的策划是成功获取有价值信息的前提，合适的回访方式是促进客户配合、提供有价值信息的保障。

1. 客户回访技巧

(1) 面带微笑服务。

每天重复做同样的工作，产生心理疲劳，缺乏兴奋点是在所难免的。精神上不亢奋，工作上就会懒散，表情上就会显得淡漠。在这种情况下，笑从何谈起？公司不可能为了使员工兴奋，而频繁更换员工的工作岗位，如果每个岗位上都是生手操作，必然造成工作质量的下降。所以每一个员工都应该明白唯有调整好心态，高高兴兴地去对待每一天的工作。如与一位从未谋面的客户打电话，通过声音可以想象对方此时此刻的心情，这是因为人都有通过声音去想象别人容貌的习惯。如果我们说话时没有微笑，听筒另一边的客户即使没有看见，也同样可以感觉得到。因此，进行回访工作也必须要面带微笑地去说话。

(2) 话术规范服务。

话术规范服务是体现一个公司的服务品质，是服务人员在为服务对象提供服务过程中所应达到的要求和质量的标准。因此，公司可以根据展会常见问题拟定一系列规范话术，突破性地提高服务质量，减少客户投诉，缩短与其他公司服务水平的差距。

(3) 因人而异，有的放矢。

在回访过程中，常常会碰到各种不同类型的客户，要掌握客户的特点，根据其不同的类型采用不同的方式，有的放矢，才能通过回访获取有效信息。

在客户回访中，有效地利用提问技巧也是必然的。通过提问，可以尽快找到客户想要的答案，了解客户的真正需求和想法。通过提问，还可以理清自己的思路。

2. 客户回访要点

(1) 注重客户细分工作。

在客户回访之前，要对客户进行细分。客户细分的方法很多，办展机构一般都会根据自身的具体情况进行划分。客户细分完成以后，对不同类别的客户制订不同的服务策略。例如有的公司把要回访的客户划分为：高效客户（市值较大）、高贡献客户（成交量比较大）、一般客户、休眠客户等；有的办展机构将客户按其属性划分类型，如合作伙伴、供应商、直接客户等；还可以按客户的地域进行分类，如国外、国内；再按省份，如山东、北京、上海等；再往下可以按地区或者城市分等等。客户回访前，一定要对客户做出详细的分类，并针对分类拿出不同的服务方法，增强客户服务的效率。

(2) 明确客户需求。

确定了客户的类别以后，明确客户的需求才能更好地满足客户。特别是对其中的重要客户，定期进行客户回访，才更能体现对客户的关怀，让客户感动。通过回访评估客户，寻找继续合作的可能性。回访的意义就是要体现办展机构的服务，维护好老客户，了解客户想什么、要什么、最需要什么，如果能掌握这些，及时提供相应的支持，将大大提升客户的满意度。

(3) 确定合适的客户回访方式。

客户回访有电话回访、电子邮件回访及当面回访等不同形式。从实际的操作效果看，电话回访结合当面回访是最有效的方式。

3. 客户满意度调查的组织

展览科技满意度调查，往往围绕客户参加展览的目标实现程度与满意程度来设计回访内容，以期通过这些问题的答案揭示展览的成效、认可度和可持续性。科学设计调研内容与采用科学的统计方法，是产生准确结论的保障。

客户满意度调查组织工作可以分为：计划、准备、实施、汇总分析四个阶段。

计划阶段：提出调查方案并获准执行。调查方案应包括具体的调查目的、调查的方式，确定调查样本的选取办法与数量，确定时间进度安排，明确人力、物力、财力以及信息系统支持等方面的必要需求。

准备阶段：了解目标样本的背景资料，培训调查人员，落实各项配套支持。

实施阶段：开展满意度调查的过程。

汇总分析阶段：对调查回收的信息进行分类统计，归纳结论，提炼观点。如果能充分借助信息化系统产生更多有价值的关联信息，可提高满意度调查的成效。

4. 客户满意度调查的内容

展览开展客户满意度调查，内容可以是针对客户的全面参展体验，也可以是侧重参展的某一个方面，取决于办展机构开展该调查工作的具体目标。客户满意度调查的内容通常只选取办展机构可以控制或希望了解的方面，那些与参展有关，但办展机构无能为力且不感兴趣的话题不列入调查内容。

客户满意度调查的内容一般包括以下方面：参展目的的归纳、参展效果评估、采购商到会评价、展览服务评价、下届参展意愿等。如希望进一步扩展调查深度，还可以开展产品更新率、行业关联分析、行业市场预测等。

5. 正确对待客户抱怨

客户回访过程中遇到客户抱怨是正常的，正确对待客户抱怨，不仅要平息客户的抱怨，更要了解抱怨的原因，把被动转化为主动。办展单位在服务部门设立意见搜集中心，收集更多的客户抱怨，并对抱怨进行分类。通过解决客户抱怨，不仅可以总结服务过程，提升服务能力，还可以了解并解决办展过程中的问题，提高服务质量，更好地满足客户需求。

客户回访是客户服务的重要一环，重视客户回访，充分利用各种回访技巧，满足客户的同时创造价值。

（四）促进企业下届参展

1. 参展意向登记表

展会闭幕前，展览现场提供下届参展展位预订服务，通常以预订申请表的形式出现，可于现场交至展位预售处或者以其他方式递交给办展机构。如果展览尚未明确下一届的办展要素时，也可以参展意向表的方式现场收集参展商意见，以获得下届展览需求的初步评估。

展出效果好，参展企业可能希望继续参展，办展机构要趁此时机给予其提前登记，

参展企业有机会优先挑选场地位置，办展机构可能在其新闻稿中提及最先申请的公司等方式促进展位成交。

下届参展意向登记表一般包含以下内容：参展商名称、本届展位数量与位置、申请下届的展位数量、是否需要保留原展位位置、对本届展览的总体评价、联系人及联系方式等。

2. 招商招展的启动

展会是按届来计划和筹备业务的。展会的届数代表办展频率，每成功举办一届，就像长了一岁，业务上又重新轮回。闭幕后，办展机构就要开始着手准备下一届展会的各项筹备工作，在对上届展会总结工作的基础上，拟定下一届展会的策划方案，制订下一届展览的展位安排办法、招商招展与宣传推广方案，编印招展书、邀请函等。

尽管展会是重复举办的，但通过努力，办展机构总能使每届展览都有进步。展览在一次次的举办中不断创新、不断提高，在精心策划与营销下，持续焕发青春，保持可持续发展的良好势头。

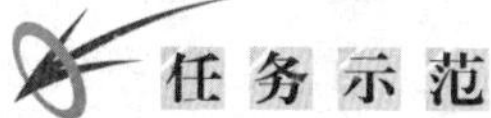

任务示范

1. 案例资料

假如你是某展览公司项目经理，公司在琶洲馆的展会项目已经结束，请制订展后客户关系管理工作方案。

2. 案例分析

方案中应包括展后相关数据库的维护与更新，相关的调研与分析；客户的跟踪服务与回访，以及如何促进参展等内容。

任务训练

1. 任务背景

假如你是广州某展览公司员工，公司的新项目咖啡展已经顺利完成，并进行了撤展，现在由你负责展后的客户关系管理、数据库更新及客户回访的工作，请撰写展会客户关系管理的方案，重点阐述客户数据库更新及展后客户回访工作。

2. 操练要求

(1) 以小组为单位，每组设组长 1 名，负责组织本组成员进行实训。

(2) 阐述客户数据库更新及维护的主要内容及方法。

(3) 阐明客户回访及跟进的几种方式。

(4) 实训结果汇报与教师点评。

任务小结

完成上述任务，掌握相关能力。

(1) 熟悉展后数据库更新及维护的工作内容。

(2) 掌握展后客户回访及根据的几种方式。

（3）能根据客户类型判断选择何种回访方式。

（4）能协助招展人员进行客户回访与客户关系维护。

任务三　展览总结性宣传与内部工作总结

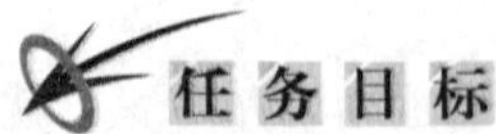

任务目标

学生通过本次任务实训，根据材料分析展览总结性宣传的基本结构，能撰写总结报告与个人工作总结。具备一定的资料收集能力和分析能力。

知识准备与业务操作

（一）展览总结性宣传

展览闭幕后，对外发布展览总结报告已经成为市场化展览运作的惯例。这是展览有始有终的重要标记，也是展览自我营销的绝好机会。在当今信息时代，有经验的客商在选择参加哪个展览之前，会自觉地寻找该展览上一届的总结性报告作为参考，不熟悉的客商也往往试图通过翻查最新历史资料以求获得了解。因此，展览总结性宣传的核心——总结报告，就成为下一次展览的重要宣传载体。它不仅宣传了展览的举办效果，提升展览品牌形象，更为下一次展览做了舆论准备。现在，越来越多的大型展览意识到展后总结性宣传的重要作用。

其他进行展览总结性宣传的活动形式还包括举行闭幕答谢会、联谊会和举办新闻发布会等。

1. 展览总结报告撰写

（1）展览总结报告的特点。

总结报告是对一定时期内的工作加以总结，分析和研究，肯定成绩，找出问题，得出经验教训，摸索事物的发展规律，用于指导下一阶段工作的一种书面文体。它所要解决和回答的中心问题，不是某一时期要做什么、如何去做、做到什么程度的问题，而是对某种工作实施结果的总鉴定和总结论，是对以往工作实践的一种理性认识。

对于展览而言，对外发布的展览总结性报告不同于一般的总结报告，它其实是以“总结”之名行“推介”之实，带有鲜明的自我肯定色彩，旨在通过突出本次展览特点，取得良好成效，借助观念传染、舆论造势等方式，达到提升展览品牌形象，吸引参展商、采购商参加下次展览的目的。

一般来说，展览总结报告具有以下几个特点。

客观性：总结是对过去工作的回顾和评价，因而要尊重客观事实，以事实为依据。

典型性：总结和提炼出的经验教训是基本的、突出的、本质的、有规律性的东西，对本届展会以及对以后开展的展会具有现实意义，具有鼓舞、针砭等作用。

指导性：通过总结报告，深知本届展会工作的成绩与失误并查找原因，吸取经验教训，指导将来的工作，使今后少犯错误。

证明性：这是说总结的基本表达手段是被动的（严格地说是证明），它要用自身实践活动中的真实的、典型的材料来证明它所指出的各个判断的正确性。

（2）展览总结报告的结构。

①展览总结报告的总体结构。展览总结性报告形式多样，可以结合目标读者对展览题材的特点进行选择，大致分为两类：一类是摆事实、列数据，多见于工业行业领域题材的专业展；另一类是图文并茂，多见于消费品行业相关题材的展览。

不论是哪种形式，总体来说，展览总结报告的结构都是相似的，总结一般是由标题、正文、署名和日期几个部分构成的。

标题：即总结的名称。标明总结的单位、期限和性质。

正文：一般又分为三个部分，即开头、主体和结尾。开头或交代总结的目的和总结的主要内容，或介绍单位的基本情况，或把所取得的成绩简明扼要地写出来，或概括说明指导思想以及在什么形势下做的总结，不管以何种方式开头，都应简练，使总结很快进入主体。主体是总结的主要部分，是总结的重点和中心，它的内容就是总结的内容。结尾是总结的最后一部分，对全文进行归纳、总结、或突出成绩、或写今后的打算和努力的方向，或指出工作中的缺点和存在的问题。

署名和日期：如果总结的标题中没有写明总结者或总结单位，就要在正文右下方写明。最后还要在署名的下面写明日期。

②展览总结报告正文的主要构成部分。一般而言，总结性报告的正文主体部分应包括如表 6－1 所示的几个方面的内容。

表 6－1　展览总结性报告的正文主体部分的内容

内　容	内容描述
展览概况	包括展览全称、举办方、支持协办单位、时间、地点、展览规模、参展商、采购商的数量、结构、与往届相比的增减情况，以及衡量展览成效的指标及具体内容。在描述参展商、采购商的数量、结构、与往届相比的增减情况等方面，不可避免要用到数据，可以用文字叙述，但多采用图表法，用适当的表现形式，尽量做到简单、直观，避免复杂，不能罗列一大堆数据让人一看就犯晕。市场化运作的展览一般选择参展规模，或到会客商数量的增加，参展商好评等作为展览成功举办的衡量指标。某些大型展览则相对看重展览的签单数量、成交额水平。如果展览有统计这些成交数据的传统，在撰写总结报告时要注意明确是否合适对外宣传使用等
展览特点	从展示交流成效与办展组织工作两方面入手，可提炼出富有吸引力的内容作为本次展览的特点。要记住不是所有新举措都适合写入展览总结性报告，要选择对提升品牌形象、宣传下次展览起到切实促进作用的亮点，如展示了什么新产品、高技术产品、奇特产品等，组织了什么行业会议、论坛或其他配套活动，提供了什么参展便利等。这部分是报告的重点。如果希望着重推出配套活动的，也可以在此部分进行分述，以便展现更多亮点

续上表

内　容	内容描述
评价与例证	参展商或者第三方的评价与例证，对于展览的宣传极为重要，在评价方的选择上，展览参展商和采购商的评价最具有说服力，以他们对展览褒奖有加的体会、评价作为实例。客户代表的选取最好有行业代表性，如获得龙头企业的肯定，这无疑能带来巨大的广告效应。此外，还可以选择一些会展行业专业人士或者媒体的评价等，为自己增加口碑，形成良好的舆论氛围
展　望	看似简单轻描，其实是全篇报告的归根之处。从展望中要透出办展方对下次展览成功的信心，展现海纳百川的热情之态

除了上述几个基本部分外，对外发布的总结性报告还可以增加对有关单位的致谢，等等。不难发现，这些内容全部都是围绕宣传性总结的目标来撰写。

展览总结性报告在语言使用上往往比较谨慎，多使用摆事实、列数据的方式，较少使用营销文案的手法。同时，由于展览总结通常要提供给指定的新闻媒体，其格式也往往更像是一篇新闻报道或者摘要，且受限于读者与篇幅的范围，宣传推介的效果受到一定限制。因此，对于展会而言，在新闻通稿之外，撰写和发布一篇具有特色的宣传性总结文稿是十分必要的。

（3）展览总结报告写作要求。

不论何种格式的总结报告，其都应遵循以下要求：

①掌握客观事实，广泛积累材料。这是写总结的基础。总结，就是总括事实，得出结论，没有事实就无法得出结论。总结的材料要准确、典型、丰富。写总结的人既花大量的精力去搜集、积累丰富的材料，又要对搜集的材料进行筛选，确保材料的真实性和典型性。

②对占有的材料做认真的分析研究。这是写好总结的关键。首先，要有正确的指导思想。其次，要坚持实事求是的原则，克服夸大成绩，回避错误的缺点。再次，要坚持运用辩证法，全面地看待过去的工作。既能看到得，又能看到失；既能看到现象，又能看到本质；既能看到主流，又能看到支流。最后，要突出重点。总结不是流水账，不能不分主次地去罗列数字和事例，要围绕一个中心主题精心选用，分析典型材料，突出主要问题。

③反映特点，找出规律。这是撰写总结报告的重点。每个单位都有自己的特点，好的总结应当总结出那些具有典型意义的、反映自身特点的以及带规律性的经验教训。

2. 展览总结性报告的发布

对外发布的展览总结性报告以办展机构名义撰写，在展览官方网站上长期发布，并通过客户关系维护系统广泛发送至所有目标客户，也包括未到现场的潜在的参展商、采购商等。还可以利用行业协会、新闻媒体、搜索引擎等渠道发布，并可作为展览后续招展招商的辅助材料。

（二）内部工作总结

1. 工作总结概述

（1）概念。

工作总结就是把一个时间段的工作进行一次全面系统的总检查、总评价、总分析、总研究，并分析成绩的不足，从而得出引以为戒的经验。总结是应用写作的一种，是对已经做过的工作进行理性的思考。总结与计划是相辅相成的，要以工作计划为依据，订计划总是在总结经验的基础上进行的。其间有一条规律：计划—实践—总结—再计划—再实践—再总结。

（2）工作总结的书写内容。

书写工作总结要用第一人称。即要从本单位、本部门的角度来撰写。表达方式以叙述、议论为主，说明为辅，可以夹叙夹议。总结要写得有理论价值。一方面，要抓主要矛盾，无论谈成绩或是谈存在问题，都不需要面面俱到。另一方面，对主要矛盾进行深入细致的分析，如谈成绩要写清怎么做的，为什么这样做，效果如何，经验是什么；谈存在问题，要写清是什么问题，为什么会出现这种问题，其性质是什么，教训是什么。这样的总结，才能对前一段的工作有所反思，并由感性认识上升到理性认识。

工作总结的内容有以下几部分：

①基本情况：这是对自身情况和形势背景的简略介绍。自身情况包括单位名称、工作性质、基本建制、人员数量、主要工作任务等；形势背景则包括国内外形势、有关政策、指导思想等。

②成绩和做法：工作取得了哪些主要成绩，采取了哪些方法、措施，收到了什么效果等，这些都是工作的主要内容，需要较多事实和数据。

③经验和教训：通过对实践过程进行认真的分析，总结经验，吸取教训，发现规律性的东西，使感性认识上升到理性认识。

④今后打算：下一步将怎样纠正错误，发扬成绩，准备取得什么样的新成就。不必像计划那样具体，但一般不可缺少。

（3）工作总结的写作特点。

①自我性：总结是对自身社会实践进行回顾的产物，它以自身工作实践为材料，采用的是第一人称写法，其中的成绩、做法、经验、教训等，都有自指性的特征。

②回顾性：这一点总结与计划正好相反。计划是设想未来，对将要开展的工作进行安排。总结是回顾过去，对前一段时间里的工作进行反思，但目的还是为了做好下一阶段的工作。所以总结和计划这两种文体的关系是十分密切的，一方面总结是计划的标准和依据，另一方面总结也是制订下一步工作计划的重要参考。

③客观性：总结是对前段社会实践活动进行全面回顾、检查的文种，这决定了总结有很强的客观性特征 。它是以自身的实践活动为依据的，所列举的事例和数据都必须完全可靠，确凿无误，任何夸大、缩小、随意杜撰、歪曲事实的做法都会使总结失去应有的价值。

④经验性：总结还必须从理论的高度概括经验教训。凡是正确的实践活动，总会产生物质和精神两个方面的成果。作为精神成果的经验教训，从某种意义上说，比物质成

果更宝贵，因为它对今后的社会实践有着重要的指导作用。这一特性要求总结必须按照实践是检验真理的唯一标准的原则，去正确地反映客观事物的本来面目，找出正反两方面的经验，得出规律性认识，这样才能达到总结的目的。

2. 展会内部工作总结内容

一个全面的展览工作总结应包括以下几个方面：展览策划、招展、招商和宣传推广、展览现场管理与服务、展览各种相关活动、展览财务（含预算、成本、费用）等。各类展览工作总结的思路基本一致，要注意的是，展览工作总结应立足于自身定位，以市场为导向，提出改进措施。

（1）展览策划总结。

展览策划总结是总结的重要组成内容。正确的策划是展览成功的前提，因此，闭幕后要对展览总体策划方案进行认真回顾与分析，对办好下一次展览有重要指导意义。具体而言，展览策划总结涉及的内容，包括展览名称、地点、举办时间、展品范围、展位定价策略、展览规模与展区设置、招展招商推广计划、配套活动策划、服务提供商计划等方面。

内容提纲举例如下：

评估展览名称、地点、举办时间是否得当，是否存在误导、季节性采购、食宿行困难等问题。

展品范围与分类是否能够反映展览题材所涉及行业的产品分类，是否为参展商与采购商认同，并便于搜索或贸易匹配使用。

展览规模、展览定位与招展计划是否一致，定价策略是否得当，招展计划是否合理。宣传推广和招商计划是否可行等。大型展会还要评估是否已经充分发挥各个子题材板块的优势，是否可以借助更多市场资源。

展览配套活动计划，如会议论坛、贸易促进活动、商务考察、展览旅游等项目是否具备可行性，是否有利于促进展览本身，受欢迎程度如何，有什么需要改善和提升的方面。

在大型综合展的策划工作总结中，还有个很重要的方面，就是与各支持或者协助方的关系处理。这些支持或者协办方在招展、招商或展位分配上不同程度介入，实际上对展览的办展水平有着重要影响，如广交会组展体制中的商协会、交易团。办展机构要与他们维系良好的合作关系，并要从组展制度体系建设入手，规范、明确各方面职责，合理分工，减少内耗，以不断提高展览水平作为共同目标，形成“1 +1 >2”的合力，有效发挥各方积极性。

在进行定价策略总结中，要注意到在大型综合展中，招展中往往是由不同地区、不同领域的单位或部门程度，展位以整合营销方式销售的情况较少、价格变动的灵活度不高。因此，这类展览对展位定价的市场接受预判能力的要求较高，如果过高评估展位需求紧俏程度，容易带来招展规模不足又难以临时降价的被动局面。

（2）招展工作总结。

展览招展工作总结，是对招展实施过程中的具体做法的总结，主要围绕执行力和实际市场反馈进行分析，总结经验，提出建议。具体内容包括招展计划目标达成情况、招

展进度管理经验、客户关系维系等方面。每一方面都可以依据客户跟踪与回访收集、加工得到的信息，展开深入分析。若设计了招展整合营销产品，还需总结该销售模式是否发挥理想作用，及其销售状态的原因。

（3）招商与宣传推广总结。

展览闭幕后的招商与宣传推广总结，是对整个办展过程中使用的招商推广渠道进行分析，分析投入成本与产生效果，从而获得对各渠道使用价值的评价，对宣传推广内容提出改进建议。

招商与宣传推广工作的成效一般通过定量数据分析呈现。如闭幕后分析客商到会的数据（包括停留时间、天数、进馆次数、洽谈企业数、参观路线等）。从客商实际付出的参观时间，可以得到以下信息指标：平均每个展位的采购商数量，每个企业的采购商数量，采购商到会高、低峰时间，采购商的平均停留时间及趋势，来源地分析，展览信息获取渠道等。通过这些数据反映本届招商推广工作是否达到预期目标，比较出与目标的差距及提成建议，获得本届客商参展喜好等情况。

市场化运作的展览十分重视招商推广宣传的投入，对下次展览的宣传推广花费可以占一次展览收入的20%甚至更多。政府主导的大型综合展往往受到预算限制，或受限于人力，只在一些固有渠道里做文章，看上去节省了成本，但回馈的效果往往不及市场化运作方式。

（4）展览现场管理与服务总结。

展览总结除了包括前期的策划、招展招商等方面工作外，还要对展览现场管理与服务进行回顾。展览现场管理与服务的内容、方式、水平是展览客户参展体验的重要影响因素，因而影响客户对整体办展水平的评价。此部分总结应围绕客户需求满足程度进行，同时要注意囊括展览服务指定商的内容。

一个展览的现场管理与服务工作内容包含筹撤展时间安排、展品运输、人员进出、展场搭建、展具配置、安全保卫、清洁卫生等方面。这些方面的服务提供者可以是办展机构本身，也可以是指定的服务供应商。展览服务指定商是办展机构为满足参展商、采购商需求而引入的外部合作单位，他们对办展机构而言是客户，但对参展商、采购商而言是与办展机构融为一体且不可分的。因此，展览总结中关于现场服务的内容，应将展览服务指定商的评价纳入其中，从整体展览水平的角度对其存在效用、服务水平优劣、服务方式与价格的合理性、使用者反馈等方面予以审视。

（5）展览相关活动总结。

为促进展览的举办，办展机构常常在展览同期组织相关活动，如主题论坛、设计促进贸易活动、贸易配对、各类酒会、晚会、新闻发布会等。这类活动往往带有一定的延续性，每届展览都可能相对固定，但又需要不断创新，以求保持吸引力。因此，着重围绕其对展览核心客户的贡献作用、活动收效、组织创意等方面进行总结。

（6）财务总结。

展览结束后，展览的成本、费用、收益等财务数据相继产生，分析整体展览的收益水平，成本费用构成，有利于今后开源节流地办展。此部分总结还可以结合立项阶段的项目投资预测、盈亏分析等比较，根据实际情况相应调整下一轮的预测方法与参数。

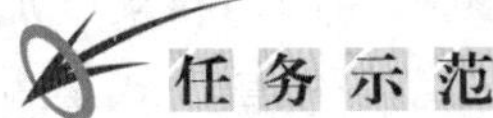

1. 案例资料

2015年第十八届青岛国际机床展展后报告（部分）

一、展会综合数据信息

● 75 000 m² 的展出面积，710 家参展商，其中 130 家为海外参展商。

● 史陶比尔、沈一、哈挺、哈斯、大隈、山崎马扎克、海德汉等行业巨头云集。

● 展出主机设备 2 511 台/套，612 台/套智能设备和 320 项技术创新成果，215 台/套行业新品发布，327 台套"母机节"团购特惠产品。

● 工业机器人参展厂商 31 家，展出 168 台工业机器人及机械臂。

● 23 场高端论坛及相关活动，聚集 1 879 名行业精英共话"互联网 +、工业机器人、柔性生产"等热点议题，形成聚焦行业发展的头脑风暴。

● 5 天的展期共迎来了全球 21 个国家和地区的 75 290 人次的专业参观观众，其中海外采购商 3 792 人次，超过 10 人以上的团体采购团队 98 个，展会现场成交量和意向交易金额分别高达 6.5 亿元和 18.7 亿元。

……

二、展会创新和变革

1. 首次移师北中国最大的展馆——青岛国际博览中心；突破瓶颈收益倍增。

在国内经济发展速度趋于放缓、国内制造业艰难转型的巨大压力下，展会现场成交额逆势而上高达 6.5 亿元，比去年展会增长 71%，达成合同意向 18.7 亿元，同比增长 4%……

2. 展出阵容规模空前，各项数据刷新纪录。

展会规模首次突破 75 000 m² 展出面积。参展商相比 2014 年的 476 家增长了 49%，达到 710 家；参观者相比 2014 年的 49 236 人次增长了 53%，达到 75 290 人次。展出主机设备比 2014 年的 1 005 台套增加了 150%，现场交易额相比 2014 年的 3.8 亿元增长了 71%，达到 6.5 亿元。本届展会无论从档次还是规模上，与往年相比均达到了史无前例的巅峰，如表 6－2 所示。

表 6－2 相关数据对比表

项目	2012	2013	2014	2015
展出面积/m²	45 000	50 000	65 000	75 000
参展商/家	383	433	476	710
国际展商/家	41	49	56	130
国内展商/家	342	384	420	580
参展商国家/个	6	9	12	21
参展商团体/个	4	5	8	11

续上表

项目	2012	2013	2014	2015
参观者/人次	42 307	48 589	49 236	75 290
国际参观者/人次	2 357	3 112	3 451	3 792
参观团体/个	14	17	26	98
参观者国家/个	11	16	19	21
展出主机/(台/套)	680	926	1 005	2 511
高峰论坛及研讨会/场	11	14	15	23
现场成交额/亿元	3.3	3.5	3.8	6.5
意向合同/亿元	15	16	18	18.7

……

7. 行业巨头青睐高端论坛。

在展会期间，主办方组委会精心组织筹办了多场专业性高峰论坛，邀请了国内外著名企业与权威机构展示技术成果，分享行业经验。为展商和采购商搭建了高效互动的平台。

行业巨头发那科、西门子、沈阳机床、斗山、瓦尔特等单位举办的专业技术论坛总计吸引国内与会者1 759人次，其中国际与会者120人次，如表6－3所示。

表6－3　专业性高峰论坛一览表

主　题	时　间	与会数/个
高速高精解决方案——海德汉数控及测量新技术介绍	8月2日13:30—15:30	36
福裕车、铣、磨多种加工方案经验分享和交流讨论会	8月2日13:30—16:30	41
西门子数控系统推介会	8月2日13:30—15:30	62
亨利安（青岛）自动化技术有限公司lifgo直线传动模块	8月3日10:00—11:30	58
2015〈赢在互联网〉互联网＋平台经济高峰论坛	8月3日10:00—17:00	354
工业机器人高峰论坛暨新品发布大会	8月3日10:00—12:00	156
广州启帆营造自动化设备&机器人行业开放且共享新生态	8月3日13:30—15:30	112
力鼎自动化产品在汽车行业中的应用	8月3日13:30—15:30	49
斗山机床新产品技术/德国瓦尔特新产品技术推介会	8月3日14:30—16:00	56
沈阳机床i5操作系统开辟智能制造新时代	8月3日13:30—15:30	47
大族超能光纤激光切割工业原理及应用	8月3日14:00—15:00	22
通广传媒刀具俱乐部	8月4日13:30—16:00	83
发那科数控系统应用技术交流会	8月4日13:30—16:00	102
其他高峰论坛与技术研讨会	8月2—6日	611

……

三、展商分析

1. 参展商参展展品类型（如表6－4所示）

表6－4　参展商参展展品类型

企业分类	展商数量/个	展位数量/个
金属切削	192	1 232
工业机器人	31	219
金属成型	67	402
刀具	67	94
功能部件	99	218
测量检测	61	95
代理商	79	428
其他	114	315
合计	710	3 003

……

四、观众分析

1. 展会期间国内观众参观人数统计数据。

……

2. 国际观众参观人数统计数据。

……

3. 观众行业分类统计数据。

……

6. 其他单位组织的团体观众统计。

……

7. 观展目的统计数据。

……

2. 案例分析

该展后报告既是对展会情况的总结，又是对展会的宣传。报告摆事实，采用图表、数据的表现形式，用真实数据说明参展商的数量、质量，采购商的到会情况，以及展会活动的策划与组织，同时对新一届展会提出了一定的展望。报告的撰写内容完整，数据真实可信，说服力强，同时该报告选择在网络媒体、展后会议等多种渠道进行发布，对展会起着很好的宣传作用，也趁热打铁吸引展商的再次参展。

任务训练

1. 任务背景

（1）假如你是广州某展览公司宣传部员工，公司的新项目咖啡展已经顺利完成。请根据展会情况撰写咖啡展的总结性报告（可通过网络查找广交会的展后报告，据此改编）。

（2）假如你是广州某展览公司的服务人员，参加了展会的具体服务工作，请根据具体岗位工作，完成会展的个人工作总结（可根据展会实习经历选择合适的岗位，并完成该岗位的个人总结报告）。

2. 操练要求

（1）以小组为单位，每组设组长1名，负责组织本组成员进行实训。

（2）查找广交会、家博会等展后报告，作为参考资料。

（3）可提炼参考资料中的相关数据。

（4）根据数据撰写咖啡展的总结性报告。

（5）小组各成员协商，为每个组员设定具体的工作岗位，并完成岗位的个人工作总结（各组根据人数要求，不得低于4个岗位，重复岗位不得多于2人）。

（6）实训结果汇报与教师点评。

任务小结

完成上述任务，掌握相关能力。

（1）能根据展览总结性报告分析展会相关数据。

（2）根据提供资料撰写总结性报告。

（3）掌握总结性报告的发布渠道与发布时机。

（4）根据实习经历，完成岗位的工作总结。

项目七

企业参展

◆ 项目目标

1. 了解企业参展的信息调研，掌握参展调研方法和调研内容。
2. 熟悉参展目标，掌握参展的方式与参展筹备工作内容。
3. 熟悉参展的工作流程，能撰写参展计划书。
4. 掌握出展类型及展会选择，掌握海外参展的操作实务。

任务一　企业参展实务

任务目标

学生通过本次任务实训，了解参展信息的收集，掌握参展调研工作的方法和调研内容。能理解参展目标的选择与展会选择的要点。掌握参展工作流程和参展的具体工作内容，能撰写企业参展计划书，掌握参展效果评估的常用方法。具备一定的资料收集能力和分析能力。

知识准备与业务操作

（一）信息收集与参展调研

1. 参展信息收集

企业决定参加展会后，针对如何选择合适的展会，还需要进行一系列信息的收集与分析。毕竟对于企业来说，参展所投入的各种人力物力成本很高，为了保障很好地实现企业的参展目标，对一些信息的收集是很有必要的。

可以从以下方面考虑收集相关信息。

①问现有或者潜在客户，看他们过往都参加过哪些展会，效果怎么样；今年计划参加哪些展会；明年还有哪些计划；等等。

②问公司的业务员，看他们自己本身有没有什么好建议?

③咨询生意伙伴（例如供货商），毕竟他们给不同的同行公司供货，总会知道一些竞争对手的参展信息。

④调查同行竞争对手都参加了哪些展会，或者准备去参加哪些展会？特别关注一些行业的标杆公司，他们一般都会在网站的 event 或者 news 里面公布一些参展过的详细信息，例如他们以往参加了哪些展会，具体的出席人数怎么样，下一年会有哪些计划，

等等。

⑤咨询展会的组织方，看他们具体的展会设置，有没有一些细分行业的展会。

⑥参考一些行业协会或者行业出版物的推荐。

⑦回顾一下自己过往参加的展会，做个分析作为参考。

⑧列出一个候选名单，明确哪些展会是我们不必要去的，哪些展会是我们需要去的。

在最后的选择上，首先要考虑的是这个展会观众质量和数量。这一点可以看它过去3~5年的总参观人数以及对下一年度的预计，了解一下这个展会是否有对观众的资格进行考察，或者有入场标准，这样就可以排除掉一些无效的参访者或者一般性的消费者，对于一些专业的展会来说这是很正常的做法。假如展会能够做到这一点，去观展的观众质量也自然也会高很多。

另外，还可以看展会的主题是不是和公司现在的业务发展相符，参考一下前10名参展商的名录，了解一下会有哪些媒体来报道，会不会联合当地的行业协会或者政府部门做一些系列活动，这些都可以作为参展决策的参考因素。

总而言之，要不要参加展会，以及如何选择展会还是要遵从“从客户中来，到客户中去”的原则，也就是始终围绕以客户为中心来开展的营销活动才是有意义的。毕竟，参加展会只是帮助企业实现市场目标的一个手段，假如展会不能为我们带来新订单，那么它至少应该增加企业产品在对应目标市场的曝光率，为企业后续的经营活动提供尽可能多的销售线索。

2. 参展调研

（1）会展调研细分为定量研究和定性研究。

定性研究是为了深层了解参展的态度或动机。定性研究讲究的是“为什么”；定性研究需要思考的问题：为什么选择××品牌展览；××品牌展览的价格和售后服务怎么样，为什么？××品牌展览怎么样，为什么？心目中理想品牌展览是什么，为什么？下一次会选择什么样的展览会，为什么？

定性和定量研究的运用是互补的。例如，有两个展览会，展览会A的规模是8万平方米，B是2万平方米，那么喜欢A和喜欢B的分别是多少，定量研究具体人数，定性讲究原因。定量方式和定性方式也存在交叉，有一些其他方式，比如网络方式等。

（2）定量和定性研究的常用方式。

定量研究有电话调查、定点拦截、网上调查、邮寄等。定量研究的方法还有神秘顾客，此类方法在麦当劳、肯德基运用较多，展览会中运用较多的是人流量监测，即监测人在某一时间段记录有多少专业买家进入展览会。还有日记账法等。

定性研究有小组座谈、深访、二手资料法、文献法。

市场研究在参展运作中的应用领域是调研。如参展整体的策划、参展定位、方案实施和效果评估。参展营销中，行业评估是我们必备的一个市场信息，如行业的市场发展状况、品牌评估、产品价格、渠道、促销推广的特征、消费的特征、竞争对手的状况等。

(二) 参展目标与展会选择

1. 参展目标

国际展览局在德国做过一项调查，目的是了解企业的参展目标，以及营销目标的百分比。具体调查结果如表 7－1 所示。

表 7－1 企业参展的营销目标

营销目标	营销目标的百分比/%
提高名声	85
密切客户联系	70
赢得新客户	70
宣传市场占有率	63
新产品引入	60
提高产品知名度	58
交流信息	50
识别客户要求	50
影响客户决策	33
签署销售合同	29

由此可见，现在国外一些成熟的展览市场中，销售并不占重要地位，这需要结合展览会本身的性质来区别对待。国外有些专业展是不允许现场销售和订货的，它只展现此专业的发展方向和最先进的科技。但是，在交易展中，销售目标会占重要地位。

参加展览会是企业最重要的营销方式之一，也是企业开辟新市场的首选方式。通过参加展览会，人们可以迅速、全面地了解市场行情。许多企业正是借助展览会这个渠道，向国内外客户试销新产品、推出新品牌，同时通过与各地买家的接触，定位客户群体，了解行业发展趋势，最终达到推销产品、占领市场的目的。

企业参展的目标是多元化的，企业决定参展前，须根据企业的经营决策综合判断，明确参展目的。如何确定企业的参展目标，可以从以下两个方面进行分析。

(1) 展会自身的优劣势分析。

①展会的优势：从客户的角度来看，展会可以吸引到一些新的客户，而且还是一些高质量的客户。几乎每一个到展位上来访问的客户，都是有近期采购计划的，不然他们也不会费这么大的精力大老远跑来看展。而展会正好可以提供我们与这些潜在客户面对面交流的机会，由此产生的信任感也是互联网交流不能比及的。交流中，假若某些客户需要我们提供更多的产品信息或者解决方案，甚至还提出了自己的要求的话，那么这部分的客户通常是行业内比较高质量的客户了。而且在展会中，我们还有机会可以接触到平时见不到的公司高层或者是决策人。毕竟对他们来讲，展会除了看新品和供应商以外，还是一个信息交换的积极场所，同行的信息、同行上下游的信息、供应商的市场信息等，都能在展会上得到非常充分的交换和了解。从行业的角度来看，可以通过展会上

与客户的交谈，以及对同行竞争对手的观察，来重新定位自己的公司和产品；可以通过一些媒体的访问，从记者的话中得到一些不同行业的受访者的不同信息，或者在这个访问中得到一个品牌曝光的机会。如此，展会也为我们的业务活动提供了一种良好的商业氛围。

②展会的劣势：当然，除了以上的优势影响以外，展会的劣势也是非常明显的。例如，参展费用高、展会的结果难以衡量，表面的项目（展位、装修）花费太多，而针对真正为业绩起作用的项目（流程设计、销售活动、数据收集、展会后的跟踪分析）投入太少。这些，都是传统参展商很难去平衡的地方。

（2）企业参展目标的设定。

德国展览协会则根据市场营销论，将参展目标归纳为基本目标、产品目标、价格目标、宣传目标和销售目标五大类。企业可能会同时设定多个参展目标，但在参展之前务必要明确自身参展的主要目标。这样可以有针对性地制订具体参展方案，更有利于组织一个优秀的参展团队，从而达到参展的最佳效果。

企业在明确参展目标后，要有针对性地制订具体方案，有计划地完成参展目标。

①现场达成交易：展览的时间虽然短，但便于客户直接与商家交流，大多数参展者都希望在展览会上达成一些协议或意向，通过沟通，在展会现场签单的，是比较普遍的现象，也是企业在展览会的最大最直接的收获，贸易商在这方面就显得简单和直接得多。通过与客户或经销商，或其他企业的面对面的沟通和交流，可以激发企业的发展思路，详细了解企业产品市场，并有可能实现就某一产品或技术的资本或技术合作。

②搜索潜在客户：可通过参展期间与当地代理经销商的广泛接触，物色合适的合作伙伴。参加展会的无非是两类人群，一类是推销产品的，另一类是寻找产品的，通过展会这个公正、开放的平台，可以非常容易实现双方的对接。展会现场将有助于接触到新的潜在客户。

③树立企业形象：在同行业和用户领域树立好的企业形象、提升行业地位。新企业参展可以帮助企业在短时间内建立客户关系，进入市场，被同行业所接受。老企业经常固定参加一些有影响力、有规模的专业展，便于定时与客户交流与联络。特别是在客户和经销商相对比较集中的地区或国家，通过展览可以有效地提升公司形象，提高产品的知名度和市场竞争力，也是对当地经销商的一种支持和协助。

④加深市场了解：增加对市场的了解，尤其是专业的展览，展商很容易了解到其他企业的发展、产品状况，甚至是科技秘密。在与采购商交流中了解市场的需求和潜力，比日常的市场调研要直观和准确。在开展期间考察当地的市场需求和潜力，通过展会把世界上所有的同行都聚到一起后，可以明显地感受企业的发展空间和市场空间，了解自己产品的市场潜力。同时，有利于了解同行信息，把握同行发展的趋势和发展规律，确定企业正确的发展战略。另外，一些行业展会还举办大量的行业论坛、讨论会等，可以通过这些会议进一步了解行业信息。

⑤供需关系互动：通过展会可以实现有效、快速拜访客户的目的，一个企业在某个地区或国家的客户可能很多，而且比较分散，单独拜访不仅费用高，而且效率低。通过展会，可以将所有的经销商或客户集中起来，逐一洽谈，提高了拜访和洽谈效率。展会

上聚集着很多企业以往客户或经销商，可方便于企业在此进行互动与答谢活动。

⑥企业及产品宣传：展览会是一种立体的广告，为展商提供了一个全方位充分展示自己产品的机会，增进采购商对产品、服务的了解。企业参展的展位可以根据企业文化、产品概念等自主设计和搭建。展台就是企业形象的重要标志。而现在更多的企业参展并不仅仅局限于真正的交易，更多的是为了宣传企业形象，展示为主，签单为辅。

⑦开发市场，建立营销渠道：利用参加展览会开发市场和寻找客户，物色代理商或合作伙伴。同时，展会也是快速达成国际合作的有效平台，使产品和企业更准确地走向国际化。

（3）错误的参展目标。

在选择展览之前，需要明确参展目标，避免一些错误的选择观念和方法。有些参展商不考虑自身需要、市场条件，不对展览会做调研、选择工作，仅出于某一孤立的原因，或某一单方面的考虑就做出参展决定，而这往往是错误的。常见的错误选择有：

①因为邀请而选择展览会。邀请可能是展览会组织者发出的，也可能是名人、政府部门、工商会、行业协会等发出的。

②因为费用低而选择展览会。费用是选择展览会的因素之一，但在靠供求关系调节的市场经济中，费用低是必有其原因的。

③因为评价好而选择展览会。社会名流、政府部门、商会协会、新闻媒体等可能会对某一展览公司做出相当高的评价，但这种评价结果不是唯一的，这种评价只能作为企业选择展览的参考依据而不是主要依据。

④因为竞争对手参展而参展。好的展览会是重要的贸易场所，参加展会对扩大或保持展出者的影响有着积极的意义。但竞争对手参加某个展会是有其自身的战略和战术考虑的，他人的参展行为不应作为自己的参展理由。企业应考虑自身的营销战略，不能被竞争对手牵着走。

实际上，以上种种都不是参展目标，最多算是参展原因，而且没有一条是根本原因。所以企业在决定参展前务必确定主要目标，以便有针对性地制订具体方案，区分工作重点。

参展目标设定

一、企业参加展览会的目标

1. 基本目标

了解新市场；

寻找进出口机会；

交流经验；

了解发展趋势；

了争竞争情况；

检验自身的竞争力；

了解公司所处行业的状况；
寻求合作机会；
向市场介绍本公司和产品。

2. 交流目标

建立个人关系；
增强公司形象；
了解客户需要；
收集市场信息；
加强与新闻媒体的关系；
接触新客户；
了解客户情况；
挖掘现有客户的潜力；
训练职员调研及推销技术。

3. 价格目标

试探定价余地；
将产品和服务推向市场。

4. 销售目标

扩大销售网；
寻找新代理；
测试减少贸易层次效果。

5. 产品目标

推出新产品；
介绍新发明；
了解新产品推销的成果；
了解市场对产品系列的接受程度；
扩大产品系列。

2. 展会选择

企业在决定参展时，首先要谨慎选择展览。一般来说，企业在选择展览会时，应结合参展目的重点考虑以下几个因素。

（1）预测展览会的市场拓展力。

决定某个展览会市场拓展力的主要因素是参展的观众和专业买家的专业程度、经济实力和地区分布。一般来讲，参展商的经济实力越大，地区分布越广，展览会的市场拓展力就越大。比如IT展览会，如果联想等品牌企业不来参加，那么这个展览会的档次就要大打折扣。所以，首先可了解一下有多少领头企业来参与。

（2）分析目标观众。

目标观众是指参观者、专业买家。我们需要考虑的问题有：专业买家的总数及行业的分析数据，比如IT展，目标观众是否都是业内人士，目标观众的质量，是否是企业老板，对订货是否掌握决策权或有影响力等；参观者的区域分布，比如在广州办的展

会，专业买家都是珠三角地区，意义则不大；参观者所在的公司规模；有哪些竞争对手参与等。

（3）核实承办方的实力。

承办方的实力可从以下几个方面去了解：组织者宣传工作的广度和深度；组织者所安排的服务是否周到，包括配套服务；展览会的影响力，比如，展览会开办的年代、行业地位、支持单位，支持单位包括赞助单位、协助单位、后援单位、协办单位等；有没有配套的高质量的论坛和相关活动（如论坛、评奖等活动）。

（4）摸清规模。

即展览会的规模，可从参展企业、参观者所代表的地域范围来判断。国际展、带“中”字开头的展览会和地方展，它们的规模、档次和服务是各不相同的，比如国际展，对于参展商、专业买家、宣传等都有一定的要求，档次和范围都很高。

（5）关注展览会的内容。

关注展览会的内容是指某个展览会注重哪一方面的内容。一般来说，专业展的优势是贸易效果比较好，而且能够反映出本行业的发展方向，是现在展会的发展方向。综合展览会并非只针对一个产品，范围比较大，目标观众不明显。企业可根据展览会的特点来选择。

现代展览业的一大特点是日趋专业化，同一主题的展览会可细分为许多小的专业展。同一行业的展览会，其具体的展出内容可能大不相同。参展商事先一定要了解清楚，以免“误入歧途”。

（6）展览会效益选择。

要根据自己了解的资料，结合展会的宣传，综合来分析，同时也要关注展览会本身的宣传规模。

（7）查明展览的名称、场馆与举办时间。

展览会的名称、性质和内容是否与本企业的行业性质的相吻合；举办的时间是否与本企业的订货季节、财政预算相吻合等。

参加展览会的最终目的是为了向该地区推销产品，所以一定要研究展览会的主办地及周边辐射地区是否有自己的目标市场，是否有潜在购买力。必要时可先进行一番市场调查。

【案例】

广州的美容美发展原来是在每年的5月份举行。后来参展商提出一个问题，由于夏天和冬天的化妆品大不一样，这个时候根本没办法让企业在订货以后进行生产，对市场也产生了不利的影响。因此将时间调整为每年的3月份、9月份举行，一经改动立即就与企业现状相吻合，展会也红火起来。

（8）注重展览知名度。

现代展览业发展到今天，每个行业的展览都形成了自己的“龙头老大”，成为买家不可不去的地方。通常来讲，展览会的知名度越高，吸引的参展商和买家就越多，成交的可能性也越大。如果参加的是一个新的展览会，则要看主办方是谁，在行业中的号召力如何。名气大的展览会往往收费较高，为节省费用，可与人合租展位，即便如此，效

果也会好于参加那些不知名的小展览会。

诚信和历史，即展会的品牌。展览会举办的年代跟展览会的质量不一定成正比。一般来说，前三年是展览会最艰难的时期，基本上第四、五年就开始见成效了。我们可以从前几届的面积、专业观众的人数等，来了解它的发展状况。

（9）展会性质。

每个展览会都有不同的性质。在发达国家，不同性质的展览会界限分明。但是在发展中国家，由于受到经济环境和展览业水平的限制，往往难有准确的划分。参展商应结合自身需要，谨慎选择。

【案例】

微软的参展决策

微软，一年内参与大概5 000场各种各样的展览会，平均每天参与14场展会。微软的参展决策程序是：

先调研后投钱：微软在参展时是先调研后投钱。规划好参展目标，专业客户的人数，能否达到拓展市场潜能，宣传效应，可进行规模化销售模式的功能。

全面参与：微软通过参加展览会达到挖掘潜在利益和扩大市场占有率的目的，这也是很多企业参展的主要目的。所以，无论展览会的规模大或小、知名与否，只要能达到这个目的，微软都会积极参与。需要指出的是，微软选择的目标还是品牌展览会，因为对微软来说，他公司的知名度已经足够大，它主要是宣传它的产品。

展会的筛选：在全面参与的基础上，微软会比较注重展会的筛选。在微软公司有专门的机构来负责每年对合作的展览会按级别重新进行筛选，然后对展会进行评估。最主要的评估指标包括：展会规模、参展企业、展会运作、媒体出席率。

成本与价值：微软参加展会的成本控制标准，35%是内部的损耗，25%为场地的租用费，15%为设备费，10%是它的展会管理和市场原作的费用，10%是交通费，5%为硬件技术的支持费。

未来战略：对微软来说，未来几年还是会继续参加一些高品质的展会。

所以，在参展企业决策方面，第一个要掌握的就是企业参展的目标。

（三）参展方式与筹备步骤

1. 参展方式

在了解了展会的特性之后，就要选择适合的参展方式。参展方式可以简单地分为集体参展和单独参展两类。不同的参展方式有不同的优势和劣势，展出者应根据自身的需要和实力选择合适的参展方式，以取得最佳的展出效果。

集体参展一般都有专门人员负责展览组织工作，即使没有财政资助，收费也不会过高。对于没有经验、市场知识、实力不雄厚的中小企业是一种比较好的参展方式，尤其是在开拓国际市场方面，但集体参展在展出面积、展出时间、展台设计、展出风格、人员配备等方面会受到限制。在市场机制还不够完善的情况下，展出者应对集体参展的项目做好全面的调查，尤其是对以盈利为主要目的的中介机构和公司组织的展出项目，更要谨慎行事。

单独参展是最普通的参展方式。它不仅需要一定的展览知识和技术，还需要花费相当大的财力和人力，不过单独参展自主权比较大，可以设计出自己的特色，显示实力，比较适合大、中型企业。

2. 筹备步骤

企业参展工作筹划步骤包括两个方面：一是筹备工作，包括对内组展、对外联络、展品运输、设计施工、宣传广告、行政后勤、财务费用等；二是展台工作，包括接待观众、介绍公司、介绍产品、散发资料、记录情况、洽谈贸易、签订合同以及开展后续工作等。

（四）企业参展工作实施

1. 参展工作内容

企业决定参展后，一般会按照展前筹备—展中—展后的时间段，安排具体的参展工作，如表7－2所示。

表7－2　企业参展工作内容一览表

工作项目	项目内容	工作描述	责任人	时间节点
展前筹备	组委会基地协调	负责与办展机构、组委会以及基地的事务统筹协调		
	参展总协调	负责参展事项统筹协调		
	布展施工方确认（特装）	寻找合适的布展施工单位及价格确认		
	布展	根据场地情况与展位设计对展区进行施工跟进，协调布展事宜；根据会务需要租用洽谈工具等相应物料，处理布展期间突发事件		
	物料筹备	碳素笔、胶水、剪刀、摄像机、照相机等办公类用品。X展架、宣传单、业务联系卡、客户登记表、参展工牌等招商展示类物料		
	展样品选择	各事业部系列产品		
参展工作	现场接待	在展区外派发企业宣传单，指引客户进入展区		
	宣传资料、DM单派发	接待客户，对客户进行登记、产品介绍、业务洽谈		
	业务洽谈	与客户进行沟通交流，介绍公司、产品和招商政策，收集客户资料		
	摄影	摄影、录像现场拍照拍摄		
撤展	展会撤展	展样品撤离、回收可用物料		

2. 展前筹备期

一旦决定了参加某一个展览会，则要即刻开始积极筹备。展览会是一项系统工程，千头万绪，需要考虑的问题很多。一般而言，展前筹备期的基本流程如图 7－1 所示。

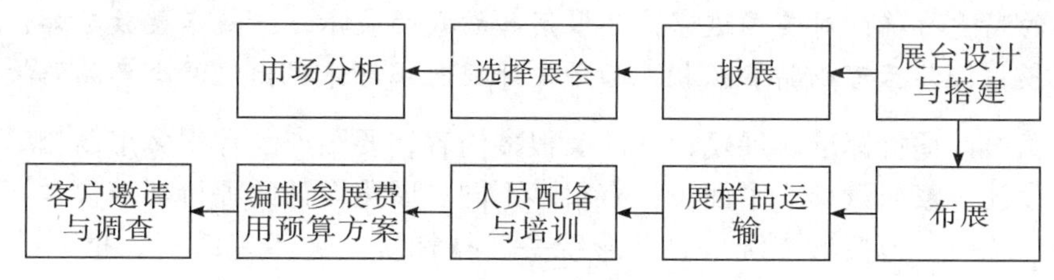

图 7－1 展前筹备期的基本流程

（1）市场分析与展会选择。

分析展会所在市场情况、行业发展情况、采购商情况及参展目标是否符合企业发展需求等情况；根据参展目标选择合适的展会参展。

（2）报展。

挑选/预订展位，根据主办方/承办方的图纸，挑选好展位，填写相关的“展位申请表”，寄送至主办方/承办方指定部门/负责人。通过现场缴费或者汇款等方式缴纳展位预订金。

（3）展台设计与搭建。

一般而言，展会开展前两天，参展商即可进入场馆进行展位布置、搭建。

①展台布置原则。

目的性原则：处理好参展企业和设计者的关系，参展企业应将自己的需求与设计者进行沟通，与此同时，设计师不能完全以自己的审美观点和设计理念来进行设计，必须要满足商家的要求；处理好艺术和展览的关系，艺术展和展示设计并不完全相同，展示设计中要体现很多的元素，如公司元素、产品元素、客户元素等，既讲究美又讲求实效；处理好展览和贸易的关系，展览除了贸易之外，还有一项展示功能，展示的目的是广而告之；处理好展览设计与展览其他工作的关系，比如一件珠宝，是放在盒中，还是使用真人秀等。

艺术性原则：展台有吸引力，运用设计元素，第一时间抓住客户的眼球；展台反映参展企业的形象，表达参展企业的意图；展台能够吸引参观者的注意，引起他们的参观兴趣。

功能性原则：对外的功能，展台不仅要展览产品，还要吸引客户，有利于展览人员进行推销、宣传、调研和观众交流或洽谈；内部工作功能，如办公室、洽谈区等；辅助功能，如休息或饮食、资料或用品堆放等。

科学性原则：因为展览策划是一项较严肃的活动，所以整个设计不能太出格。比如色彩要符合当地的习惯，考虑灯光、展架的运作，两层或三层楼搭建的力学问题等。

【案例】

德国一家设计公司，当时给两家企业做设计，两家都是生产摩托车的企业，一家是美国企业，一家是德国企业。德国企业属高档摩托车，讲究高贵；美国企业的摩托车讲

究的是大众化。两家公司所反映的产品品质不一样。设计师就根据两款产品不同的特点做了两个设计。为德国公司的摩托车专门设计了一个高档封闭区，底下垫着高档地毯，上面有很多的灯光，直接照射在摩托车上，由于是封闭区，客户可望而不可及，体现出这个产品的高贵特征；对美国这家产品采用开放式的展示，摩托车就放在那，客户可以轮流地抚摸它，甚至可以骑着照相。两种设计理念正好体现出这两个产品的特征。

②展览设计评价标准。展览设计涉及很多内容，要跟产品等很多东西相结合，与一般的展示设计、家居设计、平面设计有很多不同。展览设计的评价标准包含：

整齐而统一：包括形态统一、色彩统一、技标统一、工艺统一、格调统一等，总之，好的设计在艺术形式的秩序方面都十分明确。

创造性：创造涉及形式的定位、空间想象、材料的选择、构造的奇特、色彩的处理、方式观念性标准。

时代性：实现简约的统合色彩效果；采用新产品、新材料、新构件、新技术和新工艺；运用现代科技成果。

真实性：注重审美创造的真实性。

同时，展台设计与搭建时还要注重时代和民族性，强化环境意识。

③设计的规定和限制。

有关展台的规定：一般展馆限高都有十几米；开面越多越好，最好的位置是靠中间走道，但是特装最好是在拐角上。

有关展览用具的规定：有些不环保的材料是不允许用的，特别是去国外参展时；当展会有限定人流的进出口时，设计时应考虑如何吸引人流。

此外，还有有关消防的规定，展品的规定和限制，音量、色彩限制，手续的办理以及有关劳工的规定。

④展台的搭建制作。展览会中，展台制作水准的高低直接影响着参观者是否驻足的脚步。因此，展台制作乃各参展公司的必争之地。具体来说，展台的搭建包括：

展台的设计：制作出展区的三维立体效果图，包括展区的装修、展品的摆放、各类家具、展品的摆放、照明器材、广告灯箱材料、电子视频设备、电脑等物品。从效果图中感受展区布置的合理性、色彩搭配的效果、灯光照明的感觉、服务参展人员的便捷等。

背板的设计制作：背板的设计应该体现明朗、活泼的格调和气质，运用明亮的色彩。

展台内的摆设：在展台内，还应设置饮水机供行人饮用，设置一些椅子供行人休息。

（4）布展。

①展品选择。展品是展出者能给参观者留下印象的最重要因素。选择展品有三条原则，即针对性、代表性和独特性。针对性是指展品要符合展出的目的、方针、性质和内容；代表性是指展品要能体现展出者的技术水平、生产能力及行业特点；独特性则是指展品要有自身的独到之处，以便和其他同类产品区分开来。

②展示方式的选择。展品本身大部分情况下并不能说明全部情况、显示全部特征，

需要应用图表、资料、照片、模型、道具、模特或讲解员等借助装饰、布景、照明、视听设备等手段，加以说明、强调和渲染，才能让观展者更直观地了解展品。展品如果是机械或仪器，要考虑安排现场示范，甚至让参观者亲自动手；如果是食品饮料，要考虑让参观者现场品尝，并准备小包装免费派发；如果是服装或背包，要使用模特展示，或安排专场表演。这些都是为了引起参观者的兴趣，增加他们的购买欲望。

（5）展样品运输。

选择合适的物流合作商，保障展样品在开展前能顺利入馆。

（6）人员配备与培训。

人是展览工作的第一要素，也是展览成功与否的关键所在。展台的人员配备可以从四个方面加以考虑：第一，根据展览性质选派合适类型或相关部门的人员；第二，根据工作量的大小决定人员数量；第三，注重人员的基本素质，如相貌、声音、性格、自觉性、能动性等；第四，加强现场培训，如专业知识、产品性能、演示方法等。展台人员要结合参展商品的特点，灵活应对。如大众消费品应着力树立品牌形象，在消费者中形成亲和力；如系新产品，须大力宣传其与众不同之处；产品如具独创性，则应强调其在技术上的突破性。

（7）编制参展费用预算方案。

企业参展的最终目的是实现经济效益。企业必须从展会的筹划开始，就积极制定一份合理的展会预算方案，并在展会进行过程中严格按照预算进行操作。只有这样，才能保证参展企业获得预期的经济效益。

展会预算，是展会自筹划开始至展会结束过程中所涉及的各项费用。展会预算越详尽，越能够帮助企业尽可能地获取更大的经济效益。一般而言，展会预算主要包括以下内容：

展位费用：参展企业根据展品的具体情况预订相应面积大小的展位。

展位的设计以及搭建费用：包括展台设计或再设计的费用，展台建造和装饰整理费用，展台建造材料的购买和运输费用，雇用专业公司或专业人员的费用，等等。

交通费用：企业参展人员从出发地至展览地的往返费用（航班）以及在展会期间的往返费用（公交、地铁）。

参展人员费用：参展人员的吃穿住行、邮政通讯、公关交际、工资津贴、奖金等方面的费用。住宿费与就餐费一定要合理地确定相应的标准，并严格按照人员来计算。

企业及产品宣传所需的费用：包括展前吸引参展客商和参观者的各种媒介广告费用，展中发放各种广告宣传品如产品目录、产品使用说明书、产品广告传单、促销赠品、产品的试用样品的费用，展览会上录像播放、悬挂广告横幅和广告宣传画的费用等。还包括礼品费（展会前期与邀请函一并送出的礼品及展会现场所赠送的礼品两部分费用）等。

展品运输费用：展品的运费、保险费、供现场示范表演的产品费用。不同的运输方式，费用也不一样。根据展品情况，企业要尽量选择安全性高且运费相对低的运输方式。

展会现场设备所需的费用：除了标配设施之外，展馆一般还会提供展布支架、视听

设备、多媒体设备、小型搬运工具等租赁服务。展览场地的声、光、电、水、电话、空调、清洁场地、摄影照相等多种设备的费用以及展览场地的家具、地毯、花卉及其他环境装饰物的费用，企业可根据展品情况挑选所需设备。

公共关系活动的费用：如召开新产品新闻发布会的费用；招待记者对本企业产品及展位进行采访报道的交际费用；邀请知名人士出席开幕式剪彩仪式的费用；对重点客户迎来送往、请客吃饭、租用宾馆套房、安排旅游娱乐活动、预订返程票、馈赠礼品的费用；对于一般的潜在客户或目标观众开展联谊活动的费用，如赠送展览会入场券、戏票，邀请参加文娱活动等；在展览会期间举行产品技术研讨会的费用；聘请和培训展览礼仪模特及产品示范操作人员的费用等。

展会现场水与零食的费用：一般在展会现场会为客户准备一些瓶装水和部分小零食。

不可预知费用：企业一定不要忘记在展会预算方案中增加一项不可预知费用。这类费用主要是为展会预算留有一定的余地，以确保不可预知情况下所需的费用支出情况。

在展会结束后进行费用总结时，最好不要超过展会预算的费用，这样才是一份成功的展会预算方案。一般来说，展会费用在展会预算的10%左右浮动都算是正常的。如果展会费用超出展会预算太多，表示参展企业在制订预算时不够周密，需要具体分析、不断完善。

（8）客户邀请与调查。

邀请是指在展会开始前，必须通过网络公布或发放正式邀请函等手段通知公司的新老客户。该项工作应当在展会开始前1个月内完成。邀请的方式同样适用于公司的目标客户和潜在客户。

如客户对公司的邀请做出反应的，则应该尽快确定对方的信息，如对方行程、参展代表的姓名、有无前期合作、具体操作的业务人员、历次的报价清单、合作中存在的问题以及本公司希望向其推荐的新产品信息等。以上信息应当整理成文件形式，出席展会的业务员必须大概地了解，以便在展会现场接洽客户时使用。

对未做出反应的客户，则需要由负责该客户的业务员在临出发前两周或者一周的时候发送E-mail，通知客户公司的具体行程安排，以及在此期间出现销售方面情况的应急处理等内容。这旨在体现公司对客户的尊重，同时也再一次提醒客户展会的时间。有些客户本身可能出席展会，但未必会通知厂方。两次的通知提醒应当能使其对工厂的展位号等情况加深印象。

调查本身源于公司业务人员的销售习惯和平时的积累，国内的一些大型企业在出席展会时因有专门的人员负责管理该项事务，因此会对展会的各方面信息有翔实的调查记录。

通过调查，主要分析出以下情况：展会规模和发展走向；该展会中同类企业（最好为同类产品）的情况；设法获取以前出席过该展会的大客户名单以及设定目标客户。

有人对展览会上的参观者做了调查，发现影响他们记忆的因素主要有六条，其比例如下：展品有吸引力39%；操作演示25%；展台设计14%；展台人员表现10%；散发资料8%；展出者的名气4%。因此，建议参展者在这几个方面多做准备。

3．展中实施阶段

展会现场主要工作内容如表7－3所示。

表7－3 展会现场工作内容一览表

工作项目	内容描述
接待客户	发现新客户并与之建立联系，以及保持、巩固与老客户的联系
洽谈	与观展者进行有效洽谈，并获取相关资讯
记录	记录对展览评估和展览后续工作都很重要
联络、公关工作	包括客户邀请、接待、赠送礼品等工作
调研工作	调研范围主要是市场、趋势、产品、竞争、需求等
操作示范	有条件的情况下，安排操作示范
资料工作	包括公司介绍、产品目录、服务说明、展出介绍、价格单、展台人员名片等
危机处理	面对一些意外情况的有效处理
摄影/摄像	根据企业的需求，进行摄影/摄像，保留相关影像资料

展中实施阶段，展台工作人员的配备和培训、有效营销手段的运用、宣传物料的准备与使用等方面工作，均能直接影响企业的参展效果，因此参展企业要重视这几个方面的工作内容。

（1）人员配备与人员素质。

①参展人员配备。参展企业中，除非大型企业（如微软公司），有专门的展览服务部，一般的企业没有专门针对展览的机构。这些展览人员，是因为参加这个展览会临时组成的，比如前期的工作由市场部的人员负责，展台的接待人员是销售部的人员，而服务又是市场部的人员负责。所以其中就有明确人员和分工的问题，包括人员组成、人员分工和人员管理。

“后台”筹备服务人员：基本上是由市场部的人员来承担，主要负责产品的选择、运输、设计、施工、宣传、联络工作。另有一些行政后勤和会计人员。负责人是此项目的经理。

“前台”展出人员：包括推销员、技术员和辅助人员，由展台经理负责。展台经理一般都是由营销部门、推销部门或者生产部门的经理担任，大部分是由销售部的经理担任。

展出人员对参展企业来说非常重要，展台人员不同的精神面貌对企业可能会产生不同的影响。德国有专家说展出成功与否70%在于展台工作人员。英国全国参展企业协会指出，展览成功的80%在于展台人员。美国专家认为，展览工作的效果90%取决于展台人员的素质和努力。

②参展人员应具备的素质和条件。参展人员应该由两部分组成，一批选拔形象好、气质好的人员作为礼仪迎宾服务员；一批应是具有熟练的专业知识的人员，可以在现场

解答客户的咨询和疑问。

以下是几类常见参展人才配备及所应具备的素质和条件。

展台经理、参展项目负责人员：具备一定的营销知识和办展地的经验，熟悉展出地的商业语言和贸易习惯；能够完全理解展出目的和目标，熟悉展出公司的政策和战略；熟悉展出地点的技术特征；具有一定的行政管理能力，有计划性，能迅速地解决问题，有原则且有灵活性。展台经理的主要任务：参与展览筹备工作，包括选择展品、安排运输、展台设计、安排宣传广告等；在展台人员选择和培训方面负有主要责任；在展台人员和工作管理方面负有全部责任；负责与展览会、新闻界、贵宾、施工单位及其他单位的交际、公关、新闻、联络等工作；在展览会结束后，负责监督展台拆除、展品回运、账单支付、展出评估和总结以及后续工作安排。

展台业务人员：展台业务人员的任务是洽谈贸易，主要工作包括接待观众、介绍展品、洽谈贸易、签订合同等。因此要求展台业务人员应该有销售经验和展览经验，熟悉展出地的商业语言，体力好，能刻苦并长时间地坚持工作，仪表、举止、谈吐好，具有友好、愉快的态度和开拓性，能使参观者在参观时受欢迎、感到放松，有积极的态度，在每个潜在客户出现时主动接触，有集体感和合作精神，能与人共事，并能积极地影响同事的情绪和行为，还要有一定的奉献精神，为展出成功愿做任何工作。

接待人员：主要是指在问讯台或在展台专门负责接待的人员。接待人员的主要任务是接待参观者，记录参观者基本情况，回答简单问题，提供展台综合资料，将参观者介绍给相应的展台人员或将贵宾、记者等特别观众介绍给展台经理或公关经理。此外，如果不另外安排招待人员，接待人员还需要兼做招待工作。

展台的辅助人员：展台辅助人员是展台工作人员的组成部分，包括秘书、译员、招待员、操作工、模特儿、清洁员、保安员等。这些人员多是当地雇用人员。

（2）参展人员培训与营销技巧。

一是对礼仪人员进行基本业务的培训，让引导人员大致了解展会主题和内容，以及参展方此次参展的主推产品和业务的基本情况；二是对专业人员进行基本的礼仪培训，使之在现场的表现得体、大方。

展会前的人员培训主要针对公司的销售人员进行。出席展会的销售员应注意以下几点：

了解产品：出席展会的销售员必须对产品的性能、功用、特点和最大卖点有一定的掌握。

掌握一定的技术信息：作为销售人员必须对产品的技术信息有一定的了解，但不要求每个业务员必须精通。遇到难以回答的问题，最佳的答案是道歉，然后直截了当地告诉客户，这些问题属于技术人员管理的范畴，可以在回公司以后给予答复。这样比不懂装懂或者无意识中给了客户错误的信息要好。

仪容和着装：在公司有条件并有充分准备的情况下，应尽量为员工提供统一的着装。女士以深色套装，高跟鞋，适度的淡妆为宜；男士深色西服并打领带。

表情语言：西方的基础礼节是保持微笑以及在交谈时注视对方的眼睛。尽管这一点上每一个外贸人都已经熟知，但真正能做好的却为数不多。请切记展会是展示公司形象的重要时机，销售人员的良好素养能给客户留下深刻的印象。

客户接待等级：合格的展会接待人员应当在客户将目光停留在本公司产品第三秒时开始接待服务。对这一类客户可以报以微笑示意，这样无论对方是否对你的产品感兴趣都不会令销售员本身感到尴尬，同时也能锻炼销售员的亲和能力。但当客户停下来索取资料或者提出问题时，销售员的真正接待任务便开始了。合格的销售人员应当能在短时间内判断出客户感兴趣的产品，以及购买的基本诚意。这些信息可以通过问答或者从该客户的名片和资料中获取。接待的等级是指：当一个客户与你交谈时，请注意“仅站在门口交谈”“请到展位内参观”“坐下来交谈”分别代表三个不同的程式和客户等级。由于会展现场人员众多，接待时间有限，而且交谈时出于礼节不能中断交谈去接待另一位客户，所以需要“坐下来谈”的客户，至少是销售人员认为较有开发价值的客户。

谈判技巧：在短暂的谈判过程中，销售员除了向客户介绍产品、发放资料的任务外，另一个重要的任务就是尽可能多地了解对方的“底细”。习惯用提问的方式获取客户信息，对擅长交谈的客户也可用“倾听”取代“说教式”的推销。在现场与客户交谈的内容必须要详细记录下来。中国的古训“好记性不如烂笔头”，最简单的方法是准备一本笔记本和订书机。将你听到的信息记录下来后在信息旁边订上客户的名片，并写明日期和客户编号。

迅速把客户分类的技巧：根据谈判中所得的结论，把客户分为 A、B、C、D 四个等级。等级的标准不同的公司有不同的分类方法。一般来说：A 类客户是当场下单订购的客户、对新产品感兴趣的老客户或公司一直在努力开发的客户；B 类客户是目标客户，如国际知名企业或采购商，有意向合作的其他客户；C 类客户是认为有合作可能的潜在客户；D 类客户是获取过公司资料的客户。

报价：必须注意展会中有相当一部分客户其实是抱着价格比较的态度出席的。一般大企业或者国外的参展商从不会轻易报价给客户，对此客户也是能够理解的。所以当你根据自己的判断得出该客户没有什么开发价值时，可以直接告诉他“No price，Because in Exhibition”，然后跟他说如果对某件产品感兴趣可以会后用 E-mail 询价。

其他营销小技巧：如合影留念，对于谈得比较好的客户可以要求他跟你合影留念，并在展会结束后用 E-mail 发给他一份。拍摄的关键是尽可能拍到公司产品或者 Logo 等显著标志，这样使客户将来一看到照片便能想起这个公司；廉价小礼物，如有公司Logo和名字的，或者有中国特色的小礼物，比如中国结等。当然最好适用于国外展会，此外必须注意各国的不同风俗，比如某些宗教某些派系的教徒对红色的饰物有些敏感；随带正规格式的报价单和 PI（形式发票）；叫得出老客户的名字（包括从前在展会遇到过，有过沟通但从未下过订单的客户），这类客户极有可能本身对贵公司的产品感兴趣，但因为某些原因：如价格或者已经有过同类合作者等因素而没有成为真正客户。要知道如何“打劫”其他公司的客户资源也是成熟业务员的基本技能。

必要的参展用品：样品、样本、名片、笔记本、笔、计算器、订书机和钉子、透明胶带、大的夹子、剪刀、袋子若干等。

（3）参展企业常用营销手段。

①广告促销。广告是最昂贵的展览宣传手段，但它可以覆盖所有目标观众，加强直

接联络的效果。在操作中，对广告安排要严格控制，登广告要目标明确，根据需要、意图和实力安排。

在整个广告宣传活动中，需要注意三个方面：广告的规模和广告的时间；广告的内容确定；广告的媒体选择。

广告的规模和时间：包括广告预算与广告时间。广告预算决定广告规模，其实企业在展览会期间，在某些相关媒体做一些广告，成本不高且宣传效果好，企业应有效地利用展会来进行营销，根据需要和条件来决定预算（后面将介绍如何选择合适的媒体来降低成本，提高效率）。广告时间即什么时候做广告是最好的，一般来讲是在参展前的三个月开始做广告。最主要的集中广告的时间是会展期间。

广告的内容确定：广告内容要简洁、清楚、准确，不要过多宣传公司及产品，侧重于告诉客户关于展览会的信息，比如展览会、展位准确的地址等；广告内容要有吸引力、要全面，抓住内容的核心点或焦点，比如专家买家最有心去听的内容；广告要有规模、要重质量。做广告的方式有两种：一是间隔打广告；二是集中轰炸。企业可根据自己产品的特点、广告受众、社会群体等因素来考虑，只做一两次广告，没有效果。

广告的媒体选择：选择媒体主要看媒体的对象是否是展览企业的目标参展企业。根据不同的展览类型，广告媒体的选择是有差异的。如消费品类展览，一般可选择大众传媒，包括报纸、电台、电视等；专业性贸易展览，可选择一些专业媒体，包括专业报刊、内部刊物、展览刊物。此外，专业性的展览杂志，如《中国展览》《中国会展》《中外会展》等；开设有展览专栏的大众媒体，如《中国经营报》等；专业网站、行业网站、户外广告、企业或社团组织制作的内部出版物等，都是可供选择的广告媒体。

②会展新闻工作。会展是一个人流、物流、资金流、信息流高度集中的活动，是一个高层次的交流活动。企业参加品牌展览会的原因，除了有专业买家之外，还有就是新闻热点。一般来说，品牌展览会有一个新闻中心。对于参展企业，需要进行以下几项工作：

新闻工作准备：指定新闻负责人员，选择媒体并列出名单，与媒体进行直接联系、多打交道，建立并巩固良好的关系。

新闻工作方式与程序：任命新闻负责人，新闻媒体和人员名单；制订新闻工作策划，编印新闻材料，发新闻稿；举办记者招待会；准备新闻资料袋；收集媒体报道的情况，作为公司宣传的有利证据；向出席招待会、参加展览的记者发感谢信。

新闻片的内容特点：作为参展企业来讲，进行新闻工作的内容，包括企业介绍；展位、展台的介绍以及业内人士的评说。

新闻资料：新闻资料是由参展企业自己准备的。一般由公关部人员和市场部人员共同组织完成。其中包括但不仅限于新闻稿、新闻图片及新闻资料袋等。

【案例】

海尔 e 时代新闻稿

海尔从第 26 届开始每年都参加广交会，它就是通过广交会打向国际市场的。其中一届广交会中海尔的主题是：海尔 e 生活。其产品包括电冰箱、微波炉等，都可以打电话，可以用电话控制，一切全是电脑操控的。对于e生活这项新产品，海尔有一个介绍，有一个新闻稿，新闻稿就是针对e生活这个系列，包括它的特点、价位等。

③记者采访。记者采访有两个，一是采访公司高层，一是到展台采访。要把记者尽量地吸引到展台来采访。举办记者招待会时，可以考虑安排记者采访工作。整个展期要随时跟传媒、主办方保持密切的联系。

记者是来采访整个展览会的，他肯定需要选择几家企业进行采访，选择采访企业的方式通常有两种：一是媒体自己选择；二是主办方安排。企业要积极主动争取采访机会。当记者采访展台时，要尽量展示公司的标志或形象；考虑被采访人的知识程度和交谈能力；采访后，要确保发稿，提供展出新材料，进行系列报道并书面表示感谢。

④会刊。会刊是唯一包括所有赞助商及参展商、展品介绍等详尽内容的刊物。参展商要尽量利用会刊里的知识、内容来为自己服务。

（4）宣传物料的准备与制作。

宣传片的制作：现场如果有大屏幕，要制作主题形象的宣传片。

宣传手册的制作：提供给参加会展的客户，手册应是图文并茂的形式介绍相关产品和业务。16K大小的插页形式，并非装订式。

宣传折页的制作：摆放在展区的展台处，供有意向进一步洽谈的人士进行详细了解。

展板内容的制作：背景板的宣传材料和图片的提供。

视频播放内容的制作：主要是有关公司和展品的宣传和介绍。

电脑播放内容的制作：可以是宣传片的播放，也可以是现场操作展示。

会展纪念品的准备：手袋的设计、纪念品的挑选既能突出特色，又能具有一定的实用性，不会走出会场就被扔掉。

摄影、摄像及后期制作：安排专人对会展的全程加以记录，并于后期剪辑定片。

4. 参展后工作内容

参展后工作即展览会的撤展。对参展企业来讲，展览会闭幕并不意味着展出结束，因为展台人员回公司之前还有很多工作要做，展后工作一览表如表7－4所示。

表7－4　展后工作一览表

工作项目	内容描述
展品撤展	提前做好展品处理的有关准备工作，选择合适的物流公司，安排展样品的回运等工作
展具退还	涉及展具展材的租用等，要根据组展方的相关规定进行拆除与归还
展位撤展	选用特装展位参展的企业，要与特装公司沟通好展位的拆除与撤离工作
人员撤离	安排展台人员返回原地，或者有安排游览、购物等行程的，按照计划开展
后勤扫尾	财务等结账、发票开具等方面收尾工作
资源处理	客户相关信息的分类整理，参展效果的评估，与客户保持紧密联络等

对于参展企业来说，参展人员一定要做好展后收尾工作，尤其是对资源的处理。因为，同一次展会，也许有几十或者上百家企业推广同一系列的产品。除了已有的市场、品牌、规模等固定因素，业务人员对展会资源的处理也是影响到参展质量的因素。

对于资源的处理可以从以下几个方面着手。

资料整理：每次参加展会结束后，工厂应当将所搜集到的展会资源分类整理。建议完全复制一份，公司档案室收藏原件，业务人员收藏复印件。这样做的好处，第一是有助于业务员和企业管理者理清资源，第二是保护了公司客户资料的安全。

客户分类分区管理：根据展会中所收集到的 A、B、C、D 四类不同的客户，可按客户等级的不同，分别给予不同的联系方式。对 A 类客户，邮件回访 + 邀请参观 + 公司和接待人员简单介绍 + 展会中所谈及事宜的备忘提醒 + 有特别提出的问题或者技术困难的，如不能及时给予答复要告诉客户一个大概的回复期限，以上务必在展会结束后一周内完成。B 类客户，邮件回访 + 公司和接待人员简单介绍 + 所推广的产品的详细介绍 + 合作意向。C 类、D 类客户，简单邮件群发既可。对于上述邮件有回复的客户，业务员原则上应该在 24 小时内给予答复；如不能马上答复的，说明原因并给出大致的答复时间。对于上述邮件中的 A、B 类客户如果在半个月内没有任何回复的，需要再次进行联系，内容大致相同。原则上对 A、B 类客户 2 个月内的联系不要少于 3 次，对 C、D 类客户的联系不少于 2 次。逢节假日可以发一些简单的祝贺信加深客户印象。

客户习惯：业务人员需要分清楚推销对象的不同习惯和喜好，可能的话需要对每个合作客户和潜在客户建立详细的客户档案。因为业务人员相对其他工种来说是比较“流动”的职业，一旦老业务员离开公司，如果没有完备的档案，势必给新接手的业务员带来一定的困难。而且目前的国外客户，越来越倾向与跟“工厂”合作，所以，即使老的业务人员流失，只要档案健全、沟通及时，也能避免客户随业务员流失。

（五）参展计划书

1. 参展计划制订原则

企业参展制订参展计划主要包括符合展览目标、切实可行、节省等三大原则。

符合展览目标原则：解决“应该做些什么”的问题。不同的展出目标，展出工作的内容和重点是不同的。

切实可行原则：“切实可行”体现为合理分配资源，即参展企业的人力、财力和精力。

节省原则：资源分配后，根据工作安排，合理地分配和使用这些资源。

2. 参展计划书

展览会是一项极为复杂的系统工程，从制订计划、市场调研、展位选择、展品征集、报关运输、客户邀请、展场布置、广告宣传、组织成交直至展品回运，形成了一个互相影响、互相制约的有机整体，任何一个环节的失误，都会直接影响展览活动的效果。因此，参展计划应该统筹安排。

参展计划书一般包括的项目及内容如表 7－5 所示。

表7－5　参展计划书的项目及内容

项　目	内容描述
参展目的及原则	确定参加展览会的目的或预期达到的目标，明确企业的参展目标才能选择合适的展会
相关展会信息收集	确定参展展会后，有目的地收集展会相关信息，并根据收集到的信息确定企业在展会中所要宣传或展览的重点项目
展前准备	一般包括信息调研、真实性调查及风险防范、询价和议价、参加展览会配套的资料准备、宣传资料制作、展样品运输、财务预算以及订立合同等工作内容
参展策划	一般包括展位选择、展台布置、广告信息发布、潜在客户邀请以及展品及部件的运输和保管等工作内容，在展会期间开展的各种活动
人员安排	指定参展项目的管理人员、工作人员以及各自的分工责任，并根据参展需求进行统一规范与培训
展后总结	撤展后，针对参展进行的相关信息收集、分析与总结，包括参展效果分析、信息收集以及总结报告撰写

（六）参展效果评估

参展是一项投入比较大的活动，企业往往需要投入相当多的人力、财力和精力。而每次展出都会有很多宝贵的经验和教训。因此，在展出后对展会进行系统地评估、总结将有利于参展公司判断已做的投入是否恰当，产出是否理想，以及日后是否仍需继续投入、投入数量等。而针对参展工作本身，也可以充分总结经验和教训，以谋求在未来的工作中进一步获得改进。

展会评估工作一般由参展公司自己安排，也可委托专业评估公司进行。评估的内容主要包括展览工作评估、展览质量评估以及展览效果评估三大方面。

1．展览工作评估

展览工作的评估内容有定性的内容，也有定量的内容。评估的主要目的是了解工作的质量、效率和成本效益。

有关评估工作内容的一览表如表7－6所示。

表7－6　评估工作内容一览表

评估项目	内容描述
有关展出目标的评估	主要根据参展公司的经营方针和战略、市场条件、展览会情况等评估展出目标是否合适

续上表

评估项目	内容描述
有关展览效率的评估	展览效率是展览整体工作的评估指数。评估方法有多种，其中一种是展览人员实际接待参观客户的数量在参观客户总数中的比例；另一种是参展总开支除以实际接待的参观客户数量之商。后一种方式也称作接触潜在客户的平均成本，这是一种非常有价值的评估指数。只要有足够的开支，参展公司可以接触到所有潜在客户，但是，应当用最少的开支达到这一目的。这一指数可以直接用货币值表示，比如接触一个潜在客户开支为200元
有关展览人员的评估	展览人员的表现包括工作态度、工作效果、团队精神等方面，这些不能直接衡量，一般是通过询问参加过展览的观众来了解和统计。另一种方法是计算展览人员每小时接待观众的平均数
其他人员评估	包括展览人员组合安排是否合理，效率是否高，言谈、举止、态度是否合适，展览人员工作总时间多少，展览人员工作轮班时间过长或过短等。对展览人员和参展者（对集体展出而言）的评估一般被认为是秘密材料，限内部使用，不宜公开
有关设计工作的评估	定量的评估内容有展台设计的成本效率、展览和设施的功能效率等。定性的评估内容有公司形象如何，展会资料是否有助于展出，展台是否突出和易于识别等
有关展品工作的评估	包括展品选择是否合适，市场效果是否好，展品运输是否顺利，增加或减少某种展品的原因等。这种评估结果对市场拓展会有一定的参考价值，比如，通过评估可以了解哪种产品最受关注，在以后的展出工作中可予以更多的重视
有关宣传工作的评估	包括宣传和公关工作的效率、宣传效果、是否比竞争对手吸引了更多的观众、资料散发数量等
有关管理工作的评估	包括展览筹备工作的质量和效率，展览管理的质量和效率，培训等方面的工作有无疏漏
有关开支的评估	开支是另一个争论比较多的评估内容。对于绝大部分参展公司，展览只是经营过程中的一个环节，因此，展览直接开支并不是展览的全部开支，展览的隐性开支可能很大，清楚计算比较困难
展览记忆率评估	展览记忆率是指参观客户在参加展览后8～10周仍能记住展览情况的比例。展览记忆率与展出效率成正比，反映参展公司给参观客户留下的印象和影响。记忆率高，说明展览形象突出、工作好；反之则说明展览形象普通、工作一般。记忆率低的原因主要有：展览人员与参观客户之间缺乏直接交流，缺乏后续联系，参展公司形象不鲜明，所吸引的参观客户质量不高等

2. 展会质量评估

参展公司要考核一个展览会的质量，需要从展会的参展企业数量、售出面积等方面综合考虑。其中，组展方对有关参展企业的评估主要包括：

①参展企业数量：这是一个比较直观简单的定量内容。

②参展企业质量：这是最重要的因素。参展企业质量与展出效率成正比，即参展企业质量高，展出效率就高。

③平均参观时间：指参观者参观整个展览会所花费的时间，该指数与展览会效果成正比。

④平均参展时间：指参展企业参加每次展览所花费的平均时间，这个指数可以用来安排具体展览工作。

⑤人流密度指数：指展览会的参观者平均数量。如果每10平方米有3.2个参观者，指数就是3.2。一般来说，综合性的消费展览会，需要人多，但专业性展览会不宜太拥挤。

3. 展览效果评估

有关展览效果评估的争议比较多，主要是对工作项目与工作成果之间关系的理解不同，因此，效果评估工作比较难。但是参展企业仍应尽力做好展览效果评估，同时不要将评估结果绝对化。展览效果评估的内容包括：

①参展效果优异评估：如果参展接待了70%以上的潜在客户，客户接触平均成本低于其他展览的平均值，就是展览效果优异。

②成本效益比评估：成本效益也可以称作投资收益，评估因素比较多，范围较广。可以用此次展览的成本与效益相比，用此次的成本与前次类似项目相比，用效益与前次类似项目相比，也可以用展出成本效益与其他营销方式相比，等等。一种典型的成本效益比是用展出开支比展览成交额，要注意这个成本不是产品成本而是展出成本。另一种典型的成本效益比是用开支比建立新客户关系数。由于贸易成交比较复杂，用展览开支比展览成交不容易准确，而与潜在客户建立关系是展览的直接结果，因此与客户建立关系意味着未来成交，因此，可以把与潜在客户建立关系作为衡量展览投资收益的基础。

③成本利润评估：有一种评估观点是不仅要计算成本、计算成本效益，还应该计算成本利润。比如，签订买卖合同，先用展览总开支除以成交笔数，得出每笔成交的平均成本；再用展览总开支除以成交总额，得出成交的成本效益；最后，用成交总额减去展览总开支和产品总成本，得出利润，再用展览成本比利润，即成本利润。不同观点认为，展览成交可以作为评估的参考内容，但是不能作为评估的主要内容。如果以建立新客户关系数为主要评估内容，则不存在利润，因此，不主张评估成本利润。是否进行成本利润评估，要根据实际环境决定。参加纯粹的订货会，可以将成本利润作为评估内容；参加其他形式的贸易展览会，则可以以成本效益为主要评估内容。

④成交评估：分消费成交和贸易成交。消费性质的展览会以直接销售为展出目的，因此，可以用总支出额比总销售额。然后用预计的成本效益比与实际的成本效益比相比较，这种比较可以从一方面反映展出效率。贸易性质的展览会以成交为最终目的，因

此，成交是最重要的评估内容之一，但也是展览评估矛盾的焦点之一。许多展览单位喜欢直接使用展出成本与展出成交相比较的方法计算成交的成本效益。要注意这是一种不准确不可靠的方法，因为有些成交确实是由于展览而达成，而有些成交却是不展出也能达成，更多的成交可能是展览之后达成的，因此要慎重作评估并慎重使用评估结论。对成交评估的内容一般有：销售目标达到没有、成交额多少、成交笔数多少、实际成交额、意向成交额、与新客户成交额、与老客户成交额、新产品成交额、老产品成交额、展览期间成交额、预计后续成交额等，这些数据可以交叉统计计算。

⑤接待客户评估：这是贸易展览会最重要的评估内容之一，主要包括：参加展览的观众数量，可以细分为接待参展企业数、现有客户数和潜在客户数；参加展览的观众质量，可以参照展览会组织者的评估。

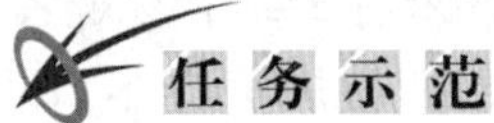

任务示范

1. 案例资料

张总是一家以生产和销售净水器产品为主的水家电企业老板，公司生产的“丽水宝”净水器在技术方面处于行业的前列，但销售一直不能称心如意，首先表现在招商方面就惨不忍睹。此时，有朋友建议张总参展一下全国重要的与太阳能相关的展会，或许会有所收获。为了确保参展载誉归来，张总决定亲自出马，从申办参展到参展接近尾声的时间段内，张总既是决策者，又是执行者，甚至连给观众倒水的“小事情”他都亲力亲为，但直到参展第三天中午，眼看下午两点就要撤展了，“丽水宝”却一个客户都没有签下来，这让他心痛不已。痛定思痛，张总发现了自己所负责的参展招商工作的确存在问题，尤其是在自己并不太懂得参展工作的前提下，任由自己一人的想法全权去执行所有的工作，很是不妥。为了使两个多月后在北京参加的一次展会上能成功，张总聘请了小马做其参展项目总负责人。(文中人名和企业名均为化名)

2. 案例分析

为确保再次参展成功，小马迅速展开了对首次参展招商工作的深度调查，发现存在很多问题。

展台大气但产品陈列一塌糊涂：由于是首次参加全国性的展览会，公司花血本把展台从设计到制作都做得非常好。但是，对于净水器产品的陈列，却拒绝了装饰公司的建议和产品陈列工作，而是自己带领员工进行了产品的排放，结果产品陈列一塌糊涂。

资料印刷精美但内容乏味：招商画册和产品画册印刷质量不错，但除了一堆毫无生气和关联的图片之外，没有对“丽水宝”这一产品的突出特点有所介绍，也没有公司在招商方面的优势、优点和承诺方面的内容。

合同排版优秀但内容超级苛刻：招商合同在排版和打印方面无可挑剔，但内容与经销商的期望值过高。合同中处处显示的是“丽水宝”自身的利益，而对经销商却异常苛刻。

员工着装整齐但无一能说会道：每一个员工着装都很“标准”，但没有一个人熟悉

公司的招商政策、制度、具体内容，无法与客户深入交谈，把客户“拿下”。

调研发现问题后，小马带领团队开始了参展策划，主要从以下几个方面着手：

招商策略和招商政策的科学制定：科学制定公司的全年招商策略和招商政策，既能保护好公司的利益，又能快速地实现招商，还能有效地保护经销商的利益，让其乐于与公司合作。

招商内容与宣传资料内容的更新：组织公司的策划人员、文案人员、市场部相关人员和销售部的相关人员，具体完成招商的具体内容、招商手册、产品画册、经销商管理手册等工作。招商内容、招商画册、产品手册等资料朴实又是亮点，增强了经销商对公司的信任感。

销售人员业务开拓与洽谈的培训：针对公司的特定情况，将销售人员业务开拓技巧与洽谈方法的培训作为一个重点来抓，足足进行了45天的系统培训，使得原来那批着装整齐的销售人员真正成为较具业务开拓能力的销售人员。

优质设计，主题鲜明：秉承“丽水宝”首次参展优质设计的传统，深挖“丽水宝”品牌的核心价值，进行整个展台设计和产品陈列设计，使“丽水宝”的展台形象既有视觉感，吸引了观众，更能让观众喜欢并记住“丽水宝”这个品牌。同时，小马还为本次展会创作了“丽水宝——甜美生活好滋味”的参展招商主题，以及一系列与此主题相关的细节内容——让准经销商更深入地了解、认识和认可产品。

检测基础，扎实整体：小马在参展前的一周，专门组织人马对参展招商的系列基础内容进行了查漏补缺，同时，还对每一个销售人员进行了书面和答辩式的考核，确保了基础全面而实用，销售人员整体能力可满足本次展览招商工作和日常的业务开拓工作。

功夫不负有心人。通过小马团队的全面努力，公司的第二次参展招商工作取得了“火爆式的胜利”。

任务训练

1. 任务背景

假如你是某家具员工，企业负责人计划参加广州的家具展，安排你作为团队负责人，负责企业的参展工作。请选择合适的家具展，确定参展目标、开展调研并进行参展，展会结束后，针对参展整体工作进行评估。

2. 操练要求

（1）以小组为单位，每组设组长1名，负责组织本组成员进行实训。

（2）通过调研确定选择哪个家具展进行参展，给出调研方案。

（3）确定展会后，根据参展目标，撰写参展计划书。

（4）进行参展现场模拟。

（5）根据模拟情况，分析出现问题，并对参展效果进行评估。

（6）实训结果汇报与教师点评。

任务小结

完成上述任务，掌握相关能力。

（1）能收集参展信息，开展参展调研。

（2）根据资料选择计划参展的展会。

（3）掌握参展方式和筹备步骤。

（4）熟悉参展流程。

（5）撰写参展计划书。

（6）能根据实际参展情况进行参展效果评估。

任务二　海外参展实务

任务目标

学生通过本次实训任务，掌握出展的类型，了解考察及选择海外展会的方法。掌握海外参展的时间规划、费用预测、展样品运输、报关报检、人员出访手续办理、ATA 单证册等海外参展的操作实务。具备一定的资料收集能力和分析能力。

知识准备与业务操作

（一）参展方式与展会选择

随着对外开放的日益扩大，国内各地区、各行业都热心于同海外的交流，特别是外向型的地区、企业，为扩大同海外的贸易与合作的机制，主动走出国门，参加海外展会或独自在海外举办展览的逐渐增多。但是喜中有忧，不少参展单位在海外进行的展览，往往历经坎坷，花费巨大，却收效甚微。究其原因，当然有产品、市场、包装、价格、广告和销售网络等多方面的问题，但是，展览不能达到预定的展览目标，却大多出于展览本身的组织实施问题了。诸如，事先对展览会调查与市场调查不周，以至展览会选择不当，展览品配置不对，或是运输中对展品造成重大损坏等。总之，归结于缺乏对海外展览实务的基本知识的经验。为此，出境参展有必要了解一下相关知识。

1. *参展方式*

参展商在选择参加展会时，可供选择的参展方式也有不同的选择。可以根据企业的需求来选择最合适企业的展出方式。展出方式可以简单地分为集体展出和单独展出两类。

集体展出大致有两种形式：一是集体参展，指一个国家、地区或一个行业以一个集体参加展览会，多表现为国家团、行业团和集团公司团；二是联合参展，两个以上的展出者组成的集体形成一个展览单位，多表现为上下游企业展团等形式。集体展出一般都有专门人员负责展览组织工作，对于没有参展经验和相关市场知识，实力不雄厚的中、小企业是一种比较好的展出方式，尤其是在开拓国际市场方面。但是集体展出在展出面积、展出时间、展台设计、展出风格、人员配备等方面会受限制。

单独展出，即由展出者独立完成展出工作。单独展出是展出者直接参加一个展览会，这是最普遍的展出形式，不仅需要一定的展览知识和技术，还需要花费一定的财力和人力，不过单独参展自主权比较大，可以设计出自己的特色、显示实力、提高知名度。

不同的展出方式有着不同的优势和劣势，参展者应根据自身的需要和实力选择合适的展出方式，以取得最佳的展出效果。

2. 企业考察展览会的方式

各行各业的展览会有很多，例如有规模的美容美发展，一年有100多场，到底该选择参加哪些展会，第一步就是要考察展览会。考察展览会一般通过以下几种方式：

（1）通过第二手资料进行考察。

指借助政府、行业协会、展览组织者、场馆、新闻出版部门的会刊、宣传资料等去了解。

（2）通过第一手资料进行考察。

第一手资料是自己通过询问、观察等手段收集的资料，相比第二手资料更直接。

（3）展览会的实地考察。

是指直接去参加相关的展览会。可采用粗细结合的方法，一方面通过泛泛地观看，了解展览会的整体状况，比如北京车展，进去参观就可了解车展的大概情况，包括它的规模、性质、质量等；另一方面通过仔细的观察或询问，可以了解它的效益情况。

3. 境外展会的选择

一个好的选择往往可以带来超出预期的回报：高的价格、多的数量、新的客户、优的广告等。选择境外展时，可以综合考虑以下几个方面。

（1）行业标杆性展会。

每个行业都会有标杆性的国际展会，有时不用刻意去查联系方式，广告电话和邮件也会“自己找上门”。

（2）企业小语种优势。

如果你们的公司招有小语种的人才，那一定要了解有没有地方性展会。

（3）专业性展会。

比如做医疗产品的，但是行业类别中还会分有小类，比如专注于骨科产品的，就会有骨科的专业性展会，虽然人流量比不上大展会，但是针对性特别强。

（4）地方性政府有补助的展会。

很多小公司考虑到经济因素，一直裹足不前。其实，每年地方政府都会有一些补助政策，企业花点小钱去参展，何乐而不为呢?

（二）国外参展操作实务

1. 参展时间规划

参展时间规划见表7－7所示。

表7-7 参展时间规划一览表

阶段	时间节点	项目内容	负责人
展前阶段	12个月前	从展览的规模、时间、地点、专业程度、目标市场等各方面，综合专家意见，选定全年展览计划	
		与展览主办单位或代理公司进行联系取得初步资料	
		选定场地（一般而言，首次参加国际大展，较难取得最佳位置）	
		了解付款形式，考虑汇率波动，决定财务计划	
	9个月前	设计展览结构	
		取得展览管理公司的设计批准	
		选择并准备参展产品	
		与国外潜在客户及目标顾客联络	
		制作展览宣传册	
	6个月前	以广告或邮件等进行推广活动	
		确定旅行计划	
		支付展场及其他所需服务的预先付款	
		复查公司的参展说明书、传单、新闻稿等，并准备必要的翻译	
		安排展览期间翻译员	
		向服务承包商及展览组织单位订购广告促销	
	3个月前	继续追踪产品推广活动	
		最后确定参展样品，并准备大量代表本公司产品品质及特色的样品，贴上公司标签，赠送索取样品的客商	
		将展位结构设计做最后的决定	
		计划访客回应处理程序	
		训练参展员工	
		排定展览期间的约谈	
		安排展览现场或场外的招待会	
		购买外汇	

续上表

阶段	时间节点	项目内容	负责人
展前阶段	4 天前	将运货文件、展览说明书等额外影印本放入公事包	
		搭乘飞机至目的地	
	3 天前	抵达，饭店登记	
		视察展览厅及场地	
		咨询运输商，确定所有运送物品的抵达	
		指示运输承包商将物品运送至会场	
		联络所有现场服务承包商，确定已准备就绪	
		与展览组织代表联络，告知通讯方式	
		访问当地顾客	
	2 天前	确定所有物品运送完成	
		查看所订设备及所有用品的可得性及功能	
		布置展位	
		对所有活动节目做最后的决定	
	1 天前	对摊位架构、设备及用品做最后的检查	
		将促销用品发送至直接分配中心	
		与公司参展员工、翻译员等进行展览前最后简报	
展览期间		尽早到会场	
		于展览第一天即将新闻稿送到会场的记者通讯厅	
		实地观察后尽早预约明年场地	
		详细记录每个到访客户的情况及要求，勿凭事后记忆	
		对于没有把握的产品需求，不要当场允诺，及时回报总部做出合理答复，一旦应承，必须按质按期完成，以取得客户合作信心	
		每日与员工进行简报	
		每天将潜在商机及顾客资料发送回公司，即时处理及回应	
展览结束		监督摊位拆除	
		处理商机	
		寄出谢卡	

2. 国外参展费用

到国外参展，究竟租用多少摊位恰当、租用多大展馆为宜、采用何种方式进行展出最佳等，都须慎重考虑，切不可突发“展位越大越好”的奇想，要力戒脱离实际需要，背离“投入产出”的效益原则，同时对展览会的费用项目多做具体的了解、比较，并

做深入探讨。一旦对外签约，则应守合同、讲信用，不可任意撤约，造成信誉与经济上的损失。

3. 布展设计

提高展览质量，展览设计和摊位布置是至关重要的一环。以前的参展企业，有较多的公司对展位设计重视程度不够或参展人员的参展经验不足，出现公司只重视展品质量、忽视摊位内部布置等现象。有的摊位在展位内随意堆放，像摆地摊，致使展品内容虽好，但从展台整体看去，仍较暗淡无光，影响了公司的形象和贸易的成交，这对参展者的损失是不可估计的。

好的布展设计，能大大提升企业的参展效果。以下几点布展建议可供参考。

①根据公司自己的摊位面积，把握好参展品的数量和质量，不宜过多，否则给人一种拥挤感；当然也不宜过少，给人空荡感。

②重视布展工作，对展位内的一钉一线都要认真讲究。墙面上不宜乱钉乱挂，如做装饰处理应在国内准备好，做到处处有交代，事事有准备，不留伤痕，不留印记。做到点线面相结合，展品摆放时要具体设计好位置，做到高低起伏、错落有致、层次分明。

③提高参展人员的素质，认真对待展台设计工作，讲究效果，反映水平，力求展品布置由过去的完成型向当今的讲究型发展。

④建议参展公司在筹备展品时，根据国际标准展位的尺寸（3 m×3 m×2.5 m），准备2~3幅能反映公司产品和规模的挂图（画、图片），尺寸为120 cm×90 cm（竖版式）或90 cm×60 cm（横版式），或者更大幅的挂图（宽度最好不要超出2.5 m）。国内装好后随展品一同发往国外（相关企业的文字说明设计如图片一样）。同时对挂图如何布置在墙上有个提前准备，譬如相关的挂钩等。

做好以上工作，一方面可以从容布展、撤展，更重要的是能够展示公司形象和实力，增强参展效果。

4. 展会的章程与海关对展览品的监管办法

详尽地了解有关的展览章程和展览品的监管办法，是办好展览、取得理想效果的重要条件。一个展览会的章程，对展览各方面的事宜均有明确的规定，了解了这些方面的规定，可以帮助企业避免出现违规现象。

【案例】大阪国际博览会规程中的相关规定介绍

展品：

①展品是展出者生产或经营的制品。

②似如下的东西禁止展出。武器、枪、刀、剑类，引火，爆发性或放射性危险物，剧毒物，麻药，有可能侵害工业所有权的东西进口或禁止销售品。另外，主办方认为有碍于展览会举办的物品。

③保护工业所有权。有关申请工业所有权以前的发明方案的展品，根据另定的手续，受到特许法第30条3项等的保护（国内）。

试销小间：

一小间9 m^2（3 m×3 m），安排为单排或双排，可在试销小间试销的商品，于新产品及未介绍品等。其细则按另定的试销特别章程办理。

展出：

展出者利用所分配的小间，可以设置为取得展品效果所必要的展览设备、装饰、各种标志等。这些设施以离床面高 2.70 m 为限，其细则另定。

实际表演：

①展品实际表演，要考虑到对人体、财物的安全与其他展出者是否有影响

②主办方认为有必要时，进行为谋求安全的处理，而限制表演或使其停止。

展品的安全保护：

①主办方应由负责的管理人员管理整个展馆，以保证安全。

②展品的保护系统由展出者负责。主办方对偷盗、丢失、火灾、操作及在展览场所里发生的其他事故，不赔偿其损失。

③展出者对搬进馆内的货物，在运输及展览期间要投保，并请采取适当的保护措施。

展览场所的原状恢复：

展出者在会场内工作时，原则上在展品撤除期间内完全恢复，所谓恢复，并非原样不动，如因在会期内不能进行恢复，而由主办方代办时，其恢复所需之费用由展出者负担。

试销：展出者在所分配的展览小间内，不能把展品或其他物品在展览会期间以转让的条件销售。不过，按有关规定条款可以在特定的场所试销商品。

照相、摄像及临摹：没有展出者或主办方的同意，不能对展品物进行摄影、监控测定取型等。

5. 展览品的运输

如何将展览品安全、准时、经济地运到展在国的展览馆，并复运回国，一般均全权委托外运公司进行（外运公司通常又与其在展地国的运输代理公司合作进行）。按外运公司的要求，展览组织者应提供有关展览品的资料，展览会地址、日期、收件人，以及展览品箱号、唛头、卸装、尺码、毛重、净重以及总的体积和重量等。

应该提请注意的事项有：

①抵港时间，最好稍微留有余地，以防港口至展馆途中的意外延误。但抵港时间亦不宜过早，过早则会增加仓储费用，还会增加展品受损的可能。

②展览品使用出口包装，具备集装箱运输条件的，要尽量使用集装箱运输方式；在散装出运时，尽量地在配载时考虑到港后卸货的便捷。

③唛头、箱号、装卸运输标志要力求明显，展览道具箱外唛头的拟定，一般取展在国大写第一个字母，加上展出年，如 2018 年赴意大利展览，唛头即可定为道具箱外刷制的唛头及各类标志，通常为：唛头、箱号、体积、重量、吊钩批示符号和防雨、易碎等安全标志。

④需要加以说明的几点是：送海关一式两份的展览品清单需分别列出展品清册、卖品清册、宣传品清册、展览道具清册；展出国文种与展在国文种相对照；有些国家要求标明每件展品毛重、净重；需交验本国出口商品检验局出具的展品与卖品商检证书；对某些食品、毛皮制品等，尚须出具检疫证书。

6. 展览品的安全与保险

出国展览品的投保，我国一般在国内投保，投保的项目一般是火险、水险、盗窃险。投保的作用，主要是防备万一发生事故和失窃，尚可得到部分的补偿。但补偿永远不会同失去的价值相等，特别供展览、销售的展卖品，一旦出现问题就等于失掉了市场时机，其看不见的损失是难以追加的。所以，防患于未然是至关紧要的大事。防火处理、防火装置、防盗措施、安全守卫与检查制度，都应完善和健全，并贯穿于开箱至装箱的整个展览活动过程。特别是对那些“价值连城”的珠宝、文物之类，更应重点加以保护，力求做到万无一失。

7. 展卖品的销售方式

小卖品的出售，赚点钱不是主要目的，从展览现场效果看，是为了活跃展览气氛，吸引更多观众；从展览促销角度看，其目的在于促进展览品的销售和获取大批量订单，以价廉物美之印象，博取广大观众对中国某些商品的良好印象，以有纪念意义的小商品，让观众留下对中国展览的记忆。同时，通过卖品出售，亦是实地了解当地消费市场的一次良机。从这最后一点考虑，不论采取何种方式出售卖品，展出者一定要参与进去做些现场考察和交谈。

小卖品出售方式，大体有三种：

①自销，最能取信于观众，但由于工作量过大，故往往将有限的参展工作人员牵进过多，继而常常造成本末倒置，削弱了展览与成交的工作。

②同当地经销商或代理商合作经营，销售工作和大部分售货人员由当地合作者负责，可以大大减少参展企业的工作量。

③将小卖品适销对路（包括部分有销售市场的试销品），可邀请代理商来华选购。为使小卖品不因代理商可能的图利心切而改变原旨，事前应与经销代理订立关于销售价方案以及同当地市场价格差价的幅度：通常低于当地市价的10%左右。

8. 展览品的处理

对展览品的处理，一般有以下几种情况：

①国内指定不出售的，应原件运回。

②贵重展品，一般可采取个别成交的办法，或寄售的办法。若二者都不成，则需运回。

③中、低档的商品，一般采取折扣包销的办法，在展览中蒙尘、光彩失色、吊挂受损之物，折扣较大（商档的商品、艺术品一般不打折扣，有些令人瞩目的精品，反而因展览而身价上升）。

④展览道具类，除了铝合金组装式道具之外，一般不具有重复使用价值的展材，出于运费过大的考虑，大多就地处理或出售，或赠送，或作废物处理。

一个展览会的价值，往往会被为数不多的贵重展品占去一半或大半。所以展品处理的重点实际就在这些贵重展品的出售上，很多展团为此大伤脑筋。而1980年在日本横滨举办的“上海工艺美术展览”为这些提供了良好的经验。在展览开幕之前，贵重展品被做成精致的样本，附上一张开幕请帖，通过当地的赞助机构派人送到当地的一些准买主手中，这就为目标买主的莅临展览、购买展品做了很好的公关宣传工作。结果，销

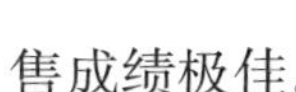

售成绩极佳。

9. 大型展览展示活动的礼仪服务

展览会以其独具的专业性、针对性、直接性的特点逐渐成为国际、国内企业直接面对客户，展示自己的极好工具。与此同时，一种新的礼仪文化随之诞生，即展览礼仪。展览礼仪最早形成于20世纪40年代法国巴黎的一次展览会，之后在70年代形成规模，并逐步向专业化、正规化发展，80年代末90年代初，展览礼仪在我国也逐渐发展起来，尤其是近几年伴随展览业的发展，我国的公司对展览礼仪企划也越来越重视了。

展览礼仪企划即是通过专业策划公司的精心策划，为参加展览的公司提供的参展活动设计方案。它包括硬件的展位、展台布置，以及与之配合的各种声、光、电效果；软件的宣传促销活动、展览礼仪模特的培训及包装等，使公司的优势最大限度地表现出来。公司参加展览会的主要目的无非是提高公司的知名度，吸引客户，达成洽谈合作，在客户心目中树立自己良好的品牌形象。但是要达到这些目的的前提条件必须是：先把尽可能多的人吸引过来。

①做好展览礼仪策划，可以使企业在万商云集中一枝独秀。

②要了解展览会的类型、企业品牌、产品特点、展台风格、展位的周边环境及竞争对手的情况。

③通过所掌握的资料进行整个礼仪活动的创意策划。例如要达到影视效果、解说效果、配音效果等。

④根据展示风格，选择礼仪小姐是活泼开朗型、小巧玲珑型还是现代表演型模特。

⑤根据选择的模特体型进行服装的设计制作，展览服装要求新奇悦目，可按创意分为稳重型和明快型。总之能够充分表现一个企业的特色。

⑥根据创意针对模特进行分工，例如解说员、演员、展示员、接待员，进行人员培训。

展览期间礼仪企划公司的管理及礼仪小姐的发挥也对展览的成功有着很大影响。

10. 大型展览的装饰与设计

大型展示是现代社会传达与交流信息的重要手段之一，随着参展规模的不断扩大，企业注入的商业信息也在成倍地增长，大型展示除去显示的竞争实力，其宣传效果往往也令顾客难以忘怀。大型展示对设计者提出了一个非同寻常的挑战，因为普通展示设计中得出的经验，在这里是不适用的。将大型展示设计具体化、最终实现最佳效果的制作过程同电影或戏剧有着许多的相似之处。就像电影或戏剧有故事情节一样，企业参展的目的和意图决定展览的故事内容、表现方法等，这就是展示的“剧情”。从相关展览场地的整体规划到某个兴趣点的具体构思，都要以这一剧情为统一要素贯穿其中。在展示设计的初期阶段，也就是着手设计之初，必须构想展示剧情的大致框架，随着设计作业的进行及对企业提供资料的调查及了解，大致上在基本设计结束时，也要决定展示剧情的各个主题的内容。所以展示设计从始至终受到展示剧情的左右。

如何建立展示剧情的框架是展示设计的关键，它决定着设计的走向。设计构思一定是基于某种主题所成，在基本设计的初期阶段，首先了解讨论企业要传达给参观者什么信息，由此决定展示的大主题和风格，好的展示主题必须能直接表达展览内容，而且可

以创造一种特殊的展览气氛，有效地吸引顾客，达到宣传销售目的。其次要划分出补充大主题的小主题，还有相关的各种项目，这些内容既要服从整体风格，又要有其独特的构思，能够成为一个个精彩的局域点。这些精彩点与整体风格协调起来即成为展示剧情的框架，就如同电影和戏剧中的剧情大概。除了每个项目的展示意图外，各小主题间的关系也是讨论的重点，由小主题的关系所构成的联系和展示空间的格调也息息相关。一旦决定了展示剧情的框架，就要讨论构成各个主题的每个项目的信息内容，但必须基于展示主题整体风格与观点去讨论，并确立展示重点，划分展示区域和空间及结构关系，规定各种造型细节等，将这些归纳起来，就是展示剧情。

在展览设计中所传达的商业信息，最终还是要落实到模型、影像、图表、样品等多种展示媒体上。而所有这些展示媒体的分配也必须按照展示剧情的内容来决定。要将重点放在重要主题的展示上，利用创新的媒体来表现展示重点往往能达到意想不到的效果。开发丰富的想象力来创造各种新颖的宣传方法，讨论并选择使这些想法变成可行的具体方案，既保证符合展览场地的限定又具有同主题统一的风格，同时纳入展示剧情。

基本设计方案和实施计划随着设计制作具体作业的进行都要改写。尤其在进入设计的实施阶段后，设计的详细细节及在此展开的信息内容都一一有了定案，但有时因为场地条件及信息材料变化的关系，也必须修改设计。在这种情况下，常常回归的原点就是展示剧情，所以展示剧情是进行大型展示设计时的关键。

展示设计是创造宣传效果和销售环境，而不仅仅是艺术设计。它的艺术性远不及商业性，从某种意义说它是企业商品的扩展延伸，大型展示设计中所注入商业信息的多少、质量的高低，直接影响企业参展的成功与否。构思展示剧情能使设计者完善、准确地把握企业与商品的所有信息，以帮助参展企业抓住市场机遇，树立优良形象。

11. 人员出访手续办理

作为一家要去国外参加展览会的企业，如何办理相关人员的出国手续和签证自然是他们非常关心的问题。鉴于我国政府目前对出入境管理还相对比较严格，展览行业的行政审批制度依然存在，参展人员如何办理出国手续还需要依据其所持有的护照类型来决定。

（1）私人护照、签注。

私人护照外观颜色为紫红色，正面写有“中华人民共和国护照”字样，由公安部出入境管理局及其在各地的派驻机构签发，通常有效期为5年，我国公民申请此类护照通常比较方便。由申请人在其户口所在地的出入境管理部门申请，申请人在提交材料后通常会在两周后得到护照。

私人护照持有者申请签证相对手续较为简便。有的国家的签注申请不需要面试。申请需要面试的国家签注的大致程序如下：拿到展览会正式邀请函→准备好相关资料→拨打使馆签证约电话，预约时间→在签证当天带齐材料按时到达使馆面试→取签证。

这个过程可能很复杂，比如资料准备、递交资料，比如电话预约时间需要买特定的电话卡，有可能要跑来跑去好几次，所以一般情况下找旅行社代办，约好了后收到通知过去面签，通常都会很顺利，而且费用不会贵太多。

在此过程中，参展人员需要了解以下几点：

展览会正式邀请函由中国组团方统一向展览会索要，并在参展人员向组团方交齐费用后下发，参展人员也可要求国外客户帮助其出具邀请函，但签证风险相对较大。

有些国家使领馆需要预约签证时间，如美国、德国等；有些国家则不需要，如英国等，参展人员可以自行安排时间前去面试。但约签证时通常需要提供申请人护照号、姓名、出生日期，签证预约电话不需要申请人亲自拨打。需要注意的是，有些国家在签证高峰时段很难拨通电话，需要连续拨打。德国、美国等热点国家七八月份及每年年底都为签证高峰期，申请人预约的签证时间可能为其预约时间后 30 天，故请提前预约，以免耽误参展。

通常持私人护照的签证申请者应在其所在领区的使领馆与签证官面试（各国使领馆规定），许多国家在中国的使领馆通常设在北京、上海、广州三地。也有些国家不接受本人预约，如日本，必须要求申请人将材料送至指定签证代办机构，由其统一办理。

有些国家对在一段时间内去过该国的申请人提供免面谈服务，由申请人将其申请材料送交中信实业银行、德国工商大会等代办机构。

有些国家要求申请人在面试当天以现金形式交纳签证费，也有些国家需提前交纳到指定代收银行，如美国需提前交纳签证费至中信实业银行。

有些国家在申请人面试结束后 1 小时内即可颁发签证，如美国；也有些国家需要一周后颁发签证，如德国、意大利，申请人可以委托他人代取签证。

申请人面试时，通常需要携带以下材料（特指如参展之类的商务签证）：填写完整的签证表、护照、博览会主办方出具的正本邀请函、博览会参展摊位证明、博览会参展摊位费发票、申请人所在单位出具的经济担保函、申请人名片、身份证及户口本原件和复印件、结婚证书、在职证明等，申请人所在单位营业执照复印件、信用证明以及所从事的商务活动的证明文件等。

（2）酒店机票的预订。

如果是出境参加的展会，酒店机票通常都会由招展代理帮忙预订（跟团打包价格可能很高并且行程不自由但是比较省心），通常主办方也会有一些推荐的酒店可以直接预订（价格不一定便宜而且名额有限很难预订），有可能还要收取额外的服务费或税金，没有发票或只有收据式发票。如果能找到一家机票、酒店、签证一手代理的旅行社，不仅价格实惠，还可要求一手代理商提供费用月结，在最大程度上避免了被骗和被坑的可能性，而且旅行社通常还会有机票酒店套餐和促销。

12. 知识产权保护

①与展会组织者进行联系，了解他们是否对参展商的知识产权侵权行为提供监管服务，以及这一工作机制如何运作。确保在展会举办国家拥有合法有效的且已经注册的知识产权。

②确保拥有的知识产权没有与先行注册了的知识产权相冲突，总体来说，确保拥有的知识产权不侵犯他人的知识产权，为做到这一点，可以利用免费数据库做一些检索。

③携带能够证明本人的知识产权有效性的证书或文件。携带其他可以证明你的知识

产权也曾受到侵害的文件（例如，法院针对竞争者的判决，或对其他竞争者或侵权者的书面警告文件）。

④聘请一名知识产权律师，以防止任何争议的产生。

⑤建议参展商明确指出其参展产品或服务受知识产权法保护。

⑥如果参展商得知竞争者将在展会上展出参展商享有知识产权的仿冒品，请与海关当局联系，以阻止被控侵权产品入境。

⑦由于专利的复杂性，将专利可能涉及的现有技术交由该领域的专家进行研究。

⑧确保不要忽略复杂产品任何一方面，例如在高科技产品中，如果你不拥有高科技产品的内部零部件的知识产权，那么必须确保这些内部零部件的生产已经得到相关知识产权人的授权使用（对于实用新型专利和商标，上述问题同样必须加以考虑）。

⑨时刻考虑著作权和不公平竞争事宜。

如有疑问，请与专业律师事务所的知识产权顾问联系，就东道国的适用法律事先咨询。避免出现疏忽，而导致货物因被控侵权而扣押，或展位被关闭。在许多情况下，展位会被立即关闭，参展公司的名字以及被关闭的理由都将向社会公开，这毫无疑问会对公司的盈利和信誉产生消极影响。

【案例】

2008 年的德国柏林国际消费电子展（IFA）上，德国海关根据一家 MP3 专利代理公司 SISVEL S. P. A 的举报以“可能侵犯专利权”为由，突袭了 69 家企业展位，并没收了大量电视机、MP3 和手机等展品。其中涉及中国企业二十几家，甚至包括一些知名公司如 TCL、海尔和海信等。这些企业的展览一度中断，不仅数十万参展费付之东流，而且查抄画面上了当地电视新闻，对品牌形象和当地经销商的经营造成了不良影响。

分析：企业之所以会遭受突然袭击，其实也是因为缺乏充分的准备。德国在展会中对侵犯知识产权的打击力度是全球闻名的。案例中的 SISVEL 是意大利著名的以代为收取专利费用为主业的知识产权资产管理公司，业务范围遍及全球。就在事发之前，它已经连续两年在另一个同样在德国举办的大型电子展会——汉诺威消费电子展（CeBIT）上通过类似的手段使得来自中国大陆和中国台湾的华旗、纽曼、台积电等企业的展品被德国海关拆走。如果这些企业能在参加 IFA 展之前多关注行业相关新闻，衡量自己的产品是否存在类似问题并且事先做好应急预案，也许可以大大降低自己的风险和损失。案例中的企业就是因为使用专利期限已到且双方暂未对续期费用达成一致而产生争议，导致被举报侵权。

国外对知识产权保护规定相对严格，包括产品结构、装配方式甚至颜色都可以注册专利。例如，美国著名耳机公司大卫克拉克就为其耳机的浅绿色注册了专利，其他在美展出和销售的耳机如果使用相同颜色即构成侵权，即使只是在宣传图片中出现和这一颜色一致的耳机也是侵权。因此，中小企业在出国参展前一定要做好自查，确保从产品、商标、包装到图片样本不出现仿造、抄袭或盗用的情况。对于法律上的模糊地带要提前向律师咨询，做好应对盘查的准备，保护自己的合法权益。

13. ATA 单证册

ATA（暂准出口）单证册是国际通用的海关文件，它是世界海关组织为暂准进口货物而专门创设的。世界海关组织于 1961 年通过了《关于货物暂准进口的 ATA 单证册海关公约》，其后，又于 1990 年通过了《货物暂准进口公约》，从而建立并完善了 ATA 单证册制度。ATA 单证册制度于 1963 年投入实施后，已有 62 个国家和地区实施了 ATA 单证册制度，75 个国家和地区接受 ATA 单证册，每年凭 ATA 单证册通关的货物总值超过了 120 亿美元。ATA 单证册已经成为暂准进口货物使用的最重要的海关文件。

（1）ATA 单证册的价值。

ATA 单证册制度为暂准进口货物建立了世界统一的通关手续，使暂准进口货物可以凭 ATA 单证册，在各国海关享受免税进口和免予填写国内报关文件等通关便利，因此，ATA 单证册又被国际经贸界称为货物护照和货物免税通关证。ATA 单证册制度的确立，有助于促进产业专门化和工业现代化，加快国际信息交流，加强世界各民族间文化的认知和融合，推动各国政府和民间的交往与合作。在国际商务活动中，凭借便利的货物临时进出口手续，外贸公司、企业可以创造和巩固与外国商业伙伴的合作，增强产品在国外市场上的影响，在全球贸易竞争中占据主动地位。

使用 ATA 单证册的货物有别于普通进口货物，这类货物在国际上流转时，其所有权不发生转移。

ATA 单证册的签发和担保由各国担保商会负责，每个国家只能有一个担保商会，各担保商会有权指定多个国内出证机构，并对下属出证机构签发的 ATA 单证册承担担保责任。国际商会国际局负责对世界范围内 ATA 单证册制度的运转进行日常管理。

我国于 1993 年加入了《关于货物暂准进口的 ATA 单证册海关公约》《货物暂准进口公约》和《展览会和交易会公约》。自 1998 年 1 月起，我国开始实施 ATA 单证册制度。经国务院批准、海关总署授权，中国国际贸易促进委员会/中国国际商会是我国 ATA 单证册的出证和担保商会，负责我国 ATA 单证册的签发和担保工作。

（2）ATA 单证册的格式。

一份 ATA 单证册一般由 8 页 ATA 单证组成：一页绿色封面单证、一页黄色出口单证、一页白色进口单证、一页白色复出口单证、两页蓝色过境单证、一页黄色复进口单证、一页绿色封底。

（3）ATA 单证册的使用。

①简化通关手续：持证人使用 ATA 单证册后，可无需填写各国国内报关文件，并免交货物进口各税的担保，从而极大地简化了货物通关手续。

②节约通关费用和时间：ATA 单证册由持证人在本国申请，从而使持证人可在出国前就预先安排好去一个或多个国家的海关手续，无需在外国海关办理其他手续或交纳费用，并可确保快捷通关。

③降低持证人风险：使用 ATA 单证册，持证人无需为向外国海关交纳进口各税的担保而携带高额外汇出国。

④ATA 单证册可重复使用：ATA 单证册的有效期为一年，其项下的货物可以在有效期内凭同一单证册在本国多次进出口，去多个国家办理暂准进口货物的进出口报关，

并在多个国家过境通关。

⑤适用对象广泛：从事商务活动人员、各行专业人士以及从事贸易、教育、科学技术、文化体育交流活动的机构，均可受益于ATA单证册。例如，会议代表、销售人员、参展厂家、广播电视台、演艺团体、记者、医生、科研人员、旅游者等各界人士及相关机构均可为其所使用的货物或物品申办ATA单证册。

⑥报关灵活：持证人本人或持证人的职员，以及有持证人授权委托书的国内外报关代理、外国贸易伙伴或其他人员均可持ATA单证册在国内外海关办理报关手续。

（4）ATA单证册的使用范围。

①国际博览会、交易会、展览会、国际会议及类似活动中陈列或使用的物品。

②各类专业人员使用的专业设备，例如赴境外报道、录制节目、摄制影片所需的出版、音像广播、摄影设备；赴境外安装、调试机器所需的各种测量仪器；医务人员所需的医疗器械；演员、乐团、剧团所需的演出服装、器具等。

③集装箱、托盘、包装物料、样品等与商业活动有关的货物。

④科研设备、教学用品、海员福利用品及其他与教育、科学或文化活动有关的货物。

⑤参加境外体育比赛、体育表演和训练所必需的体育用品及其他物品；赴境外从事观光、求职、学习、专业会议等活动所需的个人物品。

⑥参加境外的文化、宗教、专业聚会等活动所需的图片、照片、摄影作品、艺术品、印刷品；免费播放的影片、唱片等音像用品。

⑦边境地区的自然人或法人为完成农业、林业、渔业的工作，以及为修理、制造、加工目的所需的非商业性质的物品。

⑧为慈善目的暂时出口的医疗用品、外科和实验室设备以及救济物资。

⑨商业或私人用途的船舶、飞机、陆路引擎车辆、铁路货车等运输工具。

⑩边境地区用于放牧、表演、展览、竞技、比赛等活动所需的活动物。

⑪与制造活动有关的纸版、印版、图版、模子、图纸、模型等类似物品。

在我国，使用ATA单证册的范围仅限于展览会、交易会、会议及类似活动项下的货物，除此之外的货物，我国海关不接受ATA单证册进出口申报手续。

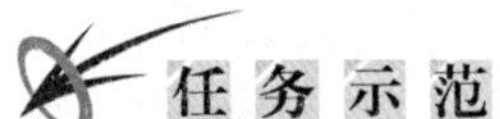

任务示范

1. 案例资料

我国某电子产品制造商为了拓展海外市场，报名参加了美国久负盛名的国际消费类电子产品展CES。由于第一次到国外参展缺乏经验，听从会展代理的建议选择了所谓专门为中国展商划定的区域。到了现场才发现这个区域不仅是两个展馆当中规模比较小的那一个，而且不属于主要展示区。作为扩充出来的展区，这里的主题不明确，集聚了许多中低端产品的生产厂商和销售商，更像一个小商贩市场，和CES所代表的世界最先进消费电子潮流的形象相去甚远。因此，这个区域主要吸引的也是追求低价的买家，该企业的创新技术很难遇到识货的客户，没有达到预期的参展效果。

2. 案例分析

案例中的企业参加的是规模大、知名度高的展会，但除了展会的知名度，选择展会的依据只是会展代理的建议，并没有从更多方面收集信息，以及考察评估这个展会和企业的契合度。事实上，CES 实行积分制，按积分阶梯选位；而积分来自之前参加这个展会的年资，参展时间越长分数越高。因此常年参展的大公司才有可能拿到好的展位。此外，CES 还会审查参展商的网站以限制疑似代工（OEM）的企业进入主会场。尽管 CES 在中国有限定的招展代理，但是为了顺利售出展位，这些代理也未必会告知所有细节。有些信息需要企业自己通过更多的渠道去了解，做足功课才能正确判断是否值得参加这个展会以及如何使自己的展位和展品在众多的参展单位中脱颖而出。

这个案例说明选择展会非常重要，并不是展会规模越大知名度越高就越好。对于参展企业，尤其是资金、影响力和海外经验都不充足的中小企业，在报名参加国外的展会前一定要主动收集信息、全面评估现状、量力而行地挑选。

任务训练

1. 任务背景

我国某小玩具生产厂商首次到日本参展，意外受到日本某株式会社社长的拜访。对方对展位上的一个新产品十分满意并索要产品资料。这家玩具厂照搬之前在国内参展的习惯，只准备了一张自行用工厂打印机印制的宣传页。日本社长看到简陋的文件没有接手，直接扬长而去。

假如你也在某小玩具厂商企业工作，计划到日本参展，请借鉴以上企业参展时发生的问题，策划贵企业去日本的参展计划。

2. 操练要求

（1）以小组为单位，每组设组长 1 名，负责组织本组成员进行实训。

（2）撰写结构完整的出国参展计划书（某些部分具体内容可以简述）。

（3）小组分工负责详述宣传推广、展样品运输与处理、展位规划、展期活动策划、知识产权处理这五部分内容。

（4）实训结果汇报与教师点评。

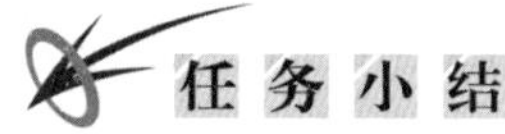

任务小结

完成上述任务，掌握相关能力。

（1）熟悉出国参展的类型，进行展会的选择。

（2）了解出国参展的费用结构，能进行基本的费用预算。

（3）熟悉展样品的处理方式。

（4）掌握展会活动的有关礼仪要求。

（5）掌握知识产权保护和 ATA 单证册的基本知识。

参考文献

[1] 谭实. 现代会展导论 [M]. 北京：中国商务出版社，2015.
[2] 华谦生. 大型专业展览策划与组织 [M]. 北京：中国商务出版社，2015.
[3] 廖志豪. 大型综合展览策划与组织 [M]. 北京：中国商务出版社，2015.
[4] 陶茵. 现代会展展示工程 [M]. 北京：中国商务出版社，2015.
[5] 费尔南德斯，徐侃，古颖. 会展活动的创意与设计 [M]. 古颖，译. 上海：上海人民美术出版社，2013.
[6] 莫罗. 展会管理实务：会展艺术 [M]. 上海：上海远东出版社，2008.
[7] 华谦生. 会展营销 [M]. 广州：广州出版社，2010.
[8] 张敏. 中国会展研究 30 年文选 [M]. 上海：上海交通大学出版社，2009.
[9] 商务部服务贸易和商贸服务业司. 2012 中国会展业发展报告 [R/OL]. (2013-07-12) [2018-04-08]. http://fms.mofcom.gov.cn/article/tongjiwliao/201307/20130700198063.shtml.
[10] 商务部. 展览场馆运营服务规范 [M]. 北京：中国标准出版社，2013.
[11] 刘松萍，李晓莉. 会展营销与策划 [M]. 北京：首都经济贸易大学出版社，2011.
[12] 陈秋茹. 中国第一展：广交会文库 [M]. 北京：中国商务出版社，2015.
[13] 石广生. 中国对外经济贸易改革与发展史 [M]. 北京：人民出版社，2013.
[14] 刘松萍. 会展、经济与城市发展 [M]. 北京：中央翻译出版社，2011.
[15] 李薇. 会展服务 [M]. 广州：广东高等教育出版社，2015.
[16] 程睿. 会展展示设计 [M]. 北京：高等教育出版社，2016.
[17] 丁萍萍. 会展实务 [M]. 2 版. 北京：高等教育出版社，2015.
[18] 庞华. 会展运营与服务管理 [M]. 天津：南开大学出版社，2010.
[19] 中国对外贸易中心 http://www.edu.cftc.org.cn/cn/.
[20] 广交会官方网站 http://www.cantonfair.org.cn/cn/.
[21] 中国展览馆协会官方网站 http://www.caec.org.cn/.
[22] IFES 全球会展及活动服务机构官方网站 http://www.ifes.org/.
[23] 商务部网站. 商务部服务贸易司 http://fms.mofcom.gov.cn/.